Richard Grant — Ghost Riders

Richard Grant verbrachte die letzten fünfzehn Jahre umherziehend in den Vereinigten Staaten, ohne länger als drei Wochen an einem Fleck zu bleiben.
Er schreibt für zahlreiche Magazine, u.a. *Telegraph, Guardian* und *Esquire*: »Ghost Riders« ist sein erstes Buch.
Die Originalausgabe von »Ghost Riders. Travels with American Nomads« erschien 2003 in Großbritannien bei Little, Brown und erlebte kurz hintereinander drei Auflagen.

Edition
TIAMAT
Deutsche Erstveröffentlichung
Herausgeber:
Klaus Bittermann
1. Auflage: Berlin 2003

Grimmstr. 26 — 10967 Berlin
Druck und Bindung: Fuldaer Verlagsanstalt
ISBN: 3-89320-071-1

Richard Grant

Ghost Riders

Reisen mit amerikanischen Nomaden

Aus dem Amerikanischen von
Norbert Hofmann

Critica
Diabolis
115

Edition
TIAMAT

»Ich denke, der RAUM ist für jeden, der in Amerika geboren ist, von den Bewohnern der Folsom-Höhle bis heute, die zentrale Tatsache. Ich schreibe ihn groß, weil er hier wirklich groß ist. Groß und gnadenlos... Manche Männer reiten auf diesem Raum, andere müssen sich festmachen wie eine Zeltstange, um zu überleben.«

Charles Olson, »Call Me Ishmael«

»Aber einiges, was Sie mir gesagt haben, gefällt mir ganz und gar nicht. Es war nicht süß wie Zucker, sondern bitter wie Kürbis. Sie haben gesagt, daß Sie uns in einer Reservation ansiedeln, uns Häuser bauen und Krankenstationen errichten wollen. Ich will das alles nicht. Ich bin in der Prärie geboren, wo der Wind frei wehte, und dort gab es nichts, was das Licht der Sonne brach. Wo ich geboren wurde, da waren keine Zäune, und alles atmete frei. Dort will ich sterben, und nicht zwischen Mauern.«

*Ten Bears (Häuptling der Comanchen)
in Medicine Lodge in Kansas 1867*

»... was wirklich etwas über diese ganze außergewöhnliche Kultur - in Texas und dem Südwesten bis nach Kalifornien - des ziellosen Umherziehens, über dieses entwurzelte Leben in ständiger Bewegung sagt: die meilenlangen Wohnwagenparks, die Motorräder, die Wohnmobile, die Leute, die keine Adresse, oft nicht einmal einen Nachnamen haben.«

*Truman Capote in: Gerald Clarke,
»Capote: A Biography« (1988)*

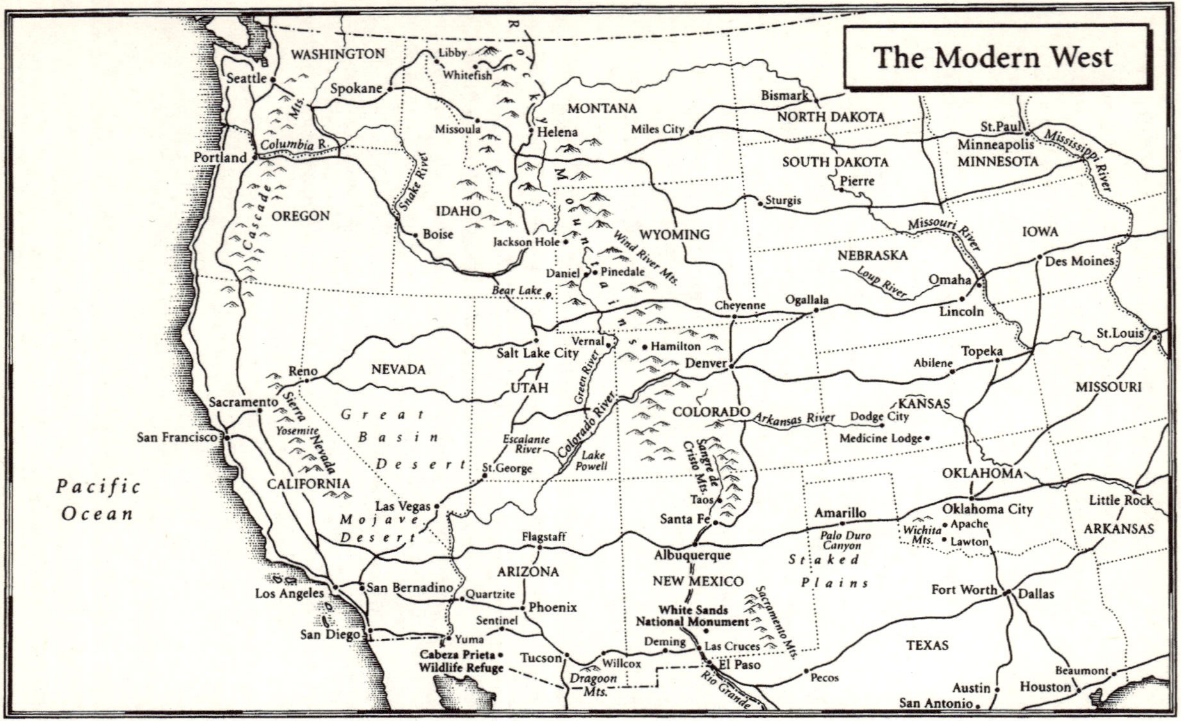
The Modern West
Pacific Ocean
WASHINGTON
Seattle
Spokane
Portland
Columbia R.
Cascade Mts.
OREGON
IDAHO
Boise
Snake River
Missoula
Libby
Whitefish
Rocky Mountains
MONTANA
Helena
Miles City
NORTH DAKOTA
Bismark
SOUTH DAKOTA
Pierre
Sturgis
WYOMING
Jackson Hole
Wind River Mts.
Daniel
Pinedale
Bear Lake
Cheyenne
MINNESOTA
St.Paul
Minneapolis
Mississippi River
IOWA
Des Moines
NEBRASKA
Missouri River
Loup River
Omaha
Lincoln
Ogallala
St.Louis
MISSOURI
NEVADA
Reno
Salt Lake City
Vernal
Hamilton
Denver
UTAH
Green River
COLORADO
Arkansas River
Abilene
Topeka
KANSAS
Dodge City
Medicine Lodge
Sacramento
Sierra Nevada
Yosemite
San Francisco
Great Basin Desert
Escalante River
Colorado River
Lake Powell
St.George
Sangre de Cristo Mts.
Taos
CALIFORNIA
Las Vegas
Mojave Desert
Santa Fe
Amarillo
Palo Duro Canyon
OKLAHOMA
Oklahoma City
Wichita Mts.
Apache
Lawton
Little Rock
ARKANSAS
Flagstaff
ARIZONA
Albuquerque
NEW MEXICO
Staked Plains
Los Angeles
San Bernadino
Quartzite
Phoenix
Sentinel
White Sands National Monument
Sacramento Mts.
Fort Worth
Dallas
San Diego
Yuma
Cabeza Prieta Wildlife Refuge
Tucson
Willcox
Dragoon Mts.
Deming
Las Cruces
El Paso
Rio Grande
Pecos
TEXAS
Austin
San Antonio
Houston
Beaumont

Vorwort

Schaue ich zurück auf meine Fahrten kreuz und quer durch Amerika, so scheinen sie sich zu einer einzigen zusammenzuziehen: Die Erinnerungen gleiten entlang auf einer Straße, die sich über vierzehn Jahre erstreckt und keinem bestimmten Ziel zustrebt. Ich bilde mir ein, dabei das Gefühl der Freiheit verspürt zu haben, aber ich kann auch nicht die Symptome einer Sucht leugnen. Nach einer gewissen Zeit bekommt die ständige Rastlosigkeit eine Eigendynamik und entwickelt gewisse Formen der Sehnsucht, Phobien und Rechtfertigungen. Für mich ist diese Art des Reisens immer noch ein Abenteuer, ein unaufhörliches Suchen nach neuen Horizonten und Erfahrungen, aber wie so viele Aufbrüche ist es auch ein Ausbruch gewesen – weg von einem bestimmten Ort in Zeit und Raum, weg von Routine und Verpflichtungen, raus aus der eigenen Beschränktheit. Am Anfang gab es nur einen Gedanken: Flucht.

1985 wohnte ich in einer heruntergekommenen, trostlosen Wohnsiedlung im Osten Londons. Ich hatte gerade das Studium beendet, war arbeitslos und pleite. Ich haßte so ungefähr alles, was englisch war, vor allem das Wetter. Besonders im Winter, wenn früh schon die kalte, feuchte Düsterkeit herabsank und der Himmel dichtmachte, fühlte ich mich eingeschlossen und eingeengt, erneut zu einer langen Strafe in einem feuchtkalten, überfüllten Gefängnis verurteilt. So geht es natürlich vielen beim Anbruch des englischen Winters. Meine Reaktion fiel wohl deshalb heftiger aus, weil ich meine Kindheit in Malaysia, Kuwait und an anderen sonnigen Plätzen verbracht habe. Im Winter stieg mein Alkoholkonsum, und meine politischen Ansichten ähnelten denen eines hitzigen Anarchisten, um dann mit der ersten Sommerwärme wieder gemäßigter zu werden. Aber kaum kehrte der November zurück, konnte man mich in meinem Pub wieder auf staatliche Bevormundung, die ungezügelte Polizeigewalt und auf die immer noch bestehenden Klassenunterschiede schimpfen hören. Die tristen Monate schleppten sich dahin, und spätestens im Februar war ich soweit, die gesamte königliche Familie zu köpfen oder ihnen wenigstens für immer den Tropf öffentlicher Gelder abzudrehen. Es bedrückte mich schwer, daß die Bürger von Großbritannien, meist ohne Murren, das Symbol ihrer Unterwerfung und Untertänigkeit mit ihren Steuern am Leben erhielten.

Jene gemeindeeigene Wohnsiedlung, zumeist Betonhochhäuser, lag zwischen einem Gaswerk und einer sechsspurigen Autobahn, im Ödland von Bromley-by-Bow. Grauer Schimmel wucherte an den Wänden meines ungeheizten Schlafzimmers; in der Wohnung unter mir hauste ein Alkoholiker, der ständig seine Frau verprügelte. Im Fernseher keifte Margaret Thatcher. Wieselflinke jugendliche Einbrecher suchten in den nach Urin stinkenden Treppenhäusern Schutz vor dem Wetter, standen grinsend da, die Zigarette in der hohlen Hand, wie aus einem Roman von Dickens oder J.G. Ballard: »Eins auf die Fresse gekriegt, Kumpel, oder was? Nee, keinen Schimmer. Wahrscheinlich einer von den schwarzen Arschlöchern, wa? Pakis haben doch zuviel Schiß für so was, hahaha.« Ich sehe mich noch im strömenden Regen auf meinem Weg zum Sozialamt, mit gesenktem Kopf und eingezogenen Schultern, und so huschten alle durch die Straßen. Tote Fische in vergifteten Kanälen unter einem Montagmorgenhimmel von der Farbe regengeschwärzten Betons. Ich erinnere mich an einen alten Mann, der an einer Bushaltestelle stand und mit sich selbst redete. Die Worte verloren sich im Wind. Sein Gesicht war ganz eingefallen, sah deformiert aus, vermutlich die Folge einer Schlägerei, aber ich wurde den Gedanken nicht los, daß all die geduldig ertragenen Jahre in England die eigentliche Ursache waren. »Teebeutel« nennen uns die Amerikaner, und ich konnte verstehen warum.

Ich hatte amerikanische Geschichte studiert, und wie so viele in London war ich mit der Popkultur, die von den USA herüberkam, vertraut, oder zumindest glaubte ich das. Ich las fast ausschließlich amerikanische Autoren, spielte gelegentlich als Diskjockey in einem Nachtclub Musik aus den Staaten und kannte natürlich die unvermeidlichen Filme, Fernsehshows und Werbebilder. Als Teenager flog ich zweimal nach Kalifornien; ich hatte Freunde in New York und Philadelphia. Es gab nur einen Fluchtweg: Amerika. Für mich war es das genaue Gegenteil von England: ein weites, sonniges Land, frei und ungebunden, und es bestand nicht die geringste Ähnlichkeit mit einem alten, vertrockneten Teebeutel. In jenem Winter arbeitete ich als Wachmann und hielt meinen Lohn für ein Flugticket zusammen. Im darauffolgenden Sommer ließ ich eine Frau zurück, die ich liebte, flog nach New York und blieb zwei Monate in Philadelphia, wo ich das Haus eines Freundes renovierte. Am Ende hatte ich achthundert Dollar in der Tasche. Wohin nun? In einem Alter, da man für Eindrücke noch empfänglich ist, hatte ich Jack Kerouac gelesen, und eine Reise quer durch das Land klang verlockend. So brachen drei amerikanische Freunde und ich, ein zweiundzwanzig Jahre alter Engländer, in einem alten roten Sedan gen Westen auf, und es war phantastisch. Ich war zuvor schon mit dem Auto durch Europa gefahren, aber diese Reise war etwas ganz Anderes.

Vor uns lag ein Kontinent, mehr als 2700 Meilen weit, ohne Grenzen und Sprachbarrieren, die den Fluß der Fahrt brachen. Alles war dort möglich und versprach Freiheit und Abenteuer, was man auf deutschen Autobahnen oder auf der M3 nach Basingstoke nicht findet. Selbst die Namen der Orte, die wir vielleicht ansteuern würden, hatten einen musikalischen, ja mythischen Klang: Chattanooga, Memphis, Amarillo, Oklahoma, Santa Fe. Natürlich hatten an diesem Mythos all die Bücher, Filme, Songs, Fernsehshows, Musikvideos und Werbespots ihren gewichtigen Anteil. Vergessen Sie die Freiheitsstaue. Die Autostraße ist Amerikas überragendes Symbol der Freiheit, und so sehen das die Konsumenten amerikanischer Kultur rund um den Globus. In jedem Augenblick träumen sie alle, sei es ein Straßenkind in Kathmandu, ein Handelsbankier in Bonn oder ein glückloser Zuhälter in Caracas, davon, in Jeans und einem schnittigen Wagen Amerika zu durchqueren. Eine junge Fabrikarbeiterin in Liverpool, die am Fließband steht und Hähnchen ausnimmt, sieht in ihren Tagträumen Filmsequenzen von »Thelma und Louise«.

Die erste Nacht schliefen wir auf einem von Heuschrecken

belagerten Campingplatz, irgendwo in West Virginia, und als wir im Morgengrauen aufbrachen, hinterließen die knirschenden Reifen zwei parallele Spuren toter Insekten. Dann folgte ein langer Tag auf abgelegenen Bergstraßen in Kentucky und Tennessee. Große, schlaksige Männer mit Bart und Baseballmütze starrten dem fremden Nummernschild nach. Wir überholten Kombiwagen mit bestückten Gewehrständern auf der Ladefläche. Aus dem Radio bellten Prediger in merkwürdigem Ton und Dialekt: »Suchet euer Heil im Blut Jesu Christi! Reiniget euch im Blut des Lammes!« Nahe Black Mountain in Kentucky hielten wir an einem Spirituosengeschäft, kauften eine Flasche Old Weller 107 und fuhren weiter. Betrunken erreichten wir Nashville und streiften die ganze Nacht durch die Bars. Wie sonst bitte schön soll man sich unter die Einwohner einer unbekannten Stadt mischen? (Auf einer Toilette wollte ein knochiger schwarzer Dealer zehn Dollar für ein eingepacktes Stück Kautabak. »He, Alter, das ist der absolute Stoff. Das ist der Shit, den Gott raucht.«)

Wir schliefen am Rande der Straße, auf Campingplätzen oder überhaupt nicht, sondern fuhren die Nacht durch und wechselten uns am Steuer ab. Oklahoma passierten wir in der Dunkelheit, und der neue Tag dämmerte für uns irgendwo über dem Panhandle von Texas. Über Nacht hatte sich die Landschaft von Grün zu Braun verfärbt und breitete sich vollkommen flach in alle Richtungen bis zum Horizont aus. Es gab keine Bäume mehr, und mit dem Himmel war etwas Außergewöhnliches geschehen. Ich hatte immer angenommen, daß die Halbkugel über uns überall so ziemlich die gleiche Weite hat, und so war ich auf diesen Anblick nicht vorbereitet. Während der Nacht hatte der Himmel sich erhoben, sich ausgedehnt und in seinen Dimensionen verdoppelt oder verdreifacht. Ich stieg aus dem Wagen und stand zum erstenmal im Westen. Langsam drehte ich mich im Kreise und folgte mit den Augen dem immer gleichen Horizont und starrte hinauf in den Himmel. Benommen und von Ehrfurcht ergriffen nahm ich diese grelle neue Welt aus Weite, Licht und Wind in mich auf. Auch wenn sie befremdlich und karg erschien, so hatte diese Landschaft doch auch etwas Vertrautes, wie die bruchstückhafte Erinnerung an einen längst vergessenen Traum. Vielleicht war es ein Echo aus meiner Kindheit in den

Wüsten des Mittleren Ostens. Als Junge in Kuwait saß ich am liebsten an einem Steilhang, von dem aus man über eine große, flache, leere Ebene aus Fels und Sand schaute. Vielleicht war es auch das tief sitzende Gefühl menschlicher Kleinheit angesichts der Macht und Unermeßlichkeit der Natur. Oder die Erinnerung produzierte einfach nur die romantisierenden Hollywood-Bilder der westlichen Prärie. Wie auch immer, ich fühlte mich von der Landschaft überwältigt und von der Weite derart berauscht, wie ich es noch nie zuvor erlebt hatte.

In einer westtexanischen Geisterstadt sahen die Zapfsäulen wie Grabsteine aus. Rinder grasten auf der Einfahrt zu einem verlassenen Lokal. Eine Windmühle mit gebrochenen Flügeln. Und dann zwanzig Meilen nichts. Wir fuhren weiter bis New-Mexiko, und allmählich ging die Prärie in Wüste über. Am Horizont erschienen Spitzkuppen, vulkanische Kegel und Tafelberge. Im Nachmittagslicht glühte das Land goldfarben, und der Himmel dehnte sich noch weiter aus. Im Westen, fast 100 Meilen entfernt, zeichneten sich schwach die blauen Umrisse der Sangre de Christos Berge ab, der südlichste Ausläufer der Rocky Mountains. »Man muß von der Farbe Grün wegkommen«, schrieb der Schriftsteller Wallace Stegner über die Ästhetik der westlichen Landschaft Nordamerikas, »hier darf man nicht mehr das Naturschöne mit Gärten und Parks assoziieren, man muß sich an einen nicht menschlichen Maßstab gewöhnen.« Ich machte diese Erfahrung schlagartig. Während wir über den Highway durch die karge Ausdehnung von Fels und Himmel glitten und ich aus dem Autofenster schaute, fühlte ich mich, als ob ich etwas Verlorenes wiedergefunden hätte.

Ich könnte noch mehr von jener ersten Reise erzählen – wir tranken grünen Chartreuse mit einem schwarzen Drugstore Cowboy in Santa Fe, der Sonnenuntergang über dem Grand Canyon, eine wilde harte Nacht in Las Vegas –, aber ich möchte zum Ende dieser Reise kommen oder vielmehr zum Nicht-Ende. Als wir unser Ziel Los Angeles erreicht hatten, schienen die drei erleichtert und in Hochstimmung zu sein. Aber was mich betraf, ich brauchte nur Straßen. Ich wollte sofort umkehren und weiter fahren, immer weiter. Per Anhalter erkundete ich nord- und südwärts die kalifornische Küste, dann fand ich einen Kleinlieferwagen, der nach New Orleans überstellt werden sollte. Als ich den Smog und die wuchernden Vororte mit ihren rosa gekachelten Einfamilienhäusern und Einkaufszentren hinter mir ließ und mich der Mojave Wüste näherte, durchflutete mich ein gewaltiges Gefühl der Freiheit und Erlösung. Genauso ging es mir, als ich London, Philadelphia, Nashville und Santa Fe verließ, und ich ahnte, daß dieser Rausch zur Gewohnheit werden konnte.

*

In New Orleans freundete ich mich mit einem schwarzen Strichjungen an. Zwei Tage zogen wir durch die Bars des Französischen Viertels, trieben uns zwischendurch auf Parties seiner Freunde herum und hörten den jüngsten Klatsch über Zuhälter, Huren und die kleinen Gangster von der Bourbon Street. Am Ende unseres Trips schlug er mich im Flur meines Motelzimmers mit einem Ziegelstein bewußtlos. Stunden später kam ich wieder zu mir, neben mir der Stein. Alles war weg – das Geld und die Reiseschecks unter der Matratze, alle Kleidungsstücke bis auf die, die ich am Leib trug –, und in der Badewanne klebte ein Ring aus Dreck und Tierhaaren. Während ich bewußtlos dalag, hatte mein neuer Freund sich die Zeit genommen, seinen Hund zu waschen. Die zwei Wochen, in denen ich auf die Wiedererstattung meiner Travellerschecks wartete, verbrachte ich unter Pennern und anderen Gestrandeten, die mich kostenlos mit Essen und Billigwein versorgten und mich mit Verschwörungstheorien traktierten. Bullen, Exfreundinnen, außerirdische Wesen, Nazibanker, jüdische Bankiers, auf Organdiebstahl spezialisierte Banden, die CIA – wer konnte schon die Abgründigkeit der Komplotte gegen sie ausloten? Ich schlief auf dem Parkplatz des Mariott-Hotels an der Canal Street und hielt mich morgens am Swimmingpool auf, wo ich mich als Hotelgast ausgab und in langen Briefen nach England über meine Erlebnisse berichtete.

Was ich mitteilte, fand Gefallen, und als ich schließlich nach London zurückkehrte, ermutigten mich Freunde, britischen Zeitschriften und Magazinen Artikel anzubieten. Es gelang mir, einige davon unterzubringen, und mit den Honoraren machte ich mich erneut auf den Weg in die USA. Ungefähr sechs Jahre war das mein Lebensrhythmus: Ich reiste durch Amerika, bis mir das Geld ausging, flog zurück nach London und verkaufte meine

Texte, die nun immer besser bezahlt wurden. Es lief gut, und irgendwann mußte ich nicht jedesmal wieder den Rückflug antreten. Eine Zeitlang hatte ich eine Adresse in Austin (Texas), dann in Moab (Utah), dann in Tuscon (Arizona); zwischen diesen Ortswechseln fuhr ich kreuz und quer durch das Land und machte langen Reisen nach Mexiko, aber stets kehrte ich zu den riesigen Weiten des amerikanischen Westens zurück. Ich übernachtete in billigen Motels, auf Campingplätzen, bei Leuten, die ich kannte oder kennengelernt hatte, und auf dem Rücksitz des Wagens, den ich gerade fuhr. Fünfundzwanzig Dollar pro Tag für Lebensmittel, Bier, Zigaretten und Benzin, und ich war glücklich. Wenn mir die Kohle langsam ausging, fand sich immer eine Story, die aufgeschrieben und weggeschickt werden konnte.

Ich beabsichtigte, so bis zum Ende zu leben. Das ständige Unterwegssein wurde zu einer Lebensphilosophie, zu einer Obsession; es schien alle Probleme zu lösen. Besitz ist eine sinnlose Belastung, Ehrgeiz eine Falle, Hypotheken haben etwas Obszönes (Zahlungen für die eigene Gefängniszelle). Unbedingt zu vermeiden waren liebesromantische Verwicklungen. Ich verschloß mich zarteren Gefühlen, und so blieb es für viele Jahre: Warum sollte ich es riskieren, mich zu verlieben, wenn ich doch genau wußte, daß ich die Stadt in ein, zwei Wochen wieder verlassen würde? Warum nicht eine kurze Affäre, und wer weiß, vielleicht sehen wir uns irgendwann einmal wieder? Ich entwikkelte eine Vorliebe für ausgedehnte Campingtouren zu den Wüsten von Arizona und Utah, durchwanderte sie tagelang, bis ich das Gefühl hatte, das Ende der Welt erreicht zu haben. »Was gibt es dort draußen Besonderes?« wollten die Leute wissen; vor allem meine Londoner Freunde waren verwundert. »Nichts«, war meine Antwort, »Weite, Stille, Felsen. Und es ist sehr schön.« »Aja, und was machst du dort?« »Essen, schlafen. Meistens laufe ich herum.« Manchmal nahm ich Freunde mit auf meine Wüstenwanderungen. Doch immer häufiger brach ich alleine auf. Ein paar Nächte, manchmal auch eine Woche schlief ich unter dem Sternenhimmel, und wenn es, selten genug, einmal regnete, suchte ich Schutz in einer Höhle. Ich badete in Flüssen, wo immer ich sie fand, lebte von Biltong und Studentenfutter, und abends saß ich an einem Lagerfeuer. In den Augen anderer sah ich gewiß verwildert aus; ich blieb dort solange, bis ich meiner selbst müde wurde oder Nahrung und Wasser ausgingen. Dann machte ich mich zum nächst gelegenen Ort auf, unterhielt mich mit Leuten in den Bars, frischte meine Vorräte auf und zog weiter.

Wovor rannte ich weg? Wovor fürchtete ich mich? Diese Fragen stellten sich mir nie. Ich war jung und unbekümmert. Jeden Morgen wachte ich mit einem Lächeln auf, ich war überzeugt davon, das Rätsel menschlicher Freiheit gelöst zu haben. Die Auflösung war ganz einfach: Bleibe nirgendwo länger als zwei Wochen. Längs meines Weges, auf Campingplätzen, in Fernfahrerlokalen, Busbahnhöfen und Rasthäusern, in Cafés und Motels, auf Frachthöfen und in Güterwagen, als Anhalter auf den Straßen, überall traf ich Leute meines Schlages – Amerikaner, die die Zivilisation der Seßhaftigkeit für ein nomadisches Leben verlassen hatten. Es waren fast ausschließlich Männer; sie alle hatten zu lange auf die immer gleichen Wände geschaut und sich schließlich zum Ausbruch entschlossen. Im Nordosten der USA traf man sie selten, häufiger schon im Süden und Mittelwesten. Zwischen Texas und Kalifornien, zwischen dem Missouri und Seattle aber waren sie überall. Was auch immer die persönlichen Gründe dieser Leute sein mochten – eine Kindheit mit vielen Ortswechseln, weitgereiste Väter und Großväter, Widerwille gegen Routine, Furcht vor Verantwortung und Verpflichtungen –, ich befand mich mitten in einer Welt entwurzelter, rastloser Menschen. Sie bildeten keine Gemeinschaft, vielmehr handelte es sich um eine Anhäufung locker verknüpfter Subkulturen, die wieder und wieder die gleichen Territorien durchkreuzten: Raubeine von den Ölfeldern, Erntehelfer, Rancharbeiter und Rodeocowboys, Fernfahrer und Straßensänger, umherziehende Händler und Verkäufer, Dauertouristen, und die Legion der Streuner, Straßengauner, Wanderarbeiter und Landstreicher.

Ich fing an, über sie zu schreiben, suchte nach Literatur über ihre historischen Vorgänger und zog Verbindungslinien zwischen Gegenwart und Vergangenheit. Was treibt einen Menschen dazu, sein Leben in ständiger Bewegung zu verbringen? Ist es ein natürlicher menschlicher Trieb oder eine psychische Krankheit? Warum war und ist dieser Typus so vorherrschend in Amerika, insbesondere im Westen? Je mehr ich las, desto klarer sah ich die Geschichte des amerikanischen Westens als einen weiteren Akt in dem alten menschheitsgeschichtlichen Drama, nämlich dem Konflikt zwischen wandernden und seßhaften Stämmen, zwischen Nomaden und staatlich organisierten Zivilisationen. Dieser Konflikt verkörpert sich in den Lebensgeschichten der Leute, mit denen ich über die Jahre sprach, und die meisten von ihnen sind sich dessen vollkommen bewußt. Es ist, als schaute man durch ein Prisma, doch was sich dabei zeigt, entspricht so gar nicht Amerikas lang gehegten Ideen über sich selbst. Wenn man etwa die Aufzeichnungen und Berichte der sogenannten »Frontiersmen« liest, so wird rasch klar, daß sie nicht die stolze Vorhut der Zivilisation bildeten, die mit triumphierender Selbstgewißheit gen Westen marschierte. Fast alle waren vielmehr auf der Flucht vor der Zivilisation. Sie lebten eher wie nomadische Indianer als wie zivilisierte Europäer; sie streiften als Jäger und Trapper durch die Wildnis, trugen Kleidung aus Wildleder und Mokassins, nahmen sich Indianerinnen zur Frau, lernten deren Sprachen und skalpierten ihre Feinde. Jedesmal, wenn die Zivilisation sie einzuholen drohte, zogen sie weiter und flüchteten bis zum Pazifik, um den Einschränkungen des seßhaften Lebens zu entkommen.

Aus der Sicht des Nomadologen stehen die Cowboys und die Indianer der westlichen Prärie auf derselben Seite. Es waren Soldaten der USA, und nicht Cowboys, die die meisten Kämpfe gegen die Präriestämme führten. Natürlich kam es gelegentlich zu Scharmützeln zwischen Indianern und Cowboys, aber sie teilten doch ähnliche Grundüberzeugungen: Das Land sollte frei zugänglich sein, und jeder sollte dem vom jahreszeitlichen Rhythmus bestimmten Zug der Tiere über die riesigen Weiten unbehindert folgen können. Erst als sich Farmer in Kansas und Nebraska niederließen und das offene Weideland und die Wasserstellen einzuzäunen begannen, griffen die Cowboys nach ihren sechsschüssigen Revolvern und zogen in den Krieg. Der ging rasch verloren; immer mehr Freiland wurde eingegrenzt und zwischen privaten Grundbesitzern und der Regierung aufgeteilt. Zur gleichen Zeit, in den siebziger und achtziger Jahren des neunzehnten Jahrhunderts, wurden auch die letzten frei umherziehenden Indianerstämme besiegt und in Reservationen eingepfercht. Wie auf allen Kontinenten ist auch die Geschichte Nordamerikas von Zähmung, Besiedlung und Kontrolle bestimmt.

Dem stetig sich ausbreitenden zivilisatorischen und staatlichen Netzwerk mußten die nomadischen Kulturen erliegen. In Europa erstreckte sich dieser Prozeß über Jahrtausende. Im amerikanischen Westen vollzog er sich in einer Generation, und noch heute kann man Leute treffen, deren Großeltern diesen gewalttätigen Umbruch durchlebten. Und doch gibt es im Westen immer noch riesige Gebiete außerhalb der Planquadrate von Feldern und Städten, und nomadische Überzeugungen und Verhaltensmuster haben sich als ein atavistisches und mutierendes Element in der herrschenden Kultur erhalten. Sie leben fort in kollektiven Überlieferungen und in Familientraditionen, während die Popkultur sie romantisiert und oft verkitscht. Wer hat nicht in seiner Phantasie die Prärie durchquert und sich dabei Cowboys und Indianer und wandernde Büffelherden vorgestellt? In wie vielen Köpfen hält sich das Bild von John Wayne und einem Pferdehintern, die einem perfekten Zelluloidsonnenuntergang entgegenschaukeln?

Keine Eroberung ist eine bloß einseitige Angelegenheit, besonders keine, die dem allgemeinen Gedächtnis noch so nahe ist. Irgend etwas von den Eroberten färbt stets auf den Sieger ab. Und die unglücklich Besiegten geben keine Ruhe: Geisterreiter galoppieren über die Prärie und durch die Erzählungen der Nachkommen. Freiheit ist heutzutage, und war es vielleicht immer, ein unscharfer Begriff. Wenn die Amerikaner davon zu sprechen beginnen, zeigen die Briten meist ein höhnisches Grinsen und geben zu verstehen, daß doch nichts anders gemeint sei als die Freiheit, sich mit Handfeuerwaffen gegenseitig umlegen und sich rüpelhaft benehmen zu dürfen. Die Briten sind schon so lange unterworfen und gezähmt, daß sie die amerikanische Freiheitsrhetorik nur noch als naiv, hohl und illusionär wahrnehmen. Und es ist ja wahr, daß die Rede von Amerika als Verfechterin der Freiheit angesichts der rabiaten, diktatorenfreundlichen Außenpolitik amerikanischer Regierungen und der Rassendiskriminierung im Lande oft heuchlerisch klingt. Gewiß lieben Amerikaner es, lauthals sich und dem Rest der Welt ihre Freiheiten zu verkünden, aber es ist keineswegs klar, ob sie sich auf mehr als einen Mythos beziehen. Mit wenigen Ausnahmen, vor allem dem Recht auf Waffenbesitz, sind die Freiheiten, die ihnen angeblich die »Bill of Rights« garantiert, weitgehend beschnitten oder vollkommen dezimiert worden – über zwei Jahrhunderte auf gesetzlichem Wege im Namen der nationalen Sicherheit, christlicher Werte und des Patriotismus. Daß die Verfassung der USA gegen so wenig allgemeinen Widerstand ausgehöhlt werden konnte, sagt einiges über das Freiheitsverständnis der politischen Mitte in Amerika. In erster Linie ist Freiheit hier eine Redefigur, ein patriotisches Schlagwort; in der Überzeugung der großen Mehrheit bedeutet Freiheit vor allem das Recht auf Privateigentum, ungehemmter Kapitalismus, niedrige Steuern, sozialer Aufstieg und die Abwahl unpopulärer Politiker. Das Recht auf freie Rede wird durchaus hoch geschätzt, nur nicht in Kriegszeiten und an politisch korrekten Universitäten. In grober Zusammenfassung könnte man sagen, daß die Beschwörung der Freiheit vornehmlich zum Credo der Immigranten gehört. Sie hilft ihnen bei der Artikulation typischer Probleme und Wünsche von Einwanderern, die wirtschaftliche Erfolge, Aufstiegsmöglichkeiten und Zugang zu politischer Macht erhoffen. Natürlich haben auch die Freiheitsideen der europäischen Aufklärung ihre Wirkung getan.

Jedoch gibt es in der amerikanischen Psyche noch eine ganz andere Vorstellung von Freiheit, die nicht von der politischen Philosophie Europas herstammt. Man könnte sie kurz das Credo der Nomaden nennen: Freiheit ist unmöglich und ein leeres Wort innerhalb der Beschränkungen der seßhaften Gesellschaften; die einzig wahre Freiheit ist die Freiheit, durch das Land zu ziehen, ohne irgend jemandem für irgend etwas verpflichtet zu sein. Man mag das für widerspenstig und anachronistisch, für zum Scheitern verurteilt, überheblich oder naiv halten, aber wenn es eine Überzeugung gibt, die alle in diesem Buch auftretenden Charaktere eint, dann ist es diese Idee von Freiheit.

Ein tibetanischer Würdenträger, der Amerika zum erstenmal besucht, sitzt am Ufer des Green River in Utah und schaut über die Berge und die vom Wind geformten kargen Hochebenen. Seine Name ist T.T. Karma Chopel. Er ist hierher gekommen, um das Funktionieren der Demokratie zu studieren, aber darauf richten sich seine Gedanken jetzt nicht. Irgend etwas in der Landschaft und der weitgeschwungene Himmelsbogen erinnern ihn an sein Heimatland. Er denkt an Yaks und Yakshirten, die endlos die tibetanischen Hochebenen durchwandern. Er weiß, daß es keine Yakshirten in Amerika gibt, aber er nimmt an, daß es etwas Entsprechendes geben müsse. »Wo sind eure Nomaden?« fragt er.

Kapitel 1

Notizen in einem Tag und Nacht geöffneten Fernfahrerlokal am Stadtrand von Albuquerque: Trinke Kaffee in einer Sitzecke aus rotem Vinyl und schaue durch das Fenster auf die Tankstelle. Ich sehe die Nomaden, wie sie kommen und gehen auf ihrem Weg durch die Wüste: eine Motorradgang unterwegs zu einem Treffen in Sturgis (South Dakota); sechs Wanderarbeiter in einer Klapperkiste, die dem Erntezyklus von Texas bis hinauf nach Montana folgen; ein Lieferwagen voll mit Teenagern in Batik-Klamotten auf dem Weg zum nächsten Phish-Konzert oder einer Rainbow-Versammlung; Lastwagenfahrer, Handlungsvertreter, Flohmarktverkäufer; ein Wanderprediger in einem Wohnmobilanhänger, der aus Holzlatten und Schrotteilen zusammengenagelt ist: »Reverend Dale Billings – Erlösung auf Rädern – Sünder willkommen«. Aus den schattigen »Schluchten« zwischen den geparkten Kenworths und Peterbilts, wo sie ihr Starkbier schlucken und auf ihre Feinde schimpfen, tauchen bärtige Landstreicher mit zerfurchten Gesichtern und anderes Strandgut der Straße ins grelle Neonlicht, schlurfen über den Vorplatz und schnorren Zigaretten und Kleingeld. Jenseits der Autobahn stehen auf einem mit Elektrozäunen gesicherten Campingplatz hübsch nebeneinander aufgereiht vierzig oder fünfzig RVs (Recreational Vehicles), große luxuriöse Wohnmobile, die besonders bei den umherreisenden Ruheständlern aus dem Südwesten beliebt sind. Die typischen Markennamen lauten: Wanderer, Sundowner, Sunchaser, Airstream, Nomad.

Vom Fenster eines Fernfahrerlokals im Westen Amerikas sieht es so aus, als ob die halbe Nation ständig auf Rädern wäre: aufbrechen und irgendwo anders neu beginnen, fahren, um Geld zu verdienen, oder reisen um des Reisens willen, Bewegung um der Bewegung willen. Reiselust, Rastlosigkeit, die Unmöglichkeit, zu bleiben oder anzukommen, Autofieber. Davon gibt es hier viel mehr als in Europa oder sonstwo in der industrialisierten Welt. Vorzuherrschen scheint das quälende Gefühl, daß es dort draußen auf den Straßen ein besseres Leben gibt. Ist es angeboren, Teil der Kultur oder eine Krankheit? Die Psychologen mit festem Wohnsitz und Arbeitsplatz nennen es Dromomanie: ein krankhafter Bewegungstrieb, oder auch Drapetomanie: ein nicht zu unterdrückendes Verlangen, wegzulaufen. Ein Nomade würde natürlich mit starken Argumenten dagegenhalten: Seßhaftigkeit ist eine den Menschen aufgezwungene, unnatürliche und daher bedrückende Lebensweise. Das Verlangen, sich fort- und weiterzubewegen, ist ein angeborenes menschliches Bedürfnis, vielleicht eine genetische Erbschaft aus jener Millionen Jahre währenden Frühzeit, da wir als Jäger und Sammler umherzogen. Bruce Chatwin etwa war davon überzeugt, daß so wie manche Vogelarten und andere Tiere auch die Menschen einen Wandertrieb haben. Warum, fragte er, beruhigt sich ein schreiendes Baby, wenn es gewiegt und geschaukelt wird? Weil über die allerlängste Zeit der evolutionären Entwicklung unserer Gattung Neugeborene in einer Schlinge oder einer Kindertrage am Leib ihrer Mütter gebunden waren und »durch den sanft wiegenden Gang in einen Zustand wohliger Zufriedenheit versetzt wurden.«

Der seßhafte Psychologe hat dafür nur ein herablassendes Lächeln übrig: die Dromomanie finde immer einen passenden Grund für den Bewegungstrieb, so wie der Alkoholiker stets rechtfertigen kann, warum er noch etwas trinken muß. Und wie der Alkoholismus setze auch diese Krankheit einer unverhältnismäßig großen Zahl von Menschen zu. Aber was weiß schon der Schlaumeier der Seßhaftigkeit? Hat er jemals den puren Freiheitsschauer erlebt, wenn man alles hinter sich läßt – die Schulden, die Bindungen, die Besitztümer und Verpflichtungen – und in die weite blaue Ferne aufbricht? Hat er je die geheime Verlokkung gespürt?

*

»Trucker sein ist die vollkommene Erfüllung des amerikanischen Traums.« Das jedenfalls ist die kühne Behauptung von Mike Hatfield, 24 Jahre alt, aus Reno (Nevada). Diesmal transportiert er eine Ladung Matratzen quer durch das Land. Ich treffe ihn an einem Rastplatz, wo er eine Tasse Kaffee trinkt und einen Teller Chili con carne ißt. Er ist schlank, trägt eine Brille, ist belesen und gut gelaunt; man würde ihn nicht für einen Fernfahrer halten. »Vergiß das Häuschen in der Prärie«, sagt er mir, »vergiß den weißen Palisadenzaun, den Bungalow in einem Vorort, die monatliche Hypothekenzahlung, die Garage für zwei Wagen und den restlichen Dreck. Wir träumen davon, unser Haus abzufackeln und das Pferd wieder zu satteln, und so ist es immer gewesen seit den Zeiten, da die Große Prärie noch bis zu den Knien mit Büffelscheiße bedeckt war.« Mike, so stellt sich im Gespräch heraus, ist ein begeisterter Kenner der Geschichte des Westens, so etwas wie ein Amateurhistoriker. Das Fahrerhaus seines Peterbilt-Schwerlastzugs und die Schlafkoje sind vollgestopft mit Büchern; die Titel reichen von Wildwestschmonzetten bis zu den gelehrten Wälzern von Bernard DeVoto und Walter Prescott Webb. Die zerlesenen Bücher sind mit Eselsohren versehen und voller Kaffeeflecken, die Seitenränder füllen gekritzelte Kommentare, und Schlüsselstellen sind mit Bleistift unterstrichen. Alle diese Passagen beziehen sich auf das gleiche Thema. »Nach den Indianern kamen die Cowboys und Goldsucher und Eisenbahnarbeiter, und sie waren fast genauso ungebunden, freiheitsliebend und umhergetrieben. Ich bin zu einem Viertel Cheyenneindianer und zu drei Viertel ein schottisch-irischer Cowboy. Für mich ist es klar: ich bin geboren, um umherzuziehen.«

Mike nimmt mich bis Texas mit. Während der Fahrt schluckt er kleine weiße Pillen, raucht eine Marlboro nach der anderen und redet pausenlos die ganze Nacht. Wir durchqueren die riesige flache Leere der Llano Estacado, einst das windgepeitschte Herzland der Comanchen, bis sich schließlich im Osten die erste graue Helle zeigt. Mike hält am Straßenrand und macht auf einem Campingkocher Kaffee. Er liebt die Morgendämmerung und hält oft an, um den Anbruch des Tages zu beobachten. Am Horizont steigt langsam die Sonnenscheibe auf, ein fahles aprikosenfarbenes Licht ergießt sich über die blau-graue Ebene, noch ist im Westen der Mond sichtbar, und die Kojoten winseln und heulen, als feierten sie ihre nächtliche Beute oder ihr Kojotendasein. Unsere Schatten nehmen hinter uns immer längere Formen an wie groteske Figuren in einem Zerrspiegel. Längs der Straße stehen Telefonmasten mit durchhängenden Leitungen. In der Nähe ist ein Stacheldrahtzaun, in dem sich zusammengewirbelte Büschel von Steppengras verfangen haben. Dahinter entrollt sich über 40 oder 50 Meilen bis zum Horizont sanfte, reine Weite. »Schau dir dieses Land an«, sagt Mike, »es wurde nicht geschaffen, um darauf zu siedeln. Es ist zu groß und trocken und nach allen Seiten offen. Gott wollte, daß in einem Land wie diesem Mensch und Tier umherwandern. Die Comanchen wußten das, die Cowboys wußten das, und die Büffel auch. Mann, kannst du dir das vorstellen? Diese ganze Fläche voll mit Büffeln, schwarz von Büffeln bis zum Horizont. So weit das Auge reichte, riesige Bisonherden.«

Niemand weiß, wie viele Bisons einst über die Great Plains zogen. Die Schätzungen schwanken zwischen 50 Millionen und 125 Millionen. Sicher jedoch ist, daß kein großes wildlebendes Tier irgendwo auf der Erde so zahlreich sich ausbreitete. Der Hauptgrund für ein derartiges Wachstum in solcher Umgebung war die Mobilität der Bisons. Sie grasten im Winde, der fast ständig über die Prärie fegte. Im Winter waren sie Schneestürmen ausgesetzt. So entwickelten die Tiere große zottige Köpfe, bucklige Schultern und schmale schlanke Hinterteile mit kurzem Fell. Im Verlauf eines gewöhnlichen Jahres drehte sich die Windrichtung auf den Great Plains gegen den Uhrzeigersinn um 360 Grad, und dieser Bewegung folgend, zogen die Büffelherden einen ungefähren Kreis oder eine Ellipse mit einem Durchmesser von drei-, vierhundert Meilen, durchquerten kühlere Plätze im Sommer, wärmere im Winter, immer auf der Suche nach frischem Weideland und Wasser. Es kam vor, daß der Wind zu lange aus dem Südwesten blies; dann verirrten sich die Büffel in den Wüsten und starben an Hunger und Durst. Verlockt von einer sanften beständigen Brise aus dem Norden zu Beginn des Winters, verirrten sich Herden in Montana manchmal bis in die fernen frostkalten Tiefen Kanadas, wo sie verendeten. Aber das geschah doch selten und hatte für den Bestand keine dramatischen Folgen. Wer kann sich schon eine Zahl von 60 Millionen oder doppelt so viele Tiere vorstellen? Mike und ich versuchten es vergeblich.

Und doch brauchte es weniger als 30 Jahre, um die Bisonherden des Westens fast gänzlich auszurotten; der Höhepunkt der Schlächterei fiel in die siebziger Jahre des 19. Jahrhunderts. 1883 gab es kaum mehr als 300 Büffel, die aus Nostalgie noch auf privaten Ranches gehalten wurden. Weiße auf der Jagd nach Tierhäuten verrichteten den größten Teil des Tötens, unterstützt wurden sie dabei von staatlichen Behörden und weitgehend auch von der weißen Bevölkerung, die die Abschlachtung der Büffel als die endgültige Lösung des »Indianerproblems« ansah. Das Problem bestand seit Anbeginn darin, wie man die Indianer am sichersten und schnellsten ihres Landes berauben konnte. So hatte gewiß ein Element imperialistischer Verschwörung seinen Anteil an dem blutigen Wüten, aber als die treibende Kraft erwies sich die kapitalistische Ökonomie.

Im Osten der USA und in Europa boomte in jenen Jahren die Nachfrage nach Büffelleder, was die überstürzte, habgierige Heftigkeit des Abschlachtens erklärt. Bis zu 5000 Jäger, die auf eigene Rechnung arbeiteten, trieb es auf die Prärie. Das Töten und Häuten der Bisons war eine anstrengende, schmutzige und gefährliche Arbeit; die Männer standen die meiste Zeit bis zu den Hüften im Blut, und überall lauerten Indianer, doch eine Zeitlang zahlte der Markt genug, um ein solches Risiko einzugehen. Genug jedenfalls für Whiskey, Prostituierte und die Spielhöllen, wenn man in die Stadt zurückgekehrt war und die Häute verkauft hatte.

Das Fleisch der gehäuteten Tiere blieb zurück und verrottete, so daß der Gestank über Hunderte von Meilen die Luft verpestete. Für Wölfe, Geier und andere Aasfresser waren es gute, fette Zeiten, für die Indianer dagegen bedeutete es Hunger, Verzweiflung, Weltuntergang. Als Subsistenzjäger hatten sie den Herden kaum geschadet, aber um 1870 konnten auch sie sich der Ökonomie des Marktes nicht mehr entziehen. Sie brauchten nun viel mehr Häute als früher, um dafür Gewehre, Munition, Kochtöpfe aus Eisen, Stahlmesser, Nadeln, Ahlen, Tuch, Spiegel, Kaffee, Zucker, Whiskey und andere Produkte der weißen Zivilisation, von denen sie abhängig geworden waren, zu tauschen. Entgegen der landläufigen Meinung fanden auch die Indianer nicht immer

Verwendung für alle Teile des toten Büffels. Wenn sie etwa verfolgt wurden, allein umherzogen oder rasch Tauschware, oft genug Alkohol, brauchten, kam es schon vor, daß sie nur die Haut und die Zunge nahmen und sich um den Kadaver nicht weiter scherten. Trotzdem waren die Prärieindianer entsetzt von der Art und Weise, wie die weißen Jäger die Herden gnadenlos und methodisch aus der Welt metzelten. War eine Herde ausgerottet, so zogen die Weißen weiter, wobei sie unvorstellbare Mengen an Fleisch zurückließen. Kein Frage: das war ein Zeichen von Krankheit oder Wahnsinn. Auch die Jagdpraktiken der Indianer waren nicht immer so sauber und sorgfältig, wie im romantisierenden Rückblick oft behauptet wird, aber die Präriestämme fühlten doch eine tiefe religiöse Verehrung für die Büffel, die in einem geheiligten Austausch ihr Leben gaben, so daß die Indianer leben konnten. Die großen Herden schienen so zeitlos und elementar zu sein wie das Gras oder der Wind, und als sie verschwanden, weigerten sich anfänglich die Indianer, das zu glauben. Sie sagten, die Bisons seien in den Norden gezogen oder hätten Zuflucht unter der Erde gesucht. Selbst die weißen Jäger konnten es kaum fassen, daß sie sich selbst in so kurzer Zeit um ihren Lebensunterhalt gebracht hatten.

In der Folgezeit entstand ein neuer Markt. Ein wüster Trupp von Knochensammlern machte sich auf in die Prärie. Längs der Eisenbahngleise wurden gewaltige, bis zu 20 Meter hohe Knochenberge aufgeschichtet, die auf ihre Verschiffung in den Osten warteten. Dort wurden sie zu Dünger zermahlen oder für die Herstellung von Knöpfen, Kämmen und Leim verwendet. Auf Fotos aus jenen Jahren posieren Männer mit schäbigen Hüten und struppigen Schnurrbärten vor den Knochenhaufen, die sie wie armselige, stolze, gequälte, kampflustige Zwerge aussehen lassen. Wenn all die Knochen mit nur einem Transport verladen worden wären, so schätzte einmal die Farmer-Zeitschrift *Topeka Mail and Breeze*, hätte der Güterzug eine Länge von 7575 Meilen – die mehr als doppelte Entfernung zwischen San Francisco und New York – haben müssen.1883, am Ende des großen Abschlachtens, waren alle nomadischen Präriestämme in Reservate getrieben worden, wo sie gewaltsam in die Anfangsgründe christlicher Frömmigkeit, die Ideologie des privaten Grundbesitzes und die Techniken der Landwirtschaft eingeführt wurden.

1886 gab es auch den freien, den alten Jagdpfaden folgenden Cowboy nicht mehr. Nun arbeitete er auf den Ranches und schlief in Baracken; die Siedler, die er einst so verachtete, hielten ihn durch Zäune von dem offenen Weideland fern. Seine große Zeit hatte ohnehin nur zwei Jahrzehnte gedauert und fiel mit den letzten Tagen des berittenen Nomadentums in Nordamerika zusammen. Wohl trieben sich noch im Hinterland und in den Canyons Geächtete, aufsässige Indianer und Pferdediebe herum, aber bald waren auch sie aufgespürt und zur Strecke gebracht. Die Sieger erklärten den Westen für erobert, gezähmt und frei für den Landbau.

Fährt man heute durch die Gegend, so macht sie nicht durchwegs diesen Eindruck. Anders als im Osten der USA, von Europa ganz zu schweigen, sind besiedelte Flächen nicht das vorherrschende Charakteristikum des Westens. Nach wie vor prägen die riesigen, leeren Weiten das Bild, die Umhergetriebenen auf den Straßen, die Geisterstädte, die der Wind der Prärie wieder gleichmacht, die aufgegebenen Farmen, die den Kampf gegen das harsche Klima und die Übermacht der Agrarkonzerne verloren haben. Selbst noch in den Städten ist die rastlose, entwurzelnde und vorwärts treibende Geschichte des Westens gegenwärtig. In Albuquerque, Phoenix, Tucson und Las Vegas wächst die Bevölkerung schneller als sonstwo im Lande, und doch haben diese boomenden Ballungsräume, zumindest für europäische Augen, eine wenig solide Gegenwärtigkeit von zweifelhafter Dauer. Man fährt durch meilenlange Caravanparks und Wohnwagenlager, durch schöne neue Vororte und futuristische Gebäudekomplexe für wohlhabende Senioren. Diese Fertigtraumhäuser aus Holz und Gipskarton, die auf Landstrichen mit rasch schwindendem Wasservorrat errichtet sind, brachten wohl den Baugesellschaften fette Profite, aber in kaum dreißig Jahren werden sie auseinanderfallen. »Wegwerfhäuser« nennt sie ein Freund von mir, der damit seinen Lebensunterhalt verdient. In Phoenix, das von den Städten im Westen den vergänglichsten Eindruck macht, leben 40 Prozent der Menschen seit weniger als fünf Jahren, und die Hälfte der Einwohnerschaft möchte weg von dort, sobald sich die Chance ergibt.

Vielleicht ist es nur eine Frage der Zeit. Schon möglich, daß in hundert Jahren das weite offene Land verschwunden oder zu

Inseln inmitten einer See aus Beton reduziert ist und daß die Bewohner sich an ihrem Wohnort heimisch fühlen. Irgendwann mag die Besiedlung des Westens tatsächlich abgeschlossen sein, aber es bleibt ein gewaltiges Hindernis, das es so im Osten des Landes oder in Europa nie gab. Von einem kleinen feuchten Landstrich an der pazifischen Nordwestküste abgesehen, dominiert Trockenheit den amerikanischen Westen, formt seine Geographie, Fauna und Flora und setzt dem kapitalistischen Prinzip des unaufhörlichen Wachstums Grenzen. Das Grundwasser, das sich in tieferen Schichten über Millionen Jahre durch die Ansammlung spärlichen Regens gebildet hat, sinkt heute in dramatischem Tempo. Dem Colorado, der große Fluß im Südwesten, ist bereits so viel Wasser entnommen worden, daß er nicht mehr die See erreicht. Man versteht, warum in diesem ariden Klima das Gras in vereinzelten Büscheln wächst und nicht in großen, dichten Flächen, warum hier keine Bäume Wurzeln schlagen, warum die Flüsse und die Städte so weit voneinander entfernt liegen. Ein Büffel auf der Suche nach Wasser und ein Lastwagenfahrer auf der Suche nach einem Frühstückscafé müssen ungefähr dieselbe Entfernung zurücklegen, um zu finden, was sie zur Stärkung brauchen.

Trockenheit schafft buchstäblich Raum. Wo es keine Feuchtigkeit und keinen Nebel gibt und Bäume nicht die Sicht versperren, erweitert sich für das menschliche Auge das Sehfeld enorm. Von den Höhen des Bryce Canyon in Utah kann man an einem klaren Tag 180 Meilen weit schauen – von London bis Manchester – und noch das Jenseits des Horizonts erahnen. Wenn es nicht gelingt, durch so etwas wie einen technisch inspirierten Regentanz die Wolken zum Platzen zu bringen, dann wird der Westen von den großen leeren Weiten beherrscht bleiben, und eine gewisse Spezies der menschlichen Gattung wird weiterhin den Drang verspüren, diese Landschaft zu durchstreifen. Der offene Raum erfordert Beweglichkeit – das ist eine der Grundregeln des Nomadentums. »Das ist Geographie elementar, ein höllisch weites Land, von Anbeginn«, schrieb Charles Olson in *Call Me Ishmael*, »eine Ausdehnung aus Sand und Stein – Meere zu beiden Seiten, keine Barrieren, um so ein ruheloses Wesen wie den westlichen Menschen aufzuhalten.« Als Gertrude Stein gefragt wurde, wie sie Amerika in einem Satz definieren würde, antwortete sie: »Stellen Sie sich einen Raum voller Bewegung vor.«

*

»Ich sehe mich selbst als einen Cowboy der letzten Tage«, sagt Mike während unserer Fahrt nach Amarillo. »Aber das hat nichts mit Westernfilmen oder Marlbororeklame oder anderem Werbescheiß zu tun. Es liegt mir im Blut. Meine Familie zieht seit vier Generationen durch den Westen, ja weitaus länger, wenn man die Vorfahren meiner Großmutter hinzurechnet.« Mikes Urgroßvater durchquerte diese Gegend auf einem Pferderücken; er trieb Langhornrinder von Südtexas zu den Bahnstationen in Dodge City und Ogallala und weiter hinauf nach Montana und Dakota. Als immer mehr Freiland eingezäunt wurde, ging er nach Wyoming und arbeitete auf Rinderfarmen, wenn er nicht gerade mit Viehdieben unterwegs war oder im Gefängnis saß. Mit fünfzig heiratete er eine Frau in San Francisco, und sie zogen drei Kinder auf der Ranch ihres Vaters in Nevada groß. Auch Mikes Großvater war ein Rancharbeiter, der kreuz und quer durch die nördlichen Plains von einer Schlafstelle zur nächsten zog. Er heiratete eine Frau aus dem Nördlichen Cheyenne Reservat in Montana, und sie hatten vier Kinder, die sie an sechs verschiedenen Orten aufzogen. Mikes Vater begann seine Laufbahn auch als Cowboy, war aber bald die schlechte Bezahlung leid und verdingte sich als Hilfsarbeiter auf den Ölfeldern; das brachte ihn nach Texas, Oklahoma, Wyoming und hinauf in den Nordwesten nach Alaska und in die Gegend am Yukon River. Mit vierzig ging er die Ehe mit einer professionellen Spielkartengeberin in Reno ein und probierte ein seßhaftes, geregeltes Leben. Zwei Jahre später war er wieder weg, zurück zu den Ölfeldern. Er versprach, Geld für das Baby zu schicken.

»Ich wurde von meiner Mutter großgezogen«, erzählt Mike, »Dad tauchte ein-, zweimal im Jahr auf, sie bekamen sofort Streit, und er verschwand wieder. Worüber sie stritten? Das Übliche. Er wollte, daß wir mit ihm kommen, irgendwo dort oben nach Fairbanks, Billings, am Yukon oder weiß der Teufel wo er gerade arbeitete, und in einem Zelt oder Wohnwagen leben, das hing davon ab, wieviel von seinem Lohn er versoffen hatte.

Mom wollte in Reno bleiben und uns mit Hilfe der regelmäßigen Zahlungen durchbringen.« Als er 21 wurde, machte Mike den Führerschein für Schwerlastzüge. Er nahm einen Kredit auf und kaufte sich einen Gebrauchtlastwagen, den er nun seit drei Jahren fährt. Seine Post wird an die Adresse seiner Mutter in Reno geschickt, aber weder dort noch sonstwo fühlt Mike sich wohl oder zugehörig. Sein Heim ist das Fahrerhaus seines Peterbilt. »Dieses Leben kommt der Freiheit im heutigen Amerika am nächsten. Natürlich ist da immer noch eine Menge Scheiß mit Versicherung und Vorschriften und Steuern, und vielleicht werde ich meine Schulden nie los, aber noch bin ich ein freier, ungebundener Mann, und das, glaube ich, ist für mich das einzig Richtige.« »Du willst wissen, warum all diese Leute auf der Straße leben? Das ist falsch gefragt, stellt die Sache auf den Kopf. Die wirkliche Frage ist doch die, warum irgend jemand auf einem Fleck bleibt. Warum willst du dein ganzes Leben in derselben verdammten Schachtel hausen oder jahrelang schuften und arschkriechen, bis du in eine größere Schachtel einziehen darfst?« So spricht ein wahrer Nomade. Die gleichen Ansichten verkündeten durch die Jahrhunderte Beduinen, Kasachen, Mongolen, Apachen, Comanchen, Crows, Sioux und die Cheyenne-Indianer, Mikes eigene Vorfahren. Nomaden haben die Seßhaften immer als Schwächlinge und Feiglinge verachtet, die im Austausch gegen Sicherheit und Bequemlichkeit ihre Freiheit verschachert haben. Die Seßhaften ihrerseits haben Nomaden immer als wild, verantwortungsscheu und moralisch verwerflich abgestempelt – eine Bedrohung für Haus und Herd, Gesetz und Ordnung, für den Fortbestand der Zivilisation – und zugleich ihr Leben beneidet und romantisiert.

Ich frage Mike Hatfield nach seinem Liebesleben, ob er überhaupt zu emotionalen Bindungen fähig sei. Seine Cheyenne-Vorfahren zogen als eine eng verbundene Gemeinschaft umher, Frauen, Kinder, Alte, Geschwister, Cousins, angeheiratete Verwandte und Kindheitsfreunde im Schlepptau, aber das ist nicht mehr möglich. Im heutigen Amerika ein nomadisches Leben zu führen, bedeutet gewöhnlich die Zurückweisung, zumindest den Aufschub all dessen oder eben auch die Flucht davor. »Frauen, Kinder, eine Familie, Freunde und Nachbarschaft, wie sieht's damit bei dir aus?« »Ich gehöre zu einer Gemeinschaft von Gleichen«, antwortet Mike und, um das zu beweisen, fängt er über sein CB-Funkgerät mit irgend jemandem ein Gespräch an. »Wenn du unbedingt eine Familie haben willst, dann zieh sie verdammt noch mal unterwegs groß. Ein Kumpel von mir lebt mit Frau und Kind in seinem Truck. Sie empfangen irgendein Schulprogramm für Kinder, die zu Hause lernen, und seine Frau unterrichtet das Kind jeden Tag vier, fünf Stunden. Ihre Tochter ist acht Jahre alt und superklug. Sie kann dir alles über die Schlachtfelder aus dem Bürgerkrieg und wo Indianer massakriert wurden erzählen und über den Kongreß und den Senat in Washington, weil sie all diese Orte mit eigenen Augen gesehen hat. Für sie sind das nicht einfach irgend welche alten Geschichten aus Schulbüchern oder was ihr Lehrer vorgekaut haben.« Wenn Mike Hatfield zehn oder fünfzehn Jahre vorausschaut, dann sieht er sich auf einem Highway im Westen, in einem größeren Truck, neben sich Frau und Kind, das über seinen Computer das Schulpensum lernt. Und er fügt hinzu: »Bis es soweit ist, gable ich mir Frauen auf, wo ich sie finde, amüsier mich und dann tschüs. Ich nutze die Frauen nicht aus, mache ihnen nichts vor. Sie wissen, daß ich ein Trucker bin.«

*

Dieses bei den umherziehenden Männern übliche Verhalten von kurzer Affäre und schneller Flucht begann bei mir eher ungewollt. Wenn ich nicht zölibatär leben wollte, blieb mir offensichtlich keine andere Wahl. Denn nie konnte ich eine Frau dazu überreden, ihren Job zu kündigen, ihr Haus oder Apartment aufzugeben und mit mir das Wanderleben auf der Straße zu beginnen. Nach einigen schlecht vorbereiteten und unglücklich endenden Versuchen wurde mir klar, daß Ärger und Leid nur zu vermeiden waren, wenn ich mich nicht verliebte. Liebe verdarb alles, und es war den Herzschmerz nicht wert. So lernte ich, mich mit Sex, flüchtiger Gemeinsamkeit und gelegentlichem Wiedersehen zu begnügen, und gewöhnlich fand ich mich in den Armen von Frauen, die ihren Freund oder Ehemann betrogen. Was mich in der Überzeugung bestärkte, daß Liebe und Treue ein Spiel für gutgläubige Trottel ist. Vor einiger Zeit kam ich zu der Einsicht, daß soviel Egoismus auf die Dauer ungut ist und daß ich wohl doch etwas Lebenswichtiges verpaßte. Ich traf die aufrichtige und ernsthafte Entscheidung, meine wochenlangen Streifzüge einzuschränken und in Tucson ein gemeinsames Leben mit einer Frau zu beginnen, die ihrem Freund nicht treu sein konnte. Er war irgendwo in Frankreich, sie meinte es nicht ernst mit ihm, und ich hatte sie wirklich gern. Ich mietete also ein hübsches kleines Haus in der Stadt, kaufte ein Bett und einige Möbel in einem Billigkaufhaus, und wir zogen zusammen. Schon nach drei Wochen ging ich die Wände hoch; in einem Wutanfall rannte sie davon, wobei ein Motorradstiefel durch die Glasscheibe der Haustür flog. Mein Wagen war gerade in der Werkstatt, also stopfte ich einige Klamotten und Bücher in einen Rucksack und trampte Richtung Osten.

Ich verhielt mich nicht immer so. In London war ich der Mann für die Langzeitbeziehung: zuerst drei Jahre, dann vier. In London brachte ich es fertig, vier Jahre unter demselben Dach zu wohnen. Schon wahr, ich war oft mürrisch und unzufrieden unter jenem Dach und sehnte mich danach, aus England rauszukommen, aber dabei stellte ich mir nur vor, in eine andere Stadt, in ein anderes Land zu ziehen und dort einen festen Wohnsitz zu haben. In London wäre ich nach dem jähen Ende einer Liebe nicht zur nächsten Schnellstraße gelaufen und hätte den Daumen gehoben. Erst in Amerika spürte ich in mir diesen rastlosen Drang zum Umherziehen, dieses sehnende Verlangen nach dem Balsam der Bewegung. So erging es einer beträchtlichen Minderheit von Europäern seit Anbeginn, sobald sie den Kontinent betraten. Die heftige Unruhe und das Gefühl der Unzugehörigkeit, die zu einem gewissen Grade alle Emigranten begleiten, kamen hier in Berührung mit einer überwältigenden räumlichen Weite, dem Versprechen unbegrenzter Möglichkeiten und mit einer Kultur der Mobilität, die auf die Indianer zurückging. So sehr auch die Europäer versuchten, in dieser neuen Umgebung ihre vertrauten Gesellschaftsformen und engen, zwanghaften Gemeinschaften wiederzuerschaffen, sie waren damit keineswegs immer erfolgreich.

»Viele krochen durch ein Loch in der Mauer ins Freie«, schrieb John Winthrop, der erste Gouverneur der Massachusetts-Kolonie. Dabei bezog er sich auf den kleinen, doch steten Exodus ihren Glaubensleuten entfremdeter Puritaner – meist rebellische junge Männer und »in Ungnade gefallene« Frauen –, die in die Wildnis flüchteten und nie wieder zurückkehrten. Sie wurden Jäger, Trapper, manche begannen Handel mit den Indianern, heirateten untereinander, zeugten die nächste Generation, und viele von ihnen schlossen sich Indianerstämmen an. Sie waren die ersten Englisch sprechenden Weißen, die in Amerika wie die Eingeborenen lebten. Vor ihnen hatten sich schon Franzosen und Spanier – nicht immer freiwillig – von der eigenen Zivilisation abgekehrt und waren Nomaden geworden. Diese eigentümlich amerikanische Lust nach dem Aufbruch ohne Rückkehr und der Wunsch vor allem der Europäer, Indianer zu werden, haben ihren Grund in der Überwältigung durch die Geographie des Kontinents und in der Begegnung mit den nomadischen Kulturen. Und wo sehe ich mich selbst in dieser langen Tradition? Nun ja, ich bin so etwas wie ein Bastard beider Kulturen, eine Fußnote der Nachgeschichte.

The Southwest at the time of
Cabeza de Vaca and Coronado 1527–1541
Colorado River
Arkansas River
Quivira
Hopi villages
Taos
Cibola/Zuni pueblos
Tiguex
Acoma
Rio Grande
Sacramento Mts.
STAKED PLAINS
Hallenbeck route
Pecos River
Galveston Island
Rio Grande
Chipman route
COASTAL PLAINS
Matagordo Bay
Culiacan
MEXICO
Gulf of Mexico
Pacific Ocean
Mexico
Cabeza de Vaca
Coronado
Díaz
Alarcón

Kapitel 2

»Wir waren uns dessen stets gewiß, daß wir finden würden, was wir ersehnten, wenn wir unbeirrt in Richtung Westen gingen.«
Alvar Nuñez Cabeza de Vaca, *Abenteuer im unbekannten Inneren Amerikas* (1542)

Lassen Sie uns die Spur des Autors im Jahre 1530 aufnehmen. Auf seiner Odyssee hat er einen Tiefpunkt erreicht. Er ist nackt und ausgezehrt, seine Haare fallen über die Schultern, ein langer, verfilzter Bart bedeckt sein Gesicht. In der Erde der Galveston Insel nahe der Küste des Golfs von Mexiko wühlt er nach Zuckerrohrwurzeln. Die letzten zwei Jahre hat er bei den Han und Capoques Indianern gelebt, umherziehenden Jägern und Sammlern, die ihre dürftige Existenz mit Wurzeln, Schaltieren und Brombeeren bestreiten. Seit einem Jahr halten sie ihn als ihren Sklaven. Seine Hände sind ständig wund und bluten von dem Zuckerrohr. Am ganzen Körper hat er Rißwunden. Die meisten seiner Gefährten sind tot. Daß er überhaupt noch lebt, ist ein Wunder, und an diesen Gedanken klammert er sich. Er hat alles durchgemacht: Hurrikans, Schiffbrüche, Aufstände, Fieberanfälle, Attacken der Indianer, tagelangen Hunger und Durst. Er hat gesehen, wie spanische Edelleute dazu gebracht wurden, erst ihre Pferde und dann Menschenfleisch zu essen.

Erinnert er sich noch an den erhebenden historischen Augenblick, da die Armada zum erstenmal in Florida landete? Die Rationen waren fast ganz aufgebraucht, die Hälfte der Pferde an

Bord verendet. Schwere Stürme hatten die Schiffe Hunderte von Meilen vom Kurs abgetrieben. Nach der Landung hißten die Konquistadoren ihre Flaggen und Banner, entrollten auf einem leeren Strand ihre Beglaubigungsschreiben und erklärten tausend Meilen unentdeckten Landes und all seine Einwohner zum Besitz Karls des Fünften, König von Spanien und Kaiser des Heiligen Römischen Reiches. In ihren mittelalterlichen Rüstungen und Helmen mit Federbusch, beladen mit Lanzen, Schwertern und Arkebusen marschierten sie landeinwärts; neben ihnen liefen die Priester in ihren Kutten. Dreihundert Mann und vierzig Pferde trieb der europäische Hunger nach Gold und Landbesitz in die Sümpfe und Urwälder der Neuen Welt. Der Anführer der Expedition hieß Panfilo de Narvaez, ein eitler, arroganter, habgieriger Mann. In ein oder zwei Tagen, versicherte er seinen Soldaten, würden sie eine fabelhafte Stadt voller Gold erreichen, wie das reiche Tenochtitlan in Mexiko, das sein Rivale Cortés acht Jahre zuvor geplündert hatte.

Cabeza de Vaca war der stellvertretende Kommandeur und Schatzmeister, der den Auftrag hatte, den Anteil der spanischen Krone an der erwarteten Beute zu sichern. Er kam nach Amerika als ein Mann der Finanzen und der Kriegskunst; er war 38 Jahre alt und schon von Kindesbeinen an mit der Ideologie der Konquistadoren vertraut. Sein Großvater, Pedro de Vera, hatte die blutige Eroberung der Kanarischen Inseln angeführt. De Vaca wuchs in einem Haushalt auf, in dem von den Inseln verschleppte Ureinwohner, Guanchen mit bronzefarbener Haut, die niedrigen Arbeiten verrichteten. Fünf Monate schleppten und schlugen sich die Spanier nordwärts durch die Halbinsel Florida, kämpften gegen feindselige Stämme, Krankheiten, Treibsand und Hunger. Vierzig Mann waren mittlerweile gestorben, die Pferde alle geschlachtet. Sie hatten keine goldenen Städte gefunden, und die Verbindung zu den Schiffen war verloren gegangen. Bald nach der Landung nämlich hatte Narvaez der Flotte befohlen, längs der Küste weiterzusegeln, und die hundert Mann an Bord verschwanden spurlos, vermutlich bei einem Schiffbruch. In ihrer Verzweiflung zimmerten die verirrten Eroberer notdürftig Flöße zusammen, wobei sie ihre Schwerter und Gürtelschnallen als Werkzeuge und Pferdehaar und Palmenfasern als Tauwerk benutzten. Mit ihren Hemden als Segel brachen sie zu einer Schreckensreise entlang der Golfküste auf. Etwa sieben Wochen verbrachten sie auf dem Meer – sie kenterten, einige ertranken, Stürme fegten über sie hinweg, immer mehr Männer starben an Hunger, Durst und an der Ruhr, bis schließlich eine Sturzwelle die Überlebenden an den Strand der Galveston Insel warf.

Hundert Han und Capoque-Krieger näherten sich ihnen; die Indianer waren nackt und bronzefarben, durch ihre Nasen und Brustwarzen hatten sie Ringe aus Zuckerrohr gezogen; sie trugen Speere mit Flintspitzen und Pfeil und Bogen. Die Spanier waren zu schwach zum Kämpfen, konnten sich kaum noch bewegen. Die Indianer erbarmten sich jedoch der zitternden, völlig abgemagerten Schiffbrüchigen, brachten ihnen Essen, machten Feuer, um sie zu wärmen, und nahmen sie schließlich mit in ihre Hütten. Ertrunkene Spanier wurden an den Strand gespült, und als die Überlebenden ihre Kameraden beweinten, trauerten die Indianer mit ihnen. Doch bald entdeckten die Han und Capoque, daß eine Gruppe von Spaniern auf dem Festland das Fleisch ihrer toten Landsleute gegessen hatten, und sogleich schlug ihre Gastfreundschaft in Abscheu und Feindseligkeit um. Es gab wohl, so gingen Gerüchte, irgendwo an der Küste Kannibalen, aber für diese beiden Stämme, die die meiste Zeit des Jahres an schrecklichem Hunger litten, war Menschenfleisch strikt tabu. Die Situation verschlimmerte sich noch durch das plötzliche vermehrte Sterben unter den Indianern. Vermutlich erkrankten sie an der Ruhr, die schon so viele Spanier weggerafft hatte. Die Han und Capoque gaben der Zauberei dieser bleichen, bärtigen, kannibalistischen Fremden die Schuld an dem Unglück. Einige Spanier wurden getötet oder dem Verhungern überlassen, und die Übriggebliebenen nahmen sie als Sklaven.

*

Der Schatzmeister des Königs gräbt im Unterholz nach Zuckerrohrwurzeln; er wird geschlagen und beschimpft, ein elender Nackter, der noch am Leben gehalten wird, solange er arbeiten kann. Denkt er manchmal an die Guanchen-Sklaven seiner Kindheit und an die Art und Weise, wie sein Großvater sie behandelte? Falls ja, so erwähnt er diese Ironie des Schicksals in dem Bericht seiner Abenteuer, den er viele Jahre später dem König von Spanien vorlegt, jedenfalls nicht. Er tröstet sich mit der Erinnerung an die Leiden Christi. Trotz allem, was Gott seinen Gefährten und ihm auferlegt hat, ist sein Glaube stärker denn je. Ganz gewiß bewahrte Gott sein Leben für einen besonderen Zweck. Wie sonst wären die wundersamen Ereignisse aus dem vergangenen Herbst zu erklären? In Scharen hatten sich die Han und Capoque an den Plätzen der Festlandsküste, wo Brombeeren reif waren, versammelt und hielten ihre rituellen Tänze und Feierlichkeiten ab. Dort hatte de Vaca zwei andere spanische Gefangene, Castillo und Dorantes, getroffen. Wie nun die Indianer diese merkwürdig aussehenden und eine unverständliche Sprache miteinander sprechenden Männer eine Zeitlang beobachteten, kam ihnen der Gedanke, daß die drei vielleicht auch außergewöhnliche spirituelle Kräfte besitzen mochten. Die Spanier wurden zu einigen Hütten geführt und aufgefordert, die dort liegenden Kranken zu heilen. Cabeza de Vaca und die beiden Mitgefangenen hielten das Ansinnen für verrückt und beteuerten ihre Unfähigkeit, woraufhin die Indianer ihnen nichts mehr zu essen gaben, bis sie es versuchten. Unter Protest – »wir lehnten jede Verantwortung für das Scheitern oder etwaigen Erfolg ab« – beugten sich die drei über ihre Patienten und hauchten sie an – eine Technik, die sie indianischen Schamanen abgeguckt hatten. Sicherheitshalber schlugen sie auch das Kreuz, rezitierten mehrmals das Ave Maria und Vaterunser und beteten zu ihrem Gott.

Zur Freude der Indianer und zum großen Erstaunen der Spanier erklärten alle Kranken sich für geheilt. »Infolgedessen behandelten uns die Indianer sehr freundlich«, berichtet de Vaca, der das Wunder göttlichem Eingreifen zuschrieb. »Sie gaben uns von dem wenigen Essen, das sie hatten, und beschenkten uns mit Häuten und anderen Zeichen ihrer Dankbarkeit.« Das Glück dauerte nicht lange. Bald nach den erfolgreichen Heilungen wurde de Vaca selbst krank und wäre beinahe gestorben, woraufhin sein Ruf als Medizinmann ruiniert war. Seitdem er wieder auf den Beinen war, seit einem Jahr also, machten ihm die Capoque das Leben zur Hölle. Vielleicht war es sein Glaube, der ihn davon abhielt, in Verzweiflung und Resignation zu verfallen. Gewiß half er, aber darüber hinaus besaß de Vaca eine ungewöhnliche Findigkeit und körperliche Ausdauer, kurzum: er hatte einen unbändigen Lebenswillen. Von den vierhundert Männern, die an der Narvaez-Expedition teilgenommen hatten, waren vielleicht noch acht oder zehn am Leben; sie wurden von verschiedenen Stammesgruppen als Sklaven gehalten. Cabeza de Vaca sollte der einzige unter ihnen sein, dem eine erfolgreiche Flucht gelang.

*

Irgendwann zu Beginn des Jahres 1530 schlich er sich von den Capoque fort und watete durch den flachen Flußarm, der die Galveston Insel vom Festland trennt. Es gelang ihm, sich den verschiedenen Stämmen, auf die er traf, nützlich zu machen und im Austausch Nahrung zu erhalten. Allmählich konnte er sich in dieser harschen Umwelt eine Nische als Händler einrichten. Die Tauschbeziehungen zwischen den Indianern waren zusammengebrochen, weil so viele Stämme miteinander im Krieg lagen. Als ein einzelner neutraler Händler, den man sogleich an seiner fremden Erscheinung und dem Bart erkannte, besaß de Vaca die Freiheit, mit Dutzenden verfeindeter Stämme Tauschgeschäfte zu führen und sich ungehindert unter ihnen zu bewegen. In seinem Bericht heißt es: »Meine vornehmlichen Waren bestanden aus Kegelschnecken und andere Arten von Seeschnecken, Muscheln mit scharfem Rand zum Schneiden, Muschelperlen und einer bohnengroßen Frucht, die die Indianer sehr schätzen; sie verwenden sie für eine Medizin und ein rituelles Getränk während ihrer Feste [vermutlich Mesquitebohnen, vielleicht Peyote]. Solche Dinge trug ich landeinwärts; durch Tausch erhielt ich Häute, roten Ocker, mit dem sie ihr Gesicht einreiben, hartes Holz für ihre Pfeile, Flintsteine für Pfeilspitzen mit Sehnen und Bindemittel zum Befestigen und Quasten aus Rehhaar, die sie rot färben. Alles das brachte ich zurück zur Küste. Diese Art der Beschäftigung sagte mir zu, denn ich konnte mich begeben, wohin ich wollte, mußte nicht für andere arbeiten und war kein Sklave. Wo auch immer ich auftauchte, die Indianer behandelten mich ehrenhaft und gaben mir zu essen, weil ihnen meine Waren gefielen. Sie freuten sich, mich zu sehen, und waren glücklich, daß ich ihnen brachte, was sie begehrten. Ich wurde in jener Region eine bekannte und vertraute Gestalt, und selbst die, die mich nicht persönlich kannten, hatten von mir gehört und suchten meine Bekanntschaft.«

Fast zwei Jahre führte de Vaca dieses Leben; barfüßig und nackt schleppte er seine Waren über Hunderte von Meilen hin und her durch ein Gebiet, das dem heutigen Texas entspricht. So wie die Indianer gewöhnte er sich an Hunger, Kälte, Durst und Erschöpfung. Zwischen seinen Wanderungen blieb er in ihren Dörfern und Lagern. Sie teilten ihr karges Essen mit ihm, er lernte ihre Bräuche kennen, und zu der Zeit, da seine Odyssee endete, konnte er sechs ihrer Sprachen sprechen. Man vermutet, daß er in der Gegend, wo heute die Stadt Austin sich ausbreitet, als erster Weißer die Bisonherden Nordamerikas sah; er hielt sie für eine Spezies wilder Rinder. »Sie haben kleine Hörner wie die Kühe in Marokko; ihr Haar ist sehr lang und flockig wie Merinowolle. Manche sind hellbraun, andere schwarz. Meiner Meinung nach ist ihr Fleisch feiner und fetter als das der Rinder [in Spanien]. Die Indianer machen Decken aus den Häuten der jungen Tiere und Schuhe und Schilde aus denen der ausgewachsenen Tiere. Diese Rinder kommen... aus dem Norden und ziehen über ein Gebiet von mehr als 400 Wegstunden [etwa 1100 Meilen]. Die Menschen, die nahe des Weidelandes wohnen, leben von diesen Tieren und bringen eine unglaubliche Menge an Häuten ins Landesinnere.«

Im Winter des Jahres 1532 traf de Vaca eine Schar umherziehender Quevenes-Indianer, die ihm erzählten, daß sie Männer »gleich ihm« gesehen hätten – die drei anderen Überlebenden der Narvaez-Expedition. Sie lebten als Sklaven unter den Mariames und Yguaces an der Küste, vielleicht nahe der heutigen Matagordo Bucht. Als de Vaca fragte, wie es seinen einstigen Gefährten ergehe, deuteten die Indianer Schläge und Tritte an und stachen mit Pfeilspitzen nach seiner Brust, um ihm klar zu machen, wie die Mariames ihre Gefangenen behandelten.

Cabeza de Vaca machte sich sogleich zur Küste auf, um seinen Landsleuten zur Flucht zu verhelfen. Aber er wurde gefangengenommen und selbst wieder Sklave. Erneut mußte er Wasser schleppen, Holz sammeln und nach Wurzeln graben, doch all das und die Schläge waren nichts verglichen mit dem Hunger. Einmal im Jahr, im Herbst, zogen die Mariames und Yguaces ins Landesinnere, wo sie sich mit den reifen Kaktusfeigen vollschlugen. Ansonsten ernährten sie sich nur von bitteren Wurzeln, Meeresfrüchten und einem eher zufällig erlegten Stück Rotwild. Hunger war so vorherrschend unter den Yguaces, daß sie alles aßen, um nur irgendwie das beißende Gefühl im Magen zu beruhigen: »Spinnen und Ameiseneier, Würmer, Eidechsen, Salamander, Schlangen und giftige Vipern, auch Erde und Holz – einfach alles, selbst Tierdung und anderes, was ich besser auslasse. Ich glaube ernsthaft, daß sie auch Steine essen würden, wenn es sie denn in jenem Lande gäbe. Sie heben die Gräten von Fischen, die sie abgenagt haben, und die Knochen anderer Tiere auf, um sie zu pulverisieren und ebenfalls zu verschlingen.« Während seiner Zeit bei den Han und Capoque war de Vaca tief beeindruckt von der freundlich-sanften Art, mit der diese beiden Stämme ihre Kinder behandelten. Um so mehr überraschte es ihn, daß es bei den Mariames und Yguaces den Brauch gab, ihre Nachkommen zu töten. Nur wenige Jungen wurden verschont, die meisten begruben sie lebendig, und die neugeborenen Mädchen warfen sie den Hunden vor. Wenn sie eine Frau brauchten, kauften sie sie von einem benachbarten Stamm zum Preis für einen Bogen und zwei Pfeile. »Sie sagen, daß sie das tun, weil alle Stämme dieser Gegend ihre Feinde sind, mit denen sie unaufhörlich Krieg führen; wenn sie nun ihre Töchter zum Heiraten weggeben würden, vermehrten sie nur die Zahl ihrer Feinde, bis die sie irgendwann überwältigen und versklaven könnten. Deshalb ziehen sie es vor, die Neugeborenen umzubringen, statt sich mögliche neue Feinde zu schaffen. Wir fragten, warum sie nicht selbst ihre Mädchen heirateten, worauf sie erwiderten, daß es eine abscheuliche Sache sei, Verwandte zu heiraten. Es sei weitaus besser, sie zu töten als sie entweder der eigenen Sippe oder gar dem Feinde zu geben.«

In den vergangenen Jahrzehnten hat sich in vielen Köpfen das Klischee festgesetzt, daß Nordamerika vor der Ankunft der Europäer ein friedvolles harmonisches Eden war, bevölkert von gutherzigen, edelmütigen Hütern der Natur. Verständlicherweise findet diese Vorstellung viel Zustimmung bei heutigen Nachkommen der Indianer, manche allerdings halten sie für ziemlich herablassend – nichts weiter als eine neue Variante der Fabel vom Guten Wilden und ohne jeden Nutzen für die Lösung gegenwärtiger Probleme in den Reservaten. Vine Deloria, ein

Sioux-Schriftsteller mit scharfer Feder, hat darauf hingewiesen, daß weiße Liberale aus eigennützigem Interesse die Glorifizierung der indianischen Geschichte betreiben. Und, merkwürdig genug, sind es oft pazifistische Vegetarier, die die längst toten, fleischliebenden Krieger inbrünstig verehren. Was würde wohl ein solcher Weißer tun, frage ich mich, wenn er sich plötzlich in ein Lager der Mariames um 1540 zurückversetzt fände? »Die Männer tragen keine Lasten. Alles Schwere schleppen Frauen und alte Menschen, die Mitglieder des Stammes, die am wenigsten geachtet sind.« Die weit verbreitete Phantasie von einem Amerika, das einst ein menschenfreundliches Utopia gewesen sein soll, verdient einen näheren Blick. Man kann sie als Produkt weißer Schuldgefühle verstehen, als ein verspätetes Mitgefühl der Eroberer für die Eroberten. Auch läßt sich die Wunschvorstellung als ein weiteres Beispiel für die tief sitzende Sehnsucht nach dem verlorenen Paradies deuten, die nicht nur bei den Weißen, sondern auch unter den heutigen Indianern weit verbreitet ist. Daß dieser verklärende Blick zurück Teil der Massenkultur geworden ist, verrät einiges über die metaphysischen Bedürfnisse der gegenwärtigen Gesellschaft und ihr wachsendes Unbehagen angesichts der Zerstörung der Natur. Für den Historiker ist das Bild von den Ureinwohnern des amerikanischen Kontinents als sanfte New Age-Heilige so naiv und schief wie die meisten Hollywood Western, nicht viel mehr als eine weitere kindische Aufteilung der Welt in Helden und Schurken.

Wenn man einmal die Problematik genereller Feststellungen über so viele verschiedene Kulturen beiseite läßt, könnte man immerhin behaupten, daß die Indianer in einer reicheren Gefühlswelt lebten als wir und eine Nähe zur Natur hatten, die wir verloren haben. Aber das damalige Leben bedeutete unglaubliche Entbehrungen und physische Leiden, zumindest aus der Sicht des westlichen Wohlstandsbürgers, und Gewalt gehörte zum Alltag. Wohin auch immer Cabeza de Vaca reiste, genauso wie er Liebe, Stolz, Freundlichkeit und Großzügigkeit sah, so traf er auf Brutalität, Hunger und Sklaverei. Nach seinem Bericht waren die Indianer in der Zeit ihrer Unberührtheit mit der Alten Welt weder Heilige noch Teufel, sondern Menschen wie alle anderen auch, mit dem üblichen Anteil von Schwächen und Tugenden und mit der ganzen Fülle menschlicher Gefühle. Man hätten erwarten können, daß ein spanischer Edelmann, besonders nachdem er die Erniedrigung der Sklaverei erlitten hatte, gegen die Barbarei, Wildheit und den Götzendienst der Eingeborenen wüten würde, aber in der ganze Erzählung seiner Abenteuer beschreibt de Vaca die Indianer stets mit ruhigen, ausgewogenen, toleranten und manchmal bewundernden Worten. Er ist unter anderem von ihren Kriegskünsten beeindruckt, von der Schärfe ihrer Sinne und ihrer Fähigkeit, mit so wenig glücklich zu sein. Von den ihre Babys tötenden Mariames und Yguaces berichtet er auch: »Sie sind ein fröhliches Volk trotz des Hungers, den sie erleiden ... Viele Male, wenn wir bei ihnen waren und es wieder einmal tagelang nichts zu essen gab, versuchten sie, unsere Gemüter aufzuheitern, indem sie uns sagten, wir sollten nicht traurig sein, denn bald würde es Feigen in Fülle geben, wir würden den Saft trinken, unsere Bäuche würden prall werden, und wir satt und zufrieden sein.«

Bei der Lektüre von de Vacas Buch hat man nie den Eindruck, daß er die Indianerstämme, die ihn gefangen hielten oder denen er später begegnete, haßte. Wohl fand er einige Bräuche befremdlich und abstoßend, aber er versuchte zu verstehen, wozu sie dienten und welche Gründe dahinter standen. Nur eine Tradition schien seine Urteilskraft zu übersteigen: die »teuflische Praxis«, daß ein Mann mit einem Eunuchen zusammenleben konnte. Sein Gefühl kultureller Überlegenheit verlor de Vaca nie. Er blieb ein Imperialist, der davon überzeugt war, daß es den Indianer unter der spanisch-christlichen Zivilisation besser gehen würde. Aber er schloß, und das war damals eine Seltenheit, die Indianer in die Gemeinschaft der Menschen mit ein, sprach ihnen das Recht auf Freiheit und gerechte Behandlung zu – »sie müssen durch Freundlichkeit gewonnen werden, das ist der einzig sichere Weg.« Nach heutigen Begriffen würden wir ihn immer noch einen Rassisten nennen, aber für einen Europäer am Anbruch der Neuzeit und insbesondere als Konquistador hatte er einen radikalen Bewußtseinswandel durchgemacht. Das spanische Wort für die Indianer hieß *gente de razon*: Leute ohne Vernunft, die daher auf einer Stufe mit den Tieren standen. Die katholische Kirche war sich nicht schlüssig, ob sie eine Seele besaßen. De Vaca dagegen konnte sich noch als ihr Sklave in die Indianer einfühlen, weil er so tief in ihre Welt eingetaucht war.

Fünf Jahre hatte er unter ihnen gelebt und gelernt, in ihrer Sprache zu denken. In Zeiten des Hungers litt er mit ihnen, und in Zeiten der Fülle nahm er an ihren Festen und Zeremonien teil. Wärter und Gefangener zitterten beide in der Winterkälte.

Nach wie vor hielt sich Cabeza de Vaca für einen spanischen Herrn, aber seit fünf Jahren hatte er weder Kleidung noch Schuhe getragen und länger schon nicht mehr in einem festen Haus geschlafen. Der Gedanke an die Rückkehr in die Welt seiner Herkunft hielt ihn aufrecht, doch bis dahin mußte er sich notgedrungen einem anderen Lebensrhythmus unterwerfen: die ständige Sorge um Schutz, Feuer, Wasser, Nahrung, und wenn es nichts zu essen gab und alle Güter getauscht waren, begab er sich zum nächstgelegenen Lager. Auf diesem Kontinent war er ein neues Wesen: ein Europäer, der teilweise wie ein Eingeborener lebte, ein Mann der Zivilisation, der die Wildnis durchwanderte, eine Kreuzung aus Alter und Neuer Welt. In den kommenden Jahrhunderten sollte ein ähnlicher Typus den Westen Nordamerikas bevölkern.

*

Im September 1534 zogen Gruppen der Mariames und Yguaces zur Ernte der Kakteenfeigen ins Landesinnere. Erneut traf de Vaca die drei anderen Überlebenden der Narvaez-Expedition, und sie heckten einen Fluchtplan aus. In einer Vollmondnacht wollten sie an einem verabredeten Ort zusammenkommen und den Ausbruch aus der Gefangenschaft zurück in ihre Welt wagen. Wohin genau hofften sie zu gelangen? Sie hatten keinerlei Vorstellung von der Größe oder Geographie des Kontinents. Nordamerika wurde weithin noch für eine Halbinsel des asiatischen Festlands gehalten. Sie glaubten, daß die spanische Siedlung Pánuco in Mexiko irgendwo an der südlichen Golfküste lag, aber diesen Weg schlugen sie nicht ein, um die Küstenstämme zu meiden. Im Osten lag Florida, dort gab es keine Spanier, und irgendwo im Norden kam man vermutlich nach China und Indien. Also brachen sie in Richtung Westen auf, ins völlig Unbekannte. Wenn sie nur der untergehenden Sonne entgegenwanderten, redeten sie sich ein, dann würden sie irgendwann Spanier, Christen, die Zivilisation finden und zu vertrauten Menschen zurückkehren. Ohne Widerspruch war Cabeza de Vaca ihr Anführer. Andrés Dorantes und Alonso del Castillo hatten vor fünf Jahren an jenem Heilungswunder mitgewirkt. Der vierte war ein schwarzer Araber aus Marokko namens Estevan, der an der Narvaez-Expedition als Dorantes Sklave teilgenommen hatte und in der indianischen Gefangenschaft der Sklave eines Sklaven wurde. Selbst er sah vermutlich in der Rückkehr zu seinem früheren Stand einige Vorteile. Nackt und barfuß, die Haut von Dornen und Kaktusstacheln aufgerissen, schlichen sie sich mit aller Vorsicht durch das Dickicht und erreichten schließlich die riesigen Weiten der Western Plains.

Von allen Trecks gen Westen war dieser Marsch der vier sicher der heroischste, so unwahrscheinlich und unwirklich war ihr Unternehmen – und er war der erste. Wohl jeder hätte auf ihren Tod oder ihre Gefangennahme gewettet, aber etwas Außergewöhnliches, Unvorhersehbares geschah. Die Nachricht von ihren wundersamen Kuren war ihnen vorausgeeilt, und so hießen die Prärieindianer sie als heilige Männer willkommen. Hunderte und dann Tausende von anbetenden Verehrern schlossen sich ihnen an. Boten eilten dem Zug vorweg und verbreiten die gute Neuigkeit: Die Kinder der Sonne waren gekommen, die bärtigen Wunderheiler waren vom Haus der aufgehenden Sonne zu ihnen aufgebrochen. Was als Flucht aus der Sklaverei begann, verwandelte sich in eine triumphale religiöse Prozession, eine durchs Land ziehende Erweckungs-Show. In jedem Dorf oder Lager längs des Weges tanzten und feierten die Indianer; die Kranken, Verwundeten und Sterbenden wurden herbeigetragen, auf daß sie geheilt würden. Erneut wandten die Spanier die gleichen Techniken an, die schon damals wundersam gewirkt hatten: Sie segneten die Patienten und hauchten sie an, sie erprobten aber auch neue Methoden wie das Austauschen von Steinen über den Kranken und das Handauflegen. Und einmal mehr taten sie erstaunliche Wunder: »Ohne jede Ausnahme sagten uns alle Patienten, daß sie wieder ganz gesund waren.« An einer Stelle seines Berichts erklärt de Vaca allen Ernstes, daß er einen toten Mann wieder zum Leben erweckte, »indem ich ihn mehrfach segnete und ihm meinen Atem einblies.« Man mag es nennen, wie man will: Massenwahn, psychosomatische Erkrankungen, Placeboeffekt, von Hunger hervorgerufene Halluzinationen, Erschöpfung oder religiöse Hysterie. Das aufgeklärte Bewußtsein akzeptiert Wunder nur schwer, aber man muß anerkennen, daß für Menschen, die so etwas erlebt haben, diese Dinge zweifellos wirklich geschehen sind. Noch fünfzig Jahre später trafen Reisende Indianer, die von der großen Prozession und den bärtigen Wundertätern, die ihnen das Zeichen des Kreuzes gebracht hatten, erzählten.

Die Indianer schrieben die Heilungen der Kraft der Sonne zu. Cabeza de Vaca sah die Hand Gottes durch ihn wirken. Castillo, der als ihr wirksamster Heiler begann, bekam Selbstzweifel und gab auf; er glaubte, daß er aufgrund seiner Sünden einer solch göttlichen Gabe unwürdig war. Estevan zeigte wenig Interesse am Heilen. Er spielte lieber mit den Indianerkindern, sprach mit den Männern über Pflanzen und Tiere, Jagd und Krieg und schlief mit den Frauen – eine Frau für eine Nacht anzubieten, war eine traditionelle Höflichkeit der Indianer gegenüber einem verehrten Gast. Estevan, vielleicht mit Hilfe seiner Liebhaberinnen, wurde ihr fähigster Übersetzer; er soll acht oder neun Indianersprachen gesprochen haben. Auf ihrem Weiterzug, etwa an der heutigen Westgrenze von Texas, trat, wie de Vaca sich ausdrückt, »eine merkwürdige neue Entwicklung« ein. Sein Gefolge begann, die Hütten jedes Stammes, auf den sie unterwegs stießen, zu plündern, und forderten alles Hab und Gut als Tribut für die Kinder der Sonne. Da ihnen nichts mehr blieb und sie vor Ort keine Überlebenschance hatten, schlossen sich die Ausgeraubten der Prozession an und machten ihre Verluste bei den nächsten Opfern wieder wett. De Vaca versuchte, den Plünderungen Einhalt zu gebieten, aber er mußte erfahren, daß seine Autorität so weit nicht reichte. Um die Bäuche der Teilnehmer des langes Marsches zu füllen, krochen die Frauen über den Boden, sammelten eßbare Pflanzen und Insekten, und die Männer schwärmten aus, um Kaninchen, Rotwild, Wachteln und anderes Kleinwild zu erlegen. Zu dieser Zeit befanden sie sich in semiaridem Wüstenland am Südrand der Büffelebene. Am Ende jedes Tages wurden die Lebensmittel zu den Kindern der Sonne gebracht, und niemand aß, bevor sie nicht alles gesegnet hatten. »Wenn man bedenkt, daß wir häufig von drei- oder viertausend Indianern begleitet waren und das Essen und Getränk jedes einzelnen weihen mußten, kann man sich gewiß unsere mißliche

Lage vorstellen. Die Frauen brachten uns Feigen, Spinnen, Würmer... und aßen sie erst dann, wenn wir darüber das Kreuz geschlagen hatten, selbst wenn die Wartenden sterbensmatt waren.«

Sie erreichten die Ausläufer der westlichen Gebirgskette, und dort versuchte de Vaca sich zum erstenmal an einem chirurgischen Eingriff. Er öffnete mit einem Messer aus Flintstein die Brust eines Kranken und entfernte eine Pfeilspitze. Er nähte die Wunde mit einer Sehne und einer Knochennadel zusammen und stillte das Blut mit einem Streifen Tierfell. Am nächsten Tag, schreibt er, »zog ich die Fäden, und der Patient war wohlauf... Er sagte, er habe keinen Schmerzen und spüre an der Stelle nichts.« Nach dieser gelungenen Operation mußte das Heer seiner Verehrer nicht mehr plündern. Boten verbreiteten rasch die Nachricht, und alle Stämme gaben von sich aus, was sie hatten. Am Rio Grande, nach einer Wanderung von über 600 Meilen, schlugen sie ihr Lager bei einem Stamm auf, vermutlich den Jumanos, die in behelfsmäßigen Behausungen lebten und Mais und Bohnen anbauten. Zum erstenmal seit seiner Landung in Florida sah de Vaca einfache Formen von Ackerbau, obwohl gerade in jenem Jahr die Felder wegen Dürre brach lagen. Jedesmal zur Herbstzeit machten sich die Jumanos nach Norden zu den Büffelebenen auf, um Fleisch und Häute zu erbeuten. Das ganze Jahr über konnten sie dort nicht leben, denn die Winter waren zu grimmig, die Sommer zu trocken, und die Herden bewegten sich zu rasch für Jäger, die zu Fuß umherzogen. Bevor die Spanier das Pferd in diese Gegend brachten, herrschte dort die halbseßhafte Lebensweise, eine lockere, sich den Gegebenheiten anpassende Verbindung von Jagen, Sammeln und Ackerbau an Flußufern. Die Pawnee, Wichita und Osage im Osten, die Sioux, Cheyenne und Crow-Indianer im Norden, die Apachen im Westen – so weit wir wissen, betrieben diese Stämme zu jener Zeit mehr oder weniger intensive Landwirtschaft. Als dann im frühen achtzehnten Jahrhundert das Pferd die Great Plains eroberte, verließen diese Stämme alle – dem angeblich vernünftigen ökonomischen Prozeß zum Trotz – ihre Felder und wurden rasch und vollständig nomadische Jäger und Räuber. Die Jumanos kamen zu spät. Ihre Feinde lernten Pferde früher als sie kennen, und so wurde dieser Stamm von berittenen Comanchen und Apachen und wahrscheinlich mit Hilfe der von den Europäern eingeschleppten Krankheiten vollkommen ausgerottet.

An einer Stelle jenseits des Rio Grande überschritt de Vaca mit seinen Leuten die Grenze zum heutigen Mexiko. Auf ihrem Zug wurden sie von jedem Stamm zum nächsten begleitet; so kamen sie sicher voran und hinterließen keine geplünderten Dörfer. Erstaunlich für alle war das Durchhaltevermögen ihres Anführers. Er lief den ganzen Tag, ohne etwas zu essen, und die Abende verbrachte er meist damit, Kinder und Nahrung zu segnen, zu heilen und zu predigen. »Alle ›Nationen‹, die von unserem Kommen hörten, beendeten ihre Kriege und zogen uns gemeinsam mit allen ihren Besitztümern entgegen. So brachten wir diesem Teil des Landes Frieden. Und wir lehrten die Menschen durch Zeichensprache, die sie sehr wohl verstanden, daß dort oben ein Vater ist, den wir Gott nennen, der Himmel und Erde geschaffen hat; daß alles Gute von ihm her kommt und daß wir ihn anbeten, ihm gehorchen und ihn unseren Herrn nennen; und daß es ihnen gut gehen würde, wenn sie es uns nachtäten ... von da an warfen sie bei Sonnenaufgang mit einem freudigen Schrei ihre Arme in die Luft und ließen dann die Hände an ihrem Körper hinuntergleiten. Dieses Ritual wiederholten sie bei Sonnenuntergang.«

*

Als die Prozession in nicht mehr ganz so großer Zahl das nordwestliche Mexiko erreicht hatte, wandte sie sich weiter südwärts und kam so in eine landwirtschaftlich reiche Region. Dort lebten seßhafte Stämme wie die Opata und Pima; sie bewohnten feste Dörfer und ernteten dreimal im Jahr Mais und Bohnen. Die Pima schenkten de Vaca und seinem Gefolge sechshundert Hirschherzen, Baumwolldecken, Häute, Korallenperlen, Türkisschmuck und »fünf Pfeilspitzen aus Smaragd« (wahrscheinlich war es grüner Kupferspat). Im Januar 1536, nach acht Jahren in der Wildnis, in denen sie den Kontinent von Florida fast bis zum Pazifik durchquert hatten, sah Castillo einen Indianer, der eine spanische Gürtelschnalle mit einem Hufeisennagel um seinen Hals trug. »Wir dankten Gott, unserem Herrn. Wir hatten kaum noch zu hoffen gewagt, daß wir je wieder Christen finden würden, und so konnten wir kaum unsere Freude zurückhalten.« Anfängliche Zweifel, ob jene Schnalle nicht vielleicht nur von einem Forschungsreisenden stammte, wurden schnell beruhigt, denn je weiter sie nach Süden zogen, desto mehr stießen sie auf unübersehbare Spuren christlichen Wirkens. »Mit schwerem Herzen schauten wir über das reichlich bewässerte, fruchtbare, schöne Land, das nun verlassen und niedergebrannt dalag; die Menschen waren mager und schwach, sie liefen auseinander oder versteckten sich aus Angst, als sie uns sahen ... diejenigen, die uns aufnahmen, konnten uns kaum mit irgend etwas versorgen. Sie selbst sahen aus, als ob sie am liebsten sterben würden. Sie brachten uns Decken, die sie vor den anderen Christen versteckt hatten, und erzählten uns, daß jene gekommen waren, um ihre Städte dem Erdboden gleichzumachen und die Hälfte der Männer und alle Frauen und Jungen zu verschleppen. Denen die Flucht gelungen war, irrten nun ziellos umher. Die Überlebenden, die wir trafen, waren zu ängstlich, um irgendwo länger zu bleiben; so konnten und wollten sie auch nicht mehr ihre Felder bestellen und starben lieber, als noch einmal solches Grauen zu erleiden.«

Einige Tage später war de Vaca dem Hauptzug ein wenig voraus und begegnete einem Trupp spanischer Sklavenhändler. Das muß für beide Seiten ein merkwürdiges, ja unheimliches Zusammentreffen gewesen sein, nicht zuletzt deswegen, weil Cabeza de Vaca unerwartet Männern solchen Schlages gegenüberstand, zu denen er selbst einmal gehört hatte. Die Sklavenhändler saßen auf ihren Pferden und starrten ihn lange an; der Anblick dieses nackten, bärtigen, sonnenverbrannten Mannes und seines Gefolges von Indianern verwirrte sie. Da sie nichts sagten, ging de Vaca auf sie zu und stammelte: »Ich bin der Schatzmeister des Königs ... die Narvaez-Expedition ... acht Jahre unter Indianern ... bringen Sie mich zu ihrem Hauptmann.« Für den Hauptmann Diego de Alcaraz kam das plötzliche Auftauchen de Vacas und seiner Prozession wie ein Geschenk des Himmels. Seine Jagd nach Sklaven war schmachvoll gescheitert; sie hatten keine Gefangenen gemacht. Seine Männer waren hungrig und erschöpft, und er wußte sich keinen Rat mehr. Und da vor ihm standen sechshundert Indianer »wie auf einem Tablett serviert«. Als de Vaca gewahr wurde, daß Alcaraz beabsichtigte, sein Gefolge in die Sklaverei zu führen, war er entsetzt. Diese Indianer waren Bekehrte und seine Gefährten, nicht Leibeigene, die einfach eingesperrt und verkauft werden konnten. Ein heftiger Streit brach zwischen ihnen aus, und de Vaca stürmte wütend davon, seine Leute im Schlepptau – »auch nur daran zu denken, daß wir diesen Christen Geschenke gegeben hatten!« Hauptmann Alcaraz berief eine Versammlung ein, und de Vaca und sein Gefolge stellten sich um ihn auf, um zu hören, was er zu sagen hatte. Durch einen Dolmetscher teilte er den Indianern mit, daß die Kinder Gottes keine Götter seien, sondern Männer wie er selbst; sie seien lange umhergeirrt und wüßten nicht mehr, was sie täten. Die Indianer waren davon nicht im geringsten beeindruckt. »Sie berieten sich miteinander und erwiderten dann, daß die Christen lügen: Wir waren aus der aufgehenden Sonne gekommen, sie aus der untergehenden Sonne. Wir heilten die Kranken, sie töteten die Gesunden. Wir kamen nackt und barfuß, sie gekleidet, auf Pferden und mit Lanzen. Wir begehrten nichts, gaben vielmehr, was wir hatten, während sie jeden, den sie fanden, ausraubten und niemandem etwas schenkten.«

Das ist ein beredtes, gültiges Zeugnis der Verwandlung, die Cabeza de Vaca auf seiner Odyssee durch Nordamerika durchmachte. Der Konquistador war ein Mann des Friedens und ein Heiler geworden. Der Enkel eines Sklavenhändlers wurde zum Verteidiger der Indianer. In den folgenden Wochen feilschte er mit der spanischen Kolonialverwaltung, und es gelang ihm, dem Versklaven, Morden und Rauben Einhalt zu gebieten. (Allerdings stellte sich bald heraus, daß es nur eine Ruhepause war, danach wüteten die Spanier um so schlimmer.) Zur gleichen Zeit lag de Vaca im Streit mit sich selbst. Acht Jahre lang und wahrscheinlich sechstausend Meilen auf bloßen Füßen war er als Sklave, Händler und Medizinmann durch die Wildnis gezogen und hatte immer davon geträumt, eines Tages in seine alte, zivilisierte Welt zurückzukehren. Nun hatte er endlich das so lang ersehnte Ziel erreicht, und er fühlte sich unter seinen Landsleuten wie ein Fremder. Ihn schockierte vor allem ihre Brutalität, aber es gab auch ganz banale, vielleicht sogar aufschlußreichere Beispiele dafür, wie sehr er sich verändert hatte. So konnte er das Gefühl von Kleidung auf seiner Haut und von Schuhen an den Füßen nicht mehr ertragen, und es war ihm unmöglich, in einem

Bett zu schlafen. Nachts legte er sich auf den Boden neben das Bett und hüllte sich in eine Büffelhaut.

Cabeza de Vacas Buch *Abenteuer im unbekannten Inneren Amerikas* gehört nicht zu den berühmten Reiseberichten und hat auch die amerikanische Literatur oder die Denkweise späterer Generationen nicht beeinflußt. Dabei sind doch seine zentralen Motive – der wagemutige Aufbruch in den unerforschten Westen, die radikale persönliche Verwandlung in der Wildnis, die Hoffnung auf eine neue, bessere Welt – typisch amerikanisch. Zu der Zeit, da de Vaca seinen Bericht niederschrieb, war er ein Amerikaner geworden. Er hatte eine Odyssee durchlebt, die in Europa nicht möglich gewesen wäre und an deren Ende er nicht länger wie ein Europäer dachte oder auftrat. In einem gewissen Sinn war er, der als Eroberer auszog, von Amerika überwältigt worden. Wie so viele literarische Figuren in späteren amerikanischen Romanen fand de Vaca einen erstaunlichen Ausdruck für seine Gefühle der Brüderlichkeit und sein Verständnis des Fremden über alle Rassenschranken hinweg, nicht nur in bezug auf die Indianer. Die Gestalt Estevans, der dunkelhäutige Gefährte des Helden, taucht wieder und wieder in der amerikanischen Literatur auf: man denke etwa an Mark Twains Huck und Jim, Melvilles Ishmael und Queequeeg, J.F. Coopers Natty Bumppo und Chingachgook oder an moderne Paarungen wie Sherman Alexies Tonto und der einsame Ranger und Hunter S. Thompson und sein dreihundert Pfund schwerer samoanischer Rechtsanwalt.

Wie tiefgreifend war de Vacas Verwandlung? Was wurde am Ende aus dem gescheiterten Konquistador? 1537 kehrte er nach Spanien zurück und kaum angekommen, wollte er sogleich wieder weg. In den ummauerten Städten fühlte er sich beengt und unbehaglich, Hofklatsch ließ ihn kalt, und er konnte sich an das Tragen von Schuhen nicht wieder gewöhnen. Er hatte nur einen Ehrgeiz: zurück nach Amerika. Drei Jahre lang mühte er sich um einen Auftrag, und endlich 1540 erhielt er das Kommando über eine Expedition nach Paraguay: Der belagerte spanische Vorposten bei Asunción mußte dringend abgelöst werden. De Vaca landete an der Küste Brasiliens, wo bereits Schiffe warteten, die ihn auf gesichertem Seeweg über Buenos Aires flußaufwärts zu seinem Ziel bringen sollten. Statt dessen ging de Vaca von Bord, entledigte sich seiner Schuhe und marschierte mit seiner Mannschaft tausend Meilen über Land nach Paraguay – durch einen höllischen Dschungel, über Berge und Gebiete mit Kannibalen, die für unpassierbar gehalten wurden. Er tötete nicht einen Indianer und verlor keinen einzigen Mann. Im folgenden Jahr brach er zu einem weiteren tausend Meilen langen Barfußmarsch auf und hätte wohl immer so weitergemacht, wenn seine erschöpften Soldaten nicht mit Meuterei gedroht hätten. 1543 wurde Cabeza de Vaca in Ketten nach Spanien zurückgeschickt, weil er sich der Ausbeutung der paraguayischen Indianer widersetzt hatte. Auf keinem der beiden Kontinente hat man ihm ein Denkmal errichtet.

Kapitel 3

»Wenn das Virus der Rastlosigkeit von einem unberechenbaren Mann Besitz ergreift und die Straße in der Ferne breit und gerade und lockend erscheint, dann muß der Betroffene nur noch einen guten, hinreichend plausiblen Grund zum Aufbruch finden.«

John Steinbeck, *Meine Reise mit Charley* (1961)

Die nächste Stadt liegt zehn Meilen entfernt. B.J. läuft den Highway entlang, folgt den Fußabdrücken anderer Wüstenreisender: schwere Arbeitsschuhe, ein Paar ausgelatschter Turnschuhe, Sandalen aus Autoreifen, Spreizfüße in Cowboystiefeln. Unter dem Asphalt dieses Highways in West Texas liegt ein Jahrtausende alter Indianerpfad, auf dem auch Cabeza de Vaca und sein Gefolge gezogen sein mögen – nicht daß B.J. McHenry irgend etwas darüber wüßte. Es ist ihm scheißegal. Suchend wandert sein Blick über den Staub und Schotter am Straßenrand, durch das Unkraut und Steppengras, über das verstreute Mosaik aus Flaschensplittern. Letzte Nacht ging hier ein Unwetter mit starkem Regen und Sturm nieder, und unübersehbar sind die Spuren anderer Umherziehender. Was bloß tun alle diese Leute zu Fuß hier draußen und verursachen dieses Gedränge am Straßenrand? Wie weit muß einer heutzutage gehen, um ein wenig Einsamkeit zu finden? Es ist die immer gleiche Geschichte: zu viele Zugtramps benutzen die Gleise, zu viele Straßentramps treiben sich an den Highways herum, und die illegal eingewanderten Mexikaner sind ohnehin all überall. B.J. mag keine Mexikaner. Er nennt sich selbst einen Tramp, aber außer den erfahrenen Typen, die schon jahrelang auf der Walz sind, Profis gewissermaßen wie er, mag er diese Leute auch nicht. Alles faule, nichtsnutzige Penner – warum arbeiten die nicht? Warum suchen sich diese Loser nicht mal zur Abwechslung einen Job und verschwinden von der Straße? B.J. schätzt Gesellschaft überhaupt nicht, nicht einmal in Form von Fußabdrücken, und Konkurrenz braucht er am wenigsten. Während er fluchend die Straße entlangläuft, achtet er instinktiv auf Klapperschlangen und verstreute Objekte. Immer aufs neue verblüfft es ihn, was die Leute so wegwerfen: Pistolen, Taschenmesser, Eheringe, Halsketten, Beutel mit »Gras«, Tütchen mit »Koks«, nicht angebissene Cheeseburger, volle Zigarettenschachteln. Einmal fand er längs der Interstate in der Mojave Wüste über fünf Meilen verstreut eine Krawatte, ein Jackett, ein Hemd, erst den linken, dann den rechten Schuh und zum Schluß auch die Anzugshose. Er sammelte alles ein, versuchte, die Ausstattung als Ganze zu verkaufen, wurde sie aber erst wieder Stück für Stück bei einem Haufen von Eisenbahntramps am Güterbahnhof von Stockton los.

Manchmal muß ein Fahrer bremsen, um einem Tier auszuweichen, und das Auto gerät ins Schlingern. Dabei fliegen dann die Sachen auf dem Armaturenbrett aus dem offenen Fenster auf der Seite des Beifahrers: meistens Snacks, Zigaretten und Feueranzünder, gelegentlich auch eine Brieftasche, eine Kreditkarte oder eine Klammer mit Geldscheinen. Es ist B.J. widerfahren, daß eine Brieftasche ihm wie ein Geschenk von der Straße vor die Füße fiel. Einmal versuchte er, den glücklichen Augenblick zu wiederholen, indem er den Kadaver eines überfahrenen Rehs vom Rand der Autobahn auf die Überholspur schleppte. Er legte sich ins hohe Gras auf die Lauer; viele Fahrer bremsten rechtzeitig und machten die jähe Ausweichbewegung, aber nichts kam geflogen, nicht einmal eine Packung Zigaretten oder ein Streifen Kaugummi. Zwei Stunden wartete er so, dann gab er auf, schnitt sich ein Steak aus dem Reh und grillte es über einem Lagerfeuer unter einer Brücke. Wenigstens schlief er satt ein in jener Nacht, keine Klagen also. Das Leben auf der Straße hat seine Regelmäßigkeiten und Launen; es gibt mal gute, mal schlechte Zeiten, aber man kann sie nicht voraussagen, und es ist scheinbar unmöglich, die Ereignisse zu beeinflussen. (Wenn er so etwa zehn

Jahre zurückdenkt, und soweit er sich überhaupt noch erinnern kann, geht es im Zusammenleben mit einer Frau ganz ähnlich zu.) Zwei, drei Wochen lang läuft alles wie geschmiert. Ein Wagen hält genau dann, wenn man es will, Eßbares ist da, wenn man hungrig ist, und die Leute geben, ohne gefragt zu werden, genug für Bier und Tabak, manchmal sogar aus schlechtem Gewissen ein kleines Geschenk oder billigen Schmuck. Und plötzlich, ohne Vorwarnung, zieht die Straße ihre Gunst zurück und verhält sich schäbig und feindselig. Man findet sich irgendwo ausgesetzt an einem gottverlassenen Wüstenhighway und kann tagelang auf jemanden warten, der einen mitnimmt. Man gerät in ein schweres Gewitter oder einen Schneesturm oder Tornado – und weit und breit keine Brücke oder sonst ein Platz zum Unterstellen. Über all die Jahre, die er nun schon unterwegs ist, hat B.J. manches erlebt. Sandstürme haben ihn attackiert, er wurde von unglaublich großen Hagelkörnern bombardiert, aus fahrenden Wagen gestoßen und aus Güterwagen geworfen. Man hat ihn niedergestochen, ausgeraubt, geschlagen und eingesperrt. Und wirklich stocksauer ist er, wenn ihn wieder einmal eine Bierflasche am Kopf trifft.

Die meisten Fahrer, die ihr Leergut aus dem Auto werfen, tun das aus Achtlosigkeit und ohne über die Folgen nachzudenken, was natürlich für den, der sich am anderen Ende der Flugbahn befindet, die Sache nicht besser macht. Aber ab und zu fahren tatsächlich Leute an dem gedankenverloren dahinwandernden B.J. vorbei, die sich aus dem Beifahrerfenster lehnen und mit Absicht auf seinen Hinterkopf zielen. Die alte amerikanische Verachtung für jeden, der zu Fuß geht... Am ganzen Kopf hat B.J. Narben und Beulen, die das beweisen, und eine halbmondförmige Narbe zieht sich von seiner linken Schläfe bis hinunter zum Wangenknochen. Flaschen werfende Autofahrer, einen Moment mal herhören: B.J. wüßte gerne, ob Ihnen klar ist, mit welcher Geschwindigkeit die Gegenstände durch die Luft wirbeln. Wenn ein Wagen 75 Meilen die Stunde fährt, so hat B.J. ausgerechnet, hat eine Bierflasche, die aus jenem Auto geworfen wird, eine Geschwindigkeit von 60 Meilen, wenn sie gegen seinen Schädel knallt. Vielleicht sogar mehr, wenn der Typ einen kräftigen Wurfarm hat. Dreimal ist B.J. am Kopf getroffen worden, die Streifschläge nicht mitgerechnet. Jedesmal schlug es ihn bewußtlos zu Boden, jedesmal mußte er genäht werden, und es war verflucht schwer, das nächste Krankenhaus zu erreichen. Welcher Fahrer nimmt schon einen großen, langhaarigen, wild dreinblickenden Tramp mit, dessen Kopf auch noch blutüberströmt ist. Nun hat er es sich zur Gewohnheit gemacht, bei jedem von hinten sich nähernden Fahrzeug einen raschen Blick über die linke Schulter zu werfen, um zu sehen, ob irgend etwas heranfliegt. Wenn man rechtzeitig mitbekommt, daß eine Flasche auf dem Weg ist, kann man sich gerade noch ducken oder hinwerfen, falls es nötig ist. Die meisten Kerle neigen dazu, besonders von Lieferwagen aus, ein wenig hoch und nach links zu werfen, aber es gibt dort draußen auf den Straßen, vor allem im Süden und Südwesten der USA, todsichere Schützen. B.J. sieht des öfteren, wie sie auf den Highways mit Bierflaschen nach Verkehrsschildern zielen.

*

B.J. zupft Läuse von seiner Kopfhaut, seinem Brusthaar, aus seinem langen ergrauenden Prophetenbart und schnipst sie aus dem Fenster meines Mietwagens. Er ist ein großer, breitschultriger Mann mit einem harten, übellaunigen Gesichtsausdruck. Sein lederne Haut ist übersät mit frischem Schorf und Blutergüssen. Seine Nase ist blutverklebt und geschwollen, und ich vermute, sie ist gebrochen, nicht zum erstenmal. Vor einer Stunde habe ich ihn an einer Straße in den staubigen Plains westlich von Big Spring mitgenommen, und seitdem redet er – ein ununterbrochener Schwall von bösen Geschichten und wütenden Flüchen. »Ne' Menge dieser Typen schießt auf die Verkehrsschilder. Ich bin bald zwanzig Jahre auf der Straße, und keiner dieser Bastarde hat bisher versucht, mich abzuknallen. Wenn mich jemand killen will, soll er's mit einem Schuß tun! Aber fummelt nicht mit diesen verdammten Bierflaschen herum und erledigt mich zufällig!« Er strömt einen schalen, säuerlichen Geruch aus, eine Mischung aus Bierfahne, kaltem Zigarettenrauch, Schweiß und Lagerfeuer, und es ist lange her, daß er unter einer Dusche stand. Er trägt eine Hose aus Armeebeständen, ein altes Jeanshemd, eine Halskette aus Malachit und eine schwarze speckige Harley Davidson Mütze, die er von Zeit zu Zeit hebt, um sich am Kopf zu kratzen und eine Laus zu zerquetschen. Sein Haar ist lang, fettig, eine vom Wind zerzauste Mähne, die sich unter der Mütze nach allen Seiten ausbreitet. Er hat blaßblaue Augen, die durch die schweren Lider wie kleine Dreiecke aussehen. Sein Blick ist angespannt, gehetzt wie der eines wilden Tieres, ich sehe darin keine Spur von Wärme oder Humor. Seit Vietnam, erzählt er, ist er an keinem Ort länger als 90 Tage geblieben. Irgendwie ist das seine Grenze. In den späten Siebzigern lebte er drei Monate in Dallas mit einer Frau zusammen; sie verdiente das Geld mit Drogenhandel. Eines Tages drehte sie durch, oder B.J. machte sie wahnsinnig, und sie warf ihn raus. Drei Monate verbrachte er mit einer geschiedenen Frau in Oklahoma, versoff ihr Unterhaltsgeld, und als es völlig verrückt wurde, mußte er verschwinden. Dann folgten 90 Tage in einer Gefängniszelle: lieber sterben oder zurück nach Vietnam als noch einmal so eingesperrt zu sein.

Er wuchs in Vermont in New Hampshire und im Norden des Bundesstaates New York auf, aber er bleibt nun immer westlich der Appalachen, meist sogar westlich des Mississippi, und er spricht in dem krächzenden schleppenden Dialekt des Straßentramps aus dem Westen. Es gibt einfach zu viele Menschen dort im Osten, sagt er. Zuviel law and order, und im Winter frierst du dir die Eier ab. »Wo willst du hin?« frage ich ihn. »Nach Phoenix, höchstwahrscheinlich«, antwortet er. »Nicht weit von dort ist ein Berg, wo man wirklich billig Indianerschmuck kriegt, den kann man für gutes Geld in Kalifornien verkaufen.« Dann will er doch lieber nach El Paso, wo er ein altes Bankkonto hat, auf dem vielleicht noch etwas drauf ist. Und schon erwägt er Albuquerque, San Diego oder besser doch hoch nach Washington State, bevor der Winterregen einsetzt. Es gibt da ein Café in Seattle, 1900 Meilen von hier, wo Obdachlose Sonntag morgens kostenlos Kaffee bekommen. »Fühlst du dich manchmal einsam? Fehlen dir die Frauen?« frage ich. »Ach, sie sind den ganzen gottverdammten Ärger nicht wert«, knurrt er. »Ich hatte mal vor ein paar Jahren 'ne Alte. Wir trampten 'ne Weile zusammen auf Güterwagen, bis das verrückte Miststück eines Nachts, als sie betrunken war, mich zu erstechen versuchte. Ich laß mich auf Frauen nicht mehr ein. Sie sind's nicht wert.« Er fährt auch nicht mehr auf Zügen, weil die Bandengewalt unter den FTRA (the

Freight Train Riders of America/ die Güterzugtramps von Amerika) zu schlimm geworden ist. Die Zeitungen nennen sie die Hobo-Mafia. Die FTRA ist wahrscheinlich die chaotischste der kriminellen Organisationen in Amerika mit den meisten Alkoholikern und Bekifften, gewiß die ärmste. In den letzten Jahren allerdings hat man ihr mehr als ein Dutzend Morde und zahlreiche Fälle von Körperverletzung angelastet. Im letzten Sommer kam B.J. zu Ohren, daß das »Schlägerkommando« der FTRA nach ihm suchte, und seitdem bleibt er lieber auf den Straßen. Er nennt sich selbst einen »rubber tramp«, einen Vagabunden, der per Anhalter durchs Land zieht und dazwischen weite Strecken läuft. Die meisten Tramps hassen das Laufen, aber B.J. ist zu zappelig und rastlos, um längere Zeit mit erhobenem Daumen auf der Stelle am Straßenrand zu stehen und auf den nächsten Lift zu warten. Er macht sich lieber auf den Weg und hat zumindest das Gefühl, vorwärts zu kommen. An manchen Tagen läuft er nur. Fahrer wollen immer mit einem reden, was ja in Ordnung ist, solange man auch Lust dazu hat, aber an manchen Tagen will B.J. kein menschliches Wesen sehen.

Sein letzter Liebesversuch – ein kurzes betrunkenes Gefummel mit einer Tramperin in Sturgis (South Dakota) – liegt schon ein Jahr zurück, und vor vier oder fünf Monaten schlief er zum letzten Mal in einem Bett. Wände, Decken, Türen, Betten: die gibt es in Gefängnissen, in Häusern und Motelzimmern. Nach wenigen Stunden in demselben Gebäude bekommt er Platzangst und wird unruhig. Wenn das Wetter schlecht ist, schafft er es, vier oder fünf Tage in einem Obdachlosenheim zu bleiben; wenn er sich allzu erschöpft fühlt, geht er auch einmal in ein Krankenhaus für Veteranen. 90 Tage in einer texanischen Gefängniszelle... er trieb seine Zellengenossen in den Wahnsinn. Jede Nacht, B.J. konnte nichts dagegen machen, lief er in dem winzigen Käfig hin und her. In Betten hat er »schlechte Träume«, Träume von Vietnam. Schläft er nüchtern ein, wenn das überhaupt möglich ist, dann verfolgen ihn Alpträume. Eine Flasche, eine selbstgedrehte Zigarette und einen vollen Bauch zweimal am Tag, den Sternenhimmel und die Straße – das ist alles, was er von der Welt will; das hält ihn davon ab, durchzudrehen. Er kennt das Straßen- und Schienennetz des Westens so gut wie jeder andere Umherziehende, den ich getroffen habe. Nennen Sie irgendeine

Stadt an einem größeren Highway, und B.J. wird Ihnen sagen, welche Abfallcontainer von Restaurants leicht zu durchwühlen sind, wo man am billigsten Bier und Ten High Whiskey kriegt, wo die Mission und der Billigmarkt sind, wie die örtliche Polizei und die Eisenbahnpolizei sich gegenüber Tramps verhalten, welche Kirchen Essen ausgeben und welche sofort die Hüter des Gesetzes rufen. Er kennt überall die besten Plätze für einen ungestörten Nachtschlaf und den schnellsten Fluchtweg von dort. Während wir die weite Leere von Westtexas durchqueren, zeigt er auf kaum sichtbare Ranchzufahrten und unbefestigte Wege. Der hier führt zu einer Rangierweiche, wo man auf einen langsam fahrenden Güterzug nach San Antonio aufspringen kann. Der dort führt zu einem Hügel in der Ferne, wo man Quartz und andere Mineralien ausgraben kann, aber paß auf den Farmer auf, dem das Land gehört. Und jetzt gleich mußt du langsam fahren, weil da vorne, wo die Straße abfällt, sich oft die Polizei versteckt. Trink niemals auch nur einen Schluck Bier, wenn du einen Lastwagen überholst oder einer auf deiner Höhe fährt. Heutzutage gibt es zu viele Trucker, die dich für eine Belohnung und ein paar Pluspunkte bei der Highwaypolizei verpfeifen.

Wenn du in der Wüste Hunger bekommst, ist es am leichtesten, eine Klapperschlange zu töten. »Such dir eine lange alte Schlange und schmeiß ihr den Kopf mit einem Felsstein ein. Klar? Schlangenfleisch ist nicht schlecht, wenn es frisch ist. Manche sagen, es schmeckt wie Hühnchen, aber mir schmeckt es wie Schlange. Haha! Natürlich mußt du vorsichtig mit der Giftdrüse sein. Schneide mindestens 15 Zentimeter hinterm Kopf ab, das hab ich mir zur Regel gemacht, und paß auf, daß die Schlange sich nicht selbst beißt, wenn du sie tötest.« B.J. ist eine Goldgrube an nützlichen Informationen; er ist ein harter, fähiger und findiger Bursche, aber er hat etwas dumpf Bedrohliches, Gewalttätiges an sich. Man braucht keine überreizte Phantasie zu haben, um sich vorzustellen, daß er jäh eine Waffe zückt – sein Schlangenmesser oder eine der Handfeuerwaffen, die er gelegentlich am Straßenrand findet. Immer wieder starrt er aus dem Fenster, ohne daß der Redestrom aufhört, als spräche er zu sich selbst und hätte vergessen, daß ich neben ihm sitze. Und dann geht ihm irgend etwas durch den Kopf, er dreht sich mir wieder zu und bohrt mit plötzlicher, wilder Intensität seine Augen in meine, als erwartete er Zeichen der Zustimmung oder des Respekts. Ich nicke fortwährend und versuche, ausreichend ernst und beeindruckt dreinzuschauen. Im stillen frage ich mich, wie ich ihn mit einem Minimum an Ärger loswerden kann. Vielleicht kann er meine Gedanken lesen; er kramt ein kleines, rostiges Taschenmesser hervor und legt es auf das Armaturenbrett. »Das habe ich heute morgen auf der Straße gefunden«, sagt er. »Ich denke, du kannst es behalten oder als Fundsache abgeben, wie du willst. Ich darf keine Waffen bei mir haben. Falls ich von den Bullen angehalten und durchsucht werde, können die mir irgendeinen Scheiß anhängen. Iss nicht okay, aber so ist es nun mal.«

Das Taschenmesser beruhigt mich ein wenig. Es wäre doch allzu verrückt, wenn er nun plötzlich einen Revolver hervorziehen würde oder ein größeres Messer. Er hat sich inzwischen in einen weiteren wütenden Monolog hineingesteigert: Polizeischikanen, Gesetze gegen Landstreicherei, die verfluchte Regierung, die Schläge, die er über Jahre von Polizisten und Gefängniswärtern hat einstecken müssen, und die kleinen Triumphe der Rache, wenn er andere Tramps verprügeln konnte. Ich frage ihn nach dem Schorf und den Blutergüssen in seinem Gesicht. Waren es Polizisten, Tramps oder fliegende Bierflaschen? Sein Kopf fährt herum, er kneift die Augen zusammen und knurrt mit gefletschten Zähnen: »Ich wurde in Houston von einem Haufen Nigger zusammengeschlagen. Die Scheißkerle überraschten mich, klauten meine Schlafsachen, mein ganzes Zeug, und Mann, die haben mir die Nase gebrochen. Diese verdammten Nigger haben die Scheiße aus mir rausgeprügelt. Wenn es irgendwas auf der Welt gibt, was ich hasse, dann ist es ein verdammter Nigger, und am meisten hasse ich einen Texasnigger.« »Jetzt hör aber auf«, sage ich, »ich bin auch schon einmal von einem Schwarzen zusammengeschlagen und ausgeraubt worden. Aber das werfe ich doch nicht all den Schwarzen vor, die mir nichts getan haben. Ich bin auch von weißen Kerlen verprügelt worden, und du auch. Arschlöcher gibt es in allen Farben, warum also diskriminieren?« Das bewirkt bei ihm überhaupt nichts. Ich würde Nigger nicht so kennen wie er. Solange man nicht mit einem von ihnen im Knast gesessen hat, wüßte man nicht, wie sie wirklich sind, und so weiter und so fort. Ich versuche, das Thema zu wechseln, aber da ist nichts zu machen. B.J. steigert sich immer mehr in seine Schimpftirade hinein und läßt seinem Haß auf die Welt freien Lauf – »Das Gefängnis ist noch zu gut für sie. Mit diesen Tieren zusammen eingesperrt zu sein, ist mehr, als ein Weißer ertragen kann.« Ich bemühe mich, nachsichtig zu sein. Doch nach zwanzig Minuten Wutausbruch und irrem Gerede wächst in mir der heftige Wunsch, ihm meinen Ellbogen ins Auge zu rammen. Ich bin an der Grenze meiner Toleranz angelangt. Ich trete auf die Bremse und sage zu ihm: »Hör zu, ich will von diesem Schwachsinn nichts mehr hören. Die Fahrt ist hier zu Ende.« Ich schmeiße ihn am Stadtrand von Pecos (Texas) raus. Er brüllt und flucht und zeigt mir den Stinkefinger. Ich gebe Gas, und B.J. McHenry schrumpft rasch im Rückspiegel, bis er schließlich ganz verschwunden ist.

*

Anhalter erzählen mir immer wieder Geschichten von Aufgespießten... Jimmy zum Beispiel arbeitete auf den Ölfeldern, als Bauarbeiter, Trucker, Jagdführer, organisierte Angeltouren und war, jedenfalls behauptet er das, Stuntman beim Film. Nun hofft er, Arbeit in San Antonio zu finden, auf der Baustelle des Onkels eines Freundes. Er erzählt seine Geschichten mit einer Art entsetzter Schadenfreude. Ein Kollege von ihm fällt von einer hohen Plattform in einer Ölraffinerie und pfählt sich selbst auf einer Gerüststange. Oder wie gefällt dir diese? In New Orleans sieht er, wie in einer Bar ein Mann von einem Stockdegen durchbohrt wird. Und so geht eine Geschichte nach der anderen: Vögel, die nach einem Sturm auf Kaktusstacheln gespießt sind; Jagdunfälle mit Pfeilwaffen; ein Harpunenopfer vor der Küste Floridas. Er erzählt ausführlich von einem durchbohrten Lastwagenfahrer. Diese Geschichte habe ich schon vorher gehört, vermutlich eine klassische Highway-Legende. Doch Jimmy sagt, daß er dabei war und es mit eigenen Augen sah. »Vor ein paar Jahren war ich auf der I-10 mit einer Ladung unterwegs, etwa 20 Meilen vor Tucson, und da sehe ich vor mir diesen Haufen Blech. Zwei völlig zertrümmerte Autos und ein Sattelschlepper am Straßenrand und die Ladung von sieben Meter langen Stahlrohren quer über den ganzen Highway. Die Polizei war noch nicht da. Ich steige also aus und gehe zu dem Laster, um nach dem Fahrer zu schauen. Er war ein Schwarzer. Ich sah sofort, was passiert sein mußte. Eines der Rohre war ins Rutschen gekommen, wahrscheinlich als er auf die Bremse trat, war direkt durch das Fahrerhaus und wie ein Speer durch seinen Oberkörper geschossen und hatte sich ins Armaturenbrett gebohrt. Ob du es glaubst oder nicht: der Mann lebte noch, konnte sich aber kein Stück bewegen. Das arme Schwein war da festgenagelt. Also sage ich zu ihm: Oh Mann, Mensch Kumpel, du tust mir wirklich leid, aber du bist geliefert. Tja, das war's, was ich ihm sagte, und das war das letzte, was er hörte, bevor er starb.«

Es ist immer schwierig, den Wahrheitsgehalt, wenn es denn überhaupt einen gibt, solcher Geschichten, die einem Zufallsbekannte zutragen, einzuschätzen. Die von dem durchbohrten Sattelzugfahrer habe ich häufiger gehört. Der Unfallort variiert – Arizona, New Mexico, Kalifornien – und auch der Zeitpunkt erstreckt sich über das letzte Jahrzehnt, doch die entscheidenden Details bleiben stets gleich: Stahlrohr, schwarzer Fahrer, festgenagelt ans Armaturenbrett, aber noch am Leben. Und der Erzähler oder ein enger Freund von ihm ist dagewesen, um im Augenblick des Sterbens ein paar schroffe tröstende Worte zu sagen. Beruht die Geschichte auf einem wirklichen Vorfall oder ist es reine Erfindung? Weiß der Teufel, ich werde jedenfalls nicht die Unfallberichte von den Highways dreier Bundesstaaten für die letzten zehn Jahre überprüfen.*

Was also ist von B.J. McHenry zu halten? Ist er ein glaubwürdiger Erzähler? Nun, von all dem, was seinem Redeschwall zu entnehmen war, kann ich nichts beweisen, aber abgesehen von seinem Rassismus nehme ich ihm das meiste ab. Die fliegenden Bierflaschen, das Schlangenessen, die genaue Kenntnis bestimmter Gegenden, seine Schwierigkeiten mit Frauen und dem Gesetz – all das schien mit seiner übel zugerichteten, wilden Erscheinung übereinzustimmen und auch mit dem, was ich selbst

* Ein Artikel in der *New York Times* vom Oktober 1999 nennt einen Abschnitt auf der I-95 in Florida »eine der unheimlichsten Unfallstellen Amerikas« und berichtet von drei Vorfällen, bei denen ungesicherte Metallstangen von Lastwagen geflogen waren und andere Autofahrer im Inneren ihrer Wagen aufgespießt hatten. Erstaunlicherweise war keiner von ihnen an seinen Verletzungen gestorben.

auf den Straßen und Schienen gehört habe. Auch nach mir sind mehrfach schon Flaschen und Dosen geworfen worden (alles Bud Light Trinker, bis jetzt keine Treffer), und ich habe von vielen Tramps Klagen über diese gefährliche Gewohnheit gehört. Daß überfahrene Tiere gegessen werden, ist völlig normal, und es existieren auf Staaten- und Bundesebene Gesetze, die genau regeln, wer Anspruch auf das Fleisch hat. In einigen Teilen des Landes ist es erlaubt, jedes Tier – Kuh, Elch, Reh, Antilope oder kleineres Wild –, das durch einen Zusammenstoß getötet wurde oder schon tot auf der Straße lag, mitzunehmen; anderswo muß man eine Gebühr entrichten. Eine Klapperschlange als Mahlzeit ist weniger normal, aber die Tips, wie man sie erlegt, kannte ich bereits, und ich habe auch schon Schlange gegessen – in einem Restaurant in Südtexas, zubereitet mit Chili und als Überraschungsgericht serviert.

*

In San Antonio machte ich an der Universitätsbibliothek Halt. Laut meiner Ausgabe von Cabeza de Vacas Erzählung (University of New Mexico Press, 1997) zog er in diese Gegend mit den Mariames zur Kaktusfeigenernte, floh mit seinen Gefährten und begann seine lange Reise in den Westen. Das Schöne an dieser Ausgabe sind die in den Text eingewobenen detaillierten geographischen Beschreibungen der Route und, soweit möglich, die Zuordnung zu heutigen Ortsnamen. Es ist eine ausgezeichnete, zu wenig gewürdigte Übersetzung, und mir gefällt der Name des Übersetzers und Herausgebers: Cyclone Covey. Einige Beschreibungen der landschaftlichen Gegebenheiten klingen in de Vacas Text recht vage – »ein Fluß, der zwischen Bergen verläuft« und ähnliches –, aber Cyclone Covey beruhigte in seinem Vorwort alle meine Zweifel. Der Verlauf von Cabeza de Vacas langem Marsch wurde in den dreißiger Jahren von Carl Sauer und Cleve Hallenbeck, den beiden damals führenden Historikern der südwestlichen Trails, entdeckt. Unabhängig voneinander fanden sie heraus, daß de Vaca und seine Leute meistenteils alten Indianerpfaden folgten – Wege, die in den dreißiger Jahren noch auffindbar waren. »Die gründliche Arbeit dieser beiden namhaften Professoren«, schreibt Covey, »hat zusammen mit den Forschungen zahlreicher Archäologen, Anthropologen, Kartographen, Geologen, Klimatologen, Botanikern, Zoologen und anderer Historiker vieles aus dem alten Bericht überraschend genau bestimmen können... Hallenbeck hat alles, was vorher zu dem Thema geschrieben wurde, berücksichtigt und durch seine Publikationen in der Tat überflüssig gemacht.« Diese Sätze weckten in mir den begeisterten Entschluß, der Route zu folgen. Mir war allerdings noch nicht klar, wie die Experten sie so exakt hatten kartographieren können. In der San Antonio Bücherei fand ich Hallenbecks Buch. Es war einfach eine Sache der richtigen Schlußfolgerung, behauptete er. Es gab im 16. Jahrhundert im Westen der USA nur wenige Pfade, auf denen ein Zug von Tausenden die Ebenen und Wüsten durchqueren konnte, ohne zu verdursten. Hallenbeck hatte alle diese Wege befahren und begangen und dort gecampt, und schließlich kam er zu der Überzeugung, daß es nur einen Trail gab, der allen überlieferten Beschreibungen entsprach. Wie die meisten dieser Indianerpfade war auch dieser ursprünglich durch Tiermigration geschaffen worden, und er verband auf die günstigste Weise Flüsse und Wasserstellen.

Dann stieß ich auf zwei andere Bücher und eine Anzahl wissenschaftlicher Artikel, die behaupteten, daß heute die Hallenbeck-Route unter de Vaca-Forschern eher für ein Scherz gehalten wird. Nach Hallenbeck hielt sich die Prozession stets nördlich der heutigen mexikanischen Grenze, zog durch Texas, New Mexico und weiter nach Arizona, und erst im geographisch letztmöglichen Moment läßt er sie die südliche Wendung nach Mexiko machen. Einige haben den Verdacht geäußert, Hallenbeck sei aus Patriotismus so sehr darauf bedacht gewesen, Cabeza de Vaca als amerikanischen Helden aufzubauen, daß er dafür seine wissenschaftliche Objektivität opferte. Die gegenwärtige Autorität unter den de Vaca-Forschern, Donald Chipman, verlegt die Route weiter südlich in die Gegend des Rio Grande mit Schleifen und Schlenkern nach Texas und dem heutigen Mexiko; seiner Meinung nach kamen die Umherziehenden weder nach New Mexico noch nach Arizona. Ich verbrachte einen langen anstrengenden Nachmittag damit, mich mit all den obskuren Einzelheiten der Debatte vertraut zu machen. Da geht es etwa um die relative Dicke der Zapfen der Pinyon-Nuß in verschiedenen Bergregionen, die Auswirkungen der Klimawechsel auf die Kaktusfeigenernte und so weiter. Alles in allem sind bisher sechs verschiedene Routen vorgeschlagen worden, wobei Hallenbecks Beschreibung am weitesten nach Norden geht, Chipmans Vorschlag dagegen die südlichste Grenze zieht. Für jede Route gibt es ein Lager von Anhängern und Verächtern. Ich entschied mich, die ganze Kontroverse einfach zu ignorieren.

Ich klemmte mich wieder hinters Steuer und machte mich auf, ungefähr Hallenbecks Trail-Plan nachzufahren, weil ich ohnehin schon in San Antonio war, 180 Meilen nördlich des Rio Grande, und weil man mit einem Mietwagen nicht nach Mexiko rüber darf. Diese Grenze wurde dreihundert Jahre nach Cabeza de Vaca eingerichtet. Ich vermute, daß sich die Historiker niemals auf eine Route einigen werden; dafür sind die Beschreibungen und Hinweise einfach zu vage und vieldeutig. Mich interessiert ohnehin mehr die »mentale Geographie« von de Vacas Treck, seine acht Jahre dauernde Reise weg von der Enge damaligen kolonialen Denkens. Am Ende war er nach den Maßstäben unserer Kultur, und vielleicht auch nach seinen eigenen, ein besserer Mensch. Aber warum blieb er so rastlos? Ich las auch einiges über seine späteren Abenteuer in Paraguay, über die gewaltigen Barfußmärsche durch die Wildnis gegen den Rat seiner Oberen und die Bitten seiner Männer und wider alle Vernunft. Cabeza de Vaca schien von einem unabweisbaren Verlangen getrieben zu sein, immer aufs neue zu Indianern und ihrer Landschaft zurückzukehren. War das ein Symptom ruinierter Gesundheit, gar von Geistesgestörtheit infolge seiner Erlebnisse in Nordamerika? In Paraguay dachten das manche seiner Landsleute – warum sonst hielt er sie beispielsweise davon ab, die Indianer auszuplündern, zu vergewaltigen und zu versklaven? Ich glaube vielmehr, daß Cabeza de Vaca seine Berufung gefunden hatte und entschlossen war, ihr zu folgen.

*

Der Highway überquert den Pecos River und zieht sich schnurgerade durch die Wüste zum Rio Grande; am Horizont sind vereinzelte Bergketten zu sehen, von der späten Nachmittagssonne mit Schatten gesprenkelt, und die weiten Wüstentäler schimmern goldfarben. Hier, in der südwestlichen Ecke Texas', war einst, darüber zumindest sind sich die Forscher weitgehend einig, das Land der Jumano, jene halbnomadischen Jäger und Flußuferbauern, die de Vaca die von ihm so geschätzten Büffelhäute schenkten. »Dieser Stamm macht von allen, die wir kennenlernten, den besten Eindruck auf uns; seine Mitglieder sind stark und voller Tatkraft. Sie verstanden uns am besten und beantworteten bereitwillig unsere Fragen. Wir nannten sie das ›Kuhvolk‹, weil in ihrer Umgebung mehr Rinder [Bisons] getötet werden als sonstwo. Sie jagen die Tiere bis zu 50 Wegstunden flußaufwärts.« Jener Fluß mag der Rio Grande gewesen sein, aber überall am Westrand des Llano Estacado, der riesigen, unwirklich flachen Hochebene, grasten damals Millionen Büffel. In dieser Gegend schufen später berittene Comanchen die ausgeprägteste nomadische Kriegerkultur in Nordamerika. Heute befinden sich dort meist Farmen, die Weizen und Baumwolle anbauen oder Viehzucht betreiben. Sie sind auf die ständige Zufuhr von Wasser angewiesen. Aber diese Art der Landwirtschaft ist auf dem Llano immer ein zweifelhaftes Experiment mit ungewisser Zukunft gewesen. In den dreißiger Jahren bildete der Llano Estacado den Südrand des Dust Bowl. Nach 1950 wurde er von einer anhaltenden Trockenheit heimgesucht, und mittlerweile ist das Land zerpflügt und abgerast. Der Wind bläst gnadenlos wie immer, und die Klimadaten legen nahe, daß eine neue lange Trockenheit überfällig ist. Seit den Jumanos haben alle, die in Westtexas Getreide anzubauen versuchten, mit diesem Zyklus zu kämpfen gehabt. Schon de Vaca schrieb: »Wir fragten die Jumanos, warum sie nicht Mais anpflanzten. Weil sie dann alles verlieren würden, antworteten sie: zwei Jahre hintereinander kein Regen; Maulwürfe fressen die Saat. Um wieder pflanzen zu können, braucht man viel Regen. Sie baten uns, dem Himmel zu sagen, daß er regnen möge.«

Die heutigen Farmer auf dem Llano benutzen Pumpen für die Bewässerung der Felder und die Viehtränken, aber allmählich trocknen die Brunnen aus. Man setzt die Hoffnung auf einen unterirdischen Fluß, der vom Norden herkommen soll und das absinkende Grundwasser nachfüllen wird. Doch die meisten Hydrologen halten das für Wunschdenken und sagen voraus, daß das Bewässerungssystem auf dem Llano kaum länger als zwanzig, höchstens dreißig Jahre noch funktionieren wird. Vielleicht geht es auch viel schneller zu Ende, wenn erneut eine Dürreperiode eintritt oder die Banker die Geduld verlieren. Wie die Bisonherden oder die Goldstätten, die den Massenandrang nach Kalifornien auslösten, ist auch das Grundwasser im Südwesten eine begrenzte, nicht erneuerbare Ressource. Ihr Entstehen erstreckt sich über Millionen Jahre, verbraucht ist sie rasch. Und wenn es kein Wasser mehr gibt, lassen die Menschen alles zurück und ziehen weiter.

*

Ich fahre einem großen rotglühenden Sonnenuntergang entgegen, der noch eine ganz eigene Färbung und Leuchtkraft durch die Staubwolken und Luftverschmutzung über den Ballungsgebieten El Paso und Ciudad Juárez bekommt. In diesen Grenzstädten leben drei Millionen Menschen über einem dramatisch sinkenden Grundwasserspiegel. Der Highway zieht eine Kurve nach Norden und läßt die Stadtwucherungen hinter sich; nach siebenhundert Meilen durch Texas überquert er die Grenze zu New Mexico. Für mich ist es Zeit, in der Wildnis nach einem geeigneten Platz für das Lagerfeuer Ausschau zu halten. Vielleicht hinauf zu dem Gila National Forest oder in die Sacramento Berge, wo nach Hallenbeck Cabeza de Vaca seine chirurgische Heldentat mit Flintstein und einem Hirschknochen vollbrachte. Oder soll ich gegen eine kleine Gebühr, dann allerdings ohne Lagerfeuer, in die mondhellen Kalkdünen des White Sands National Monument fahren? Plötzlich kommt mir der Gedanke, daß es ja nur dreihundert Meilen bis Tucson und zu dem hübschen kleinen Haus sind, das ich am Stadtrand gemietet habe. Ich halte kurz in Las Cruces, um einen aufgewärmten Burrito, einen Kaffee zum Mitnehmen und eine Packung Zigaretten zu kaufen. Wieder hinter dem Steuer lasse ich meiner Phantasie freien Lauf. Ich ziehe verschlungene Verbindungslinien zwischen Cabeza de Vaca und B.J. McHenry, den beiden Männern, die mich auf dieser Fahrt am meisten beschäftigten. Aus ihren Geschichten, denke ich, müssen sich doch Gemeinsamkeiten herausfiltern lassen, die etwas von dem Besonderen der Reiselust in Nordamerika erzählen. Im Rückblick läßt sich eine Kette von auseinander hervorgehenden Entwicklungen konstruieren, die in de Vacas Aufbruch ins Unbekannte ihren Ausgangspunkt hat. Seine Abenteuer inspirierten weitere spanische Expeditionen in den Südwesten, die schließlich das Pferd in die Region brachten; das wiederum führte zu der nomadischen Glanzzeit der Prärieindianer, die der amerikanischen Psyche eine unzerstörbare Idee von Freiheit einprägte. Diese Gedankensprünge müssen nicht falsch sein, aber die Geschichte des menschlichen Verhaltens bewegt sich selten in solch geordneter Progression. Sie stolpert eher durch Zufälle und Wirrungen vorwärts, sie erfährt Rückschritte und scheinbar triumphale Umwege, die in Sackgassen enden. Was dem sinnsuchenden Rückblick als ein zielgerichteter Prozeß von Ursache und Wirkung erscheint, ist in Wirklichkeit ein mühseliger Weg mit Abweichungen, widersprüchlichen Richtungen und merkwürdigen Verzweigungen. Die Gegenwart ist schon dahin, bevor wir sie verstehen, und die Zukunft besteht aus verzerrten Echos der Vergangenheit.

Vielleicht sollte man die dem Kontinent eigene Rastlosigkeit als eine kulturelle Mitgift oder eine Disposition verstehen, die sich in Gestalten wie Cabeza de Vaca und B.J. McHenry manifestiert. Der erste weiße Mann, der dieses Land durchquerte, wurde im Laufe seiner Reise weiser und aufgeklärter; am Ende wußte er mehr von sich, den Menschen und der Welt. Gleichzeitig entwickelte er einen zwanghaften Fortbewegungsdrang, und ist das nicht verständlich? Trotz aller Schmerzen und Härten, die er erleiden mußte und von denen er ungeschminkt erzählt, überstrahlen doch Staunen und Faszination seine – wie er es nennt – »Reise in die untergehende Sonne«. Mit gutem Grund darf man annehmen, daß de Vacas Gewaltmärsche durch Paraguay dem Verlangen entsprangen, dieses Hochgefühl wieder zu spüren; im Vergleich dazu schien das Hofleben in Spanien unerträglich trist und beschränkt.

B.J. McHenry wird man kaum als einen Archetyp des modernen amerikanischen Reisenden präsentieren wollen, schon deshalb nicht, weil ein solches Urbild nicht existiert. Aber auf den Straßen heute treiben sich viele wie er herum: gestörte Einzelgänger und Leute auf der Suche nach dem Vergessen, die zum Rest der Menschheit so wenig Kontakt wie möglich haben wollen. Im 19. Jahrhundert waren sie westlich der Siedlungsgebiete vertraute Figuren – »viele erlagen der Gewalt und Einsamkeit des Lebens an der Grenze, wo es nur so wimmelte von haltlosen Streunern und kaputten Typen« (Frank Thistlethwaite). Massenhaft tauchten diese Außenseiter wieder auf, als die Soldaten aus Vietnam heimkehrten. Nicht alle von ihnen sind Rassisten. Sie leiden nicht alle an Klaustrophobie oder sind wilde Schlangenschlächter, doch auch sie ziehen sich von der Gesellschaft zurück, weil sie zuviel erlebt haben; sie können sich selbst und menschliche Beziehungen nicht mehr ertragen. Dies sind die Parameter für die Rastlosen: Die Besten von uns finden im dauernden Unterwegssein ein Maß an Weisheit, Erleuchtung und Selbsterfüllung. Die Schlimmsten fliehen ständig vor sich selbst, und die große Mehrheit steuert einen unsicheren Kurs irgendwo dazwischen.

Seltsame Dinge gehen in einem vor, wenn man vierzehn Stunden ohne Pause gefahren ist. Man erreicht einen Punkt jenseits bloßer Erschöpfung und Müdigkeit, der Kopf leert sich und jedes Körpergefühl schwindet. Es ist leichter, weiterzufahren als anzuhalten. Ich stehe neben einer Zapfsäule an einer Tankstelle in Deming (New Mexico). Ich bin wackelig auf den Beinen und ohne Orientierung wie ein Seemann bei seinem ersten Landgang. Es ist eine Erleichterung, sich wieder hinter das Steuer zu setzen und zurück in die Trance der Fortbewegung zu gleiten. Keine Musik, kein Radio, nur das Surren von Gummi auf Asphalt, das rhythmische Auf und Ab der Kolben und die warme Nachtluft, die durchs Fenster weht. Ich fahre im Mondlicht durch die Yucca Ebenen, und sechzig Meilen fliegen dahin wie nichts. Dann kommt die Müdigkeit zurück, auch der Schmerz in den Muskeln und hinter den Augen – und riesige Eselhasen tauchen auf, jähe, hüpfende, leuchtende Konturen, gelblich weiß oder bläulich grau, die am Rande des Gesichtsfelds entlangflitzen. Trucker und Freunde von mir habe ich oft davon wie von etwas vollkommen Vertrautem reden hören – »wenn du anfängst, diese übergroßen Eselhasen zu sehen...«. In anderen Gegenden nehmen die flitzenden Schemen die Gestalt von Hirschen, Pferden oder Elchen an, aber in den Südwestwüsten halluzinieren todmüde Fahrer riesige Hasen mit langen Ohren. Ich weiß aus eigener Erfahrung, daß man durch sie hindurch fahren kann und dann einen Trancezustand erreicht, aber das erfordert schon eine wilde Entschlossenheit, und Experten für Verkehrssicherheit raten gewiß davon ab.

Ich schaffe es, die Grenze von Arizona zu überqueren, und spüre ein vages Gefühl von Heimkehr. Auf diesen Bundesstaat ist mein Führerschein ausgestellt, hier bezahle ich Steuern und habe eine Adresse und Telefonnummer. Und wenn überhaupt irgendwo, dann fühle ich mich hier zu Hause. Ich spiele sogar mit dem Gedanken, Grundbesitz in Arizona zu erwerben, mindestens zehn Quadratmeilen unberührter Wüste, wo ich absolut nichts bauen will, nur ein Lagerfeuer dann und wann. Ich nehme eine einsame Ausfahrt, die zu einer Bergkette führt, wo keine Lichter zu sehen sind. Bald schon geht die geteerte Straße in einen unbefestigten Weg über. Ich halte am Rand, klettere auf den Rücksitz und wache mit der Morgendämmerung auf. Es verhält sich seltsam mit der Müdigkeit beim Fahren: völlig erschöpft sinkt man in den Schlaf, aber man braucht nicht viel, um wieder ganz hergestellt zu sein. In einem Truckerlokal in Willcox (Arizona) bekomme ich dünnen Kaffee und schleimige Rühreier. Ich ziehe Cabeza de Vacas Buch aus der Tasche. Im Nachwort von William T. Pilkington gibt es eine Passage, über die ich schon beim Aufwachen nachdachte: »Die amerikanische Entdekkungsreise endet entweder in Hoffnung oder schierer Verzweiflung. In letzter Zeit, da die Welt zunehmend schwärzer geworden ist, findet auch das Reisen kein Ziel mehr. Was derjenige, der sich heute aufmacht, normalerweise entdeckt, ist nur noch eine Leere – die geistige Entsprechung der nihilistischen Landschaft, die er durchquert hat.« Zum Teufel mit William T. Pilkington und seinen blasierten Auslassungen. Diese Entdekkungsfahrt hat ein glückliches Ende. Als ich in meinem gemieteten Haus in Tucson ankomme, wartet zwar keine Freundin auf mich, nur wenige Möbel stehen da und die Küche ist voll mit Mäusedreck, aber der Anrufbeantworter verkündet gute Nachrichten. Die Medien in London gieren nach Amerikana – weiße Rassisten in Nord Idaho, eine bösartige raffgierige Sekte in Tennessee, Lowrider Car Clubs in Los Angeles –, und eine deutsche Zeitschrift bestellt einen Artikel über Rodeo in Colorado. Das bedeutet gute sechs Wochen »on the road«, und alles geht auf Spesen.

Kapitel 4

»Wir hatten kein Wort für das seltsame Tier, das wir vom weißen Mann bekamen – das Pferd. So nannten wir es *sunka wakan*, ›heiliger Hund‹. Dafür, daß ihr uns das Pferd gebracht habt, können wir euch fast verzeihen, daß ihr uns auch den Whiskey gebracht habt.«

John Fire Lame Deer, Sioux-Medizinmann und Schriftsteller, in seinem Buch *Lame Deer, Seeker of Visions* (1972)

Die Wetterstation in Yuma (Arizona) meldet 42 Grad im Schatten, aber hier draußen ist kein Schatten. Keine Bäume, keine überhängenden Felsen, keine Büsche, unter denen man kauern könnte. Der Wüstenboden ist eng bedeckt mit schwarzen und dunkelgrauen Kieselsteinen, die vom Wind einen matten Glanz haben. Er hält die Hitze und strahlt sie zurück wie eine Ofenwand. Neben mir läuft ein staatlich angestellter Archäologe namens Boma Johnson. Begeistert monologisiert er über die Felskunst der amerikanischen Ureinwohner. Er ist groß und sportlich, ein umgänglicher Mann Ende fünfzig mit vorstehenden Zähnen und dicken Brillengläsern. Er trägt ein braun-kariertes Hemd und einen alten verschwitzten Hut aus Segeltuch. »Was glauben Sie, wie heiß ist es hier?« unterbreche ich seinen Monolog und bleibe stehen, um einen weiteren halben Liter Wasser meine ausgedörrte Kehle hinunterzuschütten. »Nun, so etwa 50, vielleicht 52 Grad.« Ich reiche ihm meine Feldflasche, aber erneut weist er sie zurück. Für sich hat er keine Flüssigkeit mitgenommen. »Dieses Wetter macht mir überhaupt nichts aus«, sagt er. »Ich laufe seit fünfundzwanzig Jahren durch diese Wüsten. Für einen Nachmittag Ende Juni ist es eigentlich ziemlich mild heute. Normalerweise sind es einige Grade mehr. An einem heißen Tag schmelzt der Wüstenboden die Sohlen von Ihren Stiefeln, wenn Sie nicht gut aufpassen.« Mit großen Schritten steigt er vor mir einen alten Indianerpfad hoch, der zu einer Reihe ebener, kahler Terrassen führt. Sie breiten sich fächerförmig vom Fuße eines kleinen Hügels aus, und von dort kann man die umgebende Wüste überschauen. Weiter westlich erheben sich Sanddünen; sie sind blendend weiß in der frühen Nachmittagssonne und flimmern wie Luftspiegelungen. Im Süden verläuft ein Kanal vom Colorado River, der die Grenze zu Mexiko bildet; auf der anderen Seite ist eine Slumstadt, und dahinter dehnt sich flirrende Wüste aus.

Auf diesen Terrassen begingen einst Yuma Indianer – Cocopa oder vielleicht Quechuan – ihre Tanzrituale und Zeremonien, und man kann noch die Kreise erkennen, die Generationen von tanzenden Füßen in den Boden stampften. Überall verstreut liegen kleine Stücke Quartz, die die Indianer bei der Herstellung von Amuletten abschlugen. Zwei kreisrunde Vertiefungen mit einem Durchmesser von etwa 180 cm hält Boma für die Stellen, wo damals die Hütten des Stammesschamanen und seines Schülers standen. An einigen Plätzen ist die Kieselsteinschicht ganz beseitigt, und in dem fahlen Sand darunter sieht man große geometrische Muster und Tierfiguren. Wie die Nazca-Linien in Peru, die auf ähnliche Weise, nur in viel größerem Maßstab, geschaffen wurden, kann man diese Geoglyphen oder Erdritzungen besonders gut auf Luftaufnahmen sehen, aber aus der Nähe betrachtet berühren sie einen unmittelbar; man kann zwischen ihnen herumlaufen und sehen, wo vor drei- oder vierhundert Jahren die Hand des Künstlers die Erde berührte und sie mit einer Abalonemuschel wegschabte. Boma zeigt mir die Figur einer Eidechse, sieben Meter lang; ihre Füße haben Touristen zertrampelt, und Kopf und Schwanz sind kaum noch zu erkennen. Nicht weit davon befindet sich eine grobe menschliche Figur ohne Beine. »Wenn sie keine Beine haben oder die nur leicht angedeutet sind, handelt es sich um spirituelle Wesen, die sich in der Welt der Geister bewegen«, erklärt er mir. »Wo sie sich aufhalten, brauchen sie keine Beine. So zumindest haben es mir die Stammesältesten gesagt. In unserer Tradition malen wir menschlichen Figuren Flügel an, um die gleiche Sache zu symbolisieren, was die Indianer für irrsinnig komisch halten.«

Dann führt er mich zu dem Pferd, der beeindruckendsten der Geoglyphen, derentwegen ich hierher gekommen bin. Von den Nüstern bis zum Schweif mißt es ungefähr 6 Meter; den Hals bildet ein langer Bogen, das Maul steht offen. Die etwa 4,50 Meter hohe Figur steht auf nur leicht in den Boden eingestampften Beinen. Dieses Erdbild ist vielleicht die früheste noch erhaltene Darstellung des Pferdes in Nordamerika. Solche Werke sind bekanntlich nur schwer zu datieren, aber wir wissen, daß berittene Spanier, die zu der Francisco de Coronado-Expedition gehörten, die Gegend 1540 passierten. Das war das erstemal, daß die Yumastämme diese Tiere sahen. »Ich kann es nicht beweisen«, sagt Boma Johnson, »aber ich vermute, daß ein Schamane der Cocopa das Bild während oder nach jener ersten Begegnung schuf.«

*

Coronado marschierte aus Mexiko in Richtung Norden, wo Gold sein sollte. Um genau zu sein, er suchte sieben Städte aus Gold, die von sieben verbannten Bischöfen gegründet worden waren. Vor langer Zeit hatten sie Europa verlassen und waren dorthin gesegelt, wo die Sonne unterging. Diese spanische Legende entstand schon im achten Jahrhundert; mit der Rückkehr Cabeza de Vacas lebte sie wieder auf und beschäftigte die Geister. Indianer hatten von festen Siedlungen im Norden (dem heutigen New Mexico) erzählt, die aus vierstöckigen Häusern bestanden und große Reichtümer angesammelt hatten. Die Spanier verbanden diese Berichte sogleich mit der Legende von den sieben Städten aus Gold. Erinnern Sie sich noch an Estevan? Der Maure, der ein Sklave war, der Sklave eines Sklaven, ein flüchtiger Sklave und dann ein Gott? Und dann wurde er wieder Sklave, als de Vaca und seine Leute die spanischen Kolonien in Mexiko erreichten. 1539, ein Jahr vor Coronados Aufbruch, wurde ihm die Freiheit gewährt, mit einer Forschungsexpedition zu reisen, die von dem ehrgeizigen Franziskanermönch Fray Marcos angeführt wurde. Estevan sollte ihr Führer und Dolmetscher sein und sie zu jenen Städten führen. Geschmückt mit Glöckchen und Federn, in der Hand eine Rassel, die er noch aus der Zeit des langen Marsches mit de Vaca besaß, eilte Estevan der Expedition weit voraus. Als ein Kind der Sonne kehrte er mit einer Eskorte christianisierter Indianer zu den nördlichen Stämmen zurück, und wie damals nahm er Tribute in Form von Geschenken, Frauen und Verehrung entgegen. Die Mönche waren empört, daß Estevan dem Götzendienst huldigte, und natürlich mißbilligten sie auch seinen sexuellen Appetit, was einer der Gründe war, warum er stets der Expedition so weit voraus war. Als Estevan zu den Zuni Pueblos in New Mexico kam, verließ ihn sein Glück. Die Indianer sahen nämlich, daß die sakrale Rassel, die er bei sich trug, einem feindlichen Stamm gehörte. Sie waren seinem Anspruch auf Göttlichkeit gegenüber argwöhnisch, und seine Forderungen nach Türkis und Frauen reizten sie auf. Schließlich nahmen sie Estevan gefangen und töteten ihn. Die anderen flohen und schafften es zurück nach Mexiko. Fray Marcos berichtete seinen Oberen, daß sie an einem Ort namens Cibola bis an die Tore der goldene Städte gekommen seien.

Daraufhin brach Coronado mit 300 Konquistadoren, 1000 indianischen Dienern, 500 Stück Rindern und Maultieren, einer großen Schafherde und beinahe 1000 Pferden nach Norden auf. Ihn plagten keine Zweifel. Die Sieben Städte von Cibola waren nahe Beute. Und irgendwo jenseits davon lockten China und Indien. Die Yuma Indianer begegneten der Hauptkolonne von Coronados Armee nicht, denn sie zog durch die Berge des südöstlichen Arizona nach New Mexico, also weit ab von den Dörfern am Colorado River. Die ersten Spanier, die die Indianer sahen, gehörten zu einem Nachschubtrupp der Expedition, der von einem Hauptmann Alarcón kommandiert wurde und in Schiffen flußaufwärts fuhr. Zu der Zeit ging es noch bei der ersten Begegnung zwischen Konquistadoren und Indianern freundlich zu. Alarcón verteilte Geschenke und verkündete, auch er sei ein Kind der Sonne. Durch Zeichensprache ließ er die am Flußufer lebenden Indianer wissen, daß er gekommen war, um ihren Kriegen ein Ende zu bereiten und ihnen die gute Nachricht von einem neuen, allmächtigen Gott zu bringen, der im Himmel lebt. Die Yuma waren darüber hocherfreut, und sie baten Alarcón, bei ihnen zu bleiben und über sie zu herrschen. Besonders sein langer, wallender Bart, auf den er, wie uns die Chronisten berichten, eitel-stolz war, faszinierte die Indianer. Die Yuma Stämme lebten als Bauern, Jäger und Sammler und skalpierende Krieger, und

Alarcón mochte sie, denn sie waren groß und außerordentlich stark. Noch heute erreichen ihre Nachkommen eine Größe von über zwei Metern. Alarcón tat nichts, um ihnen ihr Land wegzunehmen oder ihre Besitztümer zu stehlen, und da sie kein Gold hatten, gab es keinen Anreiz für seine Habgier. Eine Zeitlang blieb er und predigte ihnen; auch erkundete er den Fluß in der Hoffnung, Coronados Armee zu finden. Schließlich gab er die Suche auf und kehrte nach Mexiko zurück. An den Flußufern betrauerten die Indianer seinen Abschied.

Boma Johnson glaubt, daß Alarcón Pferde mit sich führte, denn es wäre für einen Trupp von Konquistadoren, selbst wenn sie auf Schiffen fuhren, ungewöhnlich gewesen, ohne sie aufzubrechen. Jedoch findet sich in den spanischen Chroniken der Reise des Alarcón nichts darüber. Die erste Erwähnung von Pferden im Lande der Yuma fällt noch in dasselbe Jahr, als Melchior Diaz' Trupp den Colorado River erreicht. 25 spanische Reiter, begleitet von Indianern zu Fuß, einer Herde Schafe für die Nahrung und einem Windhund, waren auf der Suche nach den Schiffen gerade vierhundert Meilen durch die Wüste geritten. Als sie an dem Fluß ankamen, fanden sie unter einem Baum eine Nachricht von Alarcón: Bin zurückgegangen nach Mexiko. Kalifornien ist keine Insel, sondern eine Halbinsel des Festlands. Das Zusammentreffen zwischen Diaz und den Yuma Stämmen entsprach schon dem, was zukünftig Normalität sein sollte. Gegenseitiges Mißtrauen führte zu einem Kampf, in dem die Spanier mit ihren Pferden die Indianer überrannten und einige mit ihren Lanzen töteten. Die Krieger flohen in alle Richtungen, wobei die Musketiere noch mehr von ihnen abknallten. Diaz und seine Soldaten überquerten auf Flößen den Colorado River, die Pferde schwammen ans andere Ufer. Sie erkundeten die Wüste auf der kalifornischen Seite und hielten Ausschau nach der Küste. Durst und Sanddünen trieben sie zurück, und kurz danach kam der Hauptmann durch einen bizarren Unfall ums Leben. Der Windhund hatte wieder einmal die Schafe gejagt; wutentbrannt galoppierte Diaz hinter ihm her und warf seine Lanze nach ihm. Sie verfehlte den Hund und blieb im Boden stecken. Im vollen Galopp bohrte Diaz sich das Lanzenende in die Leiste, verletzte die Blase und starb nach einundzwanzig Tagen einen qualvollen Tod.

Boma Johnson vermutet, daß die ersten Pferde auf Alarcóns Schiffen in diese Gegend kamen. Wahrscheinlicher aber ist, daß Melchior Diaz sie mitbrachte. Die mündlichen Überlieferungen der Yuma, die Boma eifrig sammelt, enthalten natürlich keine Daten oder verifizierbare Einzelheiten über ihre erste Begegnung mit dem Pferd, aber sie erzählen von dem Schrecken bei dem unerwarteten Anblick. Wie so viele andere Stämme in Mexiko und Südamerika erblickten auch sie beim erstenmal Reiter und Pferd zusammen und sahen nur ein riesiges, übernatürliches Tier mit zwei Köpfen. Und wenn sich dann einer der Köpfe plötzlich loslöste und wie ein Mensch auf sie zuging – ein menschenförmiges Ungeheuer in glänzendem Metall –, fielen sie zitternd vor Angst auf den Boden. »Ich vertraue mehr den Geschichten der Indianer als den Archäologen«, sagt Boma, »und besonders diese klingt sehr wahrscheinlich. Denn Indianer erzählen Weißen nicht gerne etwas, was sie tölpelhaft aussehen läßt, selbst wenn es Jahrhunderte zurückliegt.«

Als Coronado den Ort Cibola erreichte, mußte er entdecken, daß die sieben Städte aus Gold nur sechs Pueblodörfer der Zuni waren. Ihre Häuser waren aus getrocknetem Lehm, und ihr Reichtum bestand aus Mais, Bohnen, Türkis und Töpferwaren. Es kam zu einem Scharmützel und einer halbherzigen Plünderung, dann zog die Expedition weiter zu den Dörfern der Hopi-Indianern und wurde erneut enttäuscht. Die Spanier überwinterten bei Pueblos am Rio Grande, nicht weit vom heutigen Albuquerque, und dort trafen sie einen umherziehenden Pawnee-Indianer, dem sie den Spitznamen »der Türke« gaben, weil er ihrer Meinung nach wie einer aussah. Er erzählte ihnen, daß die Goldstädte weiter östlich auf den weiten Ebenen standen, in einer Provinz mit dem Namen Quivira, und er bot sich an, ihnen den Weg dorthin zu zeigen. »Der Türke« war, wie er später zugab, Mitwirkender bei einem listigen Plan, den die Pueblo Stämme ausgeheckt hatten. Die gleiche List wurde erfolgreich auch von anderen Indianern angewandt, um die Konquistadoren loszuwerden. Sie sagten ihnen: Was ihr begehrt, gibt es hier nicht, aber nehmt jenen Pfad dort, und ihr werdet Gold einige Tagesreisen von hier im Lande unserer Feinde finden. Coronado und seine Leute glaubten ihnen, weil sie völlig davon besessen waren, die sieben Städte zu entdecken. Seit Jahrhunderten hatte man in Spanien davon gesprochen, und hatten nicht erst jüngst Cabeza de Vaca und Fray Marcos die Wahrheit der Legende bekräftigt? Sie hatten die Vorbilder von Cortéz in Mexiko und von Pizzaro in Peru vor Augen, die reichere und prächtigere Städte, als es sich die Phantasie auch nur vorstellen konnte, geplündert hatten. Und man sollte die Macht des Goldes selbst nicht unterschätzen, die Gier und den Wahn, die es in den Köpfen der Europäer auslöste – »das glänzende Metall, nach dem die Weißen wie verrückt sind«, so nannten die Indianer später das Gold. Cortéz drückte sich dem Abgesandten Montezumas gegenüber so aus: »Meine Gefährten und ich leiden an einer Krankheit des Herzens, die nur mit Gold geheilt werden kann.«

Coronado führte also seine Armee hinaus in die Prärie: Wenn die sieben Städte nicht in Cibola waren, dann mußten sie woanders sein. »Der Türke« begleitete sie als vorgeblicher Führer, wobei er immer ausgefallenere Geschichten von den Reichtümern Quiviras erfand und die Spanier tiefer und tiefer in das endlose Meer aus Gras lockte. De Vacas Zug hatte den südlichen Rand der Great Plains umgangen, wo im Winter gelegentlich Bisons zu sehen waren; Coronado aber marschierte mitten hinein in ihr Weideland hinauf zum Llano Estacado. Sein Schreiber berichtet von Büffeln »in so großer Zahl, daß niemand sie zählen konnte. Ich weiß nicht, womit sie zu vergleichen sind außer mit den Fischen im Meer ... viele Male, wenn wir durch ihre Mitte zur anderen Seite gehen wollten, waren wir dazu nicht in der Lage, weil das Land vollkommen von ihnen bedeckt war ... Die Bullen sind groß und mutig, obgleich sie nicht oft angreifen; doch sie haben gefährlich scharfe Hörner, die sie im Kampf wohl zu benutzen wissen. Ihre Attacken sind wild; sie töteten mehrere unserer Pferde und verletzten viele. Wir fanden bald heraus, daß die Pike die beste Waffe gegen sie ist, und wenn sie ihr Ziel verfehlt, muß man die Muskete gebrauchen.« (Pedro de Castañeda et. al., *The Journey of Coronado*, 1990). Die Spanier spürten immer mehr den Sog der grenzenlosen Weite und verloren in der flachen Landschaft die Orientierung. Auf einem Pferderücken konnte ein Mann dreißig bis vierzig Meilen in jede Richtung schauen, viel weiter noch von einer Anhöhe, aber zu ebener Erde schloß sich die Welt um ihn zu einem engen Kreis. Manchmal gelangten sie auf den Plateaus zu einem jähen Bruch und standen am Rande eines Abhangs, von dem aus man einen Blick in einen Canyon mit Weiden und Pappeln hatte. Doch die meiste Zeit ritten sie durch vollkommen ebenes, immer gleiches Grasland, das im Winde wogte – eine Landschaft, die mehr der See als dem Festland glich und in der nur die Erdkrümmung den Horizont bildete. Wie die Meeresoberfläche teilte sich auch das Gras nur kurz, um sie durchzulassen, dann schloß es sich rasch wieder hinter ihnen, und keine Zeichen ihres Durchzugs blieben zurück. »Wer konnte glauben, daß 1000 Pferde, 500 unserer Kühe, mehr als 500 Böcke und Mutterschafe und mehr als 1500 Indianer und Diener über diese Ebenen ziehen, ohne eine Spur zu hinterlassen? Nichts deutete darauf hin, daß sie eine Stelle passiert hatten, und so war es nötig, dann und wann Haufen von Knochen und Viehdung aufzuschichten, so daß die Nachhut der Armee folgen konnte. Kaum war das Gras niedergetreten, richtete es sich sogleich wieder auf, und obwohl es kurz war, stand es frisch und gerade wie zuvor.«

Sie trafen auf einen freundlich gesinnten Stamm, die Querechos, die »wie die Araber lebten«, nämlich in konischen Zelten, die später als Tipi bekannt wurden. Diese Indianer trugen Bisonpansen voll mit Blut um den Hals, um auf ihren Streifzügen zwischen Flüssen den Durst löschen zu können. Sie aßen Fleisch roh oder brieten es nur kurz über Feuer aus Bisondung. Die Historiker sind sich über die genaue Zuordnung der Querechos nicht einig; vielleicht waren sie Vorläufer der Prärieapachen. Nach den überlieferten Berichten neigten sie mehr der Büffeljagd und der umherziehenden Lebensweise zu als die meisten Stämme der Prärie vor der Ankunft des Pferdes. Mittels Zeichensprache teilten sie den Spaniern mit, daß sie nicht wie ihre benachbarten Stämme, die längs der Ufer Ackerbau trieben und nur einmal im Jahr zur Jagd in die Ebenen kamen, Getreide anpflanzten. Die Querechos überwinterten an einem Fluß im Westen, dem Rio Grande, wo sie ihre Büffelhäute gegen Mais und Bohnen tauschten; die andere Zeit des Jahres schweiften sie über das Flachland und transportierten ihr Hab und Gut auf Hundeschlitten. »Sie beladen die Hunde wie Lasttiere und machen, ähnlich unseren Packsätteln, Sättel für sie, die mit Lederriemen befestigt werden, was am Widerrist oft Wunden verursacht. Wenn die Indianer auf Jagd gehen, laden sie alles Notwendige den Hunden auf, und wenn sie weiterziehen – diese Indianer wohnen nicht an einem Platz, da sie den wilden Rindern [Bisons] folgen –, tragen die Hunde auch ihre Behausungen. Die Stangen werden neben dem Packsattel befestigt und zusätzlich zum Gepäck mitgeschleift, und je nach dem, wie stark der Hund ist, kann die Last bis zu 50 Pfund schwer sein.«

Nachdem die Expedition einen Monat umhergeirrt war, gestand »der Türke«, daß er sie belogen hatte. Die Spanier erdrosselten ihn. Coronado schickte den Großteil seiner Armee zurück nach Mexiko, doch die Suche nach dem Gold konnte er nicht aufgeben. Hatte »El Turco« auch gelogen, dennoch mochte es irgendwo dort draußen die sieben Städte geben. Vielleicht war sein Geständnis zu diesem Zeitpunkt nur ein weiterer Trick, um sie von der richtigen Spur abzulenken, nun, da sie dem Ziel ganz nahe waren. Möglicherweise befanden sich die sieben Städte doch in Quivira, wie es der Indianer ursprünglich gesagt hatte. Coronado zog mit dreißig Mann weiter. Nach 42 Tagen erreichten sie jenen Ort und fanden dort einen halbagrarischen Stamm, der an einem Flußufer in mit Gras bedeckten Hütten wohnte. Es gab wohl genug getrocknetes Mais, aber kein Körnchen Gold oder Smaragd. Die Indianer gehörten zu den Wichita; Coronado hatte den Arkansas River mitten in Kansas erreicht. Auch die Wichita sagten ihm, daß das, was er suchte, noch weiter weg sei, aber nicht nur schwanden allmählich Coronados Vorräte, sondern auch sein Glaube an die Existenz der sieben Städte. Entmutigt machte er kehrt und marschierte den langen Weg nach Mexiko zurück, wo ihn kein Ruhm erwartete. Die indianische Handelsroute, die er für den Rückmarsch benutzte, wurde später als der Santa Fe Trail berühmt.

Coronado konnte nicht wissen, daß eine andere spanische Expedition unter dem Kommando von De Soto von Florida aus aufgebrochen war und zu eben jener Zeit das Einzugsgebiet des Arkansas River erreicht hatte. Dieser Koinzidenz entsprang ein hartnäckig sich haltender Mythos von der Einführung des Pferdes in Nordamerika: Einer von Coronados Hengsten entlief und nahm die Witterung einer Stute auf, die sich aus De Sotos Herde nach Norden verirrt hatte. So begann der Stammbaum des nordamerikanischen Mustangs und die Pferdekultur der Indianer der Great Plains. Das ist eine hübsche Geschichte, aber in den erhaltenen Ausrüstungsverzeichnissen beider Expeditionen werden keine Stuten aufgeführt. Konquistadoren pflegten Hengste zu reiten. Historiker sind sich heute darin einig, daß Pferde in Nordamerika erstmals 1598 und von da ab ständig eingeführt wurden, und zwar durch die von Juan de Oñate geleitete Expedition von Siedlern nach New Mexico. Sie brachten Hengste und Stuten mit und führten die spanisch-mexikanische Pferdekultur in den kolonialen Städten, Dörfern und Ranches längs des Flußtals des Rio Grande ein. Im Laufe des 17. Jahrhunderts breiteten sich allmählich, wenn auch nicht immer auf Anhieb erfolgreich Pferde und Reitkunst von den spanischen Kolonien zu den umgebenden Indianerstämmen aus. Navajo und Apachen begannen, Pferde zu stehlen; anfänglich waren sie nur auf das Fleisch aus, bald aber lernten sie, wie man auf ihnen reitet. Die Spanier begannen mit den Indianern den Tauschhandel von Pferden gegen Häute, was ihnen auf lange Sicht schaden sollte. Gewiß gab es in dieser Anfangszeit auch Pferde, die den spanischen Herden entliefen und sich in der Wildnis vermehrten. Die ersten niedergeschriebenen Berichte von berittenen Indianern in Nordamerika datieren aus der Zeit um 1650, also mehr als ein Jahrhundert nach Coronado. Plündernde Trupps von Apachen stürmten zu Pferde Siedlungen in der Umgebung von Santa Fe. Das waren keine Prärieapachen; sie kamen vielmehr aus den Wüsten und von den Bergen im Westen. Vor kurzem noch hatten sie in zeitweiligen Ansiedlungen gewohnt und sich mit Getreidezucht versucht. Nun waren sie im Begriff, ihre Felder zu verlassen und ausschließlich von Raub und Plünderung zu leben. Ungehindert spielten sie ihre neugefundene Macht und Beweglichkeit aus. Zum erstenmal wurde auch auf diesem Kontinent ein altes Menschheitsdrama aufs neue aufgeführt: der Zusammenstoß zwischen seßhaften Bauern und berittenen nomadischen Kriegern.

Auf den weiten Ebenen östlich von Santa Fe scheint die Büffel-Kultur erst später, etwa ab 1680, begonnen und sich dann langsam ost- und nordwärts ausgebreitet zu haben. Französische Forscher kamen 1738 auf den nördlichen Prärien zu Stämmen, die keine Pferde hatten und für ihre Jagden immer noch Hunde mit Schleppgerät benutzten. Die kanadische Grenze erreichte das Pferd erst nach 1780. Das heute in der kollektiven Phantasie vorherrschende Bild vom amerikanischen Indianer – der berittene Sioux-Krieger mit dem wehenden Kopfschmuck aus Adlerfedern – war erst gegen Ende des 18. Jahrhunderts historische Wirklichkeit. 1750 lebten die Siouan sprechenden Stämme noch in den Waldgebieten von Minnesota, sammelten Wildreis, jagten und fischten; Entfernungen überwanden sie zu Fuß oder im Kanu. Sie wurden erst von ihren Feinden, den Chippewa, die von französischen und britischen Händlern Musketen erworben hatten, auf die Prärie getrieben. Nur widerwillig wichen die Sioux dorthin aus, aber als sie erst einmal das Reiten gelernt hatten und die Büffeljagd und den Kampf zu Pferde beherrschten, wurden sie die großen Herren der nördlichen Weiten. Sie vertrieben die Kiowa, die Crow Indianer und die Pawnee und eroberten ein Territorium, das ganz South Dakota, große Teile von Nebraska und ein gutes Stück von North Dakota, Wyoming, Montana, Minnesota und Iowa umfaßte. Mit ihren »heiligen Hunden« gingen sie auf die Jagd, führten Kriege und erbeuteten mehr Pferde in immer weiter entfernten Gebieten. Sie drangen tief bis nach Kanada und im Süden bis nach Texas vor – Entfernungen, die für Menschen zu Fuß unvorstellbar waren.

*

Die reizende Fabel von Coronados Hengst und De Sotos Stute, die sich irgendwann um 1545 in der Wildnis Nordamerika paarten, hält zwar historischer Prüfung nicht stand, aber im Hinblick auf die Ausbreitung des Pferdes über die nordamerikanischen Prärien hat sie etwas Märchenhaftes: Das Pferd zog einmal um den ganzen Globus und kehrte schließlich in sein Herkunftsland zurück. Denn seine urzeitlichen Vorfahren entwickelten sich auf eben diesem Kontinent. Die Stammform des Pferdes, das *Hyracotherium*, war ein kleines, dreizehiges Nagetier, und es lebte vor etwa 60 Millionen Jahren im Westen Amerikas. Dann kamen das *Eohippus*, das so groß wie ein Terrier war, und das *Mesohippus* mit der Schulterhöhe eines Labradors. Ihre Fossilien finden sich vor allem in South Dakota und den Colorado Plains. Nach einer Evolution über Millionen von Jahren entwickelte sich aus Zwischenformen wie dem *Parahippus*, *Merychippus* und *Pliohippus* das *Equus*, das Pferd des Pleistozäns, das die Größe eines heutigen kleinen Ponys hatte. Einige der früheren Varianten waren über die Beringstraße nach Sibirien gelangt, aber das

Equus war das einzige Pferd, das diese Migrationen überlebte. Und so verbreiteten sich seine Nachkommen über Asien und Europa bis nach Arabien und Nordafrika. In Nordamerika dagegen starb das *Equus* etwa elftausend Jahre vor der Ankunft der Spanier aus. Man weiß nicht warum. Vermutungen führen lange Dürreperioden, Kälteeinbrüche oder Krankheiten an. Vielleicht ist das *Equus* auch von prähistorischen Indianern ausgerottet worden; vielleicht verdrängten es die Bisons, die vom Osten über die Beringstraße kamen, vom Weideland. Keine dieser Hypothesen vermag aber zu erklären, warum bisher in Amerika keine Fossilien dieses Vorläufers des Pferdes gefunden worden sind. Es bleibt ein Rätsel für Archäologen und ein Gegenstand hitziger Debatten.

Eine erstaunliche Geschichte jedenfalls ist die Rückkehr des *Equus* auf die nordamerikanische Prärie nach einer Ost-West-Reise um die ganze Erde. Auf diesem langen Weg ist das Pferd von Menschen domestiziert und in großer Varietät gezüchtet worden; durch reinen Zufall erwies sich von allen Züchtungen das spanische Pferd für die karge, trockene Umwelt des amerikanischen Westens am geeignetsten. Anders als die Pferde Nordeuropas, große, prächtige Tiere, die viel Getreide und Wasser brauchen, konnte das spanische Pferd auch längere Zeiten mit geringem Futter und ohne Wasser überleben. In der Sprache der Pferdezüchter gehört es zur Rasse der Berber. Es war von Wüstenbewohnern gezüchtet worden – erst von arabischen Nomaden, dann von den Mauren Nordafrikas, die es auf ihrem Vordringen nach Westeuropa in Spanien einführten. Aus der Sicht eines Engländers, Franzosen oder Deutschen war es kein schönes Tier. Es war klein, zottelig, langschwänzig, darüber hinaus hatte es »einen hammerförmigen Kopf, die Nase eines Widders, den Hals eines Schafs, die Glieder einer Ziege und ein zu schmales Hinterteil, und es war verschlagen und schwer zu reiten.« (J. Frank Dobie, *The Mustangs*). Aber es war unglaublich zäh und robust, und als es in die Prärie entlaufen war, explodierte seine Population. Um 1800 gab es wahrscheinlich zwei Millionen Pferde im Westen Amerikas: eine Million war im Besitz der nomadischen Stämme, die andere Hälfte lief als Wildpferd frei umher.

Ich sollte nicht unerwähnt lassen, daß Boma Johnson die zirkulare Version der Geschichte des Pferdes stark anzweifelt. Obwohl es keinerlei Fossilenfunde gibt, das Pferd in früher Indianerkunst nicht dargestellt ist und seine Kollegen ihn wegen seiner Ansichten bei jeder Gelegenheit verspotten, trotz allem glaubt Boma nicht, daß das Pferd des Pleistozäns je in Nordamerika ausgestorben ist. Denn er ist Mormone. Das Mormonentum ist ein fundamentalistischer Glaube; sein heiliger Text, das Buch Mormons, statuiert, daß Amerika zur Zeit Christi von zwei Stämmen Israels bevölkert war, die Pferde, Schafe, Ziegen, Schweine, Ochsen, Elefanten, Streitwagen und Eisenschwerter besaßen – nichts davon verzeichnen die Fundlisten der Archäologen. Der eine Stamm waren die Nephiten, die als »weiß und ansehnlich« beschrieben werden. Der andere waren die Lamaniten, die der Herr mit dunkler, »schmutziger« Haut bestraft hatte und die die Vorfahren der amerikanischen Indianer waren. Die Geschichte wird dann immer wirrer und unwahrscheinlicher, bleibt aber unverändert rassistisch. Doch für all das ist hier kein Platz. Nur eine Einzelheit noch: Jesus kam auf einer Reise von Israel über den Atlantik in einem nicht genau beschriebenen Gefährt zu den Amerikanern. Einige mormonische Gelehrte behaupten, daß es ein hölzernes Unterseeboot war, aber Boma Johnson vermutet, daß Jesus in einem Raumschiff in der Neuen Welt landete. Wie sonst könnte man die weitverbreiteten indianischen Legenden von Himmelswesen und bleichhäutigen bärtigen Göttern erklären, die vor langer Zeit das Land besuchten?

Es ist spät am Nachmittag, da Boma von dem Buch Mormons zu erzählen beginnt. Ich habe mehr als drei Liter Wasser getrunken und muß doch nicht urinieren. Mein Körper hat alle Flüssigkeit aufgebraucht, bevor sie die Blase erreicht. In der Sonne ist es über 50 Grad Celsius, und die Luft ist so trocken, daß wir beide nicht schwitzen. Die Schweißtropfen verdunsten beim Austritt aus den Poren. Boma hat noch immer nicht seinen ersten Schluck Wasser genommen. Er ist ganz in seinem Element; übersprudelnd, begeistert, unermüdlich spricht er von seinen Überzeugungen und Hypothesen, springt von einer Schlußfolgerung zur nächsten. Wie bitte schön soll man die kreisförmigen Zeichen deuten, die dort drüben in die Felsen geritzt sind? Haben sie nicht die Form einer fliegenden Untertasse, von unten betrachtet?

Für einen gläubigen Archäologen ist von allen Religionen der Welt das Mormonentum vielleicht die schwierigste und undankbarste. Sein Begründer und Verkünder, Joseph Smith, hatte seine Offenbarungen im Jahre 1830 im Bundesstaat New York. Er war selbst ein begeisterter Amateurarchäologe, und seine historischen Auslassungen, die das Buch Mormons enthält, gehören zum Kern des neuen Glaubens. Das Vorhandensein des Pferdes in Nord- und Südamerika nicht nur vor der Ankunft der Spanier, sondern schon für die Zeit Christi zu beweisen, ist für mormonische Archäologen so etwas wie der Heilige Gral geworden, eben weil es so viele Anspielungen auf Pferde im Buch Mormons gibt. Einige von ihnen haben ernsthaft vorgeschlagen, daß die in dem Buch beschriebenen Reiter auf Tapiren aus Südamerika ritten – dreizehige Tiere mit kurzem gummiartigen Rüssel, die nicht viel größer als ein ausgewachsenes Schwein sind. Dieser These wiederum mag sich Boma nicht anschließen. Für ihn sind die Hinweise auf Pferde im Buch Mormons Beweis genug, daß die pleistozäne Pferderasse in Nordamerika nie ausstarb. »Aber es gibt keine Fossilien«, wende ich ein, »keine Darstellung in der Kunst der Ureinwohner. Nicht den geringsten Beweis.« Er erwidert: »Nun, wir haben sie vielleicht nur noch nicht gefunden. Wir machen ständig neue archäologische Entdeckungen. Ich halte es sehr wohl für möglich, daß das Pferd des Pleistozäns in kleinen Gebieten überlebt und sich später mit dem spanischen Pferd gekreuzt hat.

So erklären sich viele Hinweise im Buch Mormons. Das große Bodenbild des Pferdes vor uns würde der Mormone Boma gerne auf die Zeit Jesu Christi datieren, aber der Archäologe in ihm ist überzeugt, daß es ein spanisches Pferd darstellt – der lange, fließende Schweif und die mündlichen Überlieferungen der Indianer sind beredt genug. Wurde es gleich nach Melchior Diaz' Aufenthalt im Jahre 1540 geschaffen? Oder erst 1605, als Juan de Oñates durch diese Gegend zog? Oder etwa noch später? 1701 ritt ein unerschrockener jesuitischer Missionar mit Namen Padre Kino bis hierher, und die Quechuan forderten ihn zu einem Wettrennen gegen sein Pferd heraus, woraus sich schließen läßt, daß sie entweder wenig über Pferde wußten oder frühere Begegnungen vergessen hatten.

Wer auch immer zu welcher Zeit dieses Erdbild schuf, er war

zweifellos ein Künstler. Mit den gröbsten Werkzeugen schabte er die Erdoberfläche frei, und mit einfachster Technik verlieh er dem Pferd Haltung und Ausdruck, eine geradezu anmutige Präsenz. Die Umrißlinien sind weich und fließend. Die Muskeln im Hinterteil und Widerrist werden durch gehäufelte Kieselsteine wiedergegeben. Der gebogene Hals und das offene Maul lassen an ein zorniges Aufbäumen denken, der Schweif fliegt wie im Galopp. Aufgrund dieser künstlerischen Ausdruckskraft haben einige Betrachter gefolgert, daß die Geoglyphe nur das Werk eines Weißen sein kann und daher auch aus späterer Zeit stammen muß. Das glaubt Boma keineswegs, und in diesem Punkt wenigstens, denke ich, hat er recht. »Schauen Sie auf die Beine. Man kann sich schwer vorstellen, daß ein weißer Künstler sich die Mühe mit dem Kopf, dem Körper und dem Schweif gemacht und alles so schön ausgeführt hätte und sich dann um die Beine überhaupt nicht mehr kümmert. Sie sind nur leicht in den Boden eingestampft, und genau das ist das Charakteristische indianischer Kunst in dieser Gegend.« Wir laufen zu Bomas Wagen zurück, und er nimmt mich mit in sein Büro in Yuma. Dort zeigt er mir noch eine Luftaufnahme des Pferdes. Zum Abschied geben wir uns die Hand, und ich danke ihm für seine Hilfe und den interessanten Nachmittag. Am Stadtrand halte ich an einem Supermarkt, kaufe ein Six-pack Bier und ein paar Liter Wasser und fahre zu dem Pferd zurück.

Es ist immer noch sehr warm, während ich den Pfad hinaufsteige, aber zumindest hat die Gluthitze nachgelassen. Auf dem Wüstenboden regt sich Leben: ein Straßenläufer, der mit großer Geschwindigkeit wegsprintet, als er mich sieht, ein paar Eidechsen und Ameisen, und über mir hin und wieder ein Rabe oder ein Truthahngeier. Nun bemerke ich auch Pflanzen, die ich vorher übersehen habe: hier und da ein vertrocknetes Salbeibüschel und auf den Kammlinien einige stachelige Ocotillos. Kurz bevor die Sonne am Horizont untergeht, erreiche ich die Stelle, wo sich das Pferdebild befindet. Ich setze mich zu seinen Füßen, schaue in den Sonnenuntergang, öffne eine Dose Bier und halte jäh inne. Oben am Hals des Pferdes zieht sich eine niedrige, unebene Linie von Kieselsteinen hin, und in dem schräg einfallenden Licht wirft sie einen Schatten, der genau wie eine Mähne aussieht. Zweifellos war das die Intention des Künstlers. Die Mähne wächst mit der verglühenden Sonne, der Schatten füllt den ganzen Tierkörper. Dann ist für eine lange Minute alles in purpurnes Licht getaucht: die Sanddünen im Westen, der Schimmer auf dem Wüstenboden, die Haut auf meinem Handrücken und die Linie der gehäufelten Kieselsteine um das Pferd. Fledermäuse schießen durch die Luft, und eine flauschig-weiße Samtameise kriecht mitten im Bauch des Pferdes aus einem kleinen Loch. Ich muß an Melchior Diaz und seinen Tod durch die eigene Lanze denken, an die verirrten Israeliten, die auf Tapiren reiten, an die Pueblos in New Mexico, die sich mit dem Schweiß der »heiligen Hunde« Coronados einrieben. Die berühmten Läufer der Quechuan kamen mir in den Sinn, Männer, die einen Hirsch so lange verfolgen konnten, bis er vor Erschöpfung zusammenbrach, und die Padre Kinos Pferde zu einem Rennen herausforderten. Wie groß muß ihr Erstaunen gewesen sein, als Pferd und Reiter mühelos an ihnen vorbeigaloppierten und in der Ferne verschwanden. Als sich am Nachthimmel die Sterne zeigen, wandern meine Gedanken ostwärts, und ich stelle mir die überschwängliche Freude eines Indianers vor, der zum erstenmal auf einem Pferd über die weite Ebene jagt und der sofort weiß, daß dies die einzig wahre Art der Fortbewegung ist. (Ein Teenager, der die Schlüssel für den Sportwagen seines Vaters in den Händen hält und heimlich seine erste Fahrt wagt, kennt das Gefühl.) Nie wieder zurück zu den Feldern am Flußufer, kein Wühlen nach Wurzeln und Spinnen mehr, nie wieder zu Fuß umherziehen. Die Comanchen, so wird behauptet, stiegen selbst für einen Weg von 100 Metern aufs Pferd, genauso wie ein Amerikaner heute für die gleiche Strecke das Auto benutzt.

Für die Yuma Indianer brachte das Pferd keine dramatischen Veränderungen, denn dort, wo sie lebten, gab es für die Vierbeiner einfach nicht genug zum Grasen. Aber auf der Prärie revolutionierten sich der Raum, die Entfernungen und die Geschwindigkeit. Auf dem Pferderücken war es möglich, mit der Schnelligkeit der Bisons mitzuhalten, sich ein geeignetes Tier auszusuchen, neben ihm auf gleicher Höhe zu reiten und den Pfeil genau zwischen die Rippen zu schießen, während man sich mit den Knien festhielt. Nun konnte der ganze Stamm den weiten Wanderungen der Bisons folgen, mußte nicht länger hoffen und rituell beschwören, daß eine Herde in ihrer Nähe vorbeizog.

Nicht mehr mußten sie darauf warten, daß der Wind aus der richtigen Richtung kam, wenn sie die Beute mit Feuer einkreisten, sich heimlich anschlichen oder die Bisons auf versteckte Abhänge zutrieben. Wie Castañeda bemerkt hat, konnte nun das menschliche Auge von einem Pferderücken eine größere Strecke überschauen, und das allein schuf schon ein neues Gefühl der Macht und des Zutrauens. Historiker wie zum Beispiel Hubert Howe Bancroft und T.R. Fehrenbach haben den Standpunkt vertreten, daß die Ankunft des Pferdes das Verhängnis der Präriestämme bedeutete, weil sie dadurch von der Zivilisationsstufe des seßhaften Ackerbaus zurück zu einem primitiven, nomadischen Jagdleben gelockt wurden. Soweit ich sehe, waren sie ohnehin zum Untergang verurteilt. Die Azteken und Inka hatten Städte, Bauernhöfe, Steuereinnehmer, diktatorische Verwaltungen, gewaltige stehende Heere, und es half ihnen alles nichts. An welche frühgeschichtlichen Völker man auch denkt, waren sie nun Ackerbauern, nomadische Jäger oder Städtebewohner, nirgendwo auf der Welt, und schon gar nicht in Amerika, waren sie in der Lage gewesen, der Wucht des europäischen Imperialismus und seiner Technologie zu widerstehen. Gewiß war das Pferd ein trojanisches Geschenk, weil mit ihm Krankheiten, Alkohol und Millionen schwerbewaffneter, wild entschlossener, auch vor dem Völkermord nicht zurückschreckender Eindringlinge ins Land kamen. Aber für etwa 150 Jahre konnten einige Indianerstämme erfahren, was es heißt, ein Leben als berittene Nomaden zu führen. Und aus der Art und Weise, wie sie darüber sprachen und sein Ende betrauerten, wird klar, daß sie diese Lebensweise leidenschaftlich liebten. »Das Leben meines Volkes ist ein Leben in Freiheit«, sagte Sitting Bull, und so haben überall auf der Welt Anführer der Nomaden gesprochen. »Ich habe nichts gesehen, was der weiße Mann hat, Häuser, Eisenbahnen, Kleidung oder Nahrung, was so gut ist, wie das Recht, sich auf dem offenen Land frei zu bewegen und nach unserer Art zu leben.«

*

Das Wort »Nomade« ist von dem griechischen *nomos* abgeleitet und bedeutet Weide, und streng genommen, bezieht es sich nur auf Hirtenvölker. Eher pedantische Gelehrte wie die russische Autorität A.M. Khazanov bestehen darauf, daß es wahres Nomadentum in Nordamerika nie gegeben hat, vielleicht mit der strittigen Ausnahme der Navajo Indianer, die Hausschafe und Pferde von den Siedlungen in New Mexico stahlen. Khazanov läßt auch die Bison jagenden Stämme unberücksichtigt, weil sie ihr Fleisch erbeuteten statt Tiere zu domestizieren und Vieh zu züchten. Ebenso schließt er auch die berittenen Apachen aus, die ständig umherzogen und auch Rinder und Pferde hatten. Doch sie betrachteten Vieh vor allem als Kriegsbeute, die gegessen oder getauscht wurde; am Hegen, Aufziehen und Vergrößern von Herden hatten sie kein Interesse. Außerhalb akademischer Zirkel hat das Wort Nomade jedoch eine breitere, eher metaphorische Bedeutung. So findet sich etwa in *Webster's New World Dictionary* folgende Definition: »Jedes Volk, das keinen festen Wohnplatz hat, vielmehr ständig umherzieht, als ob es auf der Suche nach Weideland wäre.« Anders ausgedrückt, es entstanden in Nordamerika Formen des Nomadentums, die nicht mit dem Idealmuster, das europäische Historiker aufstellten, übereinstimmen. In Europa, Asien und später in Afrika scheint es wohl so gewesen zu sein, daß sich Hirtenvölker aus der seßhaften Agrikultur entwickelten und nicht direkte Nachfahren der Jäger und Sammler waren. Khazanov datiert die ersten berittenen Nomaden auf die Zeit um 2000 v. Chr.. Sie kamen aus dem Nahen Osten und den eurasischen Steppen; zu der Zeit gab es schon seit zwei- oder dreitausend Jahren feste Bauerndörfer in dem Gebiet des fruchtbaren Halbmonds. Vermutlich war es leichter, in einer seßhaften Umwelt mit Einzäunungen, Hofplätzen und Getreideüberschuß Vieh zu domestizieren und mit Tierzucht zu experimentieren. Bald schon mag das Land um die Dörfer übergrast worden sein, und die Hirten zogen weiter weg, um frisches Gras zu finden, bis die alten Bindungen zerrissen und sich eine andere Kultur bilden konnte. Das sind nur Vermutungen, bewiesen ist nichts. Vielleicht auch wollten die Nomaden, die erstaunlich egalitäre Verhältnisse ausbildeten, sich nur möglichst weit von den sozialen Hierarchien und Regierungssystemen entfernen, die auf Ackerbau beruhende Gesellschaften entwickelten, um den Nahrungsüberschuß zu verwalten, Bewässerungsvorhaben durchzuführen und die Arbeitsteilung durchzusetzen. Aber wer weiß, vielleicht trieb diese frühen Reiter ein unbändiges Verlangen nach der Bewegung um der Bewegung willen.

Auf den Prärien Nordamerikas kam es zu ähnlichen historischen Prozessen, aber sie geschahen nicht spontan oder aus innerer Notwendigkeit. Die amerikanische Form des Nomadentums, die ihren Höhepunkt in der Pferde- und Bison-Kultur der Prärieindianer hatte, wurde unabsichtlich durch europäische Eroberer geschaffen. Sie entsprang dem Zusammentreffen mit einer seßhaften agrikulturellen Zivilisation auf der anderen Seite des Ozeans. Mit Ausnahme der Navajo blieben die berittenen nordamerikanischen Stämme Jäger – Nahrungssucher, nicht Produzenten –, und als sie das Pferd beherrschten, entwickelten sie die gleichen Einstellungen und Vorurteile wie andere Nomaden auch: Verachtung für seßhafte Bauern, die Gleichsetzung von Freiheit mit Weite und Beweglichkeit und der angsterfüllte Haß auf alles Lineare, Rechteckige und Begrenzende.

Ich sitze bei dem Pferdebild, das das Mondlicht erleuchtet, und erinnere mich an die Worte des Kiowa-Häuptlings Satanta, die er sprach, als er das Ende der alten Lebensweise kommen sah: »Ich habe gehört, daß Sie beabsichtigen, uns nahe der Berge in einer Reservation anzusiedeln. Ich will mich nirgendwo niederlassen. Ich liebe es, über die Prärie zu ziehen. Dort fühle ich mich frei und glücklich, aber wenn wir irgendwo siedeln, werden wir bleich werden und sterben.« Das Bier ist ausgetrunken, ich rolle meinen Schlafsack auf dem Wüstenboden aus. Er ist hart, aber was macht das schon. Über mir sind die Sterne, ich sehe die mondbeschienenen Sanddünen und träume von rennenden Pferden. In meinen Träumen wenigstens bin ich ein großartiger Reiter, der mühelos über die Prärien und Hochebenen dahinjagt, und lebe die Phantasie eines zivilisierten Städters aus, so wie Franz Kafka sie in seiner Parabel »Wunsch, Indianer zu werden« beschrieb: »Wenn man doch ein Indianer wäre, gleich bereit, und auf dem rennenden Pferd, schief in der Luft, immer wieder kurz erzitterte über dem zitternden Boden, bis man die Sporen ließ, denn es gab keine Sporen, bis man die Zügel wegwarf, denn es gab keine Zügel, und kaum das Land vor sich als glattgemähte Heide sah, schon ohne Pferdehals und Pferdekopf.«

Kapitel 5

»Der Raum des Nomaden ist qualitativ verschieden von dem staatlich organisierten Raum. Luft gegen Erde. Der Raum des Staates ist ›kariert‹, in Planquadrate aufgeteilt. Bewegungen darin sind begrenzt ... um Linien zwischen fixierten und identifizierbaren Punkten festzulegen. Nomadischer Raum ist ›eben/fließend‹ oder offen nach allen Richtungen. Man kann an jedem Punkt aufbrechen und sich überall hin begeben.«

Deleuze/Guattari, *Tausend Plateaus*
(Einführung des Übersetzers der amerikanischen Ausgabe)

Am nächsten Morgen erwache ich vor Tagesanbruch und fahre über den Colorado River Richtung Osten hinein in das Stadtgebiet und die Schilderlandschaft von Yuma (»Foxy Vegetables Welcome You!« »Visit The Yuma Territorial Prison«). Die Parkplätze vor den Motels sind leer. Die Caravanparks und Wohnmobilcamps sind verlassen – alle dreihundert. In der Sommerzeit schrumpft die Einwohnerzahl von Yuma um 50 Prozent von 120.000 auf 60.000. Ich war im Januar hier, und die Stadt, wenn das noch das richtige Wort ist, war verstopft von Wohnmobilen und wimmelte von rastlosen Ruheständlern. Die Einheimischen nennen sie »Snowbirds«, Schwärme von Grau- und Weißhaarigen, die im Winter in den Süden ziehen. Auf den nun verlassenen Plätzen herrschte vor wenigen Monaten noch reges Leben; man spürte das muntere, optimistische, nachbarliche Einvernehmen der Eisenhower-Generation – Golfkleidung und Cocktailparties, Bridgeturniere und Shuffleboardwettbewerbe, Kaffeeklatsch und Teppichknüpfkränzchen –, und es ist seltsam, ja unheimlich, daß all das jäh verschwunden, in der Hitze verflogen ist. Gegen Ende März, wenn das Thermometer auf 30 Grad klettert, regt sich in dem Schwarm der Wandertrieb. Sie packen ihre Satellitenschüsseln und Cocktailshaker ein, rollen den Kunstrasen zusammen und steuern ihre mobilen Behausungen Richtung Norden. Auf der Suche nach dem perfekten 27 Grad Tag fahren sie kreuz und quer durch den Kontinent. Die mexikanischen Obstpflücker und Erntehelfer, die auf den bewässerten Farmen um Yuma arbeiten, sind ebenfalls in kühlere Regionen aufgebrochen und folgen dem jahreszeitlichen Rhythmus der Ernten. Vermutlich mit ihnen sind auch die Musiker und Prostituierten gezogen, die an Zahltagen in den Lagern der Saisonarbeiter auftauchen.

Am Rande der Farmen verläuft eine Übergangslinie. Das helle, grelle, fremde Grün hört schlagartig am letzten Bewässerungskanal auf, und die der Landschaft eigenen Brauntöne machen sich wieder breit. Linearer, rechteckiger Raum geht in eine ebene, unbegrenzte Weite über – nomadischer Raum mit breiten, flachen Wüstentälern und vereinzelten Bergketten, an deren Abhängen und Ausläufern meterhohe, mit scharfen Stacheln bewehrte Saguarokakteen wachsen. Die Täler können sich bis zu dreißig Meilen weiten, und in ihrer Mitte wirbeln von Winden erzeugte Staubsäulen, die sich wie Minitornados gegen den Uhrzeigersinn drehen. Wirbelnd schlängeln sie sich über den Talboden, gewinnen an Geschwindigkeit, bis sie auseinanderfliegen und jäh verschwunden sind. Doch schon hat an anderer Stelle ein neuer Staubteufel seinen Tanz begonnen. Nomadischer Raum bedeutet: zu weit vom Fluß entfernt, um bewässert zu werden, zu trocken für Getreide oder Städte, um Wurzeln zu schlagen. Wie die Wüsten der Beduinen, die mongolischen Steppen, die tibetanischen Hochebenen oder die Büffelprärien ist auch diese Landschaft harsch, leer und weit offen. Die Horizonte sind riesig, Wasser ist knapp.

Hier lebten einst die Sand Papago oder Hiaced O'Oodham, wie sie sich selbst nannten; sie waren die letzten frei umherziehenden Jäger und Sammler Nordamerikas, die am Ende des 19. Jahrhunderts von der Regierung in die Seßhaftigkeit gezwungen wurden. Fünfzig Jahre früher war dies das westlichste Territorium für räuberische Apachentrupps; die Planwagen der europäischen Einwanderer, die unterwegs zu den kalifornischen Goldfeldern waren, hatten sie angezogen.

Selbst die Erde scheint hier den Zwang zu verspüren, sich zu erheben und davonzustürmen. Auch die reichste, mächtigste und technologisch avancierteste Nation der Geschichte hat in diesem Stück Wüste wenig mehr als Stützpunkte errichten können. Etwa alle dreißig Meilen passiert die Interstate eine heruntergekommene Tankstelle mit ratterndem Klimaanlage und einigen rostigen Caravans drum herum. Diese Nicht-Orte sind ganz von vorbeikommenden Reisenden abhängig. Ich saß zweieinhalb Stunden in einem von ihnen, in Sentinel (Arizona), fest, weil der Besitzer einen Rausch ausschlafen mußte und mein Benzintank fast leer war. Ich erwog, den Mann aufzuwecken, überlegte es mir aber doch anders, als ich an der Tür den Aufkleber »National Rifle Association« und das in roter Tinte gekritzelte Versprechen sah, auf jeden Störenfried zu schießen. Daneben verkündete eine Strichliste die Zahl der bereits erschossenen Eindringlinge. »Warum würde irgend jemand hier draußen leben wollen?« fragte mich ein Fernfahrer aus Kalifornien, der sich in der gleichen mißlichen Lage wie ich befand. Abgesehen von ein paar eigenbrötlerischen Einzelgängern, die sich hinter ihre Klimaanlagen und Bierkühler zurückgezogen haben, sehen heutige Amerikaner, wie früher die Sand Papago oder Apachen, diese Wüsten als einen Ort an, den man durchquert, aber nicht besiedelt. Um Viertel nach zehn, als der grauhaarige Tankwart, seinen Kopf haltend, endlich erschien, betrug die Temperatur schon 38 Grad im Schatten und stieg stetig.

Weiter östlich, wenn sich die Interstate Tucson nähert, werden die Gebirgszüge höher und beeindruckender. Sie erheben sich bis zu 3000 Meter aus der Wüste, ihre Gipfel umspannt ein dunkelgrünes Band aus Kiefernwäldern. Wenn Unwetter über das südliche Arizona ziehen, fangen diese »Himmelsinseln« die meisten Niederschläge ab und lassen die Wüsten im Regenschatten. Von den Bergen gelangt Wasser in die Trockengebiete in Form von Schneeschmelze und Abflüssen, die sich in jähen, manchmal reißenden Fluten ihre Wege bahnen. Dieser Vorgang hat die Geographie des amerikanischen Westens geformt: Die Great Plains können als der lange Regenschatten der Rocky Mountains beschrieben werden; die Mojave und die Great Basin

Wüste liegen an der Leeseite der Sierra Nevada. Die ariden Prärien im Osten der Bundesstaaten Washington und Oregon sind durch die Cascade Gebirge geschaffen worden, die jede Wolke an sich reißen. Wenn es aber in den Wüsten oder Prärien regnet, ist es oft ein dramatisches Ereignis mit unberechenbarem Ausgang: ein Gewittersturm braut sich zusammen und entlädt seine Wassermengen nicht über die ganze Region, sondern auf einem eher kleinen Stück Land.

An dieser Stelle blüht dann die Flora auf, während sie nicht weit davon entfernt einschrumpft. Durch ausgetrocknete Schluchten tosen Sturzfluten, schon bald danach kehren sie zu Sand und Staub zurück. Launenhafte Niederschläge, zeitweilig wandernde Vegetationszonen, extreme Temperaturschwankungen im Wechsel der Jahreszeiten, weit entfernte und unsichere Wasserquellen* – das sind überall die Charakteristika von Nomadenland. Diese unwirtlichen Gegenden wurden den Nomaden von den sich herausbildenden Staaten überlassen, und das Nomadentum war der einzige Weg, darin zu überleben.

Ich glaube, daß dieser Landschaftstyp immer noch instinktiv bei Menschen das Verlangen nach Aufbruch und Bewegung hervorruft, aber ich wüßte es nicht zu beweisen, und es gibt gewiß auch Ausnahmen. Mir zumindest ist es so im amerikanischen Westen ergangen, doch natürlich haben dabei auch andere Faktoren, die sich plausibel erklären lassen, ihre Rolle gespielt. Die Faszination der Wüsten und umherziehenden Stämme ist gerade unter den Außenseitern der westlichen Zivilisation verbreitet gewesen, und besonders bei einer gewissen Klasse gebildeter Engländer. »In ihrem Denken gibt es etwas, was die Wüste genau widerspiegelt«, schreibt Michael Ondaatje in seinem Roman *Der englische Patient*. »Die Engländer haben ein brennendes Verlangen nach einsamen Plätzen«, sagt Alec Guiness, der in dem Film »Lawrence of Arabia« einen Beduinenhäuptling spielt. Ich werde meine Wanderungen durch den Westen der USA nicht mit den Heldentaten von T.E. Lawrence, Charles M. Doughty, Harry Philby oder Wilfred Thesiger vergleichen, doch zumindest glaube ich den Zwang zu verstehen, der englische Arabisten hinaus in die Wüsten und die Gesellschaft von Noma-

* Was Pierre Hubac »das Umherschweifen lokaler Klimata« nennt. Zitiert nach: Deleuze/ Guattari, *Tausend Plateaus*.

den trieb. Ich weiß ziemlich gut, warum sie sich in England so ruhelos und eingeengt fühlten.

Der Drang in die Fremde war auch unserer Familie vertraut. Zur Zeit des Empires gehörten meine Vorfahren zu jenen Briten, die um jeden Preis aus Großbritannien wegwollten. Mein Vater, mein Großvater väterlicherseits und dessen Vater waren der Herkunft nach Schotten, aber zur Welt kamen sie in Indien, wo sie unter der britischen Oberherrschaft anglisiert wurden. Wahrscheinlich begegneten sie einigen Verwandten meiner englischen Mutter bei gesellschaftlichen Ereignissen und auf Banketts. Ich wurde in Malaysia geboren, wo mein Vater, nachdem er als junger Mann fast durch die ganze Welt gereist war, ernsthaft versuchte, ein seßhaftes Leben zu führen. Dann zogen wir aber doch weiter nach Kuwait und machten größere Reisen durch den gesamten Mittleren Osten, bevor wir nach England »zurückkehrten«. Mir war dieses Land vollkommen fremd, und es gab mir nur widerwillig die Staatsbürgerschaft. Mein Antrag war in der britischen Paßbehörde unter »Verschiedenes/ Sonstiges« abgelegt. Es ist ein abgedroschener Spruch unter den Seßhaften und Stubenhockern, daß Leute reisen, um sich selbst zu entfliehen. Wie in den meisten Klischees steckt auch in diesem ein Körnchen Wahrheit. Wenn man seine Kindheit an vielen Orten verbracht hat – und unter dem großen Vorbehalt, daß alle Beteiligten dabei glücklich und zufrieden waren –, dann ist es ganz natürlich, fast unvermeidlich, daß man später auch weiter umherzieht. Sitzt man an einem Ort zu lange fest, zumindest mir geht es so, fühlt man sich wie vom eigenen Selbst getrennt. Sobald ich aufbreche, stellt sich das Gefühl wieder ein, ein ganzer Mensch zu sein. Unbehagen und Unruhe schwinden, und mein Selbst gleitet zurück an seinen alten Platz.

Ich habe meine Kindheit als eine glückliche in Erinnerung, aber mein Vater verfiel nach unserer »Rückkehr« nach England regelmäßig in Depressionen, und gewöhnlich traf das mit dem Anbruch der Winterzeit zusammen. Ich kannte den englischen Winter – die feuchte Kälte in den Knochen, die Dunkelheit schon am Nachmittag, der Regen peitscht dir ins Gesicht, als ob es die Elemente gerade auf dich abgesehen hätten –, aber dank der beschützenden Anstrengungen meiner Eltern wußte ich kaum etwas von den Schwierigkeiten meines Vaters im Büro und schon gar nichts vom steten Niedergang der gesamten britischen Schiffsmaklerbranche, in die er sein ganzes Geld gesteckt hatte. Ich bemerkte wohl, daß mein Vater, zumindest vorübergehend, wieder der alte war, wenn er in irgendein sonniges Land reiste. Vom Ausland kehrte er in bester Laune zurück, brachte Geschenke und Geschichten mit, und lebhaft und witzig erzählte er von früher: seine Zeit als Holzfäller in British Columbia in den Vierzigern, seine Eskapaden im San Francisco der fünfziger Jahre, wo er eine reiche Erbin zu angeln versuchte, die guten Tage in Kuala Lumpur und Singapur, die mit Kartenspiel, Golf und Cocktails dahinflogen, Anekdoten und Abenteuer in Spanien, Italien, Mexiko, Montreal, Vancouver, Kapstadt, Burma, Indien, Ceylon, Thailand und den Philippinen. Als ich so meinem Scotch trinkenden, vor Geist sprühenden Vater zuhörte und ihn beobachtete, der Regen prasselte gegen die Fensterscheiben, wurde mir klar, daß alles Intensive und Aufregende im Leben in anderen Ländern stattfindet. Zu keiner Zeit dachte ich daran, daß ich in England bleiben würde, sobald ich alt genug war, um das Land verlassen zu können.

Mein Drang zu reisen, und zwar dorthin, wo es warm ist, lag zweifellos in der Familie, aber meine Art des Reisens enthielt wohl ein Moment von Rebellion gegen meine Herkunft. Ich jagte nicht wie mein Großvater mit einem Trupp einheimischer Träger Löwen in Indien und erzählte keine Jagdgeschichten bei einem Gin-Tonic im Palast des Gouverneurs. Ich war nicht hinter Debütantinnen her und wollte auch nicht der besseren Gesellschaft angehören. Ich trieb mich in schmuddeligen Jeans bei den Landarbeitern im Südwesten der USA herum, trampte und fuhr auf Güterzügen, aß in Straßenlokalen und trank in Spelunken, schlief in Autos und verwahrloste. Als jemand, der in Häusern voll mit hübschen *objets* (persische Teppiche, chinesische Altartafeln, antikes Silber) aufwuchs und im London der Thatcher-Ära von Reklame und Konsum bombardiert worden war, war ich stolz darauf, daß ich alles, was ich besaß, bei mir trug und daß meine ganze Habe nicht mehr als 200 Dollar wert war. Irgendwo am Straßenrand aufwachen, sich eine Zigarette anzünden und gemächlich darüber nachdenken, ob ich nach Norden, Süden, Osten oder Westen weiterziehen sollte... in einer Bar in New York sitzen und plötzlich das unabweisbare Verlangen spüren, nach Texas, Montana oder Mexiko zu fahren und am nächsten Morgen unbekümmert aufbrechen zu können – das war meine Idee von Freiheit, das verstand ich unter Erfolg im Leben.

*

Als ich die Interstate verlasse und mich in der Gluthitze meinem Haus in Tucson nähere, überfällt mich eine schmerzhafte Sehnsucht nach jenen freien, zwanglosen Tagen. Ich habe das Gefühl, daß irgend etwas in meinem Leben schiefgegangen ist, in mir nagt der Verdacht, daß ich mich habe übertölpeln lassen. Man mag mich für verzogen, naiv oder unreif halten, aber mich ärgert die Tatsache, daß ich mittlerweile viel härter als früher arbeiten muß und doch weniger Geld zum Ausgeben und weniger freie Zeit habe. Das Haus ist nicht schlecht, und die Miete niedrig. Unleugbar gibt es praktische Vorteile, einen festen Ort zu haben, zu dem man immer wieder zurückkehren kann. Aber wenn man daran gewöhnt ist, auf der Straße zu leben, sieht das ganze Drum und Dran wie ein ausgemachter Schwindel aus. Tramps und Hobos werden nichts anderes sagen. Miete, Telefon, Elektrizität, Gas, Wasser, Einkommenssteuer, monatliche Raten für den Lastwagen, Kraftfahrzeugsteuer, Kreditkarten und Abbuchungen – wie kommen die Leute bloß damit zurecht? Die Betten, Tische, Stühle, Schreibtische, Vorhänge, Lampen und Regale, nach denen jedes Haus verlangt; die Töpfe, Pfannen, Messer, Bratenwender, Teller, Tassen, Schüsseln, Kaffeemaschinen, Handtücher, Reinigungsmittel – vor nicht allzu langer Zeit kam ich ohne all diese Dinge aus, und jetzt scheinen sie lebensnotwendig zu sein.

Ich drehe den Schlüssel in der Haustür, und es ist, als öffnete man einen Backofen: glutheiße Luft schlägt mir ins Gesicht. Ich lasse meinen Blick über die Dinge schweifen, die beweisen, daß ich meine nomadischen Prinzipien verraten, das Experiment eines Lebens ohne materiellen Ballast aufgegeben habe. Nun, für andere mag es nicht so aussehen: ein paar Möbel aus einem Billigmarkt, ein nutzloses Futonbett mit klumpiger Matratze (von Peace-A-Shit Hippie Futons), kein Fernseher oder Videogerät, kahle Wände. Doch in der Ecke stehen eine elegante, schwarze, eingestaubte Stereoanlage für 900 Dollar und daneben ein Stapel

CDs. Ich weiß nicht warum, ich kann tagelang fahren, ohne Musik hören zu müssen, aber sowie ich hier bin, brauche ich sie ununterbrochen. Der Rhythmus und das Nacheinander der Songs zerstreuen das bedrückende Gefühl von Stillstand und Leere. Nicht zu übersehen sind auch der Computer und Drucker, die Faxmaschine mit Anrufbeantworter – Geräte, ohne die ich früher auch meinen Lebensunterhalt verdiente und für die ich mich in Schulden stürzen mußte. (»Schulden: ein ingeniöser Ersatz für die Kette und Peitsche des Sklavenhändlers«, lautet Ambrose Bierce' Definition.) Und dann liegen da haufenweise Bücher herum und neue Regale, die den Überfluß ordnen sollen. Ich will die Bücher nicht weggeben, einfach weil sie mir Freude bereiten und, nun ja, das wohlige Gefühl des Besitzes schenken. Ich will auch das Haus nicht aufgeben, obgleich ich ständig mit dem Gedanken spiele. Für mich sind seine Annehmlichkeiten unverzichtbar geworden: Dadurch habe ich eine Telefonnummer, eine Postadresse, ein Bankkonto, einen richtigen Schreibtisch zum Arbeiten, einen Schrank für Notizbücher und Zeitungsausschnitte. Und ich bilde mir ein, daß es mit einem festen Wohnsitz leichter sein wird, eine dauerhafte Beziehung aufzubauen. Bis jetzt allerdings ohne Erfolg. An meinen letzten ernsthaften Versuch erinnert ein Stück Pappe, das über die fehlende Glasscheibe in der Haustür genagelt ist. Die Werferin ist zur Zeit in Frankreich, und ich lasse die Pappe als ein Memento an ihrem Platz.

Ich mache mir in meiner neuen italienischen Kanne einen Espresso und trinke ihn auf der Vorderveranda. Mein Blick schweift über die Stadt, die hinter dem flirrenden Hitzeschleier liegt, hinauf zu den Bergen, die über Tucson ragen. So sehr ich auch die Intensität der Wüstenhitze mag und sie für einen würdigen Widersacher halte, die Berge haben doch auch etwas Einladendes, zumal wenn ich an die glühend heiße Schreibtischplatte im Inneren des Hauses denke. Dort oben ist die Luft kühl und duftet nach Kiefern, die Schatten sind tief und grün, und in einigen Teichen wird Wasser zum Schwimmen sein. Klingt wirklich verlockend, aber ich habe zuviel zu tun, zu viele Schulden und Termindruck von allen Seiten. Außerdem ist heute Samstag. Die Campingplätze und Badestellen wimmeln von Einwohnern aus Tucson, die vor der Hitze geflüchtet sind. Sie haben ihre Ghettoblaster voll aufgedreht, das Bier fließt, und überall das Geschrei und Gegröle von Leuten in Wochendlaune. Es ist nichts dagegen zu sagen, wenn man mit ein paar Freunden dabei ist, aber es macht keinen Spaß, dort zu sein, wenn man allein und auf der Suche nach ein bißchen Ruhe und Frieden ist. Meine Gedanken wandern weiter östlich zu den Bergketten, wo es keine Straßen und nur wenige Besucher gibt. Die Rincons oder die Santa Ritas oder besser noch die Dragoon Berge. Ich sehe mich mit dem Rücken gegen eine Kiefer gelehnt, in Stille und Einsamkeit sammle ich meine Gedanken und notiere Ideen für Zeitschriftenartikel. Nur ein Narr würde in den Hundstagen in der Wüste zu arbeiten versuchen – in einem Haus ohne Klimaanlage, mit einem nutzlosen alten Kühlapparat und einem Ventilator für 19 Dollar. Ich sollte besser von den Chiricahua Apachen lernen, die der Herausforderung, im Südosten Arizonas zu leben, auf eine höchst vernünftige Weise begegneten. Im Sommer schlugen sie ihre Zeltlager hoch oben in den Bergen auf und stiegen regelmäßig zu den Siedlungen der Gegend hinab, um zu handeln oder zu plündern.

Die Campingausrüstung liegt noch im Wagen. Schon bin ich wieder auf der Interstate, lasse rasch das Verkehrsnetz von Tucson hinter mir und fahre Richtung Osten in die alten Jagdgründe der Apachenhäuptlinge Cochise und Geronimo. Das Schild zum Cochise Terrace RV Resort verlockt mich nicht; in einer Dairy Queen Filiale kaufe ich mir ein Peanut Buster Parfait und im Geschenkladen nebenan eine Fotografie von Geronimo. Es ist die bekannte Aufnahme, die 1884 während seines zeitweiligen Aufenthalts in dem Reservat, zwei Jahre vor seiner endgültigen Kapitulation, gemacht wurde. Er hockt auf einem Knie und umklammert sein Gewehr. Sein zusammengekniffener Mund sieht aus wie ein abwärts gebogener Schnitt mit dem Messer über das Gesicht. Er starrt mit einem wilden, zornig-verbitterten, leicht verrückten Blick in die Kamera, als ob er im Begriff wäre, jemanden oder vielleicht alle Weißen in Arizona zu töten, als ersten Frank Randall vom *New York Herald*, der hinter der Kamera stand. Wenn man zu Hause bequem im Sessel sitzt oder in einer Bibliothek ungestört studiert, ist es ein Leichtes, Bewunderung und Respekt für die Lebensweise der Apachen zu empfinden, und gewiß kann man im nachhinein auch traurig oder empört darüber ein, wie sie ausgetrickst, betrogen und in die Unterwerfung getrieben wurden. Im letzten Akt des Dramas hielten Geronimo und sein Trupp von 33 Kriegern einer 5000 Mann starken US-Armee und 3000 mexikanischen Soldaten fünf Monate lang stand, indem sie sich in den hiesigen Wüsten und Bergen versteckten, dem Gegner auswichen und immer wieder Scharmützel lieferten. Erst Mitglieder aus seinem eigenen Volk, die als Späher in der US-Armee dienten, spürten Geronimo schließlich auf und überzeugten ihn von der Aussichtslosigkeit seiner Lage. »Einst schweifte ich umher wie der Wind«, sagte der Häuptling zu General Crook, als er endgültig kapitulierte, »nun ergebe ich mich Ihnen, und mehr ist nicht zu sagen.«

Bei allem, was mir lieb und teuer ist, kann ich die Geschichte der Chiricahua Apachen nicht lesen, ohne für sie Partei zu ergreifen und ihre Tragödie zu betrauern. Doch wenn ich durch das südöstliche Arizona zu der Zeit gereist wäre, da sie dort frei lebten, ich bin sicher, daß ich die Sache ganz anders betrachtet hätte. Hinter jedem Felsen und Busch hätte ich Gestalten vermutet, ich hätte mich beobachtet und verfolgt gefühlt, die Nerven hätten blank gelegen, und mein Gewehr wäre ständig entsichert gewesen. Fast immer sah man einen Apachenkrieger erst, wenn es zu spät war. Meisterhaft wandten sie List, Tarnung, Hinterhalt und Täuschung an. Ihre Gegner waren immer aufs neue über ihre Fähigkeit verblüfft, mit der Landschaft zu verschmelzen und wie ein Staubteufel aus dem Nichts heranzuwirbeln und genauso rasch wieder zu verschwinden. Manche Apachen wie der große Kriegshäuptling One-Who-Yawns, den die Mexikaner Geronimo nannten, glaubten, daß sie die magische Kraft besaßen, sich unsichtbar machen zu können, aber sie benutzten natürlich auch erprobte Techniken und alte Tricks. So beobachteten sie genau das Spiel von Licht und Schatten, Luftspiegelungen und optische Täuschungen, die das Licht zu verschiedenen Tageszeiten in der Wüste verursachen kann, und dementsprechend planten sie Anschlag und Rückzug. Dort, wo heute die Interstate durch die Landschaft schneidet, waren einst der Hauptpfad und der Kutschenweg durch das Chiricahua Land. Die Indianer gruben Mulden, in denen sie sich, mit Erde und Geröll bedeckt, versteckten. Sobald das Opfer nahe war, sprangen sie scheinbar aus dem Nichts mit markerschütterndem Kriegsschrei und einem Hagel von Pfeilen oder Kugeln hervor.

Von früher Kindheit an wurde den Apachen die Fähigkeit beigebracht, in völliger Bewegungslosigkeit zu verharren. Da sie wußten, daß das menschliche Auge vor allem durch Bewegung aufmerksam wird, lernten sie, ihren Körper, etwa in Gestalt eines Felsens, ganz ruhig zu halten und stundenlang ohne ein Muskelzucken in dieser Position zu verharren. Ein anderer Teil in der Ausbildung kriegerischer Listen bestand darin, sich mit Salbei oder anderen Kräutern einzureiben, um den eigenen Geruch zu verbergen und sich so langsam und lautlos an ein Tier heranzupirschen, als wäre man nur ein wippender Zweig oder ein vorrückender Nachmittagsschatten, und dann das Tier zu berühren, bevor es die Nähe witterte. Der Ehrgeiz der jungen Indianer bestand darin, daß Tier so sanft wie ein Insekt oder Blatt zu streifen und unentdeckt wieder wegzutauchen. Wölfe haben die schärfsten Sinne, und sich an sie heranzupirschen, gehörte zum Schwierigsten. Der Grizzlybär war am gefährlichsten, also für die Pirsch am aufregendsten. Nach ihrer endgültigen Niederlage, als sie in den Reservationen eingepfercht waren und sich langweilten, entwickelte sich für kurze Zeit unter den jungen Apachenmännern die Verrücktheit des »Bärenschlagens«. Man mußte sich ganz nahe an einen Bären anschleichen, ihm einen möglichst kräftigen Schlag aufs Hinterteil versetzen und dann flugs auf den nächsten hohen Baum klettern, bevor das erzürnte Tier zurückschlagen konnte.

Die Stärkung seines Durchhaltevermögens gehörte ebenso zur Erziehung eines Kriegers. Im Winter sprangen die Jungen vor Tagesanbruch in eisige Bergseen und Flüsse. Heranwachsende Männer mußten zwei Tage ohne Essen, Schlaf und Wasser durch die Wüste rennen, und am Ende dieses Initiationsritus' wurde von ihnen erwartet, daß sie jede dargereichte Flüssigkeit mit stolzer Selbstbeherrschung zurückwiesen. Später, wenn sie an Raub- und Kriegszügen teilnahmen, konnte es vorkommen, daß sie mit nur einer Handvoll Nahrung und ein paar Schluck Wasser hundert Meilen im Hundetrab laufen mußten. Apachen machten sich das Pferd schon bald nach seiner Ankunft in Amerika zu eigen, aber wenn es nötig war, konnten sie es auch zurücklassen oder zu Tode reiten, essen und auf eigenen Füßen weiterlaufen. In dieser harschen Umwelt brauchte ein Pferd mehr Wasser, Futter und Ruhe als ein Apache zu Fuß. Die Fähigkeit, körperliche Schmerzen zu ertragen, war ein wesentlicher Teil ihres Lebens und ein Schlüssel zu ihrem Überleben. So bestand bei den Apachen ein starkes, fortwährendes Interesse – uns Heutigen mag es eher wie eine sadomasochistische Obsession vorkommen – an allem, was mit Schmerz zu tun hatte. Schon kleine Jungen legten sich glühende Zweige auf die Haut und lernten, sie abbrennen zu lassen, ohne zu zucken. Von früher Kindheit an bekamen Jungen und Mädchen kleine Tiere und Vögel zum Quälen, und was sie dabei gelernt hatten, durften sie später an Gefangenen praktizieren. Die Anwendung von Folter war wahrscheinlich bei den Apachen weniger vorherrschend als bei den Comanchen, Kiowa, Huronen oder Irokesen, von der spanischen Inquisition ganz zu schweigen, aber sie standen in dem Ruf, besonders einfallsreiche Folterer zu sein. Reisende, die nach 1850 diese Gegend passierten, sahen längs des Weges grausame Warnzeichen für Eindringlinge: Männer, die nackt an Pfählen auf Ameisenhügeln festgebunden und deren Bäuche aufgeschlitzt waren, so daß sie bei lebendigem Leibe von innen aufgefressen wurden. Oder das Gesicht eines Gefangenen war mit abgeschnittenen Augenlidern der Sonne zugewandt. Oder die Opfer waren mit nassem Rohleder an Kakteen gebunden; je mehr es eintrocknete, desto tiefer bohrten sich die Stacheln in den Leib. Andere Unglückliche hingen mit dem Kopf nach unten an einem Ast und verkohlten über einem schwelenden Feuer. Oder die Genitalien wurden abgeschnitten, in den Mund gesteckt, und die Haut in langen Streifen abgezogen. Für das schlimmste Schicksal hielt man allgemein die Auslieferung an die Indianerinnen, die geduldiger als die Männer waren. Oft hatten sie ihre Ehemänner, Brüder und Kinder durch die Hand jener Gefangenen verloren und rächten sich nun, indem sie ihre Anstrengungen auf die empfindlichsten Teile der männlichen Anatomie konzentrierten.

Die große Mehrheit der »Revisionisten« unter den jüngeren Historikern neigt dazu, die weit verbreitete Anwendung von Folter nicht nur bei den Apachen, sondern bei den meisten amerikanisch-indianischen Kulturen herunterzuspielen oder sie als Reaktion auf spanische und anglo-amerikanische Grausamkeiten zu erklären. Zweifellos eskalierte die Gewalt mit der Ankunft der Europäer – wellenartig breitete sich eine Flut von Krankheiten und Verwüstungen über den ganzen Kontinent aus und bereitete somit die militärische und technische Eroberung vor –, doch zuvor schon waren Stammeskriege nichts Ungewöhnliches ebenso wie die brutale Behandlung, wenn nicht direkte Folter von Gefangenen. Mitte des siebzehnten Jahrhunderts quälten Indianer überall in Nordamerika, auch solche, die einem Weißen noch nie begegnet waren, ihre Gefangenen mit Messern und Feuer und verstümmelten ihre Leiber. Es gibt einige Beweise dafür, daß das Skalpieren und Zur-Schau-Stellen von Skalps an Stangen, was die Apachen entgegen landläufiger Meinung nur selten veranstalteten, vor zehn oder zwanzig tausend Jahren von Asien über die Beringstraße nach Nordamerika kam. In seiner Geschichte der Apachen mit dem Titel *Once They Moved Like The Wind* hat David Roberts zu Recht auf die bittere Wahrheit hingewiesen, daß es in der Geschichte der Menschheit eine Anomalie gewesen wäre, wenn die nordamerikanischen Indianer *nicht* das Foltern praktiziert hätten. Historischen Dokumentationen von Amnesty International ist zu entnehmen, daß »jede Nation zu irgendeinem Zeitpunkt ihrer Geschichte die Folter angewandt hat«, und ein Blick in die jüngsten Berichte der Organisation zeigt, daß das Foltern nicht aufgehört hat, vielmehr eine einfallsreichere Hölle denn je ist. Und doch, wenn ich im 19. Jahrhundert dieses Tal durchquert hätte, wäre mir kultureller Relativismus nicht in den Sinn gekommen. Ich hätte vermutlich zu den Apachen die gleiche Einstellung gehabt wie fast alle Weißen damals. Grausame Geschichten, Bilder und Stereotypen hätten mein Denken und Fühlen beherrscht, und wie üblich hätte sich Furcht in Haß verwandelt. Fordert die Armee an! Rottet diese Bestien aus!

*

Am Texas Canyon, der ein surreales Arrangement von riesigen Felsblöcken und bizarren Gesteinsformationen ist, biege ich nach Süden ab und nehme eine unbefestigte Straße am Fuße der Dragoon Mountains. Dies war einst der bevorzugte Aufenthaltsort der Chiricahua. Ihr Häuptling Cochise wurde hier um 1815 geboren, und hier starb er, frei und unbesiegt, 1871. Sein Leichnam wurde in einer Spalte im Felsengewirr, das heute »Cochise

Stronghold« heißt, versenkt. Als ich zu jener »Festung« hinaufschaue, fällt mir eine Geschichte ein, die mir ein reisender Ire erzählt hat und die ich damals als Märchen abtat. Ich traf ihn vor einigen Monaten in einem Lokal im Stadtzentrum von Tucson – ein leicht verwahrloster, langhaariger Dubliner Ende Vierzig, an dessen Hals ein Hanfband mit einem Kristall baumelte. Er war gerade von den Dragoons gekommen, wo er zwei Wochen mit einer Gruppe von Apachen verbracht haben wollte, die dort illegal und unentdeckt in einer abgelegenen Höhle lebten. Sie hatten ihr Reservat verlassen, um von ihren Alkoholproblemen wegzukommen, und angeblich versuchten sie, zu ihren Wurzeln zurückzukehren und auf die alte traditionelle Weise, allerdings ohne Raubüberfälle und Kriege, zu leben. Die Höhle sollte tief im Inneren der Bergkette liegen, weit genug entfernt von allen Forest Service Trails. Sie hatten dort Pferde, behauptete er, und wilderten Rehe, die sie an Gestellen ausbluten ließen. Sie machten Beutel aus Rohleder, Mokassins und Türkisamulette, und ab und zu würden sie nach Tucson oder Bisbee kommen, um ihre Handarbeiten zu verkaufen und sich mit Mais, Bohnen, Reis, Tortillas und Tabak einzudecken. Er holte einen ungeschickt genähten Wildlederbeutel hervor, in den Zickzackmuster eingebrannt waren, und versuchte, ihn mir für dreißig Dollar zu verkaufen. Ich glaubte ihm kein Wort. Das war entweder eine Phantasterei, ein findiger Verkaufstrick oder ein Märchen, das er irgendwo gehört hatte und nun für wahr hielt.

Seitdem Geronimo zum letzten Mal kapituliert hatte, kursierten im Südwesten Geschichten von »versteckt lebenden Apachen« und »wilden Apachen«, und bis heute haben sie sich gehalten. Irgendwo in den zerklüfteten Höhen der Sierra Madre in Mexiko hörte ich, daß es dort ein schönes, kaum zugängliches Bergtal gebe, wo eine Schar von Apachen – Chiricahua oder Lipa – seit den achtziger Jahren des 19. Jahrhunderts ungestört lebte. Sie gebrauchten nicht Gewehre und Stahlmesser, sondern waren zu Pfeil und Bogen und Steinklingen zurückgekehrt. Ich habe einige Zeit in der Sierra Madre verbracht, unter anderem auch unter den Tarahumara Indianern (einige von ihnen leben in Höhlen; vielleicht waren sie die Anregung für die Ausschmückungen in der Erzählung des Iren?) und bei mexikanischen Farmern und Ranchers, die seit vier Generationen dort siedeln. Und sie alle verspotteten das Gringo-Märchen von den versteckten Apachen und ihrem abgeschiedenen Paradies. Die Geschichte des Iren war aufgrund einiger Details – die Erwähnung von Alkoholismus und die Bedeutung handgearbeiteter Artikel für die indianische Ökonomie – ein wenig glaubwürdiger, aber letztlich hielt ich sie doch nur für eine Variante romantisch-verklärender Phantasien über Indianer. Nun bin ich hier in den Dragoon Bergen ohne besonderes Ziel. Warum sollte ich nicht den Richtungsangaben des Iren, soweit ich mich daran erinnern konnte, folgen und sehen, was passierte? Ich parke den Wagen, schnalle den Rucksack auf und steige durch ein ausgetrocknetes Flußbett hinauf zu einem Canyon. Vor mir glaube ich einen Wildpfad zu sehen, der ins Innere zu den Bergspitzen zu führen scheint. In dem Flußbett gibt es keine menschlichen Spuren, was stets das Gefühl für die Umgebung ändert. Ich schrecke ein paar Eidechsen und Vögel auf; die Säugetiere haben sich alle in schattigen Ecken und Winkeln, im Dickicht und in ihren Bauten versteckt. Sie tun das einzig Vernünftige und halten Siesta. Nur der verrückte Engländer, kaum beschattet von seinem verschwitzten Cowboyhut, stiefelt draußen in der brennenden Nachmittagssonne herum.

Das trockene Flußbett endet als Sackgasse an der Klippe eines ausgetrockneten Wasserfalls. Der Wildpfad erweist sich nun als eine frei liegende helle Gesteinsader. In der Wildnis bin ich ein lausiger Pfadfinder; deshalb folge ich normalerweise in den Bergen den ausgewiesenen Trails. Ich gehe also den Weg zurück, bis ich eine Stelle finde, wo ich den Canyon hochklettern kann. Ich schaffe es hinauf zu einem Berggrat, der aber im Fuß eines steilen Felsabhangs verschwindet. Ihn bedeckt lockeres Geröll, überall Agaven und undurchdringliches Strauchdickicht, jähe Felsvorsprünge – es sieht aus wie die Lehrbuchillustration eines Klapperschlangenhabitats. Noch entmutigender jedoch ist der Blick zurück auf den schmalen, steilen Felsvorsprung, den ich gerade erklommen habe. Schlechte Planung ist die Mutter der Abenteuer, sage ich mir, und beginne, mich an dem Abhang hochzuschleppen, indem ich mich an den Büschen festhalte, um nicht zurückzurutschen. Dabei ziehe ich mir von den Kaktusstacheln zahlreiche Stiche und Rißwunden zu; in meiner wachsenden Panik halte ich sie für Schlangenbisse. Ich bin schweißüberströmt, keuche wie wild und entschließe mich, endgültig das Rauchen aufzugeben, und zwar in allernächster Zukunft. Ich sehe hier und dort einige Höhlen, habe aber nicht die Kraft, sie zu inspizieren. In dieser Landschaft gäbe es auf einem Pferd kein Durchkommen. Am späten Nachmittag, viermal schon habe ich den toten Punkt erreicht, gelange ich an den Fuß eines breiten Felsdoms, der aus den Kiefern hervorragt. Ich lege den Rucksack ab, der mittlerweile sein Gewicht vervierfacht hat, und kraxle keuchend zur Spitze hinauf. Dort belohne ich mich mit einer wohlverdienten Zigarette und einem bescheidenen Schluck Whiskey aus meinem Flachmann. Es ist noch nicht so kühl, wie ich dachte, immer noch etwa dreißig Grad, aber die Aussicht ist atemberaubend. Habichte, Raben und Geier kreisen über den Gebirgsausläufern, im Osten wirbeln Staubteufel über den ausgetrockneten See, und in der Ferne ziehen sich die Rücken blauer Berge bis nach New Mexico hin. Von meinem Aussichtspunkt sehe ich fünf verschiedene Unwetter, jedes mit zuckenden Blitzen und einer Regenwand, doch hier oben, in einem Umkreis von zwanzig Meilen, ist es hell und sonnig, und es gibt andere sonnenbeschienene Flecken wie diesen, so daß die Landschaft gesprenkelt aussieht, als wäre über sie ein Tarnnetz aus Licht und Wolkenschatten geworfen.

Die Häuptlinge Cochise und Geronimo postierten ihre scharfsichtigsten Späher auf diesen Bergspitzen. Ich frage mich, was ihnen durch den Kopf ging, als sie dort saßen, rauchten und ein so grandioses Panorama überschauten. Die Weite und das Aussehen der Landschaft werden für sie, ganz im Gegensatz zu mir, wahrscheinlich nicht weiter bemerkenswert gewesen sein. Als Wüstenbewohner muß der Anblick eines Gewitters sie erfreut haben, aber sie saßen ohnehin nicht hier oben aus Gründen ästhetischer Kontemplation. Weit weg in der Ferne, gerade noch sichtbar, sieht ein Chiricahua Späher drei Raben aus der Wüste aufsteigen. Dann wirbelt eine kleine Staubwolke auf, die das Nahen feindlicher Eindringlinge verrät. Sie wollen das Land seines Volkes stehlen und entweihen, vielleicht sind es auch US-Truppen, die nach Apachen suchen. Der Späher warnt das Lager, und sie packen rasch alles zusammen und ziehen weiter. Die Chiricahua waren ein umherwandernder, räuberischer Stamm, doch seit der Mitte des neunzehnten Jahrhunderts bestimmten das

Fliehen und Verstecken vor den Soldaten ihr Nomadentum. Um 1870 hatten sie fast alle das eine oder andere Familienmitglied durch Mexikaner oder »die Weißaugen« verloren, wie die Indianer die Anglo-Amerikaner nannten (bei Apachen ist die Lederhaut des Auges von Natur aus blutunterlaufen). Sie hatten mit ansehen müssen, wie ihre Nächsten vergewaltigt, skalpiert, gefoltert und verstümmelt wurden. Gewalt und Grausamkeit eskalierten auf beiden Seiten. Mexikanische Soldaten warfen Indianerbabys, unter ihnen auch Geronimos Kinder, in die Luft und spießten sie mit ihren Seitengewehren auf; und der Häuptling rächte sich, indem er das gleiche mit weißen und mexikanischen Kindern tat. Im hohen Alter verfolgten Geronimo die Ermordeten in seinen Träumen. Trauer und Reue über die hilflosen, lächelnden Babys, die er mit dem Messer getötet hatte, ließen ihn stöhnend aufwachen. Es gab eine Art der Folter, die ausschließlich von den Mexikanern und Weißen praktiziert wurde und die für die Apachen besonders schrecklich war: die Inhaftierung. Schmerz war eine Sache. Er war ein wesentlicher Bestandteil des Lebens, und das stoische Ertragen von Pein bot einem Mann die Chance, tapfer und ehrenvoll zu sterben. Aber ein menschliches Wesen in einen Käfig einzusperren, manchmal für Jahre, hielten die Indianer für eine unerträglich grausame Form des Sadismus.

Vieles speiste den wechselseitigen Haß zwischen den Apachen und ihren vordringenden Feinden; zugrunde lag ihm ein grundsätzlicher Konflikt um das Land und seine Nutzung. Die Weißen rechtfertigten ihre Eroberungszüge mit dem Hinweis, im Territorium der Apachen liege kostbares Land brach. Es gab dort keine Farmen, auf dem Weideland kein Vieh, keine Dörfer oder Städte. In den Bergen lagen Gold und Silber, für dessen Abbau diese streunenden Wilden zu faul oder zu unwissend seien. In ihren Augen sah Apacheria wie ein Niemandsland aus. Denn wie alle Nomadenvölker hinterließen auch die Apachen keine dauerhaften Spuren der Besetzung. Da und dort sah man die Überreste einfacher, vorübergehend errichteter Hütten und Feuerstellen. Aus der Sicht der Apachen waren »die Weißaugen« nicht nur darauf versessen, ihr Land zu erobern, sondern es auch zu zerstören und seinen Geist zu schänden. Warum sonst würden Menschen die Haut und das Fleisch von Mutter Erde durchstechen, um in ihren Adern nach Metallen zu wühlen und sie dann zu verkaufen? Warum vertrieben sie Rehe und Antilopen, um ihre stumpfen trägen Kühe, die die Flüsse verschmutzten und die Ufer zertrampelten, dort grasen zu lassen? Nicht einmal für die Jagd stellten diese schwerfälligen Tiere eine Herausforderung dar. Die »Weißaugen« demonstrierten ihre Anwesenheit auf dem Land mit Zerstörung und Reglementierung, zwangen seinen natürlichen fließenden Konturen gerade Linien und Rechtecke auf – Pferche, Zäune, Felder, Gleise, Telegrafendrähte, viereckige Häuser und schachtelartige Kirchen, in denen die Menschen sich von allem, was in der Welt heilig war, wegschlossen.

*

Der uralte Konflikt zwischen Nomaden und Siedlern sitzt tief und scheint unausweichlich zu sein; zwei unversöhnliche Überzeugungen vom rechten Gebrauch des Landes stoßen aufeinander. Die ersten Siedlungen entstehen an Flußufern, und mit der allmählich sich herausbildenden Arbeitsteilung, den Hierarchien und Verwaltungen wachsen auch die Macht und der Wunsch der Mächtigen, über die nomadischen Räume an den Rändern ihrer Territorien Kontrolle zu gewinnen. Der freie Fluß der Güter und Menschen bedeutet für den starken Staat ein Affront seiner Souveränität. Die Durchsetzung der neuen Ordnung erfordert die Einrichtung fester Grenzen, Straßenbau, die Auferlegung von Steuern, Zölle und die Regelung von Landbesitz, Polizei und Bürokratie. Der Staat kann nicht anders handeln, genauso wenig wie eine Krebszelle, die sich in einem menschlichen Körper wuchernd ausbreitet. Das ist es nun einmal, was Staaten tun. Stammesnomaden dagegen bedeutet freie, ungehinderte Bewegung alles. Nur so können sie die Ressourcen ihres Gebietes nutzen und ihr Überleben sichern. So führen sie ihre Kriege und Raubzüge. Staatliche Armeen ziehen es vor, die Nachschublinien zu ihren Siedlungen aufrechtzuerhalten, auf einem vorherbestimmten Schlachtfeld mit dem Gegner zusammenzustoßen oder eine Stadt zu belagern. Nomadenkrieger kämpfen nach einer anderen Strategie: unerwartet zuschlagen und schnell sich zurückziehen, verschwinden und aus unerwarteter Richtung wieder auftauchen, sich zerstreuen und neu formieren wie ein Wirbelsturm in der Wüste.*

So sehr auch die Apachen feste Siedlungen und alles, wofür sie standen, haßten, mit der Zeit wurden sie doch von deren Produkten und Gütern abhängig. Sie überfielen ein Dorf und tauschten in einem anderen ihre Beute gegen Gewehre, Munition, Stahlmesser, Spirituosen, Mais, Bohnen, Kürbis, Melonen, Tuch, Nadeln, Ahlen, Decken, Schmuck und Perlen. Schon Gengis Khan wandte eine ähnliche Strategie des Plünderns und Tauschens an. Die Städte, die sich weigerten, den geforderten Tribut zu entrichten, wurden meist dem Erdboden gleichgemacht. Seine Reiter brannten die Gebäude nieder, verwüsteten die Felder und säten Steppengras zwischen die Ruinen, um das Weideland wiederherzustellen und der Landschaft ihre unbegrenzte Weite zurückzugeben. »Überfälle sind unsere Art der Landwirtschaft«, lautete ein Sprichwort der Beduinen, und bei den Chiricahua Apachen gab es ähnliche stolze Sprüche. Der Abenteurer John Ross Brown, der 1863 durch diese Gegend reiste, berichtete: »Diese vagabundierenden Indianer haben eine Redensart, die weniger sarkastisch als wahr ist: Die Mexikaner sind unsere Cowboys, die uns mit Pferden und Rindern versorgen, und die Amerikaner sind unsere Fuhrleute und Mechaniker, die Güter für uns transportieren und uns mit Waffen versorgen.« Siedlungen entfachten die Habgier und andere Begehrlichkeiten der Nomaden. Eine Zeitlang konnten die beiden entgegengesetzten Kulturen in einer schwierigen, stets bedrohten Symbiose nebeneinander bestehen. Aber auf die Dauer vermochte nichts den Expansionsdrang der Siedler aufzuhalten, ihre technische Entwicklung schritt voran, und sie wurden militärisch stärker. Cochise starb in Freiheit und unbesiegt, aber Geronimos Apachen wußten, daß ihre Zeit abgelaufen war. Ob sie nun kämpften oder sich in die Reservation schicken ließen, die Weißen strömten unaufhörlich ins Land und überzogen es mit Gebäuden, kleinen und großen Städten, Eisenbahnschienen und Telegrafenmasten. Für Geronimo war der Krieg mit den Weißen vor allem eine Frage der Ehre: lieber kämpfend sterben als sich dem

* »Einen offenen Raum mit einer wirbelnden Bewegung besetzen, die sich an jedem Punkt erheben kann«, wie es Deleuze und Guattari in dem Kapitel »Nomadologie: Die Kriegsmaschine« formulieren.

Unvermeidlichen unterwerfen. Rückblickend kann man sagen, daß er Unrecht hatte.

Von allen Apachenstämmen erging es den Chiricahua am schlechtesten. Die Regierung hielt nicht General Crooks Versprechen einer Reservation in Arizona; vielmehr wurden sie zu einem Zug mit versiegelten Fenstern gebracht und in ein Gefängnislager in Florida verschleppt, wo sie in Scharen an Malaria starben. Von dort ging es weiter nach Oklahoma, wo Geronimo in der Kluft der Prärieindianer und mit einer lächerlichen gehörnten Narrenkappe für Touristenfotos posierte. Das Volk der Chiricahua stand am Rande der Auslöschung. 1913 lebten nur noch 213 Angehörige, und immer noch nicht wurde ihnen erlaubt, in ihr Heimatland nach Arizona zurückzukehren. Die anderen Stämme aus der Region – die San Carlo, White Mountain und Tonto –, die den Kampf früher aufgegeben hatten, bekamen zumindest ihre eigenen Reservate. Fürwahr, in diesen zugewiesenen Gebieten haben sie genug Probleme, und mittlerweile stirbt auch ihre Sprache aus. Junge Apachen, die etwas über ihre Traditionen erfahren wollen, müssen heute die Geschichtsbücher der Weißen lesen. Aber immerhin leben sie auf ihrem eigenen Land und besitzen die Stammessouveränität über dieselben Berge, in denen ihre Vorfahren lebten und starben. Hier in den Dragoon Mountains, die Cochises Gebeine aufbewahren, fallen die Apachen durch ihre Abwesenheit auf. Es sei denn, die Geschichte des Iren ist doch wahr, und einige von ihnen halten sich irgendwo in einer Höhle versteckt.

*

Das Fenster aus Sonnenlicht schließt sich. Ein heftiger, nichts Gutes verheißender Sturm bewegt sich auf meinen Aussichtsplatz zu; die Abstände zwischen Blitz und Donner werden immer kürzer, und das Land im Rücken des Sturmes verdunkelt eine Regenwand. Ich steige von der Spitze hinunter, nehme meinen Rucksack und gelange über eine leichte Route, diesmal ist es wirklich ein Wildpfad mit Coyote- und Rehfährten, zum Fuß des Berges. Der Sturm peitscht einen kühlen Wind vor sich her, der nach Regen riecht. Bald schon bricht er in schweren Tropfen los, prasselt auf die Felsen, trommelt auf den breiten Rand meines Hutes und wirbelt von dem Pfad kleine Staubwolken hoch. Ich nehme meinen Hut ab und lasse das Naß in Rinnsalen über Gesicht und Brust und in meinen Nacken laufen. Dies ist seit drei Monaten der erste Regen, den ich auf meiner Haut spüre, und ich dürste danach, wie ich es nie für möglich gehalten hätte. Ein gewaltiger, durchdringender Donner entlädt sich, die Luft ist elektrisiert. In der Nähe sehe ich eine Höhle, teilweise von Felsblöcken und einigen Wacholderbäumen verdeckt, und ich renne darauf zu. Noch etwa zehn Meter, da halte ich jäh inne, denn die Höhle ist besetzt. Ein Weißer mit langem Bart sitzt mit gekreuzten Beinen vor dem Eingang, ein überhängender Felsen schützt ihn vor dem Unwetter. Er trägt ein schmutziges grünes Sweatshirt, eine alte rote ärmellose Skijacke, deren Füllung an einer der Schultern hervorquillt, und ein schwarz-orangefarbenes Harley Davidson-Stirnband. Ich spähe nach einem Gewehr, sehe aber keines. Er winkt mich zu sich heran. »Willkommen zu Hause, Bruder. Ich habe dich erwartet.«

»Sie haben mich erwartet?«

»Ja. Wußte, daß du kommst. Alle meine Brüder und ich wußten, daß du kommst.«

Ich schaue mich um, keine Spur von irgend jemandem sonst.

»Dürfte ich um eine von deinen Zigaretten bitten?« fragt er und deutet mit dem Kinn auf die Packung Camel, die aus meiner Hemdtasche herausragt. Er bricht den Filter ab und hebt die Zigarette wie eine symbolische Opfergabe zu den Bergspitzen ringsum oder vielleicht auch zu dem Sturm. Er verstreut ein paar Krümel Tabak über den Boden, zündet, was noch von der Zigarette übrig ist, an und macht genüßlich einen tiefen Lungenzug. Er hockt vor der Glut eines Feuers, das in einem schwarzen Rund aus Steinen schwelt. Verstreut um ihn herum liegen Lederbeutel, Bunde getrockneter Pflanzen und Wurzeln, Plastikbeutel mit Nüssen und Beeren, leere Bohnendosen, Teile eines Hirschschädels, und Haufen bunter Felssteine und Mineralien. Im Inneren der Höhle sehe ich einen zusammengerollten Schlafsack und einen Matchbeutel aus Armeebeständen. Er fängt zu sprechen an: »Man nennt mich »Medicine Man«, und dies ist meine Medizinhöhle. Ich komme hierher, um mich zu läutern und mit den Geistern ins Reine zu kommen. Um die Weisheit der Pflanzen und der Tiernationen, der vierbeinigen und der geflügelten Brüder der Luft, zu lernen. Schau dich um, Bruder: Dies ist mein Zuhause, meine Kirche, mein Schulhaus, mein Lebensmittelladen, meine Apotheke. Sieh mal. Dies ist eine Yuccawurzel. Wenn du die zerstampfst und in Wasser aufkochst, bekommst du Seife. Das dort ist Gänsefuß. Gut gegen Gliederschmerzen und Schlangenbisse, und Frauen hilft es bei Menstruationskrämpfen.«

Ich erzähle ihm die Apachenstory des Iren und frage ihn, ob er in dieser Gegend Indianer gesehen hat. »Ich bin ein Apache«, antwortet er. Mein Blick gleitet rasch über seine blauen Augen, sein langes hageres Gesicht, die gerötete Haut und den ergrauenden Bart. Er sieht meine Skepsis und nickt. »Ich bin Apache, Navajo, Sioux, Cheyenne und Cherokee. Ich bin ein Afrikaner, ein Chinese, ein Ureinwohner aus Australien, ein Ire, es gibt niemanden, der ich nicht bin. Mein Stamm sind alle Völkerfamilien und Rassen. Und mein Territorium reicht so weit, wie ich reisen kann.« Er hat eine schöne, kunstvoll aus dunkelrotem Holz und rotem Stein gefertigte Pfeife mit einem langen, spitz zulaufenden Stiel. Er stopft sie mit Marihuana aus einem der Beutel, nimmt einen Zug und hebt die Pfeife, als er ausatmet, in Richtung der Berge. Ich biete ihm meinen Flachmann an, er weist ihn zurück mit den Worten, er brauche die Energie nicht und Whiskey sei Gift aus Babylon. »Ich habe den Planeten in Flammen stehen sehen, alle wurden gegrillt«, sagt er ein paar Minuten später. »Ich war dort oben bei *ihnen*, verstehst du, schaute hinab und fragte rundheraus: ›Was zum Teufel geht dort unten vor?‹ Eher beiläufig antworteten sie: ›Ach, die Menschen jagen ihren Planeten wieder in die Luft. Damit sind sie schon des längeren beschäftigt.‹ Nun, wir müssen versuchen, diesen Wahnsinn matt zu setzen. Große Zeit. Die Menschen müssen alles abschalten – die Computer, Fernsehapparate, alle elektrischen Geräte, die Atomreaktoren –, einfach den ganzen Scheiß abschalten und dann sehen, ob in ihren Schädeln noch Hirn ist. Wir müssen die Leute wachrütteln, bevor es zu spät ist.« Er mag keine Fragen und raschen Antworten. Er zieht es vor, in esoterischen Rätseln und weitschweifigen Verkündigungen zu reden, und er hat etwas von einem leicht wirrköpfigen Guru oder Prediger.

Allmählich sammle ich aus seinen Andeutungen und Nebenbemerkungen einige Fragmente seiner Biographie, die stimmen mögen oder auch nicht. Seine Eltern kamen als Wanderarbeiter aus dem Dust Bowl ins Central Valley nach Kalifornien. Schon mit zwölf Jahren begann Michael, per Anhalter durchs Land zu fahren, und seit er von der High School flog, zieht er umher. Zwölf Jahre fuhr als Matrose auf einem Handelsschiff fast um die ganze Welt. Seine Karriere auf See endete Mitte der siebziger Jahre, als er sich eine Rückenverletzung zuzog; er ging zurück nach Kalifornien und nahm das Trampen wieder auf. Heute betrachtet er sich als ein Mitglied der Rainbow Family, einem lockeren anarchischen Zusammenschluß von Hippies, New Age-Anhängern, Marihuanarauchern, Fans der Rockgruppe »The Grateful Dead«, Tramps, Gelegenheitskiffern und Ravern – sozusagen eine Dachorganisation der Gegenkultur in Amerika, die jedes Jahr um den 4. Juli ein großes Wochenendtreffen abhält. Man kann über die Rainbow Family kaum etwas Allgemeines sagen, denn sie umschließt so viele verschiedene Typen und Gruppen. Ihre breite Tendenz hat man mit allen möglichen Etiketten zu benennen versucht: anti-materialistisch, kommunitarisch, utopisch, primitivistisch, vegetarisch und nomadisch. Sie bietet gewissermaßen eine wirre, allumfassende Pauschalspiritualität, die sich bei den Religionen der amerikanischen Indianer, bei Buddhismus, Hinduismus, Christentum, Taoismus, New Age Holismus und Rastafarianismus bedient. Die Rainbow-Leute bezeichnen mit dem abschätzigen Rasta-Wort »Babylon« die westliche kapitalistische Gesellschaft.

Das Unwetter zieht über uns hinweg, es hört auf zu regnen. Er holt einige Samenkörner aus seinem Marihuanabeutel und geht hinüber zu dem Rand eines ausgetrockneten Flußbetts. Er begräbt die Körner in der feuchten Erde und schüttet aus seiner Feldflasche etwas Wasser darüber. »Ich bin ein Sämann«, sagt er. »Wo auch immer ich mich aufhalte, pflanze ich etwas an. Nicht bloß Kräuter. Ich meine Nahrung für die Rainbow Familie. Wenn die Vögel oder andere Tiere die Körner fressen, ist das in Ordnung, weil auch sie zur Familie gehören. Aber manchmal komme ich an bestimmte Plätze zurück, und dort wartet schon ein ganzer Strauß gesund aussehender Pflanzen auf mich. Ich versuche, die Familie wachzurütteln, damit jeder etwas Ähnliches tut. Wohin du auch gehst, pflanze ein Samenkorn. Und wenn die ganze Scheiße zusammenfällt, haben wir hier draußen in der Wildnis genug zu essen und Gras zum Rauchen.« Immer wieder verfällt er in langes Schweigen, lauscht verzückt dem Gesang der Vögel und dem Wind in den Bäumen und schnuppert den verfliegenden Geruch des Regens. Auch ich spüre, wie sich meine Sinne erweitern, ich höre Geräusche und erkenne Lautmuster, die mir vorher nicht aufgefallen sind. Warnrufe der Vögel zum Beispiel bewegen sich in konzentrischen Kreisen weg von dem Zentrum der Gefahr. 300 Meter unterhalb unseres Platzes klettert ein Wanderer herum, und ein Blauhäher in seiner Nähe löst krächzend Alarm aus. Ein Rabe flattert auf, um zu sehen, was die Aufregung bedeutet. Ein Backenhörnchen, das die Vogelschreie hört, bleibt stehen und wartet lauschend auf weitere Warnsignale. Die Tiere, wird mir nun klar, hatten ihm mein Kommen angekündigt. »Weißt du, was ein Koyotekürbis ist?« fragt er. »Die wachsen hier in dieser Gegend. Früher benutzten wir sie als Wasserspeicher und vergruben sie in der Wüste. Ich habe Hunderte davon überall hier. Es ist ganz egal, wo ich bin, an Durst werde ich nicht sterben.«

Zehn Minuten vergehen schweigend. Dann folgt ein Vortrag über die Intelligenz der Eichhörnchen: »Wenn eine kalte Nacht zu erwarten ist, kannst du sehen, wie sie herumflitzen, alle Sorten von trockenem Gras und Blättern einsammeln und ihre Nester damit auspolstern. Das Eichhörnchen ist dein Bruder, und durch Beispiele kommuniziert es sein Wissen. Ich habe nur einen billigen beschissenen Schlafsack, aber wenn ich ihn mit trockenem Gras und Blättern vollstopfe, hält er mich noch bei minus zehn Grad warm. Darin sind wir alle gleich: du, ich, Bruder Eichhörnchen, der Präsident. Wir alle leben dank der Gaben ein und derselben Erde. Eine Erde, eine Welt, eine Liebe. Gelobt sei der Große Geist, Jah Rastafari. Is mir schnurzegal, wie du ihn oder sie oder es nennst.« »Wie lange bist du schon hier in den Bergen?« frage ich ihn. Er schüttelt seinen Kopf und seufzt matt: »Siehst du, nun fängst du mit der Zeit an. Babylon-Zeit. Zeit bewegt sich in einem Kreis, wie ein Rad, warum sich also darum kümmern, da sie doch sowieso wieder zu der gleichen Stelle zurückkehrt? Kannst du mir das beantworten, Bruder? Ich achte auf die Jahreszeiten und die Unwetter. Ob es nun Dienstag der neunte oder Mittwoch der siebenundzwanzigste ist, schert mich einen Dreck, das ist vollkommen bedeutungslos.«

Langsam senkt sich die Abenddämmerung über die Berge. Es

war ein langer Tag. Ich murmele noch etwas über das morgige Frühstück, schultere meinen Rucksack und ziehe ab. Meine Füße tragen mich etwa eine halbe Meile, dann lasse ich mich auf den feuchten Boden fallen und rolle meinen Schlafsack aus. Das ist das Geheimnis für einen ruhigen, erholsamen Schlaf in einer Gegend voller Klapperschlangen und Skorpione: totale Erschöpfung.

*

Ich habe eine Tüte Kaffee, eine Büchse Bohnen und eine volle Schachtel Zigaretten. Er hat eine Dose Quäker-Haferflocken, getrocknete Früchte, ein paar Klumpen entstachelter Kaktusfeigen und geröstete Pinienkerne. Er erhebt sich aus dem Schneidersitz, um Feuerholz zu holen, und mitten in der Bewegung bekommt er einen furchtbaren Krampf im Rücken. Minuten lang schnauft und pustet er, stöhnt und verzieht das Gesicht, aber er schafft es, sich ganz aufzurichten. Mein Angebot, das Holz zu holen, akzeptiert er. Ich will ihm etwas Ibuprofen geben, das er aber als »Babylon-Medizin« zurückweist; statt dessen stopft er sich eine Pfeife. »Mann, ich muß zurück zu meinem heißen Bad«, sagt er schließlich, während er die Früchte und Nüsse unter die Haferflocken mischt, »brauche eine heiße Quelle in Idaho, tief in den Wäldern. Brauche einige Kräuter, die kurz vor der Blüte sind, und eine ausgehöhlte Zeder, in der ich bleiben kann. Wenn ich zu meinem heißen Bad komme, dann bin ich zu Hause, Bruder.« Er wollte eigentlich den Sommer dort oben verbringen, aber die Aussicht auf eine Liebesgeschichte lockte ihn nach Arizona. Er lernte die Frau auf dem Rainbow-Treffen im letzten Sommer kennen, notierte ihre Adresse in Tucson und versprach ihr, sie mit in die Wälder zu nehmen und ihr beizubringen, wie man sich vom Lande ernährt und Kräutermedizin zubereitet. Als er ein Jahr später vor ihrer Tür stand, war sie erfreut, wenn auch ein wenig überrascht. Ihr Freund wohnte bei ihr, und nachdem »Medicine Man« ein paar Nächte auf dem Boden geschlafen hatte, machte er sich allein auf in die Dragoon Mountains.

Es gibt, soweit ich sehe, drei Grundtypen allein lebender und umherziehender heterosexueller Männer: diejenigen, die Frauen hassen; die, die sich widerwillig entschlossen haben, ohne sie zu leben, und dann solche, die sich nach einer Frau verzehren. »Medicine Man« fällt in die dritte Kategorie. Wenn er auf dieses Thema zu sprechen kommt, dann gibt es kein Halten mehr. Seit Jahren sucht er nun schon eine Frau, die so leben will, wie er lebt: ein Lager in einer abgelegenen Gegend aufschlagen, Körner säen, sich vom Lande ernähren und mit der Natur Zwiesprache halten. In der Vergangenheit kannte er einige Frauen, die dachten, genau das sei es, was sie wollten, doch meist schon nach wenigen Wochen waren sie dieses Leben oder seine Gesellschaft leid. Ihnen fehlte die Dusche, sagt er, und das Gespräch mit anderen Leuten. Es wird immer schwieriger, jemanden zu finden, der in Frage kommt. Er ist auch nicht mehr der Jüngste, und die Frauen heutzutage sind scheinbar so anders. »Ich verstehe sie einfach nicht mehr. Am Anfang läuft alles gut miteinander, man genießt das Zusammensein, es sieht so aus, als ob sich etwas entwickelt, und dann, völlig unerwartet, flippen sie aus. Und du stehst da, kannst dich nur selbst schützen, denn eine Frau schlägt man nicht. Ich verachte Männer, die Frauen schlagen. Also was machst du? Einen Arm hältst du vors Gesicht und mit der anderen Hand schützt du deine Eier.« Weiß der Teufel, was der wahre Hintergrund dieser Rede ist. Dieses Problem ist mir bisher erspart geblieben, aber wahrscheinlich lerne ich einfach eine andere Klasse von Frauen kennen. Wenn man abgebrannt, ungepflegt und über fünfzig ist, sich mit einem kaputten Rücken und Keuchhusten in der Wildnis herumtreibt, dann ist die Auswahl verfügbarer Kandidatinnen drastisch reduziert. Und es ist gut möglich, daß einige von ihnen verrückt und gewalttätig sind.

Es läßt sich kaum vermeiden, »Medicine Man« als ein Omen zu betrachten, eine Warnung davor, wie ein Mann endet, der nicht nur seine jungen Jahre, sondern fast ein ganzes Leben unterwegs verbracht hat. Er fuhr auf ausländischen Schiffen, und in Amerika ging er nie einer geregelten Arbeit nach. Er hat keine Krankenversicherung, keine Rente, bekommt weder Sozialhilfe noch eine Beihilfe für Erwerbsunfähige. Einen richtigen Job könnte er physisch und psychisch nicht mehr bewältigen. Die einzige Alternative zur Straße, den einsamen Wäldern und den Rainbow-Treffen wäre das Pennerviertel irgendeiner Großstadt oder ein Obdachlosenheim, und er haßt Städte. Ohnehin glaubt »Medicine Man«, daß sie demnächst in apokalyptischem Feuer untergehen werden. Wenn man den engen Rahmen bedenkt, den das Leben ihm gesteckt hat, so macht er noch das Beste daraus. Für Außenstehende mag es halt- und ziellos aussehen, aber er selbst hat eine klare Vorstellung von seiner Lebensaufgabe. Er gibt den anderen, uns, ein Beispiel, zeigt, daß da ein besserer Weg ist, und er sammelt das Wissen, das die Menschheit retten wird. Natürlich kann man das, was er sagt, leicht als bekifftes Gelalle abtun, doch für sein Selbstwertgefühl ist es von entscheidender Bedeutung. Er ist nicht auf Mitleid aus. Er sucht neue Mitglieder, Jünger und Bekehrte, er will, daß alle so leben wie er. Eine gute Frau, sagt »Medicine Man«, ist alles, was ihm zum vollkommenen Glück noch fehlt. Seine spirituellen Bedürfnisse sind gedeckt; für das, was er zum Überleben braucht, ist gesorgt. Er zieht sein eigenes Marihuana, verkauft oder tauscht es gegen Lebensmittel auf Treffen der Rainbow Family oder irgendwelchen Festivals und ergänzt seinen Speiseplan mit Nüssen, Früchten, Beeren und Wurzeln, die er in der Natur findet. Er schnitzt Pfeifen, gräbt nach Türkis und Quarzkristallen, bündelt Salbei für den Verkauf, sammelt Tierschädel und Hufe von Rotwild. Er fertigt Taschen und Mokassins aus Hirschleder an; die Häute bekommt er durch Tausch, weil er kein Tier töten kann und auch ihr Fleisch nicht ißt. Traf der Ire, frage ich mich, »Medicine Man« hier oben und bauschte die Begegnung zu einer Geschichte von versteckt lebenden, Fleisch essenden Apachen auf?

Das heiße Bad ruft ihn. Nur das hilft noch, wenn die Rückenschmerzen allzu heftig werden. Der Ort ist 1800 Meilen von hier entfernt, aber das scheint ihn nicht zu bekümmern. Er sucht seine Sachen zusammen und stopft sie in den Matchbeutel. »Auf denn, ich trampe nach New Mexico, dann hinauf nach Colorado, nehme einen Güterzug nach Montana und laß mich dann nach Idaho bringen. In einer Woche bin ich dort.« Ich bin bereit, ihn bis zur Interstate mitzunehmen. Er braucht fast den ganzen Morgen, um den Berg hinabzusteigen. Alle zweihundert Meter muß er stehen bleiben, ausruhen und seinen Rücken strecken. Ich schlage ihm vor, vorauszugehen, meinen Rucksack unten abzulegen und dann seinen Matchbeutel zu tragen. »Nichts da«, kommt die Antwort. »Wenn ein Mann sein eigenes Zeug nicht mehr tragen kann, dann ist es für den Bruder Zeit, von der Straße zu verschwinden, und so weit ist es mit mir noch nicht. Ich lasse es eben langsam angehen. Kein Grund zur Eile. Ich habe alle Zeit dieser Welt.« Ich werde ungeduldig, muß aber zugeben, daß er für den Abstieg das seiner Lage angemessene Tempo findet. Als wir endlich bei meinem Wagen ankommen, sieht er nicht erschöpfter aus als zuvor. Ich fahre Richtung Osten in die Stadt Sunsites, wo er sich eine Dose Tops-Tabak, Zigarettenpapier und Kräuterlimonade kauft. Dann geht es weiter nördlich zur Interstate. Ich lasse ihn an dem Rastplatz im Texas Canyon raus, weil ich beabsichtige, wieder zurück zu den Dragoons zu fahren und dort noch ein bißchen zu arbeiten. Doch im selben Moment weiß ich schon, daß das eine Selbstlüge ist, ein durchsichtiger Versuch, das Notwendige wieder aufzuschieben. Die Arbeit, die ansteht, verlangt einen Schreibtisch, einen Stuhl und einen Computer. Ich lenke den Wagen Richtung heimatlichen Stützpunkt in Tucson; »Medicine Man« macht sich auf den Weg zu seiner Art von Zuhause, den heißen Quellen in den dunklen Wäldern von Idaho.

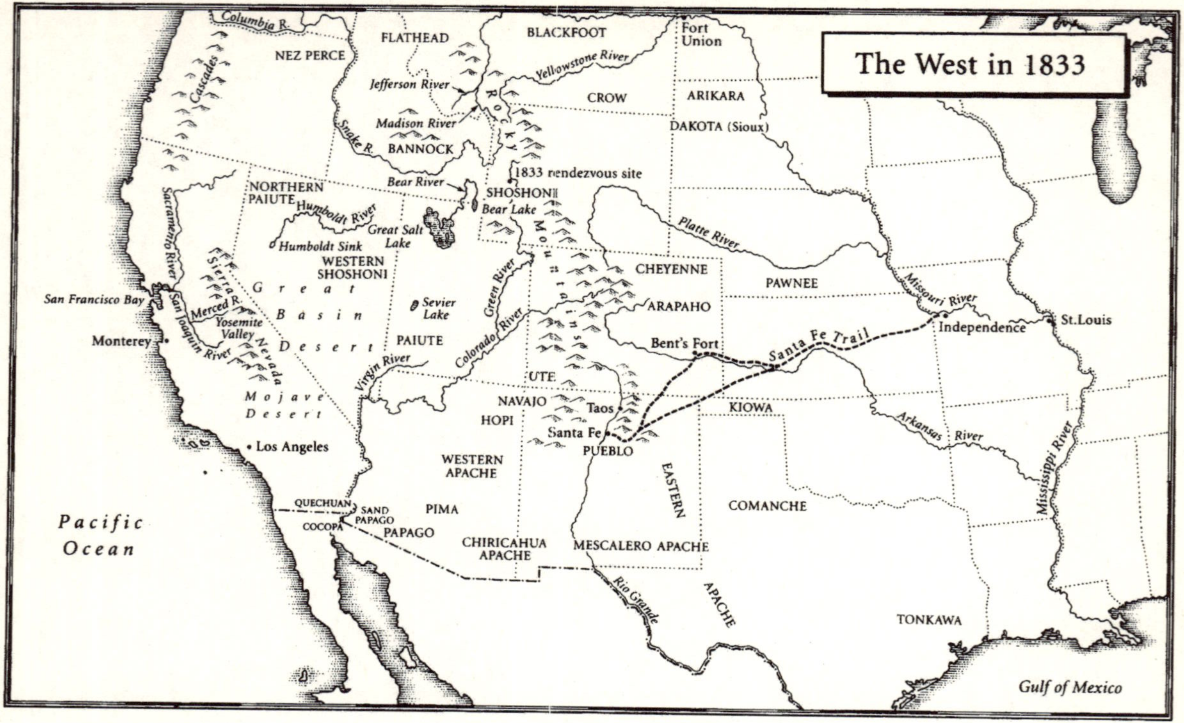
The West in 1833
Columbia R.
Cascades
NEZ PERCE
FLATHEAD
BLACKFOOT
Fort Union
Yellowstone River
Jefferson River
Madison River
Snake R.
BANNOCK
CROW
ARIKARA
DAKOTA (Sioux)
Rocky Mountains
1833 rendezvous site
Bear River
SHOSHONI
Bear Lake
NORTHERN PAIUTE
Humboldt River
Humboldt Sink
Great Salt Lake
WESTERN SHOSHONI
Great Basin Desert
Platte River
CHEYENNE
PAWNEE
ARAPAHO
Missouri River
Independence
St.Louis
Sacramento River
Sierra Nevada
San Francisco Bay
Merced R.
Yosemite Valley
San Joaquin River
Monterey
Sevier Lake
PAIUTE
Green River
Colorado River
Virgin River
Bent's Fort
Santa Fe Trail
UTE
NAVAJO
HOPI
Taos
Santa Fe
PUEBLO
KIOWA
Arkansas River
Mississippi River
Mojave Desert
Los Angeles
WESTERN APACHE
EASTERN
COMANCHE
QUECHUAN
SAND PAPAGO
COCOPA
PIMA
PAPAGO
CHIRICAHUA APACHE
MESCALERO APACHE
Pacific Ocean
Rio Grande
APACHE
TONKAWA
Gulf of Mexico

Kapitel 6

»Diesen Nachmittag besuchte Mr. Walker, den wir am Independence Rock trafen, unser Lager. Er hatte eine kleine Gruppe vom Fort Laramie abgeholt. Und wahrlich, sie sind wild aussehende Kerle – Weiße und Rote. Dieser Mann hat sich von der Zivilisation abgekehrt, ist mit einer Squaw, andere sagen, mit mehreren, verheiratet, und zieht es vor, ein Wanderleben in den Wüsten zu verbringen. Er betreibt wohl immer noch das Jagen, Fallenstellen und Handeln, aber nur entsprechend den Bedürfnissen eines Häuptlings von Wilden. Er ist ein sehr fähiger Mann, besitzt offensichtlich Mut und weiß sich in allen Lagen zu helfen.«

Hauptmann Philip St. George Crook,
Scenes and Adventures in the Army (1856).
(Zitiert nach: Bil Gilbert,
Westering Man: The Life of Joseph Walker)

Im Sommer 1833 war Joe Walker 34 Jahre alt. Unter den Jägern, Pelzhändlern und indianischen Stämmen des Westens genoß er großen Respekt. Zu jener Zeit zog er schon wie ein Nomadenhäuptling umher. Anfang Juni ritt er zu dem »Rendezvous«, dem jährlichen Treffen der Trapper, mit sechs seiner Männer und einem Trupp von 200 Shoshoni Indianern als Eskorte ein. Was muß das für ein Bild gewesen sein: Eine lang sich hinziehende, Staub aufwirbelnde Karawane aus Pferden und Reitern kam von den Salt Mountains hinab in das weite flache Tal des oberen Green River. Neben ihnen trotteten die langschnäuzigen Wolfshunde der Indianer, die Pferde waren bemalt und mit Glocken, Perlen und Bändern behangen. Ähnlicher Schmuck zierte die Indianerinnen. Die Krieger auf ihren tänzelnden und bockenden Pferden trugen als Kopfschmuck Büffelhörner und Wolfskopfkappen, in den Händen hielten sie Musketen und Lanzen, von denen Skalps baumelten. Die Schamanen schüttelten Rasseln. Die Kinder, die Alten und das Hab und Gut wurden von den Packtieren auf Schleppgeräten aus Büffelhaut und Tipistangen gezogen. An der Spitze dieses Zuges ritt Joe Walker mit einem langen Gewehr quer über dem Sattel. Er war ein großer und kräftiger Mann mit einem Vollbart und krausem rot-braunen Haar, das ihm über die Schultern fiel. Seine Gesichtshaut war gerötet und wettergegerbt, er hatte eine Adlernase und »stechend blaue Augen« – scheinbar ein unvermeidliches Attribut aller Helden der »Frontier«, der Grenze zwischen Wildnis und Zivilisation. Sollten die beiden gemalten Portraits von Walker der Wahrheit nahekommen, dann muß er Wachheit, Willenskraft und vollkommenes Selbstvertrauen ausgestrahlt haben: Stolz ohne Arroganz, Furchtlosigkeit ohne Aggression. Wenn er irgendwo im großen Stil eintraf, ritt er einen prächtigen, schnellen Zuchthengst. Der Vierbeiner, mit dem er bei den Rennen während des »Rendezvous« Geld zu gewinnen erwartete, war bei solchem Anlaß verschwenderisch reich im indianischen Stil geschmückt.

Joe Walker war so etwas wie ein Dandy unter den Trappern und Pelzhändlern im wilden Westen. Sie selbst nannten sich »Mountain Men«, und naturgemäß gab es kaum Freunde feiner Kleidung unter ihnen. Sie bildeten einen Haufen zerlumpter, schlecht riechender Männer; in der Literatur werden sie gewöhnlich mit verfilztem Haar und Bart dargestellt, gekleidet in Rohleder, das mit der Zeit durch Büffel- und Biberfett, eingetrocknetes Blut, den Ruß der Lagerfeuer und ihre eigenen Ausdünstungen glänzend schwarz geworden war – sie verkörperten jenen Typ, der nach einem alten Westernwitz jedes Jahr im Frühling ein Bad nimmt, ob er es nun nötig hat oder nicht. Walker erkannte man an seinem modischen federgeschmückten Schlapphut, an der gutgeschnittenen und teuren Hose und dem Jagdhemd aus Hirschleder. Ungewöhnlich war auch seine Sorge um die Reinlichkeit und Pflege des eigenen Körpers. Er fiel unter den »Mountain Men« so auf wie der durch die Menge schäbig gekleideter Büroangestellter stolzierende Beau Brummel. Im London zwischen 1810 und 1830 war Brummel die Verkörperung des Dandys; er hatte den Hut aus Biberpelz so populär gemacht, daß sich die neue Mode über Paris, Mailand, Köln, Wien und St. Petersburg bis nach New York und Boston verbreitete. Infolgedessen wurde die Biberpopulation in Europa rasch dezimiert, und der Preis für Biberpelze stieg drastisch, was wiederum den Pelzhandel in den Rocky Mountains, »die Mountain Men« und ihr jährliches Treffen ins Leben rief. So weit reichte schon im frühen 19. Jahrhundert die globale Ökonomie: Die neueste Mode in Mayfair hatte Auswirkungen bis tief in die kaum erforschte Wildnis des amerikanischen Westens und kleidete den Dandy sowohl in der Großstadt als auch in den abgelegensten Wäldern. Walkers Schneider waren Indianerinnen, die geübt und geduldig genug waren, Hirn von Rotwild in die Tierhäute einzureiben, bis sie weich wie Butter wurden, und die wunderbar geschickt im Nähen und Fransen, in der Perlenstickerei und in der Verzierung von Kleidung mit Stachelschweinborsten waren.

Am meisten schätzte Walker die jungen Frauen vom Stamm der Shoshoni, und das nicht nur wegen ihrer Schneiderkünste. Sie standen bei den »Mountain Men« in dem Ruf, die schönsten Frauen im wilden Westen zu sein, was ein Gegenstand hitziger Debatten blieb. Die Shoshoni- oder Snake-Indianerinnen sahen am besten aus, hatten die hellste Hautfarbe und gingen sehr gewandt mit Make-up und Parfüm um, das sie aus wilden Pflanzen und Blumen herstellten. Später verwandten sie auch durch Tausch und Handel erworbene Dinge zur Verschönerung. Außerdem waren sie fleißige Köchinnen und Näherinnen, liebten das Geschichtenerzählen und den Klatsch mit einem ihnen eigenen anschaulichen Sinn für zotigen Humor, und sie waren als phantasievolle, leidenschaftliche Liebhaberinnen begehrt. Als Gegenleistung, besonders auf »Rendezvous«, erwarteten sie, mit Schmuck und anderen schönen Sachen überhäuft zu werden und auf prächtigen Rassepferden reiten zu dürfen, so daß sie ihre Rivalinnen ausstechen konnten. Wie viele andere »Mountain Men« heiratete auch Joe Walker schließlich eine junge Snake Indianerin; wahrscheinlich war sie nach dem bei diesem Stamm üblichen Heiratsalter 15 oder 16 Jahre alt. Er schmückte sie aus wie einen Weihnachtsbaum. Schnelle Pferde, Snake-Schönheiten, feine Kleider, eine gute Pfeife, Alkohol und Glücksspiel in Maßen: das waren, so weit wir wissen, die Freuden des Joe Walker, doch sie blieben stets zweitrangig und nebensächlich angesichts seiner großen Leidenschaft für das Umherziehen und Erforschen. 1833 konnte er natürlich nicht wissen, vielleicht aber ahnen oder hoffen, daß er fast fünfzig Jahre lang unterwegs sein und dabei gewaltige Entfernungen zurücklegen sollte. Ich vermute, daß Joe Walker mehr Meilen ritt als irgendein anderer weißer Amerikaner vor oder nach ihm und wahrscheinlich auch mehr als jeder Indianer.

»Das Rendezvous« des Jahres 1833 wurde an der Mündung des Horse Creek in den Green River abgehalten, etwa in der Gegend der heutigen Stadt Daniel in Wyoming. In der Glanzzeit kamen etwa 350 »Mountain Men« und 500 Indianer – Snake, Bannock, Crow, Flathead, Nez Percé – zusammen, um an der jährlichen Handelsmesse und der großen Orgie der Rocky Mountain West teilzunehmen. Die »Mountain Men« waren anfänglich eine bunt zusammengewürfelte Gruppe aus Frankokanadiern, halbindianischen französischen Kreolen, vertriebenen Delaware Indianern aus dem Osten, ein paar Schweden, Mexikanern und Iren und einigen wenigen Schwarzen. (Jim Beckwourth, der ein Blutsbruder und Kriegshäuptling der Crow Indianer wurde, war der berühmteste von ihnen.) Mittlerweile dominierten in ihren Reihen aber Männer wie Joe Walker: weiße Amerikaner, die an der Grenze westlich der Appalachen geboren waren. Wohl hatten die Franzosen mit dem Pelzhandel auf den Great Plains und in den Rocky Mountains schon ab 1700 begonnen, aber die nun vorherrschende Sprache war ein breit und schleppend gesprochenes Englisch. Noch Jahre später schwärmten die Teilnehmer von dem »Sommerrendezvous 1833« als dem großartigsten von allen, die zwischen 1825 und 1840 stattfanden. Es war das beste, wildeste Treffen, und das letzte, bevor die ersten Touristen des Westens, Missionare und weiße Ladies christlichen Glaubens auftauchten und den Spaß verdarben. Was muß das damals für ein Schauspiel nomadischer Pracht gewesen sein: Zehn Meilen längs der Flußufer erstreckten sich die Zelte und Tipis, riesige Pferdeherden grasten auf der umgebenden Prärie, und ringsum im Norden, Osten und Westen bildeten die Bergketten die Kulisse. In den Lagern herrschte eine aufgeregte Atmosphäre wie bei einem Volksfest. Pferderennen wurden improvisiert, die die Menge anzogen und Wettfieber auslösten. Es gab Wettkämpfe für Scharfschützen, inszenierte Schlachten, indianische Tänze und Zeremonien, berittene Paraden und Reiterkunststücke. Aus der Nähe betrachtetet und im Schein der Lagerfeuer war es ein ausgelassenes, wüstes Spektakel. Überall torkelten und grölten betrunkene Trapper und Indianer; viele von ihnen waren seit dem letzten »Rendezvous« zum erstenmal wieder volltrunken. Sie feuerten mit ihren Gewehren in die Luft und stießen Kriegsgeheul aus. Indianische Prostituierte waren für eine Handvoll Perlen oder eine Ahle zu haben, manche lagen betrunken mit hochgerutschten Röcken auf dem Boden und boten sich jedem an, der ihnen noch einen Drink kaufte. Viele Trapper holten sich eine Geschlechtskrankheit oder, wie sie es nannten, »ein Weinen in der Hose«. Es kam natürlich auch zu romantischen Verbindungen. Trapper nahmen Squaws als Freundinnen auf Zeit und manchmal auch als ihre Bräute, aber alle sexuellen Kontakte mußten mit Geschenken vergolten werden. Nach gewährter Gunst konnte es passieren, daß der Vater oder Bruder der neuen Gefährtin plötzlich auftauchte und wie ein rabiater Zuhälter von dem Freier Bezahlung in Form von Pferden, Pelzen oder Sonstigem forderte.

Wie die Indianerkrieger waren auch die »Mountain Men« Prahler und Aufschneider. Sie schlugen sich ständig gegen die Brust und erzählten wieder und wieder von ihren Heldentaten im Kampf, zeigten ihre Sammlung von Skalps und demonstrierten ausführlich, wie jedes einzelne erobert wurde. Jeder brüstete sich mit seinen Fähigkeiten als Jäger, Spurenleser, Pferdedieb, Liebhaber, Spieler und Raufbold. Die »Mountain Men« suchten sich im Prahlen und Lügen zu übertreffen, und mancher Zusammenstoß ging rasch in eine Schlägerei, Messerstecherei oder einen Schußwechsel über. Es war Ehrensache, daß man bis zum Zusammenbruch trank. Und man schlief ein, wo man gerade lag. Das galt als eine weitere Demonstration von Mut und Verwegenheit, denn tollwütige Wölfe schlichen nachts um das Lager. Während des »Rendezvous« von 1833 wurden 12 Personen von den Tieren gebissen und starben elendig an Tollwut, was aber die anderen nicht vom Trinken bis zum Umfallen abhielt. Ein wilder junger Trapper namens Joe Meek prahlte, so viel Blut im Alkohol zu haben, daß es jeden tollwütigen Wolf töten oder kurieren würde.

Das sogenannte »Rendezvous« war eine Einrichtung, die 1825 von Pelzhandelsgesellschaften gegründet und jedes Jahr irgendwo im Westen organisiert wurde. Ihr Hauptzweck bestand darin, Trapper und Indianer für so wenig Geld wie möglich von ihren Biberpelzen zu trennen und dann das Geld wieder zurückzubekommen, indem man ihnen überteuerte Produkte verkaufte, vor allem hochprozentigen Schnaps zu hohen Preisen. Sie nannten ihn »Whiskey«, aber es war in Wirklichkeit mit Flußwasser verdünnter Äthylalkohol, und er wurde desto wässeriger, je weniger der Kunde noch in der Lage war zu unterscheiden. 1833 kostete ein halber Liter fünf Dollar; das ist heute der Preis für die gleiche Menge schlechten Whiskeys. In St. Louis, wo die Gesellschaften ihre Händler ausrüsteten, kostet eine Gallone (knapp vier Liter) unverdünnten Alkohols weniger als 30 Cent. Natürlich muß man einen Aufschlag für den langen, schwierigen Transport hinzurechnen – zwischen St. Louis und dem oberen Green River lagen 1500 Meilen und überall kriegerische Stämme, Grizzlybären, Treibsand und Hundert andere kleinere Gefahren und Schwierigkeiten. Selbst unter den günstigsten Bedingungen, also keine Indianerangriffe, keine gestohlenen Pferde, leichte Flußüberquerungen, gutes Weideland für die Packtiere und längs des Weges Wild in Fülle, dauerte die Reise sieben Wochen. Und dann ging es wieder mit den aufgekauften Pelzen und Fellen den langen, gefährlichen Weg zurück. Die dabei erzielte Gewinnspanne lag allerdings bei 1000 bis 2000 Prozent, denn die Trapper und Indianer hatten kaum eine andere Wahl, als die verlangten Preise zu bezahlen. Beide Gruppen führten ein nomadisches Leben zu Pferde; sie durchstreiften die Wildnis auf der Suche nach Eßbarem, Pelzen und Häuten, und wie alle berittenen Nomaden brauchten und begehrten sie gewisse Güter, die nur in den festen Siedlungen hergestellt wurden: bessere Waffen, Werkzeuge, Kleidung, Rauschmittel, bearbeitete Nahrungsgüter wie Mehl, Kaffee und Zucker – wir kennen diese Liste schon. Die »Mountain Men«, und wohl auch die Indianer, wußten, daß sie rücksichtslos übervorteilt wurden, aber davon wollten sie sich ihr jährliches Gelage nicht verderben lassen. Wenn man genug überteuerten Sprit hinuntergespült hatte, konnte man leicht vergessen, wie hoch der Preis dafür war. Im Überschwang und Rausch wurden auch noch die restlichen Pelze (oder der Kredit dafür) für mehr von dem feinen Whiskey und für extravagante Waren in dem Laden der Handelsgesellschaft verschleudert. Diese besinnungslosen Einkäufe kamen oft den Indianerinnen zugute. Es war unter den »Mountain Men« eine Sache der Ehre und des konkurrierenden Stolzes, ihre Frauen und Geliebten mit so viel importiertem Luxus auszustatten wie nur möglich: Perlen aus Venedig und Prag, Zinnober aus China, Wolldecken aus Lancashire, Spitze aus Frankreich oder Belgien, Armreifen, Bänder, Strumpfbänder, Spiegel – der ganze Zierat weiblicher Schönheit eben, den die indianischen Frauen über alles liebten und den die Männer »foofaraw« (greller Schmuck) nannten.

Glücksspiel, vor allem ein »Hand« genanntes Spiel der Indianer, war ein anderer erfolgreicher Weg, sich während des »Rendezvous« zu ruinieren. Ein kleines geschnitztes Stück Knochen ging blitzschnell unter Anwendung von Finten und Bluffs zwischen den Händen eines Spielers hin und her. Dann wurden die geschlossenen Hände nach vorne gehalten, und die Zuschauer mußten raten, in welcher Hand der Knochen war. Die Indianer spielten in Gruppen, die sich auf einer Decke gegenüber saßen; sie vertrauten beim Spiel auf Zaubersprüche, Beschwörungen, Gebete und Gesichte. »Mountain Men« dagegen spielten als einzelne, wandten Taschenspielertricks an und kommentierten wie Marktschreier ihre flinken Bewegungen. Fast alle Trapper verließen das »Rendezvous« total pleite und hatten darüber hinaus Schulden bei der Handelsgesellschaft. Denn sie mußten Fallen, Schießpulver, Munition, Pferde, Packesel kaufen und was sie sonst noch brauchten, um überleben und weitermachen zu können. Mit schwerem Kater und womöglich einer Geschlechtskrankheit machten sie sich wieder auf in die Berge; vor ihnen lag ein ganzes Jahr voller Gefahren: Indianer, Bären, Hunger, Durst, Krankheiten. Sie mußten durch eiskalte Ströme und Teiche waten, um ihre Fallen aufzustellen, und im Morgengrauen stürzten sie wieder ins kalte Naß, um die ertrunkenen Biber herauszuholen. (Früher Rheumatismus in den Beinen plagte die Trapper am ärgsten.) Ansporn und Belohnung für all die Härten war eine große wilde Orgie beim »Rendezvous« im nächsten Jahr – vorausgesetzt, sie lebten dann noch. Die Sterberate war horrend. Ein altgedienter Pelzhändler namens Antoine Robidoux wußte zu berichten, daß von den dreihundert »Mountain Men«, die er um 1825 kennengelernt hatte, 1856 nur noch drei am Leben waren.

Joe Walker war nicht der typische »Mountain Men«. Zum einen kam er zu den »Rendezvous« als der »Partisan« (Kommandeur) einer Trapperbrigade; er gehörte zu jener kleinen privilegierten Gruppe im Pelzhandel, der es gelungen war, sich dem jährlichen Kreislauf von Schulden und Sauferei zu entziehen. Zum anderen war Walker eine ungewöhnliche Persönlichkeit. Trotz seiner auffälligen Kleidung war er ein ruhiger, zurückhaltender Mann, und auch inmitten eines Saufgelages trank er nur mäßig. Gewiß wird er auf dem »Rendezvous« von 1833 an einigen Pferderennen teilgenommen, sich mit einer Snake Indianerin vergnügt und seine Einkäufe gemacht haben, aber die meiste Zeit verwandte er auf die Suche nach Mitgliedern für seine nächste Expedition. Hauptmann Benjamin Bonneville von der US-Armee, der Möglichkeiten einer territorialen Expansion unter dem Schutz des Pelzhandels erkundete, hatte Walker beauftragt, das Land westlich des Großen Salzsees zu erforschen, das auf den damaligen Karten nur ein weißer Fleck oder vielleicht nur Fiktion war. Er sollte versuchen, den ganzen Weg bis zur mexikanischen Provinz Kalifornien zurückzulegen. Bereits 1820 hatte Walker diesen Marsch gewagt, war aber gescheitert. Jedediah Smith, ein waschechter Puritaner aus New England und der unwahrscheinlichste aller »Mountain Men«, war der erste Forschungsreisende, der 1826 auf dem Landweg nach Kalifornien gelangte; ein Jahr später wiederholte er das Abenteuer. Eine Handvoll anderer – Ewing Youngs Trapper von Taos in New Mexico aus, der britische Pelztierjäger Peter Skene Ogden – hatten es mittlerweile auch geschafft, und Geschichten und Berichte von dort machten die Runde.

Die Route war schrecklich, ein Marsch durch Hunderte Meilen von Wüste mit wenig Wild und Wasser, und dann war eine riesige Barriere schneebedeckter Berge zu überwinden: die Sierra Nevada. Von den 32 Männern, die Jed Smith auf seinen beiden Expeditionen begleitet hatten, starben 26, und zwei desertierten. Die Männer, die sich von Joe Walker anwerben ließen, schreckte das nicht ab. Gefahren und Entbehrungen lockten sie; es war eine Herausforderung an ihren Mut, ihre Geschicklichkeit und ihr Durchhaltevermögen. Eine solche Reise zu überleben und davon erzählen zu können, war, wie Joe Meek es ausdrückte, »etwas, worauf ein Mann stolz sein konnte.« Sie alle hatten von der warmen Wintersonne in Kalifornien gehört, von willfährigen mexikanischen Frauen, gut bestückten Weinkellereien in den Missionen und von riesigen Herden an Pferden und Rindern, unzureichend bewacht von harmlosen christianisierten Indianern. Dieses bewegliche Vermögen konnte billig erworben oder einfach gestohlen werden. In der Phantasiewelt der Amerikaner war Kalifornien schon zu jener Zeit das liebliche, sorglose, goldene Land mit schönen Frauen, Nahrung im Überfluß und vielen Dummköpfen zum Schröpfen. Und dann lockte ganz einfach der Pazifik, das andere Ende des Kontinents; weiter westlich konnte man nicht gehen. Joe Walker war wie so viele »Mountain Men« an der »Frontier« geboren und wuchs in einer Kultur auf, die buchstäblich westlich orientiert war. Über drei Generationen war seine Familie von Schottland nach Ulster, von dort nach Pennsylvania, Virginia, Tennessee und dann nach Missouri immer Richtung Westen gezogen. Abends saßen die Männer mit schmauchender Pfeife und einem Becher selbstgebrannten Whiskey vor ihren Blockhütten, schauten in die untergehende Sonne und fragten sich, wie das Land weiter westlich wohl aussieht. Zweifellos, so überzeugten sie sich gegenseitig, war das Leben dort besser als hier.

*

Wir werden uns später der historischen Expedition nach Kalifornien wieder zuwenden, aber zuvor möchte ich tiefer in Joe Walkers Familiengeschichte eintauchen, denn von dort her rühren sein Wandertrieb und seine Ruhelosigkeit. Dabei kann ich nicht genug die vorzügliche Biographie von Bil Gilbert loben, dem es gelungen ist, den Stammbaum der Walkers bis ins schottische Tiefland und weiter noch in die englischen Midlands des frühen Mittelalters zurückzuverfolgen. Walkers frühe Vorfahren entstammen einem Völkergemisch von Dänen und Angelsachsen; sie wurden von einer Reihe von Aufständen und Kriegen, kulminierend in der normanischen Invasion von 1066, aus England in den Norden vertrieben. Die Familien siedelten im schottischen Tiefland und nahe der nördlichen Grenze, heirateten untereinander und bildeten zum Selbstschutz bewaffnete Clans. Sie fanden sich »eingeklemmt« zwischen Kelten im Norden und Engländern im Süden, und über Jahrhunderte fochten in diesem Grenzgebiet Könige und Warlords ihre Kriege aus. Die dort lebenden Clans wurden sowohl von Schotten als auch von Engländern massakriert, ausgeraubt, vergewaltigt, gefoltert und aus ihren armseligen Hütten verjagt. Wucherische Grundbesitzer und Steuereinnehmer trieben sie in den Hungertod. Zwangsweise mußten die jungen Männer in den Armeen ihrer Unterdrücker dienen; immer wieder wurden die Clans bedrängt und über die Moore gejagt. Nie sahen sie diese Gegend als ihren heimatlichen Boden an. Ihre Behausungen spiegelten diese Wurzellosigkeit und das Elend wieder: hastig errichtete Hütten aus Stein und Schlamm mit Farnkraut auf dem Boden – Orte, von denen man ohne große Verluste fliehen konnte. Als ihre Nachfahren die Wälder der Appalachen erreichten, bauten sie ähnliche Hütten aus Hartholz und Lehm: klein und rechteckig mit niedrigem Dach, eine Unterkunft auf Zeit. (Die moderne Variante im heutigen Amerika ist das mobile Haus.)

Mitte des 16. Jahrhunderts bekamen die Schotten des Lowlands mit John Knox eine religiöse und kulturelle Galionsfigur; er hatte die Reformation auf dem Festland aus der Nähe miterlebt und brachte von dort die presbyteriale Kirchenordnung mit. Die grimmen Gewißheiten der Clanmitglieder beruhten auf einem viel älteren Glauben an Blutrache, Treuepflichten und Ehrvorstellungen. Solange sie zurückdenken konnten, beherrschten Gewalt und Krieg ihr Leben, und deren Sprache war tief in ihre Kultur eingebettet. Vielleicht bewahrten sie nur ihre Kampflust und ihre schiere Wildheit vor der Auslöschung, aber allmählich wurde dieses instinktive Verhalten mehr als ein Überlebensmechanismus. Kamen die anglo-schottischen Kriege und Invasionen auch nur für kurze Zeit zur Ruhe, so überfielen, folterten und töteten sich die Tiefländer gegenseitig in Clanfehden, auf Raub- und Rachezügen. 1605 entschied König Jakob der Erste, die Schotten aus dem Tiefland in den Kolonien von Ulster anzusiedeln. So wollte er zwei Probleme auf einen Schlag lösen: einerseits den Einfluß dieser wilden, unregierbaren Presbyterianer auf dem Festland unterminieren und sie andererseits als Gegengewicht zu der Macht der katholischen Rebellen in Irland benutzen, die sich als ein ebenso lästiger Unruheherd erwiesen. Seinerzeit muß das wie eine elegante Lösung ausgesehen haben, aber wie Generationen amerikanischer Führer – Weiße und Indianer – nach ihm, unterschätzte König Jakob die Entschlossenheit, den Landhunger und die Rücksichtslosigkeit der Tiefland-Schotten. Die Folgen seiner Entscheidung sind noch heute in Irland zu spüren.

Als sie nach Ulster kamen, begannen die schottischen Kolonisten sogleich, irisches Land zu rauben und Iren zu töten. Was sie zuvor für ein normales Leben gehalten hatten, setzten sie hier fort und stürzten die Kolonie in einen langwierigen Guerillakrieg. Am Ende waren 1500 irische Andersgläubige tot, und die Schotten von Ulster ernteten das Getreide auf den eroberten Feldern. Mit Hilfe französischer Calvinisten gründeten sie Textilmanufakturen, die bald florierten, und das erstemal in ihrer gewalttätigen Geschichte ging es ihnen gut. Aber da sie zu einer Bedrohung für die Macht der herrschenden englischen Schicht heranwuchsen, wurden sie mit allen Mitteln unterdrückt. Steuern und Pacht wurden angehoben; die Ulster-Schotten erhielten keinen Zugang zu einem politischen Amt; Handelszölle lähmten ihre Geschäfte. Alle ihre religiösen Zeremonien, einschließlich der Heirat, wurden für ungesetzlich erklärt, und man nahm ihnen auch das Recht, Waffen zu tragen (eine Entscheidung mit Langzeitwirkung auf die amerikanische Geschichte). Schreckliche Hungersnöte brachen aus, und am Ende des 17. Jahrhunderts fanden sich die Clans wieder in der vertrauten alten Lage von Unterdrückung und Elend. Nur waren sie mehr als je zuvor ein entwurzeltes Volk in einem fremden Land. Als die Ulster-Schotten ab 1720 massenhaft nach Pennsylvania auswanderten, erregten sie bei der dortigen, vorwiegend aus Quäkern gebildeten Bürgerschaft vor allem Abscheu und Bestürzung. Die meisten dieser Immigranten waren arm, manche hatten sich durch Dienstverträge gebunden, um überhaupt das Geld für die Schiffspassage zu erhalten. Aber sie trugen einen grimmigen, leicht erregbaren Stolz zur Schau und waren rasch beleidigt – geborene Unruhestifter.

Die Männer waren meist groß und hager, harte Burschen mit ernsten, mürrischen Gesichtern, rüpelhaftem Benehmen und einem Ausdruck lauernder Gewalt. Die Quäker waren entsetzt über den Alkoholkonsum und die brutalen Ringkämpfe, in denen alles erlaubt war. Man konnte dem Gegner mit dem Daumen das Auge eindrücken, ihm Nase oder eine Ohr abbeißen, ihm die Hoden ausreißen oder was sonst nötig war, um den anderen zur Aufgabe zu zwingen. In den Augen der Quäker waren die Frauen zumeist »Schlampen« mit einer Horde dreckiger, unverschämter Kinder. Benjamin Franklin sah die Neuankömmlinge zum erstenmal in Philadelphia und fällte über sie das Urteil: »Weiße Wilde«. Innerhalb der Clans der Ulster-Schotten herrschte strikte patriarchalische Autorität, aber aufgrund ihrer historischen Erfahrungen hegten sie ein tiefes, haßerfülltes Mißtrauen gegen alle externen institutionellen Formen von Obrigkeit – Regierungen, Armeen, Gesetze, Gerichtshöfe, Richter, Steuereinnehmer oder Staatskirchen –, und sie trauten niemandem, mit dem sie nicht verwandt waren. Im Norden Britanniens waren die Presbyterianer aus dem Grenzland als »crackers« (rüpelhafte Großmäuler) und »rednecks« (hitzige religiöse Dissenter) bekannt. Diese abschätzigen Namen überquerten mit ihnen den Atlantik und werden noch heute für ihre Nachkommen benutzt.* Die Behörden von Pennsylvania ermunterten die Flüchtlinge aus Ulster, weiterzuziehen und sich in den Appalachen anzusiedeln. In der dortigen von Wölfen und Indianern heimgesuchten Wildnis waren diese zügellosen Weißen zumindest aus dem Weg, und zugleich hoffte man, daß sie eine Pufferzone zwischen der kolonialen Zivilisation und den kriegerischen Stämmen der Appalachen einrichteten – eine Neuauflage des desaströsen Experiments in Nordirland.

Joe Walkers Urgroßeltern, John und Katherine Walker, ver-

* Der Ursprung dieser Worte hat sich im alltäglichen Sprachgebrauch der Amerikaner verdunkelt. »Cracker« wird von vielen auf die Sklavenaufseher bezogen, die ihre knallenden Peitschen schwangen und zumeist arme Südstaatler schottisch-irischer Herkunft waren. »Redneck«, so glauben viele, bezieht sich auf den Streifen sonnenverbrannter Haut zwischen Kragen und Hut, der für die bigotte Landbevölkerung im Süden und Westen der USA typisch ist. Diese Regionen wurden weitgehend von den Schotten-Iren erschlossen und besiedelt.

ließen um 1700 das verarmte Nest Wigton im Norden Englands, versuchten in Nordirland ihr Glück und scheiterten. 1728 kamen sie mit acht Kindern, zwei Neffen und einem Schwiegersohn in Pennsylvania an. In jenem Jahrzehnt überquerten 50.000 Ulster-Schotten und etwa 10.000 ihrer Verwandten aus dem schottischen Tiefland den Atlantik. (Zwischen 1713 und 1775 emigrierte eine Viertelmillion von ihnen nach Amerika und wurden dort als die Schotten-Iren bekannt.) Die Walkers gehörten zu den sozial Bessergestellten; wohl kamen auch sie als bankrotte Pächter ins Land, aber dank ihrer engen Verbundenheit mit der Kirche konnten sie lesen und schreiben und waren gebildeter als die meisten ihrer Landsleute. Da sie in Pennsylvania kein günstiges Stück Land finden konnten, folgten die Walkers dem damals üblichen Muster und machten sich 1732 zur »Frontier« auf. Auf dem Weg gen Westen trafen sie einige andere Familien aus Ulster, und man tat sich zusammen. Am Shenandoah River in Virginia erreichten sie den äußersten Rand besiedelten Gebietes und setzten ihren Zug fort. Je weiter sie sich von allen staatlichen Einrichtungen entfernten, desto besser gefiel es ihnen. Am Maurys River trafen sie einen Mann aus Ulster namens Jack Hayes, der in Wildlederkleidung und Mokassins als Jäger, Trapper und Händler die Appalachen durchstreifte. Nachkommen von Hayes behaupten, daß er das Vorbild für Coopers Romanhelden Natty Bumppo, auch als »Habichtsauge«, »Lederstrumpf« und »Wildtöter« bekannt, gewesen sei. Aber an der »Frontier« gab es damals schon andere wie ihn, Weiße, die in der Wildnis nomadisierten und mehr wie Indianer als wie Europäer lebten, und ihre Zahl wuchs. Der 1734 geborene Daniel Boone, der gewöhnlich als das Vorbild für jene berühmte Figur genannt wird, war ein späteres, weniger extremes Beispiel. Jack Hayes führte die Gruppe zu einem Flußtal am Fuße des Jump Mountain in Virginia. Dort schlugen sie in den unberührten Wald eine Lichtung, errichteten mit Palisaden geschützte Blockhütten und machten etwas Land urbar, so daß sie Mais anbauen konnten. Diese bemerkenswerte Gründung erhielt den Namen »Creek Nation«. In ihrer Anfangszeit war sie die westlichste Siedlung englisch sprechender Einwanderer in Nordamerika.

Im Verlauf einer Generation verwandelten sich die Walkers und ihre Mitsiedler von europäischen Pächtern, Webern, Viehhirten und Schmieden in einen großen, mächtigen Clan amerikanischer »Frontiersmen«. Ihre Zahl stieg außerordentlich schnell, und sie beherrschten nun eine Reihe neuer Fähigkeiten: das Jagen und Fallenstellen, den Umgang mit der Axt, das Überleben in den Wäldern und den Kampf gegen die Indianer. Bald schon stießen sie weiter in die Wildnis vor und gründeten neue Siedlungen. Überall an der appalachischen »Frontier« taten schottisch-irische Clans ähnliches, doch die Walkers waren stets die westliche Vorhut. Sobald eine neue Siedlung errichtet war, schwärmten die Männer in Gruppen zu ausgedehnten Jagden und Erkundungstrips aus. Nicht nur Abenteuergeist und Neugier trieben sie an, sondern zum Überleben brauchten sie Felle und Häute, die gegen Fertigwaren getauscht werden konnten. (Für eine Hirschhaut – »buckskin« – erhielt man Waren im Wert von einem Dollar; daher das Wort »buck« für einen Dollar). Außerdem mußten geeignete Plätze für neue Siedlungen gefunden werden, denn schnell rückten einem neue Nachbarn zu nahe oder das Wild wurde in der Gegend zu knapp. 1771 befanden sich Angehörige der Walker-Familie unter einem Trupp von Trappern, der als »Long Hunters« bekannt wurde. Die Gruppe brach von Natural Bridge in Virginia auf und kehrte neun Monate später mit einer großen Ausbeute an Pelzen und Tierhäuten zurück. Die »Long Hunters of Appalachia« waren die Vorläufer der »Mountain Men« – im Falle Joe Walkers nicht nur im historischen Sinn, sondern auch genealogisch. Doch sie lebten noch nicht vollständig wie Nomaden. Nach ihren Streifzügen kehrten sie immer wieder zu der Blockhütte und einem Maisfeld zurück, wo Frau und Kinder auf sie warteten. Wie die Indianerstämme der Appalachen-Wälder führten die »Long Hunters« ein halbnomadisches Leben. Die Creek, Shawnee und Cherokee wohnten in befestigten Siedlungen und bauten in Waldlichtungen Mais an. Die Männer zogen gemäß dem jahreszeitlichen Rhythmus zur Jagd aus oder führten Krieg; die Frauen blieben zurück, arbeiteten wie gehabt auf den Feldern, schleppten Wasser, sammelten Feuerholz, gerbten die Häute, nähten Kleidung und sorgten für die Kinder und die Alten. Weiße Frauen an der »Frontier« taten nichts anderes, nur daß sie mit den häuslichen und landwirtschaftlichen Arbeiten meist ganz allein zurechtkommen mußten. Indianerinnen erledigten diese Aufgaben gemeinschaftlich und hielten die Vereinzelung der weißen Frauen für eine große Grausamkeit.

In Europa war die Jagd ein Privileg der Reichen, und wie die meisten Einwanderer besaßen auch die Ulster-Schotten bei ihrer Ankunft in Amerika keinerlei Erfahrung darin. So taten sie das einzig Richtige und beobachteten die Indianer beim Jagen; sie übernahmen von ihnen viele Methoden und Listen: das Nachahmen von Tierstimmen, das Tarnen und Anschleichen, die Jagd mittels Feuer und Einkreisung. Weiße Jäger zogen Gewehre mit langem Lauf Pfeil und Bogen vor, und auch die Indianer versuchten, Schußwaffen in die Hände zu bekommen, doch ansonsten jagten beide Gruppen auf ähnliche Weise und tauschten Felle und Häute gegen die gleichen Güter. Viele weiße Jäger und Waldsiedler kleideten sich wie die Indianer. Sie ließen ihr Haar lang wachsen, fetteten es mit Bärentalg ein und flochten es zu Zöpfen. Sie trugen Mokassins, die mit Ahlen aus Europa zusammengenäht waren, weite Jagdhemden aus Leinen, Wolle oder Wildleder, Leggings aus Hirschleder, die über den Knien festgebunden waren, und den indianischen Lendenschurz, der die Oberschenkel, Hüften und einen Teil des Gesäßes unbedeckt ließ. Samuel Kercheval, ein Prediger an der »Frontier«, machte die Beobachtung, daß der Waldläufer »stolz auf seine Indianerkleidung war« und den Lendenschurz selbst in der Kirche trug: »Es war der Frömmigkeit der jungen Damen nicht förderlich.« In seinem Buch über Daniel Boone schreibt John Mack Faragher: »Die weißen Amerikaner und Indianer, die in diesen abgelegenen Wäldern in Jagdgemeinschaften lebten, teilten auch eine Reihe allgemeiner sozialer Werte. Beide Gruppen durchstreiften unablässig die Landschaft, teils weil die Jagd sie immer weiter in unbekanntes Territorium führte, teils weil der Druck der aus dem Osten nachdrängenden Bevölkerung sie westwärts trieb. Vor allem aber gefiel ihnen diese Lebensweise am besten. Beide legten größten Wert auf persönliche Freiheit und Unabhängigkeit, während sie zugleich an der Loyalität zu Familie und Clan festhielten... Beide waren kriegerisch und gewalttätig, glaubten an Ehre und Rache, hingen dem überkommenen Blutgesetz an, und in beiden Kulturen verschlimmerte der Alkohol das Blutvergießen. Im Laufe des 18. Jahrhunderts hatte zwischen diesen beiden Gruppen eine vollkommene Akkulturation stattgefunden.«

Begegnungen zwischen weißen und indianischen Jägern verliefen meist freundlich, zumindest in der ersten Hälfte des 18. Jahrhunderts. Sie trafen auf Waldpfaden aufeinander, teilten Bärenfleisch und Tabak, verständigten sich durch Handzeichen und einige wenige Worte und schnitzten Beschreibungen von Wegen und Ereignissen in Baumrinden. Gelegentlich kam es zu gewalttätigen Zusammenstößen, aber die waren nichts im Vergleich zu dem regelrechten Krieg, der um 1750 an der »Frontier« in den Appalachen ausbrach und über die nächsten 50 Jahre wütete. Das war der blutigste Konflikt zwischen Weißen und Indianern in der amerikanischen Geschichte, in dem auch Frauen und Kinder auf beiden Seiten nicht verschont wurden. Man hat den Eindruck, daß es um die wechselseitige Ausrottung ging. Gemessen an der Zahl der Toten, der Massaker und Gräueltaten übertrafen die sogenannten »Forest Wars« alle späteren, weitaus bekannteren Kämpfe auf der Prärie oder in den Wüsten. Der Grund war aber der gleiche: die Invasion der Weißen in das Land der Indianer. Die ersten Jagdgesellschaften, die kamen und bald wieder gingen, konnten die Indianer noch tolerieren, und sie versuchten, Zusammenstößen aus dem Wege zu gehen, aber dann strömten Tausende von Siedlern in das Land ihrer Vorfahren, errichteten feste Gebäude und dezimierten für immer das Jagdwild.

Die Walkers steckten mitten im Kampfgetümmel der »Forest Wars«. Sie waren »Long Hunters«, die in Indianderland vorstießen und ständig in Gefahr standen, angegriffen zu werden, wenn sie nicht Handelsbeziehungen oder ein Freundschaftsverhältnis zu dem Häuptling hatten. Die Walkers gehörten offiziell zum Trupp der »Rangers«, die die Wälder patrouillierten und nach Indianern Ausschau hielten, die sie töten und skalpieren konnten – eine weitere Gewohnheit, die sie erst in Amerika erwarben. Sie lebten isoliert und mußten ihre Blockhütten zäh verteidigen; noch die Oma half beim Nachladen der Gewehre. Ab und zu wurden sie aber doch von den Indianern überwältigt und abgeschlachtet, und die Siedlungen gingen in Flammen auf. Im Verlauf der »Forest Wars« wurden, soweit wir wissen, dreizehn Angehörige aus der Großfamilie der Walkers getötet und zwei gefangengenommen. William Walker war elf Jahre alt, als er 1781 in die Hände der Delaware Indianer fiel, die ihn an den Stamm der Wyandotte verkauften. Er jagte mit ihnen in den Wäldern um

Detroit, lernte ihre Bräuche und Sprache und wurde als ein vollwertiges Stammesmitglied angesehen. Indianer hatten keine Vorurteile gegen die Hautfarbe, und es war althergebrachte Sitte, Gefangene zur Ergänzung der Stammesstärke zu benutzen. Als William Walker das Mannesalter erreichte, stellte man ihm frei, in die Zivilisation der Weißen zurückzukehren; er wollte bleiben, nahm eine Halbindianerin zur Frau, und sie zogen ihre Kinder innerhalb des Stammes groß. Dies war so ungewöhnlich nicht. Wenn Weiße als Erwachsene in die Gefangenschaft der Indianer gerieten, versuchten sie meist zu entkommen. Wurden sie als Kinder oder Jugendliche gefangen, war die Wahrscheinlichkeit groß, daß sie sich in den Stamm einfügten und bis an ihr Ende als Indianer lebten. Das Gegenteil kam selten vor. Indianer verspürten nicht den Wunsch, in die weiße Gesellschaft mit ihren Gesetzen, Strafen und Gefängnissen, ihren sexuellen Tabus und fanatischen Vorurteilen gegen »Rothäute« aufgenommen zu werden. Ein Gefangenenaustausch, der 1764 am Muskingum River stattfand, veranschaulicht diesen Punkt treffend. Die entlassenen Indianer rannten mit großer Freude zu ihrem Stamm zurück. Die weißen Gefangenen mußten an Händen und Füßen gebunden werden, und strampelnd und schreiend wurden sie gewaltsam zu den Abgesandten der Zivilisation geschleift. Später entflohen viele von ihnen ihren Rettern und kehrten zu dem Leben mit den Indianern zurück.

Dann gab es die Ausreißer, die bewußt der kolonialen Zivilisation den Rücken kehrten und sich dem nächstbesten Indianerstamm anschlossen. Drakonische Strafen wurden angedroht, um dieses Verhalten zu unterbinden, woraus zu folgern ist, daß solche Zivilisationsfluchten keine Seltenheit waren. Im 18. Jahrhundert lassen sich vier Gruppen von Entlaufenen unterscheiden: durch Verträge gebundene Knechte, Mägde und Dienstboten, Sklaven, »gefallene« Frauen und Jugendliche, die die Plackerei des Landlebens leid waren. Zu diesen gehörte etwa Sam Houston, ein schottisch-irischer Junge der »Frontier«, der später US-Senator werden sollte; in jungen Jahren riß er von zu Hause aus und schloß sich den Cherokee an. »Die wilde Freiheit des Roten Mannes«, sagte er, sei ihm lieber gewesen als die »Tyrannei« seiner älteren Brüder, die dem vaterlosen Haushalt vorstanden. Später wurde er Gouverneur von Tennessee und hielt seinen Posten im Senat inne. Er kehrte zu seinen Indianerfreunden zurück, diesmal um den Kummer über seine unglückliche Ehe in Alkohol zu ersäufen. Lange hielt es ihn dort aber nicht, und 1836 wurde er der erste Präsident der Republik von Texas. »Tausende von Europäern sind nun Indianer«, bemerkte Hector St. John de Crevecoeur, ein puritanischer Farmer, der mit geheimem Neid auf ihr freies und leichtes Leben blickte, »und wir haben kein Beispiel, daß auch nur einziger dieser Ureinwohner aus freiem Willen zu unserer Seite übergewechselt ist.« Dieses Blatt im Buch der amerikanischen Geschichte ist kaum bekannt, weil es nicht in die große Erzählung von der Eroberung des Landes durch die in jeder Hinsicht überlegenen Europäer paßt; es widerspricht insbesondere der herrschenden Ideologie, daß die seßhafte Zivilisation christlicher Prägung der Höhepunkt der menschlichen Entwicklung und daher auch Gottes Plan für Nordamerika ist. Die »Long Hunters«, umherziehende, wie Indianer gekleidete Händler, die Gefangenen, die sich weigerten, zurückzukommen, die Entlaufenen und später die »Mountain Men«, sie alle kehrten sich mehr oder weniger vehement von der als zu einengend empfundenen Lebensweise ihrer Landsleute ab und entschieden sich für die Zivilisation der Indianer. Bil Gilbert schreibt dazu: »Es ist kein Wunder, daß weiße Männer der ›Frontier‹ die Wilden anziehend fanden. Ihnen wurde rasch klar, daß sie durch das Zusammensein mit ihnen so leben konnten, wie nur die Reichsten und Mächtigsten in Europa, die Könige und Herren... Das hatte einen dauerhaft verstörenden und subversiven Einfluß auf das Leben an der ›Frontier‹ und damit auch auf die kollektive Phantasie der Amerikaner. Die Idee, daß nur ein in der Wildnis lebender Mensch wirklich frei sein kann, war die höchst ironische Erbschaft der ›Forest Wars‹ – die späte Rache der Shawnee, Cherokee und Irokesen.«

Joe Walker wurde am 13. Dezember 1798 am Emory River in Tennessee geboren. Er war der 245. direkte Nachkomme von John und Katherine Walker, und überall an der viele Hundert Meilen langen »Frontier« lebten Verwandte von ihm. Die Cherokee waren unterworfen, aber Kriegstrupps der Creek Indianer durchstreiften während seiner Kindheit und Jugend die Gegend, nahmen Skalps und Gefangene, die am Marterpfahl starben oder in den Stamm aufgenommen wurden. Die nächst gelegene Stadt,

50 Meilen entfernt, war Knoxville im Osten, eine Ansammlung primitiver Hütten in einem Holzfort. Im Westen erstreckten sich die Wälder über 500 Meilen bis zum Missouri; jenseits davon begannen die sagenhaften Prärien. Wir wissen wenig über Joe Walkers Kindheit. Er konnte lesen und schreiben und erhielt etwas Schulunterricht, aber er wird schon damals viel Zeit mit Jagen und Fallenstellen verbracht haben. Mit seinen älteren Brüdern erkundete er zu Pferde die Wälder und lernte alles, was ihn befähigen sollte, den Kontinent bis zum Pazifik zu durchqueren. Die Familie züchtete Schweine und Rinder, und sein Biograph Bil Gilbert vermutet, daß Joe und seine Brüder Vieh in den Bergen hüteten und es durch Virginia zu den Märkten trieben – eine Rundreise von mehr als 200 Meilen. Mit fünfzehn diente Joe Walker in der Milizarmee Andrew Jacksons, des späteren Präsidenten der USA, und kämpfte am Horseshoe Bend gegen die Red Stick vom Stamm der Creek. An jenem Tag, dem 27. März 1814, wurden achthundert Indianer getötet, und diese Niederlage brachte das Ende der »Forest Wars«. Danach zog Walker als Jäger und Trapper kreuz und quer durch Mississippi und Alabama, und vielleicht kämpfte er auch mit Jacksons Truppe gegen die Spanier in Florida. Im Sommer 1819 war er wieder am Emory River und half seiner Familie beim Aufbruch nach Missouri. Die Nachbarn waren ihnen zu nahe gerückt, Wild war nur noch schwer zu finden, und außerdem machten es alle so. Das »Go West«-Fieber riß in jenem Jahrzehnt eine Million Menschen von den Appalachen fort und trieb sie in die Flußtäler des Mississippi. Die Große Wanderung, wie sie genannt wurde, schloß viele ethnische Gruppen ein, aber wie schon bei der Besiedlung der damaligen Grenzgebiete in den Appalachen standen die Schotten-Iren an der Spitze, und sie prägten auch das Verhalten und die Gewohnheiten der anderen im Treck.

Sobald die Blockhütte in Jackson County in Missouri, zwanzig Meilen jenseits der neuen »Frontier«, zusammengezimmert war, machte sich Joe Walker zu Pferde auf in den Westen. Er war der erste seines Clans, der aus den Wäldern auftauchte und die baumlose Unendlickeit der Great Plains und ihre berittenen Nomaden sah. Er war 21 Jahre alt und entschlossen, den ganzen Landweg nach Kalifornien zu reiten, was zu dem Zeitpunkt noch kein Weißer unternommen hatte. Er kam bis nach Santa Fe und wurde von den mexikanischen Behörden als ein Ausländer ohne Papiere verhaftet. Es gelang ihm, sich aus dem Gefängnis herauszureden. Er zog weiter nach Taos und schloß sich der ersten Gruppe von Amerikanern an, die Biber in den südlichen Rocky Mountains fangen wollten. In den folgenden zwei Jahren wurde er ein richtiger »Mountain Men«, Angehöriger eines neuen Menschenschlags. Die »Long Hunters«, die monatelang von ihren Siedlungen wegblieben, hatten diese Entwicklung in Gang gesetzt, doch erst die »Frontiersmen« aus Joe Walkers Generation durchtrennten die letzten Bindungen zu einem seßhaften Leben mit Hütte und Feld. Sie hatten die nomadische Landschaft und die Pferdekultur des Westens kennengelernt und wollten nur noch durch die Wildnis streifen. In der Gestalt des Joe Walker kreuzten sich zwei Stränge der amerikanischen Tradition des Umherziehens: die nomadischen Indianer, von deren Kultur er sehr viel annahm und zu denen er ein enges Verhältnis entwikkelte, und die ruhe- und ortlosen, nach Westen drängenden Schotten-Iren. Sie waren von allen europäischen Einwanderergruppen die unruhigsten und diejenigen, denen individuelle Freiheit und Unabhängigkeit am meisten bedeuteten. Und ihren Nachkommen auch, ich weiß es aus eigener Erfahrung. Einige von ihnen sind uns schon begegnet. Mike Hatfield, Fernfahrer und Nomadologe, ist schottisch-irischer Herkunft und auch Cheyenne Indianer. B.J. McHenry ist ein Schotten-Ire bis auf die Knochen. »Medicine Man« behauptet, eine Mischung aus allen Rassen der Welt zu sein, aber seine hohe, hagere Gestalt, der rötliche Bart und sein schleppender Akzent weisen eindeutig daraufhin, daß auch er einer von ihnen ist. Ich frage fast jeden, mit dem ich ins Gespräch komme, woher seine Vorfahren stammen. Unter den Eisenbahntramps, den Highwaystreunern, Rodeo Cowboys und der locker zusammengehörigen Klasse der umherziehenden Farmhelfer, Zimmerleute, Bau- und Ölbohrarbeiter, die man in den Bars der Kleinstädte im Westen der USA trifft, lautet die zweithäufigste Antwort: »Schottisch-irisch.« Die erste Reaktion ist meist ein Achselzucken und dann ein langgezogenes »Ich weiß nicht. Meri-kaner, schätz ich.«

*

Nun wollen wir zu dem »Rendezvous« Ende Juli 1833 zurückkehren und uns Walkers Expedition nach Kalifornien anschließen. Der Trupp brach mit etwa vierzig Mann auf; jeder von ihnen hatte vier Pferde, einen Überwurf und eine Decke aus Büffelleder, Biberfallen, Schwarzpulver und Blei für ein Jahr. Hauptmann Bonneville, der Finanzier dieser großzügigen Ausstattung, begleitete sie nicht. Besondere Erwähnung verdient einer der Männer, der 23jährige Zenas Leonard aus West-Pennsylvania. Er war die Plackerei auf der Farm seines Vaters leid gewesen, zog 1831 auf der Suche nach Abenteuer in den Westen und schloß sich einer Gruppe schlecht organisierter Trapper an. Seine ersten zwei Jahre als »Mountain Man« waren ein einziges Desaster: Sie hungerten und froren schrecklich, einmal verloren sie für Wochen die Orientierung, Arikara Indianer nahmen sie zeitweise gefangen, sie wurden von Blackfeet Indianer attackiert und all ihrer Felle, Pferde und der Ausrüstung beraubt. Nach dieser schlimmen Erfahrung war Leonard mehr als froh, sich diesmal einer so gut ausgerüsteten und von einem so respektierten Mann geführten »Brigade« angeschlossen zu haben. Er wurde als der Schreiber der Expedition angeworben, und er führte ein Reisetagebuch. Daraus ging später das Buch *Adventures of a Mountain Man* hervor, das nach wie vor als eine ausgezeichnete Darstellung des damaligen Pelzhandels gilt und das den detailliertesten und längsten Bericht darüber enthält, was es bedeutete, unter der Führung von Joe Walker durch den wilden Westen zu ziehen. Dies ist Leonards erster Eindruck von dem Mann, der zu seinem Idol werden sollte: »Mr. Walker war gegen die Entbehrungen der Wildnis abgehärtet; er verstand das Wesen der Indianer sehr gut; er war freundlich und umgänglich, zugleich kommandierte er mit einer Bestimmtheit, die niemanden kränkte. Seine große Leidenschaft war das Erforschen unbekannter Gegenden.« Sie ritten nach Südwesten zum Bear River und seinen Nebenflüssen, wo Walker im Frühjahr auf Biberjagd gegangen war. Er wußte, daß sie sich der westlichen Grenze der Bisonebenen näherten; er ließ ein Lager aufschlagen und schickte die Männer aus, »Fleisch zu machen«. Sie jagten, sie schlachteten, schnitten die eßbaren Teile in dünne Streifen und ließen sie in Sonne und Wind trocknen. So ging es eine Woche, bis jeder sechzig Pfund gedörrtes Büffelfleisch in seinen Satteltaschen hatte. Man mag es für eine selbstverständliche Vorkehrung halten, Proviant mitzunehmen, wenn die Reise durch eine gewaltige, unerforschte Wüste fast ohne Jagdwild geht, aber normalerweise verspotteten »Mountain Men« diese Art vorausschauender Planung und nahmen keinen Vorrat an Lebensmitteln mit. Ihr Essen ließen sie sich von der jeweiligen Umgebung bestimmen, stopften sich voll, wenn Wild im Überfluß vorhanden war, und ertrugen den Hunger, wenn es nichts gab. Drohte ihnen der Hungertod, aßen sie ihre Pferde und kauten zähe Biberhaut, weichten ihre Mokassins in kochendem Wasser auf und machten Suppe daraus. Einige Male soll auch das Fleisch toter Kameraden verzehrt worden sein. Unter Walkers Männern gab es einen gewissen Bill Williams, ein jähzorniger, wirrköpfiger Einzelgänger, der in seiner Jugend Prediger in Missouri gewesen war und im Rufe stand, kannibalische Gelüste zu haben.

Am Bear River verstärkte Walker seinen Trupp um etwa 20 Trapper, die in der Gegend kampierten. Einer von ihnen war John Meek, der sich von seinem schweren »Rendezvous«-Kater erholt hatte und nun nach großen Taten dürstete. Sie ritten »guten Mutes« und »in gehobener Stimmung« weiter bis zum großen Salzsee. Der Himmel war heiter, Angriffe von Indianern waren kaum zu befürchten, und immer noch fanden sie Bisons zum Jagen. Es ist ein vertrautes Bild: die Männer mit gekreuzten Beinen um das Lagerfeuer sitzend, der Duft von frisch gebratenem Fleisch, das große Fressen in der Wildnis. Von Bisonfleisch konnte man enorme Mengen essen, ohne sich voll zu fühlen. Verläßliche Berichte überliefern, daß »Mountain Men« und Indianer bei einem Mahl zehn Pfund davon oder auch mehr verschlingen konnten. Danach reinigten sie ihre Gewehre, gossen Kugeln aus Bleibarren, rauchten ihre Pfeife und machten es sich bequem. Und dann ging das Erzählen los: von den Plätzen, an denen sie schon gewesen waren, von den Skalps, die sie erbeutet hatten, von den Squaws, die sie beschlafen hatten und wieviel »foofaraw« sie das gekostet hatte. Sie erzählten Märchen von Glasbergen und Höhlen, die zur Hölle führten, und wahre Geschichten von schrecklichen Entbehrungen und ruhmreichen Saufgelagen bei den »Rendezvous« oder einst in St. Louis. Und die Zuhörer warfen dann und wann einen grunzenden Brüllaut ein, der in der Literatur mit »Wagh!« (dem heutigen »yo!« nicht unähnlich) wiedergegeben wird. Dies war der Ausruf der »Mountain Men« bei allen Gelegenheiten und ein Zeichen der Zustimmung. Angeblich ahmten die Indianer so den Laut eines angriffslustigen Bärs nach. Die »Mountain Men« sprachen einen für Außenstehende kaum verständlichen Slang, der grob und anzüglich und mit Flüchen, Prahlereien und Schimpfwörtern gespickt war. Gesprochen wurde er in übertrieben schleppender Weise, wie es in den südlichen Appalachen und früher im schottischen Grenzland und unter den Protestanten in Ulster üblich war.* »Bears« waren *bars*, »here« klang wie *hyar*, und das Skalpieren hieß *takin'har*. Sie füllten ihre Reden mit falsch ausgesprochenen Wörtern aus dem Spanischen oder Französischen, übernahmen Wendungen und Metaphern von verschiedenen Indianersprachen und Handgesten aus der Zeichensprache, die alle Stämme im Westen verstanden und die schon drei Jahrhunderte zuvor Cabeza de Vaca und Estevan gelernt hatten.

Die »Mountain Men« sprachen über sich meist in der dritten Person. Ein interessantes Detail: Mit dem Ausdruck *this niggur* bezeichneten sie einen rauhbeinigen, verrufenen Kerl, gleichgültig ob er ein Weißer, Schwarzer oder Indianer war. Laut J.L. Dillach, einem gelehrten Kenner amerikanischer Dialekte, war »nigger« bis 1928 in Amerika keine rassistische Beleidigung. In Lewis H. Garrards Buch *Wah-to-Yah and the Taos Trail* findet sich ein Beispiel, wie Joe Walker und seine Männer sprachen und welches Garn an den Lagerfeuern gesponnen wurde: »Mind the time we took Pawnee topknots away to the Platte? Wagh! Ef we didn't, an' give an ogwh-ogwh longside thar darned screechin', I'm a niggur... Sez I, hyar's a gone coon if they keep mygun, so I follers thar trail an' at night crawls into camp, an' socks my big knife up to the Green River, first dig. I takes tother Injun by the har and makes meat of him too... I got old bull-thrower, made medicine over him, an no darned niggur kin draw bead with him since.« (Frei übersetzt: »Erinnerst du dich an die Zeit, da

* »Die frühesten aufgezeichneten Beispiele für die schottisch-irische Sprechweise zeigen eine verblüffende Ähnlichkeit mit dem Dialekt, der heutzutage in den südappalachischen Highlands gesprochen wird. Der westlichen Welt ist er als das Englisch der Country-Sänger, der Fernfahrer, der Film-Cowboys und der Provinzpolitiker vertraut.« In: David Hackett Fisher, *Albion's Seed.*

wir diese Pawnee am Platte River skalpierten? Wagh! Wenn wir nicht so laut brüllten wie sie, dann nenn mich einen Lügner... Ich sagte zu mir, ich bin ein toter Mann, wenn ich nicht mein Gewehr zurückbekomme, also folgte ich ihrer Spur, kroch nachts auf allen vieren in ihr Lager, erstach einen von ihnen, indem ich ihm das Messer bis zum Heft hineinrammte. Die anderen Indianer tötete ich auch und nahm ihre Skalps... Ich bekam mein Gewehr zurück, vollzog über ihm ein magisches Ritual, und nun trifft es sicherer als jedes andere in den Bergen.«)

*

An den westlichen Ufern des Großen Salzsees schossen sie die letzten Bisons und leisteten ihren ersten Beitrag zur kartographischen Erschließung Amerikas. Walker war ein gewissenhafter Kundschafter; vergeblich suchte er nach dem westlichen Verlauf des Buenaventura River, der angeblich vom Großen Salzsee bis zum Pazifik fließen sollte. Damit war auch dem letzten »mythischen« Wasserweg in Nordamerika der Nimbus genommen. Sie ritten hinein in die Mondlandschaft der Salzwüsten, »die ausgedehntesten und kargsten Ebenen«, die Leonard je gesehen hatte. An einer Wasserstelle trafen sie auf eine Schar von Bannock Indianern, die auf dem Weg zu den Büffelprärien waren. Walker machte das Friedenszeichen, überreichte Tabak und andere Gaben und befragte sie nach dem Land weiter westlich. Man mag es heute für eine Selbstverständlichkeit halten, nett zu den Einheimischen zu sein und höflich nach dem Weg zu fragen, aber die »Mountain Men« dachten nicht so, und Walkers Verhalten löste gewiß murrenden Unmut aus. Vor kurzem erst hatten Bannock einigen der Trapper ihre Fallen und Pferde gestohlen und in der Vergangenheit manchen ihrer Gefährten getötet. Andere in dem Expeditionstrupp waren »Greenhorns« und versessen darauf, ihre ersten Skalps zu erobern und die Feuertaufe als »Mountain Men« zu bestehen; und dann gab es die Verrückten wie Bill Williams, denen das Töten von Indianern Lust bereitete und die es als Zeitvertreib ansahen. Joe Walker war im Kampf gegen Indianer erfahren und geschickt, doch wenn immer es möglich war, bevorzugte er diplomatisches Vorgehen. Die Aufnahme von Tauschbeziehungen und das Schließen von Bündnissen waren der beste Weg, um sicher durch potentiell gefährliches Indianergebiet zu gelangen. Walker hielt sich an den Rat der Bannock und durchquerte die Wüste in nordwestlicher Richtung, wobei er den alten Pfaden zwischen den wenigen Wasserstellen folgte. Abgesehen von Kaninchen und einigen mageren Antilopen fanden sie nichts Eßbares.

Wie von den Indianern beschrieben, erreichten sie nach einigen Tagesritten das Quellgebiet eines Flusses, der nach Westen verlief. Sie nannten ihn Barren River (der heutige Humboldt River), weil an seinen Ufern keine Bäume wuchsen; nichts war höher als »ein Spazierstock«, und so konnten sie auch kein Lagerfeuer machen, es sei denn, sie fanden etwas Treibholz. Der Trupp folgte dem Flußlauf, nun schon viel müder und »nicht mehr zum Scherzen aufgelegt«. Es gelang ihnen, ein paar Biber zu fangen. Indianer, »höchst ärmlich und bedrückt, völlig nackt und verdreckt«, begannen, ihnen zu folgen; am Tage hielten sie sich versteckt, nachts stahlen sie Biberfallen. Diese Indianer gehörten zum Stamm der Paiute; bei den »Mountain Men« hießen sie »Diggers«, weil sie Stöcke bei sich trugen, mit denen sie Wurzeln, Würmer und Insekten ausbuddelten. Im Amerika jener Zeit waren sie wahrscheinlich die primitivsten und am schlechtesten ernährten Menschen, was mehr mit der Kargheit ihrer Umwelt als mit den Unzulänglichkeiten ihrer Kultur zu tun hatte. Zenas Leonard konnte nicht fassen, daß so viele von ihnen in dieser leblosen Landschaft mit so wenig Wild überhaupt überleben konnten. In den Augen der Paiute Indianer muß Walkers Trupp mit seinen 240 Pferden wie ein vorbeiziehendes Festessen ausgesehen haben. Rasch hatten sie auch erkannt, welche Vorteile Stahlmesser, Kochtöpfe und Tierfallen gegenüber ihren Steinzeitgeräten besaßen. Immer kühner wurden ihre Diebstähle. Walker gab den Befehl aus, gegen die »Diggers« keine Vergeltung zu üben, aber einige seiner Männer widersetzten sich heimlich, töteten zwei oder drei Indianer und wiederholten »die gleiche Zuwiderhandlung« am nächsten Tag. Als Walker davon erfuhr, wurde er sehr zornig, weil er wußte, was passieren würde.

Am folgenden Morgen tauchten plötzlich aus der Wüste Hunderte von Indianern auf, bewaffnet mit Pfeil und Bogen. Wie konnten so viele von ihnen hier überleben und noch die Kraft zum Krieg haben? Walker ließ seine Männer einen Kreis bilden und das Gepäck und die Sattel zu einer Art Brustwehr aufschichten; die Pferde wurden in der Mitte angepflockt. Fünf Häuptlinge näherten sich, und in einer Entfernung von 150 Metern gaben sie durch Zeichen zu verstehen, daß ihre Leute in das Lager der Weißen kommen wollten, um gemeinsam die Pfeife zu rauchen und zu palavern. Walker hielt das für einen Trick und lehnte den Vorschlag ab. Er signalisierte, daß sie ihnen auf halbem Weg entgegenkommen wollten. Daraufhin bewegte sich eine Schar von Kriegern auf die Deckung zu und war offensichtlich entschlossen, mit oder ohne Zustimmung in das Innere des Kreises zu gelangen. Durch Gebärden warnte Walker die Vorrückenden, sie zu töten, wenn sie näher kämen. Die Paiute lachten – wie wollten die weißen Männer ohne Pfeil und Bogen aus solcher Entfernung jemanden töten? Walker begriff, daß sie noch nie Gewehre gesehen oder auch nur von deren tödlicher Wirkung gehört hatten. Also gab er eine kurze Vorführung. Die besten Schützen knallten auf einem nahen Teich einige Enten ab und durchlöcherten ein Biberfell, daß die Paiute am Flußufer als Zielscheibe aufgestellt hatten. Der Lärm der Gewehre erschreckte die Indianer so, daß sie sich auf den Boden warfen und dann davonrannten. Aber offensichtlich begriffen sie nicht, was Walker sie zu lehren versuchte. Früh am nächsten Morgen brach er das Lager ab, und die Kolonne setzte sich in Marsch. Die Indianer rückten von allen Seiten näher. Wieder warnte Walker sie, Abstand zu halten, sonst würde auf sie geschossen werden. Erneut blieb die Warnung ohne Wirkung. Etwa hundert Krieger drangen gegen die Spitze der Kolonne vor und versuchten augenscheinlich, die Weißen aufzuhalten, bis die anderen Stammesmitglieder sie umzingeln konnten. »Das reizte Hauptmann Walker, der von Natur aus sehr beherrscht war, mächtig auf, und er gab den Befehl zum Angriff. In einer solchen Lage, sagte er, sei das Überraschungsmoment entscheidend«, schreibt Leonard. »Wir rückten gegen sie vor und feuerten; 39 Indianer, fast die Hälfte der Angreifer, blieben tot auf dem Schlachtfeld zurück. Die anderen waren tief bestürzt und flüchteten nach allen Seiten ins hohe Gras, wobei sie auf äußerst bedrückende Weise heulende Klagelaute ausstießen.«

Das Massaker an den »Diggers« ist ein Schandfleck auf der

Ehre Joe Walkers, aber man kann sich nur schwer vorstellen, wie er in dieser gefährlichen Lage das Blutvergießen hätte vermeiden sollen. Und noch schwerer ist es, an irgendeinen anderen »Mountain Man« zu denken, der so viel versucht hätte, um das Schlimmste zu verhindern. Die Bedrohung war wirklich ernst. Seine Männer waren dem Gegner zahlenmäßig hoffnungslos unterlegen, sie hatten keine Deckung, und ihre Steinschloßgewehre brauchten etwa 40 Sekunden zum Nachladen. In dieser kurzen Zeit konnte ein Indianer fünf oder sechs Pfeile abschießen. Wenn die »Diggers« sie eingekreist und angegriffen hätten, was offensichtlich ihre Absicht gewesen war, wäre höchstwahrscheinlich der ganze Trupp niedergemetzelt worden. Auch darf man nicht vergessen, daß Walker Mühe hatte, seine Leute unter Kontrolle zu halten; viele von ihnen waren stets auf Streit und Kampf aus, und wenn es richtig losging, konnten sie sich in einen Blutrausch steigern. »Unser Ziel war es, ihnen einen entscheidenden Schlag zu versetzen«, schreibt Leonard, »und genau das taten wir, allerdings mit viel schlimmerer Wirkung, als wir beabsichtigt hatten.« Als sie sich umschauten, waren sie ziemlich ernüchtert von dem Ausmaß des Massakers (keiner von den Walker-Leuten wurde getötet oder verwundet), und einem Bericht zufolge entschieden sie, die Getöteten nicht zu skalpieren. Jedenfalls waren die Leichen das Letzte, was sie von den »Diggers« sahen.

Sie befanden sich mitten in der Wüste in dem Gebiet von Sumpfland und stehenden Gewässern, wo der Humboldt River in den Humboldt Sink versickert. Walker wandte sich südwärts, durchritt das Areal des heutigen »Walker River«-Indianerreservats, passierte einen großen See, der jetzt seinen Namen trägt, und kampierte in der folgenden Nacht am Fuße der Sierra Nevada. Es war Anfang Oktober, und die Schneegrenze lag bereits unterhalb der Bergmitte. Die Pferde waren nach der Durchquerung der Wüste erschöpft und abgemagert. Das Büffelfleisch war fast ganz aufgebraucht, und andere Nahrung hatten sie nicht. Walker sandte Gruppen von Jägern und Kundschaftern in die Gebirgsausläufer, doch sie kamen ohne Beute zurück. Sie hatten nicht einmal frische Fährten gesehen. Einer der Männer entdeckte jedoch einen Indianerpfad, der in die Berge führte, und das gab ihnen wieder Mut. Schon wenige Tage später ritten sie auf dem Hauptkamm der Sierra in einer vereisten Landschaft aus Gipfeln, Senken und Schneefeldern, ohne daß sich auf der westlichen Seite eine begehbare Route bergab zeigte. Die Pferde waren nur noch Haut und Knochen und konnten kaum noch gehen. Die Männer aßen Insekten und Wacholderbeeren. Bei einer Rast explodierte der angestaute Unmut. Einige wollten sofort umkehren und versuchen, wieder die Prärie zu erreichen. Walker »appellierte aufs ernsthafteste« an sie, nicht zu gehen, und schließlich zwang er sie, zu bleiben, indem er ihnen Pferde und Munition verweigerte. Um die Moral zu heben, ließ er an jenem Abend zwei Pferde töten. Die Männer waren so hungrig, daß ihnen das schrumpelige schwarze Pferdefleisch »wie auserlesenes Beefsteak« schmeckte. Zwei Tage später schlachteten sie drei weitere Pferde, was Zenas Leonard mehr zu bekümmern schien als das Massaker an den Paiute Indianern. »Es erschien mir als die größte Grausamkeit, das Gewehr zu nehmen, da dein Pferd vor Entkräftung zu Boden sinkt, aber noch Wunsch und Willen zeigt, dir zu folgen, und ihm dann eine Kugel in den Kopf zu jagen, es in Teile zu zerlegen und zu essen. Nur extremer Hunger kann ein menschliches Wesen dazu bringen. Wir taten das mehrmals, und das allein rettete uns vor dem Tod.«

Fast einen Monat waren sie dort auf den Höhen, wanderten längs der Kammlinie südwärts, konnten aber keinen Abstieg finden. Wer das für ein Versagen Joe Walkers hält, dem empfehle ich einen Trip zu diesem Abschnitt der High Sierras. Man sieht nur Gipfel, Vorsprünge, Steilhänge, Bergsenken, tiefe Spalten, gähnende Abgründe, riesige Felsblöcke und Schneefelder dreißig Meter tief... Und nun stelle man sich vor, eine solche Landschaft mit 240 halbverhungerten Pferden und 60 entkräfteten Männern zu überwinden. Sie nannten sich zwar »Mountain Men«, aber sie hatten keinerlei Erfahrung mit solchen Höhen und keine Ahnung vom Bergsteigen. Tagtäglich mußten sie improvisieren. Bemerkenswert ist die Tatsache, daß es Walker überhaupt gelang, sie am Leben zu erhalten, sie zum Weitermarsch zu ermutigen und den Zusammenhalt des Trupps zu sichern. Jäger und Kundschafter wurden jeden Tag in geordneter Formation ausgeschickt; niemand unter den rauhen Einzelgängern verweigerte nun den Befehl. Wenn man heute diesen Teil des Landes besucht, überwältigt einen die spektakuläre Schönheit der Natur. Die Expeditionsteilnehmer werden dafür kaum einen Blick gehabt haben; sie kämpften gegen den Hunger, froren in ihren Kleidern und Decken aus Wildleder, hatten keine Karten, auf Hunderten von Meilen keine Hilfe und keine Vorstellung davon, was sie erwartete. Leonard schreibt, daß sie zu sehr damit beschäftigt waren, aus dieser scheußlichen Lage lebend herauszukommen, als daß sie »den Wunderwerken der Natur« viel Aufmerksamkeit hätten schenken können. Aber ein Naturschauspiel ließ sie doch auf ihrem Zug anhalten. »Auf unserem Weg sahen wir immer mehr kleine Bäche unter den hohen Schneeverwehungen hervorschießen; ein kurzes Stück flossen sie in tiefen Spalten, die sie in die Felsen geschnitten hatten, stürzten dann von einer hochragenden Klippe zur nächsten, bis sie sich weit unten in Sprühregen erschöpften. Einige dieser Wasserfälle schienen uns höher als eine Meile zu sein.«

Sie standen auf dem Granitrand des Yosemite Valley und schauten auf eines der erhabensten Naturwunder in Nordamerika. Und sie waren die ersten Weißen, die es sahen. Leonard gibt nur diese kurze beiläufige Beschreibung und fügt lakonisch hinzu, daß dort kein Abstieg zu finden war. Für Joe Walker aber scheint es ein bedeutender Augenblick gewesen zu sein. Jahrzehnte später wünschte er sich als Inschrift auf seinem Grabstein die Zeile: »Kampierte am Yosemite –13. Nov. 1833.«* Sie zogen den schmalen Gebirgskamm entlang, der das Yosemite Tal von dem ebenso atemberaubenden Tuoleme Canyon trennt. So kämpften sie sich fünf oder sechs Tage weiter voran. Immer mehr Pferde starben nun an Hunger und lieferten nur sehr wenig Fleisch. Die Männer hatten ihre letzten Reserven an Energie und Willenskraft erschöpft. Da kehrte ein Spähtrupp mit der Nachricht zurück, einen Indianerpfad entdeckt zu haben, der sich von einem steilen, tückischen Berggrat hinabwand. Mühsam stiegen sie im Zickzack von Felsvorsprung zu Felsvorsprung bergab; die Pferde wurden mit Seilen hinabgelassen. In jener Nacht schlugen sie ihre Zelte unterhalb der Schneegrenze auf, und die Jäger erlegten ein Reh und zwei Bären – »die wurden zubereitet, gekocht und in weniger Zeit gegessen, als ein Wolf ein Lamm verschlingt.« Sie hatten sich die Bäuche vollgeschlagen, der Schnee

* Hinsichtlich der Daten besteht Konfusion. Laut Leonard waren sie bereits drei Wochen früher in Yosemite, aber das ist nicht zuverlässig.

lag endlich hinter ihnen, und ihre Lebensgeister kehrten rasch zurück. Nach dem Abstieg von den westlichen Berghängen fanden sie leichtere Pfade, wärmeres Wetter, schöne Wälder und Rotwild, Elche und Bären im Überfluß. Das erstemal konnten sie ihr kühnes Unternehmen in vollen Zügen genießen. Auch Leonards Wahrnehmungsvermögen erstarkte wieder, und sein Tagebuch füllte sich mit Beschreibungen von Naturwundern. Am Fuße der Berge ritten sie zwischen riesigen Mammutbäumen, eine Sorte Rotholz, die weiße Amerikaner noch nie zuvor gesehen hatten, »unglaublich groß – einige der Stämme hatten zwei Meter über dem Boden einen Umfang von bis zu 30 Metern.«

Sie folgten den Bergflüssen hinab zum Merced River, der Richtung Westen mitten durch »wunderbare Kuriositäten« floß: schäumende Stromschnellen, Felsspitzen hunderte Meter hoch, tiefe stille Seen mit kristallklarem Wasser. Der Merced River führte sie zum San Joaquin River, der sich mit seinen waldigen Ufern über eine weite Ebene schlängelte. Es wimmelte dort von Wildpferden und Grizzlybären. Sie fanden auch erste Spuren weißer Zivilisation: Bäume, die mit Äxten gefällt waren, und Indianer mit Messern und Decken, die aber große Angst vor ihnen hatten. »An diesem Abend schlugen wir unser Lager am Ufer des Flusses an einem sehr schönen Platz auf. Kaum hatten sich die Männer schlafen gelegt, und Ruhe war eingekehrt, da wurden wir von einem lauten Geräusch in der Ferne, ähnlich einem Donnerschlag, aufgeschreckt. Auf dem Boden liegend, konnte man es eine beträchtliche Zeit ohne Unterbrechung hören... einige Männer gerieten in helle Aufregung, da sie sogleich an ein Erdbeben dachten, und sie bekamen Angst, daß wir alle von der sich aufreißenden Erde verschluckt werden. Andere meinten, es könnte das Rauschen eines nahen Katarakts sein. Hauptmann Walker dagegen gab eine einleuchtendere Erklärung, die die Ängste der meisten beschwichtigte. Er glaubte, daß der Lärm von den tosenden Wellen des Pazifiks herrührte, die gegen die Felsküste schlugen.« Es war wohl tatsächlich ein Erdbeben oder ein fernes Gewitter, denn von ihrem Lagerplatz brauchte es noch zwei Tagesritte bis zur Küste. Leonard beschreibt ein weiteres Naturschauspiel, das sie für den Rest ihres Lebens nicht mehr vergessen sollten: Abertausende von Sternschnuppen erleuchteten den Nachthimmel, explodierten im Fluge oder »zertrümmerten auf dem Boden«.* Die Pferde scheuten vor Angst. Auch die Männer fürchteten sich, und erneut redete Walker beruhigend auf sie ein – in Leonards Aufzeichnungen erscheint er ein wie tröstender Vater – und versicherte ihnen, daß von »den herabstürzenden Sternen« keine Gefahr ausgehe.

Der San Joaquin brachte sie zur Suisun Bay, einer Seitenbucht der San Francisco Bay, wo nackte Indianer Alse und Lachs angelten. Sie wandten sich nach Süden und ritten durch das Gebiet, wo heute Berkeley, Oakland, Hayward und San Jose stehen. Eineinhalb Tage später »kam jäh der breite Pazifik in Sicht«, und sie ritten bis »zum äußersten Rand des großartigen Westens«. Außer Joe Walker während seiner Zeit in Mississippi und Alabama, vielleicht auch in Florida hatte keiner von ihnen zuvor einen Ozean gesehen, und sie waren wie hypnotisiert. Leonard versuchte, diesen außergewöhnlichen Eindruck festzuhalten: »Vor uns, weiter als wir sehen konnten, erstreckte sich eine glatte ununterbrochene Wasserfläche.« Sie kampierten am Año Nuevo Point und stiegen dann von der Anhöhe zur Küste hinab. Zum erstenmal schauten sie auf ein aufgewühltes Meer und hörten das ohrenbetäubende Krachen der Brecher, die gegen die Felsen schlugen. Sie fanden den Kadaver eines gestrandeten Wals, der fast dreißig Meter lang war. Am Horizont kam ein Schiff in Sicht; die Männer hißten zwei weiße Decken, um auf sich aufmerksam zu machen. Als das Schiff näher kam, sahen sie zu ihrer Überraschung, daß an seinem Masttopp das Sternenbanner flatterte. Es war die in Boston registrierte *Lagoda*, die Kuhhäute von kalifornischen Ranches transportierte. Ihr Kapitän

* Erneut ist die Datierung unklar. Der Meteoritenschauer war eines der großen Himmelsereignisse im 19. Jahrhundert. Er konnte am 13. November 1833 zwischen Mitternacht und Tagesanbruch in der ganzen nördlichen Hemisphäre beobachtet werden. Nach der Inschrift auf Walkers Grabstein waren sie an dem Tag am Yosemite Valley. Leonards Buch – das Tagebuch ist verloren gegangen – läßt sie bereits im San Joaquin Valley sein, ganz in der Nähe der pazifischen Küste. Einige Kenner der Materie wie etwa der hochangesehene Historiker des Westens, Milo Milton Quaife, hegen den Verdacht, daß der Herausgeber des Buches den Ablauf der Ereignisse neu arrangierte, um der Erzählung mehr Dramatik zu verleihen: Der Himmel erstrahlte wie ein Feuerwerk, als die Expedition ihr historisches Ziel erreichte.

Bradshaw holte seine Landsleute an Bord und leerte mit ihnen und der Mannschaft einige Flaschen Cognac. »Das war eine Einladung, die auszuschlagen niemandem von uns in den Sinn gekommen wäre.« Das Stampfen und Rollen des Schiffes und das unablässige Toasten waren zuviel für Zenas Leonard; Übelkeit zwang ihn, die Gesellschaft zu verlassen und zur Küste zurückzukehren. Die anderen machten bis zum Morgengrauen weiter: Die Durchquerung des Kontinents mußte gefeiert werden.

Dem Rat von Kapitän Bradshaw folgend, begab sich Walker mit zwei Männern nach Monterey, um sich den mexikanischen Autoritäten bekannt zu machen. Sein Vorgänger Jedediah Smith war damals ins Gefängnis geworfen worden, vor allem weil er sich rüde und arrogant aufführte – er hielt den Mexikanern Strafpredigten wegen ihrer lockeren Moral und papistischen Religion. Joe Walker ging die Sache diplomatischer an, stellte sich dem Gouverneur vor, zeigte den US-Paß, den Bonneville ihm mitgegeben hatte, und bat um die Erlaubnis, über den Winter bleiben zu dürfen, Biber zu fangen, mit den Pelzen zu handeln und soviel zu jagen, daß er seine Männer durchbringen konnte. Der Gouverneur war von Walkers Auftreten beeindruckt und gewährte das Gewünschte, solange sie sich von Indianerland fernhielten und keinen Ärger machten. Mit offiziellem Segen konnten Walker und seine Männer den Winterurlaub ihres Lebens genießen. Sie besuchten die Missionsranches und fanden alles so vor wie angepriesen: gastfreundliche Padres, die einen unbegrenzten Vorrat an Wein und Brandy verwalteten, willige Señoritas, fügsame Indianer, warmes sonniges Wetter. Die Reitkünste der mexikanischen Cowboys und ihre Geschicklichkeit mit dem Lasso verblüfften sie. Festessen und Fiestas wurden zu ihren Ehren abgehalten. Man lud sie zu Stierkämpfen, Bärenhatz, und Kampfszenen zwischen Stieren und Grizzlybären ein. Wenn sie die Ruhelosigkeit packte, gingen sie auf Jagd oder machten Ausritte, auf denen sie in Täler und Eichenwälder mit Wild im Überfluß kamen. Sechs aus dem Trupp entschieden sich, in Kalifornien zu bleiben, und auch Joe Walker dachte ernsthaft darüber nach. Der Gouverneur bot ihm im Norden des Landes, wo immer es ihm gefiel, 30.000 Morgen Freiland an, wenn er eine Kolonie amerikanischer Handwerker gründete, die dort dringend gebraucht wurden. Walker mochte Kalifornien und »hatte keinen Zweifel, daß er in wenigen Jahren ein Vermögen anhäufen und einer reichen, blühenden Siedlung vorstehen könnte«, doch diesen Verlockungen zum Trotz schlug er das Angebot des Gouverneurs aus. Er versammelte die übriggebliebenen Männer, stellte eine riesige Herde von Pferden und Rindern zusammen, nahm dreißig Hunde als Notvorrat mit und brach nach Osten auf. Auf dem Rückweg fanden sie einen leichteren Paß über die Sierra Nevada und durchquerten wieder das Great Basin. Joe Walker brachte alle seine Männer sicher zum »Rendezvous« 1834 zurück.

Wohl kaum ein anderer Mann der »Frontier« hätte sich die einmalige Chance, reich zu werden, entgehen lassen. Leonard behauptet, daß Walkers Entscheidung gegen das Leben in Kalifornien »auf seiner Liebe zu den Gesetzen und freiheitlichen Institutionen der Vereinigten Staaten und seinem Haß auf die Willkür des spanischen Regimes« beruhte. Bil Gilbert hält das für eine patriotische Ausschmückung, von Leonard oder seinem Herausgeber hinzugefügt. Es drängt sich nämlich sogleich die Frage auf: Wenn Walker von der amerikanischen Rechtsprechung und Verwaltung so angetan war, warum ging er ihnen dann so beharrlich aus dem Wege und lebte so lange außerhalb ihres Einflußbereichs? Nun, die Annahme des Angebots hätte ihn in die Seßhaftigkeit gezwungen und hätte das Ende seiner geliebten Erkundungen bedeutet, den Tausch nomadischer Freiheit gegen Reichtum und Status des Siedlers. Während der folgenden dreißig Jahre boten sich Joe Walker, wie wir noch sehen werden, mehrfach günstige Gelegenheiten, zu siedeln und reich zu werden, und jedesmal entschied er sich, weiterzuziehen.

*

Da ich kürzlich erst vor einer ähnlichen Wahl stand – ich lehnte einen Bürojob bei einer britischen Tageszeitung ab, der mein Jahreseinkommen vervierfacht hätte –, finde ich Walkers Weigerung, sich durch das Versprechen von Geld und Einfluß von seiner Reiselust weglocken zu lassen, sympathisch und zugleich aufschlußreich. Die amerikanische Rastlosigkeit wird üblicherweise mit der Aussicht auf Reichtum erklärt. Angefangen mit Alexis de Tocqueville, habe ich in einem halben Dutzend Bücher gelesen, daß die horizontale geographische Beweglichkeit der Amerikaner von der Hoffnung auf den vertikalen Aufstieg im materiellen wie im sozialen Sinn angetrieben wird. Das war von Anfang an das bestimmende Motiv für die Emigration aus Europa, und daran hat sich bis heute nichts geändert. Und weil gerade im Westen der USA so viele neue Ressourcen ausgebeutet werden konnten, verliefen genug Auswanderungen erfolgreich, so daß ein eigenwilliger Optimismus sich herausbildete und die weitverbreitete Überzeugung, hinter dem nächsten Hügel warte ein besseres Leben. Ich bestreite die Triftigkeit dieser Erklärung nicht, möchte nur daran erinnern, daß sie nicht die ganze Geschichte umfaßt. Sie schließt die meisten Gestalten aus, die mich in der Geschichte Nordamerikas faszinieren, diejenigen vor allem, die aus schlichtem Vergnügen und Freiheitsdrang durch das Land schweiften. Jede Gelegenheit, ihre ökonomische Situation durch eine Rückkehr zur Seßhaftigkeit zu verbessern, schlugen sie aus, und zwar aus dem gleichen Grund, warum sie die Siedlungen überhaupt verlassen hatten: Ein solches Leben war ihnen unerträglich einengend. De Tocquevilles Argument mag erklären, warum Amerikaner heute im Laufe ihres Lebens durchschnittlich vierzehn verschiedene Häuser bewohnen, aber es vermag nichts über diejenigen zu sagen, denen die Vorstellung, in einem Haus zu leben, ein Greuel ist: Leute wie Mike Hatfield, B.J. McHenry, Medicine Man, der im Ruhestand lebende Kiefernorthopäde in seinem 300.000 Dollar teuren Wohnmobil. Und auch nichts über das jahrzehntelange Wanderleben eines Joe Walker, auch wenn ich zögere, ihn in diese bunte Gesellschaft einzureihen.

Es ist sinnvoll, zwischen Migranten und Nomaden zu unterscheiden. Gemäß der Definition im *Oxford English Dictionary* verlassen Migranten »einen festen Wohnsitz, um sich an einem anderen wieder niederzulassen«. Emigranten und Flüchtlinge fallen unter diese Kategorie. Die Pioniere waren Migranten: Farmer und kleine Geschäftsleute, die mit der festen Absicht aufbrachen, irgendwo Grundstück und Eigentum zu erwerben und ein besseres Leben aufzubauen. Für viele von ihnen verliefen die ersten Versuche nicht so wie erhofft, und sie zogen weiter, um ihr Glück an einem anderen Ort zu versuchen. Wenn solche Wanderungen zur Gewohnheit werden, können sie dem Nomadentum ähneln und manchmal tatsächlich ganz dazu übergehen; aber bis dahin bleibt Migration eine differente Form der Rastlosigkeit. Nomaden erreichen ein Ziel ohne die Absicht, dort oder sonstwo zu siedeln. Feste Plätze betrachten sie als Orte für den Nachschub notwendiger Güter, die die Fortsetzung der Reise ermöglichen, oder als zeitweiligen Unterschlupf, in dem man das Ende eines Unwetters abwartet. Wenn das Reisen zur Lebensweise wird, ändert es zumindest in der Sprache der Seßhaften seine Bedeutung. Es ist nicht mehr ein Aufbruch auf Zeit. In gewissem Sinn gehen Nomaden nie weg. Sie halten sich an den immer gleichen Orten auf: sei es der Pfad in der Wildnis und das Lagerfeuer, sei es die Interstate und das Motelzimmer. Nur wenn der Rhythmus ihres Umherziehens gestört wird, erfahren Nomaden eine wirkliche Veränderung oder gar einen Umbruch ihrer Verhältnisse. Nomadisch lebende Menschen werden rasch unruhig, wenn sie an einem Ort bleiben müssen. Oder um eine Umschreibung von Deleuze und Guattari zu zitieren: »Ohne Bewegung kommen sie nicht zur Ruhe.«

Kapitel 7

»Fast hundertfünfzig Jahre sind vergangen, da die Biberjagd ein bedeutendes Gewerbe im Westen war. Verglichen mit späteren Wirtschaftszweigen – Bergbau, Holz, Landwirtschaft, Energie, Rüstung, Tourismus – sind all die Pelze, die westlich des 100. Längenkreises erlegt wurden, in ökonomischen Statistiken eine Quantité négligeable... Aber in die geistige Landkarte des Westens hat sich die Geschichte der »Mountain Men« eingezeichnet und Auswirkungen gehabt, die in keinem Verhältnis zur historischen Bedeutung des Pelzhandels stehen. Die Geschichte der »Mountain Men« hat das westliche Bewußtsein direkt beeinflußt; die Faszination, die diese Männer ausüben, hat bis heute nicht nachgelassen. Indirekt wirkt ihre Geschichte fort in den Cowboys, Rangers, Holzfällern, Hell's Angels, den Ökosaboteuren oder welche rohe, ungebändigte Gestalt auch immer die westliche Imagination packt.«

Maguire, Wild and Barclay (Hrsg.),
A Rendezvous Reader

Ich war in Pinedale in Wyoming, recherchierte im *Museum of Mountain Men* und besuchte den »Rendezvous«-Platz am Green River. Eine Tafel, ein kleiner eingezäunter Pappelhain, ein verfallenes Nebengebäude: das ist alles, was dort zu sehen ist. Ich befand mich wieder einmal auf der Flucht vor der Unruhe im eigenen Heim. Gerade hatte ich einen persönlichen Rekord gebrochen, indem ich nach acht Jahren zum erstenmal 29 aufeinanderfolgende Nächte in demselben Bett schlief. Die Folge war hartnäckige Schlaflosigkeit. Ich hatte von Trampern gehört, daß es ihnen unmöglich ist, zwei oder gar drei Wochen an ein und demselben Platz zu schlafen, selbst aber noch nicht die Erfahrung gemacht, wahrscheinlich weil ich so lange die Drei-Wochen-Schwelle nicht überschritten hatte. Gemäß ärztlichem Rat soll das beste Mittel gegen Schlaflosigkeit eine genau festgelegte Alltagsroutine sein: Arbeit, Mahlzeiten, Bewegung – alles geregelt. Wenn man von vornherein weiß, was vom Tag zu erwarten ist, und wenn man in einer vertrauten Umgebung mit stabilen sozialen Beziehungen lebt, soll man sich angeblich sicher und »geerdet« fühlen, was wiederum den Schlaf fördert. In meinem Fall hatte es genau die umgekehrte Wirkung und führte zu schlaflosen Nächten, die ich vorher nicht kannte. Der 1800 Meilen lange Trip nach Pinedale zog sich hin, ich aß unregelmäßig, machte ein paar Zufallsbekanntschaften und sah ständig wechselnde Landschaften – prompt war ich wieder geheilt und schlief jede Nacht acht Stunden hinten in meinem Kastenwagen. Das war wohl die Routine, die mir guttat.

Ich mochte Pinedale, ein kleiner nüchterner Ort am Rande der Green River Prärie, überragt von den hohen bizarren Bergspitzen der Wind River Mountains. Einen Tag lang wanderte ich durch die offenen Täler am Fuße der Berge. Sie tragen ihren Namen zu Recht: Ständig strömte ein starker Wind. In den dreißiger Jahren des 19. Jahrhunderts war hier das Zentrum des Pelzhandels in den Rocky Mountains. In den Bergen wimmelte es von Bibern. Büffelherden zogen über die Prärie. Die Shoshoni oder Snake Indianer, deren Reservation sich heute östlich der Berge befindet, waren meist gastfreundlich und sehr auf Handel erpicht. Sechs »Rendezvous« wurden in der Nähe des heutigen Pinedale abgehalten, und wenn die »Mountain Men« an einen Platz als ihr Zuhause dachten, dann war es hier. Heutzutage versucht die Stadt, mit Viehzucht und Getreideanbau über die Runden zu kommen – und mit ein wenig Tourismus: Urlauber im Sommer, Jäger im Herbst, ein paar zähe Schneemobilfahrer im Winter, wenn die Temperaturen auf vierzig, manchmal bis auf sechzig Grad unter Null sinken. Ein Holzschild mit geschnitzten Buchstaben begrüßt die Besucher der Stadt: »Welcome to Pinedale – All The Civilisation You Need«. Acht Motels, drei Bars, drei Cafés, zwei Tankstellen, ein Campingplatz mit einfachen Duschen und Waschmaschinen. Einwohnerzahl: 1181, Tendenz:

fallend. Die Schaufenster einiger Geschäfte an der Hauptstraße waren mit Brettern zugenagelt, und weit und breit kein Wal-Mart oder Super K-Mart, die man für den Niedergang verantwortlich machen konnte. Als ich ankam, bereitete sich Pinedale gerade auf die »Rendezvous«-Tage vor, den kulturellen und geschäftlichen Höhepunkt des Jahres. Man freute sich auf ein langes Wochenende mit historischen Umzügen, Amateurtheater, Rodeo, Barbecues, Live Music Shows und anderen Ereignissen. Touristen checkten in den Motels ein. Längs der Hauptstraße reihte sich bereits ein Souvenirstand neben dem anderen. Einheimische hängten Fahnen, Bänder und Wimpel auf, die knatternd im Winde flatterten.

Auf dem Parkplatz vor dem Museum, wo ich in den Archiven wühlte und Hinweise auf Joe Walker suchte, fanden sich immer mehr klapprige Caravans, abgenutzte Wohnmobile und umgebaute Lieferwagen zusammen. Tipis wurden auf dem Rasen hinter dem Gebäude errichtet, und dahinter bildete sich eine Reihe von Verkaufsständen, die ihre Waren auf Decken und Rotwildhäuten ausstellten: Indianerschmuck, Tierschädel und Geweihe, alte Messer, Perlen und Pulverhörner, Beutel aus Wildleder, perlenbestickte Mokassins, künstliche Adlerfedern, Szenen aus dem wilden Westen, auf Holzscheiben gemalt und mit Schellack behandelt – der ganze Einfallsreichtum der reisenden Händler. Hier kam ein bunter Haufen amerikanischer Nomaden zusammen, denen ich zuvor noch nie begegnet war. Der erste, mit dem ich sprach, war ein hagerer Mann Anfang vierzig mit Bart und langen Haaren, der die ganze Zeit Tabak kaute und den Saft in eine Bierflasche spuckte. Er trug Mokassins, einen indianischen Lendenschurz, eine Wildlederweste und ein geflochtenes Stirnband aus Rohleder – kein Hemd, keine Hose oder Leggings. Hinter ihm hing ein Verkaufsschild aus Hirschleder, auf dem geschrieben stand: »Heulender Wolf – Handgemachte Artikel der Mountain Men und Indianer«. Zu seinen Füßen lag etwas Vierbeiniges, das wie ein ausgewachsener reinrassiger Wolf aussah. Beide, Wolf und Herrchen, schauten mich mit blassen, ungewöhnlich stechenden blauen Augen an. Ich stellte mich vor und fragte ihn, wie die Geschäfte gingen. »Kann nicht klagen«, kam die joviale Antwort. »Ich bin Heulender Wolf, und das hier ist Blue. Er hat ein bißchen was vom Schlittenhund, aber ansonsten ist er ein richtiger Timberwolf. Ich bin ein Viertel Cherokee* und versuche, die alten Bräuche am Leben zu erhalten.« Damit spielte er auf die Ära des Rocky Mountain Pelzhandels an; der Stamm der Cherokee hatte damit nichts zu tun. Sie lebten als Farmer und Jäger im südlichen Appalachien und wurden im ersten Drittel des 19. Jahrhunderts nach Oklahoma zwangsumgesiedelt.

»Heulender Wolf« ging mit mir hinüber zu seinem Tipi. Es war aus Leinwand hergestellt, an der Seite sah ich einen aufgemalten blauen Wolfskopf. »Siehst du, wie ich die Zeltstangen aufgestellt habe?« fragte er. »Das ist ein Zelt im Lakota-Stil. Manche bauen Zelte wie die Crow, andere wie die Cheyenne. Wie es einem halt gefällt. Jedenfalls, dies ist mein Zuhause.« Er hat ein Haus in Wyoming und verbringt den größten Teil des Winters dort, stellt Schmuck und andere Artikel selbst her. In den wärmeren Monaten macht er seine Rundreise zu verschiedenen »Mountain Men«-Festivals und nachgestellten »Rendezvous«. Dort verkauft und tauscht er seine Waren, lebt in seinem Tipi und trägt Mokassins und Lendenschurz. »In dieser Aufmachung gehe ich auch in Restaurants und Supermärkte«, erzählte er mir. »Ich besuche auch jede Provinzbar in Wyoming in meinem Lendenschurz. Die Reaktionen sind immer heftig. Die Frauen lieben es. Die Männer nicht alle, aber bis jetzt hat man mich noch nirgendwo rausgeworfen.« Es gibt so um die 50.000 Leute in Amerika, die zu den heutigen »Rendezvous« kommen und sich als Trapper verkleiden. Sie nennen sich »Buckskinners«.** Für die große Mehrheit ist es nur ein Hobby; sie gehen einer geregelten Arbeit nach und besuchen die einschlägigen Veranstaltungen an Wochenenden und im Urlaub. Nur die professionellen Händler, insgesamt vielleicht dreihundert Leute, leben wie Nomaden. Und wie »Howling Wolf« verbringen die

* »Heulender Wolf« mag durchaus die Wahrheit sagen, aber besonders wenn bleichgesichtige, blauäugige Leute behaupten, »zu einem Viertel Cherokee zu sein«, dann stellt sich automatisch Mißtrauen ein. Vine Delora und andere indianische Autoren haben zu Recht darauf hingewiesen, daß eine unverhältnismäßig hohe Prozentzahl von Weißen, wenn sie indianische Vorfahren beanspruchen, den Stamm der Cherokee nennt, die im 19. Jahrhundert von den Siedlern für die am besten aussehenden und zivilisiertesten Indianer gehalten wurden.

** Es existiert auch eine blühende »Buckskinners«-Szene in Deutschland und der tschechischen Republik.

meisten einen Teil des Winters an einem festen Platz, so wie damals die »Mountain Men« in einer behelfsmäßigen Blockhütte in einem geschützten Tal oder in einem Indianerlager das Ende des Schnees abwarteten. »Mit Fallenstellen, Pferdestehlen oder Skalpieren ist es ja heutzutage weitgehend vorbei, und ich benutze einen Kombiwagen statt Pferd und Maulesel, aber das Leben ist so verschieden nicht«, bemerkte »Heulender Wolf«. »Ich reise durch dasselbe Land, kampiere oft an den alten Plätzen, trage dieselbe Art Kleidung und treibe Geschäfte mit ähnlichen Sachen. Übrigens, viele Leute kaufen mein Zeug jetzt online. Verrückt, nicht wahr? Ein Mountain Man mit einer Website.«

Die Massen strömten herbei: Touristen, Einheimische, »Buckskinners«. »Howling Wolf« und die anderen Händler hatten alle Hände voll zu tun und keine Zeit zum Reden. Ich ging hinüber zu dem Bierzelt, das vor dem Haupteingang des Museums stand. Dort geriet ich an einen »Buckskinner«, der sich als »Black Kettle« vorstellte. Er war ein großer, korpulenter, extrovertierter Mann mit falscher Augenklappe und weiß-grauem Bart. Er trug einen hohen Hut aus Biberpelz, ein Jagdhemd im Stil jener Zeit, grüne Reithosen mit einem Lederboden, schwarze Lederstiefel und um den Hals eine indianische Glasperlenkette. Ich fragte ihn nach seinem Outfit. Warum trug er kein Wildleder?

»Wagh!«, brüllte er und sprach dann im Slang der »Mountain Men« über sich in der dritten Person: »Dieser Mann hier hat seine Biberpelze in St. Louis verkauft und sich mit piekfeinen Sachen neu eingekleidet. Nun ist er flußaufwärts in die Berge zurückgekommen und ist bestrebt zu glänzen. Nur eine Jagdzeit, und dann sind diese Kleider abgetragen. Sehr wahrscheinlich wird er dann wieder in sein Wildleder gehüllt sein.« Dann kehrten sein Akzent und seine Sprache wieder zum Wyoming von heute zurück: »Alles, was ich anhabe, ist total authentisch. Alles aus der Zeit um 1833. Schau mal, diese Glasperlen hier! Sie wurden in Venedig von Hand gefertigt, Italien, Anfang 19. Jahrhundert. Das sind die gleichen Perlen, die die Mountain Men den Indianern verkauften.« »Black Kettle« stand dort zusammen mit einem Mann, der sich »Dead Cloud« (ein Spiel mit dem Namen des großen Lakota-Häuptlings »Red Cloud«) nannte und wie ein »Long Hunter« aus den Appalachen des späten 18. Jahrhunderts gekleidet war. Er zeigte mir sein Messer, das von einer Firma produziert worden war, die 1789 bankrott ging. »Die Aufmachung ist ganz wichtig, die richtige Kleidung tragen, echte alte Waffen und all das Zubehör, aber es geht tiefer als das«, betonte er. »Wir nehmen uns diese Männer als Vorbilder und versuchen, so weit das in der heutigen Welt möglich ist, nach ihren Prinzipien zu leben: Selbstvertrauen, Ehre, Unabhängigkeit, Wertschätzung des Lebens in der wilden Natur, ob man nun jagt, angelt, zeltet, ganz gleich was.« Ich wollte wissen, ob »Buckskinners« sich in die Wildnis zurückgezogen und mit der Zivilisation ganz gebrochen haben. »Es gibt unter uns einige, die wissen, wie man mit Gewehr und Messer, Flintstein und Stahl [zum Feuermachen] in den Bergen überleben kann, aber es ist eben nicht mehr so wie früher«, sagte »Tote Wolke«. »Du mußt dir keine Gedanken mehr machen, ob Blackfeet Indianer deine Silhouette auf einem Bergrücken sehen, und Grizzlybären sind auch kaum noch vorhanden. Und wenn was schiefgeht, ist schnell Hilfe da. Aber damals war der nächste größere Ort über 1000 Meilen entfernt, auf der anderen Seite des Mississippi. Man trifft 'ne Menge Buckskinners, die sagen, daß sie hundertfünfzig Jahre zu spät geboren sind, aber unter Tausend von uns ist kaum einer, der es damals geschafft hätte.« »Dead Cloud« arbeitet als Ingenieur in einer Fabrik in Wyoming, die Raketendüsen für Raumfähren produziert. An Veranstaltungen der »Buckskinners« kann er nur in seiner Freizeit teilnehmen. »Black Kettle« repariert hier und dort Häuser und arbeitet als Tischler, wenn das Geld ausgeht, doch die meiste Zeit des Jahres tourt er als Händler und hat nur eine Briefkastenadresse. Er muß etwa Mitte 50 sein, hat keine Ersparnisse, kein Eigentum und keinen Anspruch auf Rente. In der üblichen Art und Weise des Nomadisierenden hat er sein ganzes Geld in tragbare Dinge gesteckt. Jahr für Jahr fügt er seinem Outfit etwas hinzu, erwirbt immer teurere historische Kleidung, alte Messer, Pistolen, Schwarzpulvergewehre, Schmuck und Accessoires. Sein wertvollstes Stück, das er an jenem Tag nicht trug, ist eine Kette mit echten »Lewis und Clark«-Perlen im Wert von 5000 Dollar. Die frühen Erforscher des amerikanischen Westens und bedeutenden Kartographen der Pionierzeit, Meriwether Lewis und William Clark, tauschten mit den Indianern genau diese Sorte von Perlen.

Mit dem Sonnenuntergang begann sich das »Miniatur-Rendezvous« vor dem Museum zu zerstreuen, und wir setzten unsere Unterhaltung in einer Bar fort. Dort war es schon gerammelt voll, und es herrschte ein Heidenlärm. Die Kellnerinnen, junge wie ältere, waren als Old West Saloon Girls verkleidet, mit Rüschen, Schnürkorsett und hochhackigen Stiefeln, und sie schienen über ihre Aufmachung nicht besonders glücklich zu sein. Wir stellten uns in die Nähe eines Ecktisches und stürzten uns darauf, sobald er frei wurde. Und dann ging es los: Runde auf Runde, erst ein Gläschen Whiskey, dann ein Glas Bier, das Gespräch wurde heftiger, der Ton hartnäckiger, flackernde Blicke, die Zeit schmolz dahin, und selbst was vor 180 Jahren geschah, wurde im Präsens erzählt. »Black Kettle« und »Dead Cloud« verblüffte meine Begeisterung für Joe Walker, dem in der einschlägigen Literatur nur wenig Beachtung zuteil wird, weil er gegenüber Journalisten, Reiseschriftstellern, Verfassern von Groschenromanen und anderen Schreiberlingen mit seinen Abenteuern nicht prahlte. Die beiden hatte vage von ihm gehört – ein guter Mann offensichtlich, kam schon früh nach Kalifornien –, aber die wirklichen Berühmtheiten des Pelzhandels waren doch Jim Bridger, Tom Fitzpatrick, Kit Carson und Jed Smith, nicht wahr? Oder John Colter, der mit Lewis und Clark in den Westen ritt, dort blieb, um Biber zu fangen, und der der erste »Mountain Man« wurde. Sogleich erzählte »Dead Cloud« die Geschichte seiner abenteuerlichen Flucht vor den Blackfeet im Jahre 1808.

Also da ist Colter, nackt, unbewaffnet und barfuß, eingekesselt von hundert zornigen Blackfeet Kriegern. Gerade haben sie seinen einzigen Gefährten getötet, in Stücke gehackt und seine Innereien Colter ins Gesicht geschleudert. Er macht sich auf den Foltertod gefaßt, da gibt ihm der Häuptling so etwas wie eine Chance: Mit einem Vorsprung von 100 Metern darf er um sein Leben laufen. Colter spurtet los, barfuß über die mit Kakteen übersäte Prärie, hinter ihm ein Trupp heulender Indianer mit Speeren. Was sie nicht wissen, Colter ist ein außergewöhnlich schneller Läufer, und nach zwei oder drei Meilen ist ihm nur noch ein Krieger dicht auf den Fersen. Blitzschnell dreht Colter sich um, packt den Speer seines Verfolgers und tötet ihn. Er rennt ohne Halt weitere drei Meilen, erreicht einen Fluß, man weiß nicht genau, den Jefferson oder Madison River, springt hinein und versteckt sich unter angeschwemmtem Treibholz, während die Indianer das Ufer absuchen. Am nächsten Morgen schleicht er davon und macht sich auf den 300 Meilen langen Weg zu Manuel Lisas Handelsfort am Yellowstone. Nackt und barfuß, er ernährt sich nur von Wurzeln und Baumrinde, kommt er dort nach elf Tagen an.

Unweigerlich folgten andere Geschichten von Leuten, die mit knapper Not entkamen: Joe Meek tötet einen Grizzly nur mit seinem Messer, Kit Carson und ein paar seiner Jungs wehren hinter einer Deckung aus toten Pferden zweihundert Comanchen ab. Am oberen Missouri wird Hugh Glass von einem Bären schrecklich zugerichtet, seine Gefährten glauben, daß er tot ist, und nehmen ihm sein Gewehr, Messer, Feuerstein und Stahl weg. Er kommt aber wieder zu Bewußtsein und liegt dort zehn Tage. Über seinem Kopf hängt ein Zweig mit Beeren, und ganz in der Nähe ist eine Quelle. Ein wenig zu Kräften gekommen, kriecht er Richtung Osten, anfangs nur wenige hundert Meter am Tag. Er ißt Wurzeln, Beeren und Fleisch von Büffelkadavern, und so schleppt er sich zwei Monate durch halb South Dakota bis zum Fort Kiowa. Erstaunliche Geschichten, nachweislich wahr, von ein paar umstrittenen Details abgesehen, aber keine einzige über Joe Walker. So weit wir wissen, war die Überquerung der Sierra Nevada 1833 die ärgste Bedrängnis, in die er je geriet, und so erwarb er bei dieser Unterhaltung wenig Ruhm. Walkers großes Talent bestand gerade darin, gefährliche Situationen zu vermeiden und alles zu tun, damit keiner seiner Männer getötet wurde. 26 Teilnehmer an Jed Smiths Expedition starben auf dem Weg nach Kalifornien; Walker schaffte die gleiche Route, ohne auch nur einen Mann zu verlieren.

Im Verlaufe des Abends äußerte sich immer lauter eine schmerzliche Nostalgie, begleitet von der rührseligen Überzeugung, daß im Vergleich zu jener Vergangenheit die moderne Welt unerträglich langweilig, zahm und reglementiert ist. Sicher, das Leben damals war hart, ein gefährliches, brutales Leben, und zugegeben, die meisten »Mountain Men« kamen nie aus ihren Schulden heraus und starben jung, aber das war es wert. Denn sie konnten durch eine Million Quadratmeilen Wildnis in all ihrer ursprünglichen Großartigkeit streifen, ihr Überleben hing vor allem von ihren Kenntnissen und Fähigkeiten ab, sie waren frei von allen Gesetzen, von Verantwortungen und sozialen Zwängen. Ein Leben voller Abenteuer. Niemand von uns bezweifelte, daß dies die größte und reinste Form von Freiheit gewesen sein muß, die jemals in Amerika oder sonstwo zu erfahren war. Whiskey eignet sich gut für kühne Behauptungen, ertränkt alle Vorbehalte, Einsprüche und Einschränkungen. Von den Cowboys des offenen Freilands hielten wir nicht viel; sie waren nur ein Haufen schlecht bezahlter Rancharbeiter, die viel zuviel Zeit damit verbrachten, Staub zu schlucken und auf das Hinterteil einer Kuh zu starren. Den meisten Cowboys gehörte noch nicht einmal das Pferd, auf dem sie saßen, und Gegenden zum Erkunden gab es auch nicht mehr, denn die »Mountain Men« waren überall hingekommen. Indianer, selbst die zu Pferde, taten wir auch ab: zu viele Verpflichtungen dem Stamm und der Großfamilie gegenüber, zu viele übernatürliche Kräfte, die gefürchtet und besänftigt sein wollten; und auch sie konnten nicht mehr viel entdecken, da ihre Vorfahren das schon für sie getan hatten.

Nun, wo ich wieder nüchtern und an einem ruhigeren Ort bin, sollte ich doch zu dem letzten Abschnitt ein wenig mehr sagen. Indianer bewegten sich meistens auf alten, festgelegten Pfaden ohne die Erwartung, ständig Neues zu entdecken. »Mountain Men« dagegen, selbst wenn sie jenen Pfaden oder indianischen Führern folgten, sahen sich auf dem Weg »in unbekanntes Land« und erblickten »unberührte Wildnis«. Zu jener Zeit hatten die westlichen Stämme keinen Begriff von Wildnis, keinen Vergleich mit seßhafter Zivilisation, keinen ganz anderen Ort, von dem oder zu dem sie hätten flüchten können. Daher schätzten sie ihre Freiheit auch weniger als die »Mountain Men« die ihre. Erst als die Stämme das Leben in den sich ausbreitenden Siedlungen der Weißen kennenlernten und ihnen klar wurde, was sie zu verlieren hatten, begannen auch sie in höchsten Tönen von nomadischer Freiheit zu reden. Die »Mountain Men« waren überzeugt davon, daß sie das Äußerste an persönlicher Freiheit und Abenteuerlichkeit erreicht hatten. Geradezu reflexhaft rechtfertigten sie ihr Leben vor Reisenden und Schriftstellern, die sie befragten, und ebenso sich selbst gegenüber in ihren Aufzeichnungen und Erinnerungen. Die meisten von ihnen gehörten ohnehin nicht zu der Sorte der Nachdenklichen, aber die Alternative kannten sie alle sehr wohl – Gefängnis vielleicht, Büroarbeit oder wahrscheinlicher ein Leben auf einer Farm. Und das hieß in ihren Augen: Mais anbauen, Schweineställe ausmisten, Holz hacken, Zäune reparieren, einem Pflug und einem furzenden Maulesel hinterhertrotten und in der Küche eine abgehärmte Frau und Kinder, die von Koliken geschüttelt werden und an Diphtherie sterben. Mit diesen Bildern im Kopf schätzten sie ihre gewonnene Freiheit um so mehr. Ein Jahr in den Bergen, so lautete eine Lagerfeuerweisheit, war wie ein ganzes Leben in den Siedlungen.

Keiner aus unserer Runde konnte sich vorstellen, auf einer Farm zu arbeiten. Zum Teufel nein, wir hätten lieber um das Lagerfeuer gesessen. Und die Gefahren, die Entbehrungen, die geringe Lebenserwartung? Das gehörte nun einmal dazu, war von Abenteuer und Wildnis, die den »Mountain Men« alles bedeuteten, nicht zu trennen. Sie wählten dieses Leben ohne Illusionen, feierten es in ihren Geschichten und betrauerten es, als es unwiederbringlich vorbei war. Nie wieder fühlten sie sich so frei und lebten mit solcher Intensität. So zumindest sahen wir sie an jenem Abend und ignorierten Ausnahmen wie etwa Zenas Leonard, der nur zu froh war, nach seinen Abenteuern mit Joe Walker in die Sicherheit einer Siedlung zurückzukehren. Und dann, als wäre es erst gestern geschehen und die Empörung gerade entflammt, begann »Dead Cloud«, heftig auf den Tisch zu schlagen und grölend auf die Chinesen zu schimpfen. Halb im Scherz, halb ernst, jedenfalls zu drei Viertel betrunken rief er: »Diese gottverdammten Chinesen, es ist alles ihre Schuld! Wer sonst wäre auf die verrückte Idee gekommen, Schmetterlinge zu melken? Wir sollten auf diese roten Bastarde Atombomben werfen für das, was sie getan haben.«

*

Seit etwa 1835 zirkulierte auf den »Rendezvous« ein Gerücht. Die Einzelheiten waren wahrscheinlich frei erfunden, aber im wesentlichen machte die Geschichte verständlich, warum der Pelzhandel vor die Hunde ging. Ein französischer Herzog verlor während eines Besuchs in China seinen Biberpelzhut. Da er keinen Ersatz finden konnte, gab er einem chinesischen Hutmacher den Auftrag, ein ähnliches Modell aus Seide anzufertigen. Als der Herzog nach Frankreich zurückkehrte, rief sein Hut sogleich in der Modewelt eine Sensation hervor. Pariser Stutzer weinten vor Neid, eilten zu ihren Hutmachern und schrien sie an: »Seide! Wie konnten Sie es wagen, mich mit einem plumpen alten Biberpelz zu beleidigen?«

Der Aufschrei erreichte London, wo Beau Brummel ihn hörte. Dann Mailand, Montreal, New York und so weiter. Der Besuch eines französischen Herzogs in China ist nicht überliefert, aber wahr ist, daß die jähe Vorliebe für Seidenhüte, die in Paris und London ausbrach, den Markt für Biberpelz ruinierte und einen entsprechenden Boom in der chinesischen Seidenproduktion auslöste. Auf dem »Rendezvous« von 1833 erbrachte ein Biberpelz von erstklassiger Qualität sechs Dollar (in den Jahren zuvor waren es noch acht). 1840 sank der Preis auf vier Dollar, und die »Mountain Men« begannen allmählich, sich nach anderer Arbeit umzusehen. Manche ließen sich von der Armee als Späher oder als Führer von Einwanderertrecks anwerben. Einige wie zum Beispiel Joe Meek kehrten zu den Siedlungen zurück und erlangten ein gewisses Maß an Respektabilität und politischem Einfluß. Andere schlitterten in eine kriminelle Laufbahn oder tranken sich – Geschichten aus dem Wilden Westen gegen Alkohol – in den Saloons der »Frontier« zu Tode.

*

Wie der nachfolgende Goldrausch, das große Geschäft mit den Büffelhäuten und die Ära der Viehbarone währte die Hochkonjunktur des Rocky Mountain Pelzhandels weniger als dreißig Jahre. Und gleichgültig, was sich in der Welt der Hutmode tat, er hätte auch nicht viel länger dauern können. Die Tiere, von denen das ganze Geschäft abhing, standen kurz vor ihrer Ausrottung. Der Hut aus Seide war eine Kreation zur rechten Zeit. Soviel auch die »Mountain Men« mit den Indianern gemein hatten, den Biber töteten sie mit der rohen, habgierigen, verheerenden Energie des expandierenden weißen Amerika. Östlich des Mississippi war der Wildbestand bereits drastisch reduziert. Die Weißen jagten einen Bach leer oder versuchten es zumindest und zogen dann zum nächsten.* Nicht viel mehr als 800 »Mountain Men« mit gelegentlicher Beihilfe von Indianern schafften es, in zwanzig Jahren die Biberpopulation vom Missouri bis zum Pazifik, von Kanada bis Mexiko weitgehend auszurotten. Als Lewis und Clark Anfang des 19. Jahrhunderts in den Westen kamen, sahen sie am Tage überall Biber, die die Eindringlinge von den Flußufern neugierig beobachteten. Je mehr den Bibern nachgestellt wurde, desto mehr wurden sie zu nachtaktiven und äußerst wachsamen Tieren. In den vierziger Jahren gab es in vereinzelten Gebieten noch Biberpopulationen, aber für die Pelzgesellschaften war es nicht länger profitabel, große, gutausgerüstete Trapperbrigaden nach ihnen auszuschicken. Es lohnte sich auch nicht mehr, die Jäger mit Nachschub zu versorgen: das letzte »Rendezvous« fand 1840 statt, fünfzehn Jahre nach dem ersten. Es war billiger, Indianer die Fallen aufstellen zu lassen – vielleicht taten sie auch etwas für den Bestand der Tiere – und mit ihnen direkt zu handeln oder eine Handvoll »Mountain Men«, die Tauschbeziehungen mit den Stämmen etabliert hatten, als Agenten anzustellen.

Jim Bridger handelte mit den Shoshoni von seinen Posten in Utah und Wyoming aus. Die Gebrüder Bent taten das Gleiche von ihrem Stützpunkt am Arkansas River in Süd-Colorado, und Kit Carson nahm Handelsbeziehungen mit diesen Stämmen vor Ort auf. Jim Beckwourth, der schwarze »Mountain Man«, lebte bei den Crow Indianern und agierte als ihr Pelzhändler; einen ähnlichen Status nahm Bill Williams bei den Ute Indianern ein. Joe Walker errichtete seinen Stützpunkt bei den östlichen Shoshoni, den Snake Indianern, im oberen Gebiet des Green River, aber er verbrachte viel mehr Zeit mit dem Umherziehen als die anderen Mittelsmänner des Pelzhandels. Er ritt von den Central Rockies bis zum Pazifik. Er handelte mit den Crow in Montana, den Bannock und Ute in Utah, den Paiute in Nevada, den Navajo und Apachen in Arizona und mit mexikanischen Ranchers in

* Im Gegensatz dazu bemühten sich die Briten in Oregon und Kanada, deren Interessen die Hudson Bay Company vertrat und die indianische Trapper beschäftigten, in jeder Saison so viele Biber am Leben zu lassen, daß eine stete Ausbeute gesichert war – sobald die »Mountain Men« in ihren Territorien auftauchten, war es mit dieser Schonung zu Ende.

Kalifornien. Er war der einzige »Mountain Man«, der für sich die freischweifende Unabhängigkeit und die Freiheit des Entdeckens, die sie alle in der Glanzzeit genossen hatten, mit den Jahren noch vergrößerte. Walker führte den ersten Trupp von Weißen an, der das Great Basin vom Sevier Lake zum Virgin River durchquerte; er war der erste, der die Canyons und Wasserfälle des oberen Virgin River sah und einige Gegenden im Norden Arizonas erkundete. Leider war Zenas Leonard zu den Siedlungen am Missouri zurückgekehrt, so daß wir für diese Zeit (und auch für die nächsten 30 Jahre) keinen ausführlichen Bericht aus erster Hand von Walkers Leben haben. Gelegentlich taucht sein Name in den Hauptbüchern der Pelzkompanien auf, findet sich auf Rechnungen der Handelsposten, in kurzen Einträgen von Reisetagebüchern und beiläufig in Zeitungsartikeln. Walker scheint immer eine Herde von Pferden zum Verkauf mit sich geführt zu haben oder eine Karawane von Tragtieren, die mit Pelzen oder Gütern für die Indianer beladen waren – was eben auf dem Markt gefragt war, was auch immer nötig war, um weiterziehen zu können. An der pazifischen Küste verkaufte er den Mexikanern Felle gegen Abalonemuscheln, und dann ging es wieder durch das Great Basin zurück, wobei er unterwegs den Indianern die Muscheln für mehr Häute und Felle anbot. Das erinnert an Cabeza de Vaca in seiner Zeit als einsamer Händler im Gebiet des heutigen Texas, nur daß Walker zu Pferde weitaus größere Strecken überwand.

Pferde waren Walkers wichtigstes Handelsgut. Er kaufte seine Herden von den mexikanischen Ranchers in der Gegend um Los Angeles und trieb sie östlich nach Santa Fe (800 Meilen), nach Bent's Fort in Colorado (1100 Meilen), nach Fort Laramie in Wyoming (1200 Meilen) und manchmal sogar bis nach Missouri (1800 Meilen). Wenn man diese Routen heute zurückverfolgt, scheint es unfaßbar, daß er mit so vielen Pferden solch karge Landschaften, besonders die Mojave Wüste und das Great Basin mit ihrer spärlichen Vegetation und dem wenigen Wasser, zu durchqueren wagte. Walker beherrschte eine Reihe von Fähigkeiten, die Wüstennomaden überall auf der Welt vertraut sind, gleich ob sie Kamele, Rinder, Schafe, Ziegen oder Pferde treiben. Sie wissen genau, wo man in einem ausgetrockneten Flußbett nach Wasser graben muß. Die Flugbewegungen von

Vögeln zeigen den Weg zu einer Wasserstelle; Losung von Wild weist die Richtung zu einem abgelegenen Stück Weideland. Nomaden wissen, wann und wo eine Herde Ruhe braucht. Aber auch, wann man sie bis zum Rande des Zusammenbruchs antreiben muß, um einen fünfzig Meilen entfernten, im Sande versikkernden Bach zu erreichen, selbst wenn dabei zwanzig Tiere umkommen. Und manchmal muß eine Arterie am Hals eines Pferdes geöffnet werden, um mit dem Blut einen entkräfteten Mann ins Leben zurückzuholen, ohne daß das Pferd an dem Schnitt stirbt.

Zwischen seinen Handelsexpeditionen verfolgte Walker, wenn sich die Gelegenheit bot und das Verlangen ihn überkam, auch andere Arten des Reisens und Erkundens. Er führte den ersten Planwagentreck der Pioniere nach Kalifornien an und fand einen breiteren Trail dorthin. Dieser Weg zieht am heutigen Walker Lake, der mit dem Walker River verbunden ist, vorbei und überquert die Sierra Nevada am Walker Pass. Joe Walker ist auf den Landkarten Amerikas gegenwärtiger als in den amerikanischen Geschichtsbüchern. Der größte Teil der von ihm gebahnten Route ist wie so viele andere Wege in den Westen, die Walker »entdeckte« oder, genauer gesagt, aus alten Indianerpfaden zusammenfügte, nun eine Fernstraße.1844 ließ Walker sich von John Charles Frémont für ein US-Korps topographischer Offiziere als Kundschafter anwerben. Frémont war ein populärer Propagandist der westlichen Expansion, der sich selbst »Der Pfadfinder« nannte. Walker führte ihn über all die Wege, die die »Mountain Men« in den letzten dreißig Jahren benutzt hatten, doch bald schon widerten ihn Frémonts theatralische Selbstanpreisungen und seine tatsächliche Feigheit in der Wildnis an, und sie trennten sich im Streit. Damit verpaßte Walker seine beste Chance, eine amerikanische Legende zu werden. Frémont gewann den jüngeren und leichter zu beeindruckenden Kit Carson als Begleiter, und durch Verdrehungen und Lügen und mit Hilfe einer von der Regierung bezahlten Pressekampagne gelang es ihm, sich selbst und Carson als die heroischen Erforscher der »Frontier« darzustellen und sie beide zu nationalen Berühmtheiten zu machen. Zu der Zeit war Joe Walker längst wieder unterwegs zu wirklichen Explorationen und füllte die letzten Lücken auf der außerordentlichen Karte des amerikanischen Westens, die es so nur in seinem Kopf gab. Sein Name aber geriet allmählich in Vergessenheit.

*

Ich folgte »Black Kettles« Rat und Richtungsangaben und fuhr von Pinedale Richtung Süden, etwa drei hundert Meilen über die ebenen Weiten zu dem Kaff Hamilton in Colorado. Von dort ging es auf einer unbefestigten Straße hinauf in die Berge. Ich parkte meinen Lastwagen und lief zu dem Tor, durch das man zum »Rocky Mountain National Rendezvous« gelangte. Dies sei das wirklich große Treffen, so hatte »Black Kettle« wiederholt gesagt, »das Meisterschaftsspiel der Buckskinners, der Superbowl, so was wie unsere Olympiade«. Da stand ich nun vor dem Kartenhäuschen in Jeans, Jeanshemd und Mokassins – das beste Outfit, das ich auf die Schnelle auftreiben konnte –, und mich traf ein Blick, der mich an die Türsteher schicker Londoner Nachtclubs erinnerte. »Die Mokassins sind okay, aber mit dem Rest kommst du hier auf keinen Fall rein.« So sprach eine Frau Ende Vierzig mit harten Gesichtszügen; sie trug eine Art selbstgesponnenen Pionierkittel und einen Sonnenhut. Ein großer graubärtiger Mann in gefransten Wildledersachen lehnte an seinem langen Schwarzpulvergewehr, inspizierte mich kurz und grinste. »He Mann, du mußt nur die Jeans und das Hemd loswerden, zieh deine Unterhose aus und leih dir von irgend jemandem einen Lendenschurz. Bei den Ladies wirst du großen Eindruck machen.«

Eine andere Frau in historischer Verkleidung erbarmte sich meiner: »Keine Sorge, Schätzchen, wir finden für dich schon die richtige Hose und ein Jagdhemd. Deine Mokassins sind mit Nylon zusammengenäht, aber das wollen wir mal übersehen.« In geschnürter Kniehose aus Kord und einem blauen leinenen Jagdhemd, freundlicherweise von einem Mann gespendet, der 100 Pfund mehr als ich wog, bezahlte ich meine zwanzig Dollar Eintritt und marschierte los. Etwa eine Viertelmeile ging es gemäßigt steil den Hügel hinauf, was die beleibten »Buckskinners« hinter und vor mir keuchen und fluchen ließ: »Mann-o-Mann... Verdammt steil... Puh, ich muß mich hinsetzen und erst mal verschnaufen.« Der Pfad erklomm eine Anhöhe, und dort unten auf einer Bergwiese mit Bach und kleinem See war die nahezu vollkommene Nachbildung eines »Rendezvous« aus den dreißiger Jahren des 19. Jahrhunderts: Hunderte von Tipis, zwei lange Reihen altmodischer, kastenförmiger Leinenzelte der Händler und, nach offiziellen Angaben, 1800 Leute, die in Wildleder und Kleidung aus jener Zeit herumliefen. Und immer mehr kamen hinzu.

Alle paar Sekunden hallte die Luft von einem gewaltigen BUMM wieder. Originalgetreu nachgebaute Kanonen schossen Bowlingbälle in den See, die auf der Wasseroberfläche trieben und mit originalgetreu nachgebauten Kanus leicht wieder herauszuholen waren. Ratta... tat... TAT... Päng! Das war der Lärm vom Wettschießen mit alten Gewehren. Zisch! Schwup! Zack! Das war das Geräusch der Tomahawks und Wurfmesser, die sich in Zielpfähle oder glücklose Bäume bohrten. Wenn eine Kopie allzu angestrengt versucht, das Original zu sein, schaut man natürlich genauer hin und sieht ihre Fehler. Tragbare Klos aus Plastik und »Winde« versteckten sich hinter Segeltuch, Bier und Cola wurden in antike Becher oder Trinkhörner umgegossen, und die leeren Dosen verschwanden in Jutesäcken. In einigen Tipis standen Propankocher, und Gott schütze Amerika, es gab jede Menge Eiswürfel. Sie wurden in zehn Pfund schweren Plastikbeuteln angeliefert. Zweimal am Tag fuhr ein LKW mit riesigem Container die Straße hinauf, und ein von Pferden gezogener Planwagen brachte die Ladung zum »Rendezvous«-Platz. Dort wurden die Beutel in Plastikkühler entleert, die in Holzkisten versteckt oder mit Decken und Tierhäuten drapiert waren. Dann und wann ritt eine Gruppe von Prärieindianer in vollem Putz vorbei, und zwei von ihnen sahen unter ihrer Gesichtsbemalung tatsächlich wie Indianer aus. Ansonsten liefen hier nur Weiße aus allen möglichen Berufen und sozialen Schichten herum: Ärzte, Rechtsanwälte, Geschäftsleute, Büromenschen, Ingenieure, Techniker, Kosmetikerinnen, Ölfeldarbeiter, Bauarbeiter, Kellnerinnen, Hausfrauen, Jagdführer und eine auffällige Minderheit von Vietnamveteranen. Alle Altersgruppen waren vertreten, vom gerade geborenen Baby bis zum betagten Ruheständler, doch die meisten Besucher waren zwischen vierzig und sechzig, wobei die Männer den Frauen gegenüber im Verhältnis drei zu zwei in der Mehrzahl waren. Mit wenigen Ausnahmen, recht bemerkenswert das kleine Kontingent Deutscher, kamen die Teilnehmer aus den benachbarten Bundesstaaten Colorado, Utah, Wyoming, Montana, Nevada, New Mexico und Arizona, und die traditionellen Vorlieben und Vorurteile dieser Regionen beherrschten das Bild: die Liebe zu Waffen, die Lust am Jagen und Angeln, das Mißtrauen gegen die Regierung in Washington und die Eliten der Ostküste, die Reserviertheit gegenüber Fremden und zugleich die strenge Beachtung der Gastfreundschaft.

Als ein vereinzelter Brite in einem schlecht sitzenden Kostüm, der keinerlei Waffen trug, muß ich eine seltsame, deplatzierte Figur abgegeben haben. Mich trafen ein paar feindselige Blicke und spitze Bemerkungen, aber die überwältigende Mehrheit der Leute war freundlich und äußerst großzügig. Sie boten mir zu essen und trinken an, auch bessere Kleidungsstücke und einen Platz an ihrem Lagerfeuer, und übernachten konnte ich in einem der Tipis. Ich war sicher, zahlreiche Amateurhistoriker kennenzulernen, die ein enzyklopädisches Wissen vom Pelzhandel und Kenntnis der neuesten Forschungsergebnisse besaßen, aber die ersten zwanzig Leute, mit denen ich mich unterhielt, hatten noch nie von Joe Walker gehört. Die Lektüre von Geschichtsbüchern, so stellte sich bald heraus, gehörte nicht zu den beliebten Freizeitbeschäftigungen unter amerikanischen »Buckskinners«. Sie bezogen ihre Informationen vornehmlich aus Vereinsmagazinen, Videofilmen und »Gewußt wie«-Handbüchern, die in allen Einzelheiten sich über Kleidung, Feuerwaffen und Ausrüstung der Trapper und Pelzhändler ausließen, den historischen Hintergrund aber mit Kürzestbiographien, Anekdoten und »Wußten Sie schon?«-Trivialitäten abtaten. Und so drehten sich denn auch die Gespräche auf diesem »Rendezvous« vor allem um Klamotten und Preise. Die größten, struppigsten, am wildesten aussehenden Männer, die in schmutzigen Ledersachen herumstolzierten und bis an die Zähne mit Gewehren und Messern bewaffnet waren, konnten mit Ausdauer und Leidenschaft über historisch korrekte Nadelarbeiten und Perlenmuster parlieren.

»Rendezvous heutzutage sind im Grunde nur ein Vorwand, sich zu kostümieren, einen Campingausflug zu machen und eine große Tauschbörse zu haben.« So lautete das Urteil von Lance Grabowski in seinem Zelt am äußersten Rand des Lagers. Er klang müde, und sein Ton war sarkastisch: Die Rendezvous würden immer mehr verflachen, und man könne nichts dagegen tun.

Äußerlichkeiten ersetzten Substanz, Wissen und Engagement wichen leerem Getue. Die alten »Rendezvous« nachzustellen, sei keine schlechte Idee gewesen, doch mittlerweile seien sie nur noch der Abklatsch einer Nachahmung. »Man hört hier überall dieses ›Wagh! Ich bin ein Mountain Man‹ von Leuten, die völlig außer Form sind und keine Ahnung haben, wovon sie sprechen, weil sie nie ein Buch in die Hand nehmen. Ich kapier's nicht. Wenn sie sich für diese Männer und die Vergangenheit interessieren, würde man doch denken, daß sie mehr über die Mountain Men *lesen* wollen, aber offensichtlich ist dem nicht mehr so.« Als ich Lance kennenlernte, war er 50 Jahre alt, hatte sein langes graues Haar zu einem Pferdeschwanz zusammengebunden und trug einen Walroßschnauzer und eine alte Brille mit Drahtgestell. Er ist ein Autodidakt und kennt fast die ganze Literatur über den Pelzhandel in den Rocky Mountains. Sein Einkommen als »Rendezvous«-Händler pflegte er mit Vorträgen in Museen und an historischen Stätten aufzubessern. Als erstes fiel mir seine ruhige, gespannte Intensität auf. Seine Bewegungen waren geschmeidig und zielbewußt, und man sah, daß er geschickt mit den Händen war. Er trug perlenbestickte und gefranste Hirschlederkleidung und Accessoires im Wert von zehntausend Dollar; das meiste hatte er selbst genäht und gestickt. Er wohnte in einem Kastenwagen, Marke Chevrolet, Baujahr 1983, mit achthunderttausend Meilen auf dem Tacho und dem fünften Motor.

Lance Grabowski war der erste »Buckskinner«, der das ganze Jahr über als Händler umherzog. Das begann Ende der sechziger, Anfang der siebziger Jahre, als die Bewegung noch in den Kinderschuhen steckte und die ersten nachgestellten »Rendezvous« stattfanden. Zu jener Zeit führten die »Mountain Men« nur ein Schattendasein in der Phantasiewelt der Amerikaner. Mit seinen langen Haaren, in Lendenschurz und Wildleder, wurde Lance anfangs oft für einen blonden Indianer mit Bart gehalten oder für einen Hippie, der einen Tritt in den Hintern nötig hatte. Hippies trugen allerdings keine Gewehre und Messer und reagierten nicht aggressiv, wenn sie bedroht wurden. Lance begann sein Geschäft mit Büffelhäuten und Tierschädeln, die er auf einer Büffelranch in Nebraska erwarb. Er verkaufte sie auf Tauschbörsen, Flohmärkten und den allmählich sich etablierenden »Rendezvous«. Zu Anfang der achtziger Jahre gab es bereits von Küste zu Küste solche Treffen, und Lance reiste nur noch, ohne einen festen Wohnsitz zu haben. Er hat viel über das Nomadentum im amerikanischen Westen und in Zentralasien gelesen und nachgedacht, und in seiner Erinnerung waren die ersten Jahre des Unterwegsseins wie ein nomadisches Idyll. »Mein Lastwagen war mein Sessel, und das Land mein Haus. He, es ist Oktober, die Herbstfarben leuchten gewiß schon im Bundesstaat New York. Wollen wir doch mal in das Zimmer rübergehen.« Lance hatte gerade erst wieder die Rundreise zu den »Rendezvous« aufgenommen – nach einem kläglich gescheiterten Versuch mit einem seßhafteren Leben zu zweit. Es war schon sein Wunsch, teils hatte seine damalige Freundin gedrängt. Er kaufte ein kleines Stück Land südlich von Santa Fe in New Mexico und baute für sie beide ein Haus, das schön auf einem Hügel gelegen und mit Antiquitäten, Büffelhäuten, Ausrüstungsgegenständen aus der Zeit des Pelzhandels und einer großen Bibliothek ausgestattet war. Doch nun hatte er sich von seiner Freundin getrennt, und das Haus war wie ein Mühlstein um seinen Hals. »Wenn ich dorthin komme, dauert es keine 24 Stunden, und ich bin schon verärgert oder deprimiert, und kann es nicht erwarten, wieder abzuhauen. Ich weiß nicht, was ich machen soll. Ich habe keine große Wahl. Entweder ich behalte es und verbringe dort so wenig Zeit wie möglich. Oder ich verkaufe das verfluchte Ding und gehe in die Mongolei.« Seit fünfzehn Jahren spielt er mehr oder weniger ernst mit dem Gedanken, einen viertausend Meilen langen Ritt von Rußland in die Mongolei zu machen. In seiner Vorstellung kommt die Mongolei – eine riesige, nicht eingezäunte Landschaft mit Ebenen, Wüsten und Bergen, wo es noch heute berittene Nomaden gibt – dem Wyoming der zwanziger Jahre des 19. Jahrhunderts am nächsten. Dort wäre er gerne.

Lance Grabowski war eine der beide Personen, mit denen ich nach jenem »Rendezvous« in Verbindung blieb. Die andere war George Jackson* Er stammt aus dem Hinterland im Nordosten Utahs und arbeitet nun als Führer bei Elchjagden. Vorher war er Ölfeldarbeiter und Hausmeister in einem Wasserkraftwerk. George hatte zehntausend Dollar gespart und schon ein Flugticket

* Er ist ein direkter Nachkomme des berühmten schottisch-irischen »Mountain Man« David Jackson, nach dem Jackson Hole in Wyoming benannt ist.

für die Mongolei, als ihm seine damalige Freundin eröffnete, sie sei schwanger. Er kaufte ein Haus in Vernal in Utah und übernahm entschlossen seine neuen Pflichten. Zwei Jahre später rannte sie mit einem anderen davon, und er mußte die Tochter allein großziehen. Schon bei dem Gedanken an die Mutter seiner Tochter kommt George die Galle hoch. Infolge jener Erfahrung ist sein Glaube an Frauen, Liebe und dauerhafte Beziehungen ziemlich erschüttert. Lance dagegen reagiert auf dieses Thema mit Zynismus, besonders während des »Rendezvous« fühlte er sich mehr als bestätigt. Alle zwei Tage mußte er in die Stadt fahren und mit seinem Anwalt telefonieren. Seine Ex-Freundin hatte versucht, ihn wegen Unterhaltszahlung zu verklagen, war damit aber nicht durchgekommen. (Sie haben keine gemeinsamen Kinder.) Dann hatte sie Anzeige wegen Körperverletzung erstattet, was über drei Jahre zu grotesken juristischen Verwicklungen führte, die ihn bisher 7000 Dollar gekostet hatten. (Als der Fall schließlich vor Gericht kam, wies ihn der Richter aus Mangel an Beweisen ab. Die Ex-Freundin, die ohne Anwalt erschien, konnte weder Polizeiberichte noch ärztliche Gutachten, rein gar nichts vorweisen.)

Wenn Lance verstimmt oder niedergeschlagen ist, dann macht er für seine immer wiederkehrenden Schwierigkeiten mit Freundinnen den Feminismus verantwortlich. »Er macht Frauen neurotisch und unglücklich. Kein Wunder, daß sie dann zu Prozac greifen. Mir will nicht in den Kopf, warum ein Mann den ganzen Tag in einem Büro arbeiten und auch noch in der Firma aufsteigen will, geschweige denn eine Frau. Man sollte doch meinen, daß das Großziehen von Kindern erfüllt.« In Lances Traum von einer perfekten Welt würde es viel mehr Frauen geben, die gerne in Wohnmobilen und Zelten leben – vor allem normale, intelligente, gutaussehende Frauen zwischen Dreißig und Fünfzig, von denen es aber unter den modernen Nomaden Amerikas nur beklagenswert wenige gibt. Einmal, in den späten Siebzigern, erfuhr er das Glück eines idealen Verhältnisses: drei Jahre »on the road« mit Susan. Sie fertigten beide Kleidung und Kunstgewerbe aus Wildleder an und verkauften sie auf den verschiedenen »Rendezvous«. Susan verdiente ihren eigenen Lebensunterhalt, sie mochte es, in der Natur und unterwegs zu sein. Sie waren verliebt und glücklich, doch Lance »hatte es vermasselt, weil er einfach nicht glauben konnte, daß ihre Liebe dauern würde.« Seitdem ist sein Wanderleben der Hauptgrund für Reibereien in seinen Beziehungen. »Außer Susan haben alle meine Freundinnen Kinder oder feste Arbeit gehabt. Sie können nicht einfach mit mir losziehen, und sie wollen es auch gar nicht. Ich kann ihnen keine Vorwürfe machen, na ja, und irgendwann sind sie mein Kommen und Gehen leid. An solche Freunde sind sie nicht gewöhnt, sie denken, Männer, die sie lieben, sollten nicht so leben. Selbst wenn sie meckern und jammern über die Typen, die zu Hause rumhängen und jeden Sonntag Fußball gucken, aber auch regelmäßig Geld heimbringen, das ist ihnen vertraut, und eigentlich sind sie damit auch ganz zufrieden.« Nun müßte ich nach guter Journalistenart Lances ehemalige Freundinnen aufspüren und ihre Seite der Geschichte hören. Statt dessen will ich eine Vermutung wagen und einige meiner eigenen Ex-Freundinnen zum Thema umherziehender Männer zitieren: Sie geben im Hinblick auf eine dauerhafte Beziehung wenig Anlaß zur Hoffnung. Sie sind unzuverlässig und verantwortungslos. Sie haben Probleme, sich emotional zu binden, besonders wenn es um geregelte Verhältnisse und die Gründung einer Familie geht. Das Leben auf der Straße kann eine Zeitlang Spaß machen, aber nicht für immer.

In Amerika gibt es kaum statistische Angaben darüber, wie viele Männer und Frauen ohne festen Wohnsitz leben; sie sind einfach nicht erfaßbar. Ihr Charakteristikum, die ständige Beweglichkeit, macht eine Zählung nahezu unmöglich. Nach meinen eigenen Erfahrungen, bestätigt von Leuten wie Lance und anderen informellen Quellen, würde ich sagen, daß die Männer gegenüber den Frauen im Verhältnis zwölf zu eins in der Mehrzahl sind. Und von diesen Frauen ist die große Mehrheit entweder unter 25 oder über 60 und reist dann mit der Masse der Wohnmobilbenutzer. Warum so wenig Frauen? Der Alterssprung legt nahe, daß es vor allem als schwierig angesehen wird, Kinder großzuziehen, wenn man ständig unterwegs ist. Viele Frauen finden diese Aussicht nicht anziehend, und die Erziehungsbehörden üben immensen Druck aus, daß ein Kind in vertrauten Verhältnissen aufwächst und eine Schule besucht. In vielen westlichen Staaten kann dieser Zwang durch Hausunterricht umgangen werden, selbst wenn das Haus ein Fahrzeug ist. Ich habe Hippiepaare mit Kindern kennengelernt, von denen einige Privatunterricht erhielten, andere völlig von den Schulregistern verschwunden waren. Ich habe Wanderarbeiter getroffen, deren Kinder in einem Jahr zu sechs verschiedenen Schulen gehen. Und von Mike Hatfield erfuhren wir, daß es unter den Fernfahrern Ehepaare gibt, die sich beim Fahren und Unterrichten abwechseln.

Stimmt es, daß das Großziehen von Kindern Frauen in einem biologischen Sinn vertrauter ist als Männern? Ich denke ja, auch wenn jeder Ausnahmebeispiele kennt. Und dann ist in unserer Kultur die Überzeugung tief verwurzelt, daß ein Kind ein stabiles Zuhause braucht. Familiengründung und Häuslichkeit nennt man praktisch immer im selben Atemzug. Gibt es bei Frauen so etwas wie einen Nistinstinkt? Eine natürliche weibliche Neigung zu Heim und Herd? Keineswegs. Ein Blick auf die menschliche Geschichte macht klar, daß diese Verhaltensweisen soziale, besonders seßhaften Kulturen eigentümliche Konstrukte sind. In seinem Roman *Traumpfade* weist Bruce Chatwin darauf hin, daß unter den Nomadenstämmen und Zigeunern gewöhnlich die Frauen ihre Männer zum Weiterziehen auffordern, um sie von den Versuchungen und korrumpierenden Einflüssen der Siedlungen fernzuhalten. Und die Frauen bestehen darauf, ihre Kinder in der traditionellen nomadischen Weise aufzuziehen. »Frauen sind vor allem die Hüterinnen der Kontinuität«, schreibt er, »wenn der Herd sich in Bewegung setzt, brechen auch sie auf.« Um diesen Punkt zu veranschaulichen, zitiert Chatwin einen murrenden Nomadenscheich, dem er in den Sanddünen von Mauretanien begegnete. Er klang wie die Freundin, die sich nur mit Widerwillen zu einem Campingausflug mitschleppen läßt: »Ich würde liebend gerne in einem Haus in der Stadt leben. Hier in der Wüste kann man nicht sauber bleiben. Es gibt keine Dusche! Es sind die Frauen, die hier leben wollen. Sie sagen, die Wüste bringt Gesundheit und Glück, ihnen und den Kindern.«

*

Auf dem »Rendezvous« von 1837 war auch ein junger Künstler aus Baltimore namens Alfred Jacob Miller. In zahlreichen Skizzen versuchte er, die wilde Romantik und grandiose Wunderlichkeit des Ganzen einzufangen. Eine dieser Skizzen diente als

Vorlage für ein Gemälde mit dem Titel *Bourgeois W—r, & his Squaw*. Bourgeois (*booshway* ausgesprochen) war ein Respekt gebietender Titel für den unabhängigen Anführer einer Trapperbrigade, W—r stand für Walker (niemand weiß, warum Miller den Namen nicht ausschrieb), und die Squaw war seine Frau. Auf dem Bild ist sie ein junges Mädchen von etwa 16 Jahren mit breitem Gesicht und Zöpfen; sie ist in voller Shoshoni Aufmachung herausgeputzt und sitzt auf einem geschmückten Pony. Davor steht ihr Ehemann, eine imposante Gestalt mit langen Haaren und Felljacke. Es gibt noch eine andere, prosaische Skizze von Adolph Wislizenus, einem Reisenden aus Deutschland, der Walker, dem alten Fallensteller Andrew Drips und ihren Indianerfrauen in den Wind River Mountains begegnete. In seinen Aufzeichnungen heißt es: »Die beiden Squaws sahen ganz passabel aus und traten in großem Staat auf. Ihre roten Decken, die seidenen Kopftücher und bunten Stickereien gaben ihnen ein orientalisches Aussehen. Auch ihre Pferde waren mit Stickereien, Perlen, Korallen, Bändern und kleinen Glocken geschmückt. Die Glöckchen waren so zahlreich und laut, daß man sich in ihrer Nähe inmitten türkischer Musik glaubte. Die Squaws benahmen sich höchst schicklich. Sie kümmerten sich um die Pferde, stellten ein Zelt auf und lauschten auf jedes Wort ihrer angetrauten Herren.« Wir kennen den Namen von Walkers Frau nicht, und über ihre Ehe lassen sich nur grobe Vermutungen anstellen. Aus der Sicht einer Indianerin war ein Mann wie Joe Walker eine erstklassige, aber auch riskante Partie. Weiße Männer standen in dem Ruf, großzügiger und liebevoller zu ihren Frauen zu sein als Indianermänner, die die Vorstellung von romantischer Liebe zum Totlachen fanden. Auch muß ihre exotische Erscheinung – Bart, Körperbehaarung, blaue Augen – einen sexuellen Reiz ausgeübt haben, so wie die Andersartigkeit der Indianerinnen nicht wenige »Mountain Men« anzog. Das Risiko einer solchen Beziehung bestand darin, daß die weißen Ehemänner viel häufiger als die Indianermänner Frau und Kind verließen. Während die Stammesgesellschaft nur sehr wenige Einzelgänger hervorbrachte, war dieser Typus unter den »Mountain Men« weit verbreitet.

Das andere Geschlecht – das waren für die »Mountain Men« vor allem Indianerinnen. 1836, als Joe Walker die junge Shoshoni heiratete, gab es westlich der Missouri-Siedlungen keine weißen Frauen. In New Mexico und Kalifornien lebten Mexikanerinnen, aber sie hatten nicht genug Ausdauer, Fähigkeiten und Erfahrung, um das lange Umherziehen zu ertragen. Indianerinnen dagegen waren geborene Nomadinnen, die keine andere Lebensweise kannten. In der indianischen Gesellschaft wurde die Frau früh schon an Gehorsam und harte Arbeit gewöhnt. Ehemänner durften ihnen bei den täglichen Verrichtungen im Lager nicht helfen; das wäre einer Beleidigung gleichgekommen, denn die anderen ihres Clans hätten die Frau als unfähig und nichtswürdig angesehen. Die Indianerinnen kümmerten sich um die Pferde, stellten die Tipis auf und bauten sie wieder ab, hielten sie sauber, fegten und reparierten, holten Wasser und Feuerholz, gerbten die Häute, nähten Kleider und kochten das Essen. So machte die Indianerin das Wanderleben des Stammes erträglicher, wozu eine Weiße oder Mexikanerin weder fähig noch willens gewesen wäre. Jeder Mann erhielt dadurch mehr Zeit zum Jagen, Fallenstellen und Handeln und beschaffte die Mittel, durch die ein verheiratetes Paar überlebte und Besitz und Status erwarb. Manche »Mountain Men« sahen ihre indianischen Frauen bloß als Sexualobjekt und Dienstmagd an und entledigten sich ihrer rücksichtslos, wenn ihnen der Wunsch nach Alleinsein oder einem neuen Verhältnis in den Sinn kam. Andere führten eine glückliche, dauerhafte Ehe, und so scheint es auch bei Joe Walker gewesen zu sein. Seine Frau und er lebten etwa zehn Jahre zusammen. Wie ernst er diese Bindung nahm, bewies er dadurch, daß er seine Frau seiner Familie und alten Freunden in Jackson County vorstellte und mit ihr auch am Gottesdienst in der dortigen »Six Mile Baptist Church« teilnahm. Zweifellos muß das ein Spießrutenlaufen vorbei an böswilligem Geflüster und Klatsch gewesen sein. Mehrere Winter und Jagdzeiten verbrachte Walker bei dem Shoshoni Clan seiner Frau, der ihn fast wie einen der ihren in den Stamm aufnahm. Es kursierten damals Gerüchte, Hauptmann Crook unter anderen setzte sie in die Welt, daß Walker noch mehr Frauen hatte. Polygamie war sowohl bei den Shoshoni als auch bei den »Mountain Men« etwas Alltägliches, aber im Falle Walkers konnte ich keine Beweise dafür finden.

Die Kinder, die die Walkers irgendwann hatten, veränderten

ihr nomadisches Leben nicht. Es gibt drastische Berichte über indianische Frauen, die nach einem langen Ritt am Rande eine Pfades abstiegen, ihr Kind zur Welt brachten und wenige Stunden später wieder auf dem Pferd saßen. Das Neugeborene wurde mit weicher, absorbierender Zedernrinde zwischen den Beinen in ein Tuch oder eine Decke gewickelt und in einem gegerbten Wildlederbeutel getragen. Diese Kindertrage war auf dem Rükken der Mutter oder am Sattelknopf befestigt. Das Pferd sorgte für die wiegende und schaukelnde Bewegung, die Babys instinktiv beruhigt. Im Lager hing der Beutel an einer Zeltstange, und die Mutter schaukelte ihn mit der Hand. Im Alter von vier oder fünf Jahren ritten die Kinder ihre eigenen Ponys.1846 brechen in den überlieferten Dokumenten plötzlich alle Hinweise auf Joe Walkers Frau und Kinder ab, und sein Umherziehen bekommt von da etwas Zielloses und Sprunghaftes. Er vernachlässigte seine Handelsgeschäfte und kümmerte sich kaum noch um seine Partner. Sechs Monate lang verschwand Walker in die Berge und tauchte ohne die üblichen Packen an Fellen wieder auf. Im Frühling 1847 unternahm er mit drei neuen Gefährten einen Wahnsinnsritt von Santa Fe zum Missouri River; die 800 Meilen legten sie in 23 Tagen zurück. Walker war zu der Zeit 49 Jahre alt, und er scheint diesen strapaziösen Ritt in Rekordzeit aus einer plötzlichen Laune heraus unternommen zu haben. Die anderen drei waren in jene Richtung unterwegs, als er sie zufällig traf. Für dieses merkwürdige Verhalten gibt sein Biograph Bil Gilbert die einleuchtende Erklärung, daß Walkers Frau und Kinder rasch hintereinander an den Blattern gestorben waren, die damals die schutzlosen Stämme der Rocky Mountains heimsuchten, und daß er um seine Familie trauerte. Wie so viele umherziehende Männer vor und nach ihm versuchte Walker, mit dem Seelenschmerz durch Reisen ohne Rast und Ruhe fertig zu werden. Er kehrte nie mehr in diesen Teil der Rockies und des oberen Green River zurück, wo er seine Frau kennengelernt, geheiratet und mit ihr die meiste Zeit verbracht hatte.

Als Walker den Missouri River erreicht hatte, ritt er weiter bis Independence, blieb fünf Monate bei seinen Verwandten und tat fast nichts. Er schwieg über seine Absichten und Gefühle; manche, die ihn sahen, hatten den Eindruck, daß Joe für immer zurückgekommen war. Auf einem Familientreffen in jenem Sommer fragte ihn ein Cousin, der ein wohlhabender Plantagenbesitzer in Alabama geworden war, ob er nun endlich genug vom Umherwandern in der Wildnis habe. War es nicht höchste Zeit, seßhaft zu werden und in ziviler Gesellschaft noch etwas aus sich zu machen? Diese Frage scheint für Joe Walker seine Zukunftspläne entschieden oder bestätigt zu haben. Scharf antwortete er, daß er wieder zurückgehen und mit den Indianern leben würden, weil »weiße Leute wirklich scheußlich sind«.* Kurz danach brach er auf, Richtung Westen, und wurde in Missouri nie wieder gesehen. Für den Rest seines Lebens findet sich keine Spur einer anderen Frau oder Freundin; einmal nur soll er sich in eine Weiße verliebt haben, die er auf einem Planwagentreck sah, aber seine Gefühle blieben unerwidert.

*

Der umherziehende Mann, einsam und ohne Frau, der der Abendsonne entgegenreitet – diese Gestalt des Wilden Westens hat ihre Popularität bis heute nicht verloren. Früh schon wurde er in Geschichten, Anekdoten und Balladen gefeiert, und James Fennimore Cooper verwandelte ihn in seinen »Lederstrumpf«-Romanen endgültig in einen mythischen Helden. Anders als Odysseus etwa oder die fahrenden Ritter im Mittelalter kehrte Lederstrumpf nicht zurück, um sich wieder mit der Familie und der Gemeinschaft zu vereinen. Am Ende der Geschichte, Lederstrumpf ist nun ein alter Mann, immer noch unverheiratet und wahrscheinlich unberührt, macht er sich erneut auf, »eine letzte Zuflucht vor der Gesellschaft in den weiten, menschenleeren Prärien des Westens zu finden«. Zu der Zeit, da Lance Grabowski auf einer Obstfarm im Norden des Bundesstaates New York aufwuchs, waren Gary Cooper und John Wayne die neuen Idole. Lederstrumpf trug nun einen Cowboyhut und einen sechsschüssigen Revolver an der Hüfte, die Sonnenuntergänge strahlten in Technicolor, und wenn der Cowboy gen Westen aufbrach, ließ er die Frau, die ihn liebte, zurück, und auch die Kamera verharrte am Zaun der Heimstätte, bis der einsame Held am Horizont ver-

* Eine der wenigen direkten Äußerungen von ihm, die in der Familiengeschichte der Walkers aufbewahrt und von Bil Gilbert ausgegraben wurde.

schwand. Lance war schon als kleines Kind von Cowboys fasziniert und wollte nur deren Sachen tragen, so daß seine Mutter scherzte, er sei mit Hut und Gewehr zur Welt gekommen und deshalb sei seine Geburt so schwierig gewesen. Irgendwann fing Lance an, sich ebenso besessen mit Indianern zu beschäftigen. In seinen Teenagerjahren waren die »Easy Riders« seine Helden, was er rückblickend für eine ganz natürliche Entwicklung hält: »In Amerika wächst man mit dem Cowboy als Vorbild auf, man soll wie er unabhängig und selbständig sein und vor allem seine Freiheit schätzen. Das ist das wahre Amerika, verkünden unaufhörlich die Filme im Kino und Fernsehen, die Bücher und die Popkultur. Doch bald schon kommst du dahinter, daß die Gesellschaft in Wirklichkeit genau das Gegenteil von dir verlangt: Du sollst unterwürfig, ängstlich, abhängig sein, eigentlich nur ein braver kleiner Lohnsklave. Meine Reaktion darauf war, daß ich mir ein Motorrad besorgte, schwarze Lederklamotten und Ketten trug und allem gegenüber aggressiv eingestellt war.«

1966, als er achtzehn wurde, fuhr Lance nach Taos in New Mexico, besuchte das Kit Carson Museum und verließ es mit einem Stapel Bücher über die »Mountain Men«. Zwei Jahre später, er studierte an einer Kunstschule in Kansas City, trug er nur noch selbstgemachte Kleidung aus Wildleder, den indianischen Lendenschurz und Mokassins, und daran änderte sich nichts für die nächsten zehn Jahre. »Umherziehende Außenseiter haben mich schon immer interessiert, mich fesselt die Idee vom Leben in völliger persönlicher Freiheit. Als ich von den Mountain Men las, war das, als ob ich auf eine Goldader gestoßen wäre.« Wenn die Westernfilme ihn zu harten, ungebändigten, nomadischen Vorbildern hinzogen, haben sie dann auch seine Haltung zu Liebe und Frauen beeinflußt? Hier saß er, 50 Jahre alt, niemals verheiratet, und wieder fuhr er einsam der untergehenden Sonne entgegen. Er antwortete: »Ich wollte nicht, daß es so kommt. Es gefällt mir nicht besonders, allein zu sein. Leider scheint das zu dieser Lebensweise dazu zu gehören. Die Frauen in meinem Alter, die ich attraktiv und interessant finde, haben im allgemeinen keine Lust, den Rest ihres Lebens in Zelten zu verbringen. Das ist halt mein Dilemma. Wenn ich jemanden finde und will, daß es von Dauer ist, muß ich mich irgendwo niederlassen, und ich weiß genau, daß ich dann unerträglich werde. Die Mountain

Men hatten dieses Problem natürlich nicht. Wenn einer das Alleinsein satt hatte, ging er zum nächsten Indianerstamm, wählte sich eine Frau aus, überreichte als Preis, was deren Vater aus ihm herauspressen konnte, und dann ritt er mit ihr davon.«

*

Trotz seiner Verwünschungen der Weißen ging Joe Walker nicht in den Westen zurück, um seine letzten Jahre unter den Indianern zu verbringen. Statt dessen tat er etwas, was bis heute eine übliche Reaktion in Amerika ist, wenn man sich auf dem Tiefpunkt glaubt: er machte sich, nun 50 Jahre alt, nach Kalifornien auf und begann ein neues Leben. Und es schien ihm zu gelingen. Bald schon zeigte Walker wieder seine alte Kraft und Tüchtigkeit. Er erreichte Kalifornien im Herbst 1848, als gerade der Goldrausch ausbrach. Der Journalist James O'Meara verbrachte einige Zeit mit ihm und war überrascht, daß Walker die buchstäblich vor den Augen liegende Gelegenheit, ein Vermögen zu machen, völlig kaltließ. Beiläufig äußerte er seine Verachtung für die Vorstellung, mit Picke und Sieb im Schlamm zu stehen, nur um reich zu werden. »Gold hatte keinen Zauber für Hauptmann Joe Walker. Auf seine eigene vorausschauende und genügsame Weise wußte er Geld wohl zu schätzen, aber er war weder ein Anbeter noch Sklave des Mammons.« Walker etablierte sich als ein reisender Händler, der die Lager der Goldschürfer mit Pferden und Mastrindern versorgte. Er kaufte die Tiere von den mexikanischen Ranches in der Gegend von Los Angeles, trieb die Herden nach Norden zu Schürfplätzen von Sacramento und kehrte sogleich für die nächste Lieferung zurück – nach Walkers Maßstäben eine bescheidene Rundreise von etwa 800 Meilen. Von dem Gewinn kaufte er eine Ranch nahe Gilroy, wo die Tiere auf dem Weg in den Norden ausruhen und mehr Fleisch ansetzen konnten. Walker hielt sich dort nur selten auf; die Verwaltung der Ranch überließ er angeworbenen Helfern und mehreren Familienmitgliedern, die es auf seinen Spuren nach Kalifornien gezogen hatte. Nach einigen Jahren verkaufte er die Ranch wieder und benutzte die eines Neffen von ihm, nördlich der Bucht von San Francisco, als Nachschublager für den Viehtrieb und als

Ausgangsbasis für eine Reihe von Expeditionen in die letzten noch unbekannten Gegenden im Westen.

Geographische Neugier und seine ungebändigte Lust am Umherstreifen in der wilden Natur scheinen für diese Reisen das treibende Motiv gewesen zu sein, aber gewöhnlich fand er praktische, ökonomische Gründe für seine Aufbrüche: Vermessungsarbeiten für eine Eisenbahnlinie, Goldsucher, die in abgelegene Täler geführt werden wollten, ein geeigneter Standort für einen neuen Viehmarkt. 1858 ließ er sich von Hauptmann William Hoffman als Kundschafter anwerben, der einen Trupp von 50 Mann auf einem Einsatz gegen die Mojave Indianer am unteren Colorado River führen sollte. Walker war 20 Jahre zuvor den Fluß abwärts gewandert. Einer der Soldaten erzählte später einem Journalisten: »Jeden Morgen skizzierte Walker eine Karte der Gegend, durch die wir im Laufe des Tages marschieren sollten. Sie zeigte, wo Berge sich den Flußufern näherten, wo Täler sich weiteten, an welcher Stelle Sümpfe und Flußmündungen zu umgehen waren, und er markierte die Rastplätze für die Nacht... Ja mehr noch, er wußte sogar noch: Dort, abseits der Berge, ist Grasland oder ein Wald mit einem Bach, der nach Norden fließt oder was auch immer die Richtung war.« Walker war nun sechzig Jahre alt, und wenn man sich vorstellt, wieviel Sonne und Wind er all die Jahre ausgesetzt war, so müssen sein Haare ganz grau und seine Haut ledern gewesen sein. Die Soldaten konnten über den alten Späher nur staunen: sein Durchhaltevermögen und seine Kaltblütigkeit im Kampf, die unfehlbare Richtigkeit seiner Voraussagen, soweit sie Geographie, Wetter, Wildbewegung und Verhalten der Indianer betrafen. Das Wissen und die Fähigkeiten, die Walker beherrschte, waren zu der Zeit schon weitgehend verloren gegangen, zumindest unter den Weißen. (Die nächste Generation von Armeekundschaftern waren nur noch Indianer.) Die Soldaten betrachteten ihn als ein faszinierendes Relikt aus einer vergangenen Ära – ein Mann, der seine Zeit überlebt hatte.

*

Wie »Dead Cloud« richtig voraussah, traf ich viele »Buckskinners«, die sagten, sie seien 150 Jahre zu spät geboren. Doch im

Vergleich mit Lance Grabowski klang das Bedauern dieser Durchschnittsbürger ziemlich lau. Er haßt die moderne Gesellschaft zutiefst. Mit wenigen Ausnahmen findet er ihre Mitglieder allesamt verachtenswert. 90 Prozent von denen wären besser nicht geboren worden. Sie sind ihm einfach im Weg. Durch ihre Gesetze und Institutionen, ihre wimmelnde Gegenwart auf dem Lande halten sie ihn davon ab, so zu leben, wie er es sich vorstellt. Es ist illegal, das ganze Jahr über zu jagen und Fallen zu stellen, es sei denn, man ist vom Staat angestellt, im Interesse der Rancher Koyoten und Berglöwen zu töten. Es ist illegal, sich eine Winterhütte in den Bergen zu bauen. Lance verachtet die Behörden aus Prinzip – seine Überzeugungen sind radikal individualistisch und libertär, ganz in der schottisch-irischen Tradition. Einige einschränkende Gesetze kann er zumindest verstehen, soweit sie versuchen, mit den gleichen Problemen fertig zu werden, die ihm zusetzen: zu viele Menschen, zu wenig Wildnis. Durch den Handel auf den »Rendezvous«, Vorträge und als Western-Model für Maler (unter ihnen John Clymer, der 150.000 Dollar für ein Gemälde bekommt) hat Lance ein nach heutigem Standard hohes Maß an nomadischer Freiheit gewonnen, aber für ihn ist es nur eine kümmerliche Gestalt seiner Sehnsucht. Was hat die Modernität ihm gebracht? Hat es im amerikanischen Alltag seit 1840 irgendeine Verbesserung gegeben? Er muß über diese Frage lange nachdenken, bis er eine Antwort findet, die ihn überzeugt: »Zahnmedizin«. Er bewundert auch bestimmte Typen moderner Waffen, aber er denkt, daß seine historischen Repliken mehr Stil haben. Er fährt gerne in seinem Transporter, aber lieber reitet er auf einem Pferd. Er mag Thai Curry Paste, wie man sie heutzutage in Supermärkten bekommt, aber er weiß aus Erfahrung, daß er auch mit Pferdehafer und dem Kleinwild, das er mit dem Gewehr erlegen kann, zufrieden ist.

Kurze Zeit nach dem »Sommer-Rendezvous« besuchte ich Lance in seinem Haus in New Mexico. Ich wollte mir die Fotos und Aufzeichnungen anschauen, die er in den siebziger und achtziger Jahren auf seinen Expeditionszügen in die Wildnis gemacht hatte. Er versuchte damals, die berühmten »Winter Express«-Reisen des Moses »Black« Harris zu wiederholen und in den drei kältesten Wintermonaten die 1500 Meilen vom Bear Lake in Utah bis nach St. Louis in Missouri zu wandern. Lance trug pelzgefütterte Kleidung, die er selbst geschneidert hatte, benutzte seinen Mantel als Schlafsack und trug in seinem dreißig Pfund schweren Rucksack aus Wildleder nur authentische Ausrüstung. Nach 200 Meilen versagten seine Knie; er mußte durch den Schnee nach Farson (Wyoming) kriechen und sein Vorhaben abbrechen. 1976 ritt er 1200 Meilen von Santa Fe zu dem »Rendezvous« am Bear Lake, und wieder nahm er nur originalgetreue Sachen mit. Die meiste Zeit hielt er sich in den Bergen in »National Forest Land« auf, fand dort genug Gras und Wasser, und blieb der Zivilisation so weit wie möglich fern. Im folgenden Jahr machte er sich zusammen mit einem Partner vom Bear Lake nach Kalifornien auf, um Jedediah Smiths erste Route von 1826 nachzureiten. Noch in Utah konnte das Pferd seines Gefährten nicht mehr weiter, und Lance legte die restlichen 800 Meilen allein zurück. Davon gibt es einige Aufnahmen, die ein Fotograf der *National Geographic* gemacht hat. Im August durchquerte er die Mojave Wüste, ritt bei Nacht und rastete tagsüber, wenn die Temperatur auf 46 Grad stieg. Er aß Vögel und Eselhasen. Einige Male mußte er nach Wasser graben, und in dem trockensten Teil der Wüste wurde er von einem Wolkenbruch zur rechten Zeit gerettet, der auf dem Boden ein paar Pfützen hinterließ. »Natürlich gab es öde und frustrierende Tage, aber fraglos war es die größte Erfahrung meines Lebens«, sagte er. »Ich hatte die ganze Zeit großartige Träume. Ich fühlte mich lebendig, zufrieden und innerlich vollkommen ruhig. Ich wußte, freier würde ich niemals mehr sein.« Jed Smith ritt 150 Jahre zuvor bis nach Los Angeles, aber Lance war an das Ende seiner Reise gekommen, als er den Stadtrand von San Bernadino erreichte. Er hatte zwischen 1500 und 2000 Meilen zurückgelegt. Die Strecke läßt sich nur schwer exakt bestimmen, weil die Suche nach Wasser und Weideland und die Hindernisse der Zivilisation viele Umwege nötig machten. »Auf beiden Reisen zu Pferde bereitete mir die Natur überhaupt keine Schwierigkeiten. Es waren die Highways, die Autofahrer, das Land in Privatbesitz und Hunderte von verfluchten Zäunen. Ich schnitt sie an einer Stelle durch und flickte sie dann wieder, das war äußerst lästig. Als ich nach San Bernadino kam, war da nur noch ein Labyrinth von Schnellstraßen, Abzugskanälen und Gleisen. Ich sagte mir: Okay, das reicht. Ich bin in den Vororten von Kalifornien, und es ist das Jahr 1977.« Das letzte Mal, da ich Lance sah, sprach er über einen weiteren langen Ritt, diesmal ohne besonderes Ziel. Einfach irgendwo ein Pferd kaufen, es satteln, sich mit Schießpulver und Munition eindecken und dann hinaus galoppieren auf die größte leere Ebene, die sich auf der Landkarte finden läßt. Beim Abschied sagte er: »Mit Amerika geht es, so wie ich das sehe, zu Ende. Im Westen kann man immerhin noch solche Trips machen, wenn man einen Drahtschneider mitnimmt und sich nicht besonders um die Jagdgesetze kümmert. Wo sonst auf der Welt ginge das noch? In den meisten Ländern darf man ja nicht einmal eine Waffe tragen.«

*

Die überflüssig gewordenen »Mountain Men« und Häuptlinge besiegter Indianerstämme entfachten als erste die Nostalgie nach dem amerikanischen Westen. Sie schwärmten von dem wilden, unberührten Land, das der Westen einst war, und von der nomadischen Freiheit, die er gewährte. Der legendäre Jim Bridger saß auf seine alten Tage auf einer Veranda in Kansas City, erzählte von der Vergangenheit und starrte mit getrübten Augen Richtung Westen: »Ich wünschte, ich wäre wieder in den Bergen. Dort kann man so viel weiter sehen.« Selbst als er schon völlig erblindet war, wurde Bridger immer noch von einer quälend-sehnsüchtigen Rastlosigkeit umgetrieben. Seine Tochter Virginia war um ihn so besorgt, daß sie ein Pferd und einen Hund namens Sultan anschaffte und ihren alten, blinden, halb gelähmten Vater in den Wäldern und Prärien außerhalb der Stadt herumreiten ließ. »Sultan kam jedesmal allein nach Hause zurück, und so wußten wir, daß Vater sich wieder verirrt hatte. Der Hund bellte und winselte, bis ich rauskam und mich auf die Suche machte.« Jim Bridger war wohl der einzige »Mountain Man«, der so viele Jahre, wenn auch nicht so viele Meilen, durch den Westen gezogen war wie Joe Walker. Und nachlassende Sehkraft brachte auch Walkers Laufbahn zu einem Ende. 1867, er war bereits 69 Jahre alt, ritt er mit einem Partner durch Arizona. Der entfernte sich, als sie gerade Rast machten, von ihrem Lagerplatz und fand sich plötzlich von Banditen umringt. Er sagte ihnen, daß er mit einem großen, wohlbewaffneten Trupp unterwegs sei, und feuerte in die Luft, um Walker zu warnen. Der alte Mann konnte nicht sehen, was vor sich ging, aber erriet geistesgegenwärtig die Situation und gab rasch hintereinander mehrere Schüsse ab. Die Banditen waren überzeugt und ließen den Mann frei. Trotz des glücklichen Ausgangs war Walker klar, daß seine Sehschwäche das Leben eines Mannes gefährdet hatte, und das war unannehmbar. In seinen fünfzig Jahren an der »Frontier« wurde unter Walkers Kommando nur ein Mann getötet – eine unglaubliche Leistung, der keiner seiner Zeitgenossen auch nur entfernt nahekommt. In Lance Grabowskis Worten: »Das war das Besondere an Joe Walker. Wenn man mit ihm irgendwohin unterwegs war, konnte man so gut wie sicher sein, das Ziel lebend zu erreichen.«

Walker ritt weiter nach Kalifornien zu der Ranch seines Neffen in Contra Costa County und hängte den Sattel endgültig an den Nagel. Er hatte einen beschaulichen, würdigen Lebensabend ohne Anfälle von Nostalgie oder Rastlosigkeit. In seiner Nähe lebten viele schottisch-irische Verwandte, mit denen er in Tennessee und Missouri aufgewachsen war. Sie waren auf seinen Spuren quer durch den Kontinent gezogen, so wie ihre Großeltern den »Long Hunters« über die Appalachen gefolgt waren: Migranten auf den Pfaden von Nomaden. Die Verwandtschaft war eifrig darauf bedacht, sich nach so vielen Jahren mit Walker wieder bekannt zu machen, und ihre Besuche scheinen ihn erfreut zu haben. Seine Augen waren für Streifzüge durch die Natur nun zu schwach, aber er konnte noch lesen. So saß er an einem sonnigen Platz mit einem Buch oder verbrachte Stunden auf der Veranda, von der aus er einen Blick auf die zum Pazifik auslaufenden Hügel hatte.

Einige Journalisten kamen und interviewten ihn. Walker äußerte sich sehr kritisch über General Custer und die US-Armee, kurz nachdem sich die Nachricht von der Niederlage am Little Bighorn verbreitet hatte. Nach John Frémont, »dem Pfadfinder«, befragt, nannte er ihn »den größten Feigling, dem er je begegnet war«. Was seinen eigenen Lebensweg anging, so beschränkte sich Walker darauf, Gerüchte oder falsche Behauptungen zurechtzurücken und auf Daten, Orte und andere nüchterne Details nur Ja-Nein-Antworten zu geben. Der letzte Zeitungsmann, der versuchte, ihm mehr zu entlocken, gab im August 1876 auf, und Walker starb zwei Monate später. Er wurde 79 Jahre alt. Die Todesursache, so Bil Gilbert, war nicht mehr oder weniger als, daß »er lange genug gelebt hatte«.

Wie kann man dieses Leben in sechs Zeilen, die so wenig Worte wie möglich enthalten, destillieren? Wie lassen sich seine historische Bedeutung, seine Abenteuer und wunderbaren Augenblicke ohne den Gebrauch eines einzigen Adjektivs vermitteln? Das war die letzte Aufgabe, die Joe Walker sich stellte: die Inschrift für seinen Grabstein.

BORN IN ROAN COUNTY, TENN – DEC. 13, 1798
EMIGRATED TO MO – 1819
TO NEW MEXICO – 1820
ROCKY MOUNTAINS – 1832
CALIFORNIA – 1833
CAMPED AT YOSEMITE – NOV. 13, 1833

Knapper, mit mehr Understatement ging es kaum. So war Joe Walker. Sollte jemand die Bedeutung dieser Inschrift, besonders die letzte Zeile, nicht verstehen, nun, es würde zu lange dauern, sie zu erklären.

Kapitel 8

»Siehe, es wird ein Volk kommen von Mitternacht... sie führen Bogen und Speere. Sie sind grausam und ohne Erbarmen, sie brausen daher wie ein ungestümes Meer und reiten auf Rossen, gerüstet als Kriegsleute gegen dich.«

Jeremia Kap.6, V. 22f.

Die Schrift war eine Erfindung seßhafter Zivilisationen, und von Anbeginn sind die Aufzeichnungen über Nomaden von Abneigung und Mißbilligung, häufiger noch von Furcht und Haß diktiert. Ihren Einzug in die Geschichtsbücher hielten die berittenen Völker als der Feind, der über die Steppen und Wüsten wie ein Gewittersturm herandonnerte, um zu rauben, zu erobern und Tribut einzutreiben. Der Prophet Jeremia beschwor vermutlich die Skythen herauf, die ersten nomadischen Krieger, von denen berichtet wird. Und nach welchem zivilisierten Maßstab auch immer, sie waren ein barbarischer und Schrecken erregender Haufen. Sollte eine Motorradgang nach einem Namen suchen, »Die Skythen« wäre so schlecht nicht. Sie waren langhaarig, bärtig und schmutzig, tranken Wein aus den Schädeln ihrer grimmigsten Feinde, und getöteten Opfern häuteten sie den rechten Arm in einem Stück bis zu den Fingernägeln, um damit die Pfeilköcher zu bespannen. Herodot, der erste große Geschichtsschreiber, erzählt in den *Historien*, daß die Skythen ihre Gegner auch skalpierten und die getrockneten, langgezogenen Kopfhäute an das Zaumzeug ihrer Pferde hängten, so wie es zweitausend Jahre später viele Indianerstämme der Prärie taten. Die Skythen waren ausgezeichnete Bogenschützen, die für die Jagd auf Vögel so dünne Pfeile wählten, daß sie ihnen damit durch das Auge schießen konnten. Und wie alle großartigen Reiter verachteten sie das Laufen. Man vermutet, daß von den Skythen der griechische Mythos der Kentauren herrührt: halb Mensch, halb Pferd. Im siebten Jahrhundert v. Chr. verließen die Skythen Zentralasien, trieben ihre Viehherden nach Westen – eine nomadische Kriegsmaschine mit ständig frischem Nachschub – und übernahmen die Herrschaft über die eurasische Steppe. Ihr Reich erstreckte sich über 6000 Kilometer von der Mongolei bis zur Donau, und ihre Macht beruhte auf Raub, Tributen, einer unbesiegbaren Schnelligkeit der Kriegführung und auf dem regen Handel mit Pelzen, Häuten, Gold und versklavten Gefangenen. Das Imperium der Skythen hielt sich fast 500 Jahre; am Ende konnten sie es nicht mehr aufrechterhalten, weil sie zu reich und bequem geworden waren. Die siegreichen Reiter hatten zuviel Gold und andere Beute angehäuft, so daß sie die alte Beweglichkeit allmählich verloren und Siedlungen gründeten. Sie vermischten sich durch Heirat mit den seßhaften Völkern, anstatt wie früher deren Frauen und Töchter zu rauben.

Im zweiten Jahrhundert v. Chr. wurden die Skythen von einem neuen kriegerischen Steppenvolk, den Sarmaten, entmachtet. Immer neue Reiterscharen stürmten über die Steppen Asiens und Europas, Welle auf Welle, eine wilde Horde nach der anderen: Hunnen, Alanen, Kasachen, Tataren, die Mongolen unter Gengis Khan und Tamerlan. Ähnlichen Mustern folgten die Invasionen in Indien, Afrika und Arabien, und wo immer die Zivilisierten über die berittenen Nomadenkrieger schrieben, wurden sie als wilde, grausame Unmenschen charakterisiert. Der römische Historiker Ammanius Marcellinus beschrieb die Hunnen als »zweibeinige Bestien... rohe Gestalten, wie aus Stümpfen gehauen«. Ein Schreiber der Han-Chinesen fällte über die östlichen Verwandten der Hunnen, die Hsiung-nu, dieses Urteil: »In ihrer Brust schlägt das Herz eines Tieres... seit den ältesten Zeiten sind sie nie als ein Teil der Menschheit betrachtet worden«. Ein Beamter im alten Ägypten schrieb über die Beduinen, daß »schon ihr Name übler riecht als der Gestank von Vogelkot«. Und in einem aufgeregten Brief des englischen Mönchs Matthew Paris von 1243 an den Erzbischof von Bordeaux heißt es über die Tataren: sie seien »eine wilde Rasse unmenschlicher Wesen... Jungfrauen wurden vergewaltigt, bis sie an Erschöpfung starben«. In den Bibliotheken finden sich in Überfülle Zeugnisse, die dokumentieren, was die Seßhaften von den Nomaden hielten, aber wir haben so gut wie keine Texte aus der Sicht der frühen Nomaden, die uns Aufschluß darüber geben, was sie über sich selbst und ihre Feinde dachten und wie sie die Welt sahen. Eine seltene und faszinierende Ausnahme ist das Buch *Die Geheime Geschichte der Mongolei* aus dem 14. Jahrhundert, in dem Chinesen Lagerfeuergeschichten, Lieder und Gedichte aus der Armee Genghis Khans aufbewahrten. Nomadische Stämme hinterlassen keine schriftlichen Überlieferungen. Bücher, gar Bibliotheken sind nur eine tote Last für ein umherziehendes Volk.

In der Mitte des 19. Jahrhunderts waren Pioniere in Texas überrascht, als sie sahen, daß analphabetische Comanchen Krieger bei ihren Raubüberfällen auf einsame Farmen und Siedlungen auch Bibeln und andere Bücher als Beute mitnahmen. Im Stil echter Nomaden hatten die Indianer entdeckt, daß sich Papier sehr gut zum Ausstopfen ihrer mit Bisonhaut überzogenen Schilde eignete und sogar, wenn dick und eng gepackt, Kugeln abwehren konnte. Der texanische Viehzüchter Charles Goodnight fand in dem Kriegsschild eines Comanchen eine vollständige Geschichte des alten Rom (Aufstieg, Blütezeit und Fall durch die nomadischen Barbaren aus dem Norden). Nomaden bewahren ihre Kultur in ihren Köpfen, nicht in Büchern. Ihre Geschichten werden erzählt, ihre Religionen – mit Ausnahme islamischer Nomaden in Arabien und Afrika – sind gewöhnlich schamanistisch und kreisen um Träume, Visionen und animistische Geister in der Natur. Jedes Mitglied ist ein zeitweiliger Hüter aller Gesänge, Geschichten, Zeremonien und Bräuche seines Stammes, und wenn es stirbt, ohne den Schatz weitergegeben zu haben, dann ist das so schlimm wie eine verbrannte Bibliothek. Wenn die mündliche Überlieferung über ein oder zwei Generationen etwa während Zeiten der Verfolgung und Vertreibung ins Stocken gerät, ist ein Stamm in der Gefahr, seine Geschichte und Kultur vollständig zu verlieren. Oft genug müssen dann die Nachkommen in den Aufzeichnungen der Eroberer nach den

Spuren der eigenen Vergangenheit suchen. Genau in diesem Dilemma befinden sich die Comanchen heute. Wohl haben sie sich immer noch eine starkes Zusammengehörigkeitsgefühl bewahrt, aber ihre Sprache stirbt aus, sie haben ihre Reservation verloren und gehen immer mehr Mischehen mit weißen Amerikanern, Mexikanern oder anderen Indianern ein, so daß es keine reinblütigen Comanchen mehr gibt. Und die mündliche Überlieferung ist auch fast ganz abgerissen. Die heutige ältere Generation bestärkte ihre Kinder darin, Englisch zu lernen und sich nach einer Zukunft in der Welt der Weißen umzuschauen. Von einigen Ausnahmen abgesehen, gab sie nur wenig von dem weiter, was sie über die alte Lebensweise wußte.

Comanchen, die in den sechziger Jahren mit dem Studium begannen, haben aber mittlerweile eine Bewegung gegründet, die sich darum bemüht, die Sprache ihres Stammes wiederzubeleben und die Überreste der mündlichen Tradition aufzuzeichnen. In einigen Fällen lehren die Alten, die früher mit den Kindern nur Englisch sprachen, ihre Enkel Comanche. Nach einer langen Zeit der Verschwiegenheit nicht nur weißen Forschern, sondern auch ihren eigenen Leuten gegenüber haben sie nun wieder begonnen, Geschichten über das frühere Jagd- und Kriegsleben auf den Prärien zu erzählen, die sie einst von ihren Eltern und Großeltern hörten. Ich war auf diese Erzählungen neugierig und darauf, ob sie dem, was ich mir angelesen hatte, widersprachen oder es bereicherten. Vor allem wollte ich mehr zur jüngsten Geschichte der Comanchen wissen. Von allen Indianerstämmen in Amerika hielt ich sie stets für die unnachgiebigsten Nomaden, die am wenigsten für ein Leben als Farmer und rechtschaffene Bürger geeignet waren. Sie kamen den barbarischen, über die eurasischen Steppen ausschwärmenden Reiterscharen am nächsten. Was haben sie im schmerzhaften Übergang vom Nomadentum zur Seßhaftigkeit verloren? Woran haben sie festgehalten und was hat ihnen das neue Leben gebracht? Das Land der Comanchen heute besteht nur noch aus zerstreuten, jeweils 160 Morgen großen Grundstücken im Umkreis von Lawton in Oklahoma. Es wird von einer staatlichen Behörde treuhänderisch verwaltet und weitgehend von weißen Farmern bebaut. Als ich von Arizona hierher fuhr, hatte ich genug Zeit, über Aufstieg und Fall der Comanchen nachzudenken. In New Mexico überquerte ich den Pecos River, der einmal den westlichen Rand ihres Reiches bildete, und als ich nach 450 Meilen in Lawton ankam, befand ich mich immer noch innerhalb des einstigen Herrschaftsgebiets.

Auf der Höhe ihrer Macht, zwischen 1750 und 1840, kontrollierten die Comanchen ein Territorium von 250.000 Quadratmeilen – das westliche und mittlere Texas, das östliche New Mexiko, das südöstliche Colorado, große Teile von Oklahoma und Südkansas –, und das war nur die Ausgangsbasis für ihre Unternehmungen. Sie zogen hinauf in die Rockies, um gegen die Ute zu kämpfen. Manchmal brachte sie der Pferdehandel bis weit in den Norden nach Sasketchewan, oder sie drangen plündernd tief in Mexiko ein. Ein Trupp von Comanchen, begleitet von verbündeten Kiowa Indianern, gelangte an den Rand des mexikanischen Dschungels und kam zurück mit Geschichten von bunt gefiederten Papageien und »kleinen Menschen, die auf Bäumen lebten«, was noch heute das Comanche Wort für »Affe« ist. Wenn es für Joe Walker hinsichtlich der zu Pferde zurückgelegten Strecken einen Rivalen gab, dann war es wahrscheinlich ein greiser, längst vergessener Comanche Krieger. Im Unterschied zu den meisten Prärieindianern hatten die Comanchen niemals Ackerbau betrieben. Ursprünglich waren sie Jäger und Sammler im Wind River Land im heutigen Wyoming und gehörten zum Volk der Shoshoni. Irgendwann im sechzehnten oder siebzehnten Jahrhundert trennten sich die Comanchen von ihnen wegen einer nicht zu schlichtenden Uneinigkeit und machten sich auf die lange Wanderung zu den südlichen Great Plains. Auf ihrem Zug lernten sie die gerade entstehende Bison- und Pferde-Kultur kennen und wurden der erste Stamm, der ihr ganzes kriegerisches Potential entfaltete. Die berittenen Bogenschützen und Lanzenträger – eine nomadische Kriegsmaschine ohne Nachschubprobleme – vertrieben die an den Flußufern siedelnden Stämme (einschließlich der Apachen), hinderten die Franzosen an der Ausweitung ihrer Kolonie Louisiana, warfen die Spanier aus Texas und gründeten das erste nomadische Großreich in Nordamerika.

Die Comanchen hatten weder Rinder, noch Schafe oder Ziegen, aber ihre Beziehung zum Pferd war unter den Prärieindianern einzigartig. Diese Besonderheit teilten sie mit dem eurasischen Typus des nomadischen Kriegers und Hirten. Als einziger Stamm züchteten sie mit Erfolg Pferde, die schnell und ausdauernd waren und auffallende Farben und Fellmuster hatten. Und sie besaßen größere Herden als alle anderen. Ein Kriegshäuptling der Sioux mochte sich des Besitzes von 50 Pferden rühmen; einem gewöhnlichen Comanchen Krieger gehörten oft mehr als 200 Tiere, und es gibt Berichte von einzelnen Comanchen Häuptlingen mit mehr als 1500 Pferden. Es ist schon wahr, daß das Nomadisieren der Comanchen von der Migration der Bisons bestimmt wurde, aber nicht weniger trieb sie der Zwang, frisches Weideland für die riesigen Pferdeherden zu finden. Im 19. Jahrhundert zog einer der Großtrupps der Comanchen, 2000 Menschen, einschließlich der Frauen und Kinder, mit etwa 15.000 Pferden umher. Sowohl von den Weißen als auch von den Indianern wurden die Comanchen als die besten Pferdekenner und geschicktesten Reiter anerkannt: Sie waren die Kentauren der Prärie. Wenn sie aber von ihren Pferden abstiegen, machten sie mit ihren O-Beinen einen ungeschickt-komischen Eindruck; sie hatten einen ruckartigen Schlurfschritt, was vermutlich daher kam, daß sie das Reiten vor dem Laufen lernten. Die Comanchen waren der einzige Stamm, der es vorzog, zu Pferde zu kämpfen statt in die Nähe des Kampfplatzes zu reiten und sich dann an den Gegner anzuschleichen. Und wie die Hunnen sollen auch sie gegessen, geschlafen und defäkiert haben, ohne von ihren Pferden abzusteigen. Die anderen Prärieindiander benutzten Pferde zum Tragen von Lasten und zur Büffeljagd, aber sie lebten nicht wie die Comanchen auf dem Rücken der Pferde oder verachteten in gleicher Weise die Fortbewegung zu Fuß.

Aufgrund ihrer Nähe zum stark besiedelten Mexiko lebten die Comanchen mehr als alle anderen Stämme von Überfall und Plünderung und ähnelten damit der eurasischen Ausformung des kriegerische Nomadentums, wie es die Skythen, Hunnen, Mongolen und andere praktiziert hatten. »Siehe, es wird ein Volk kommen von Mitternacht... sie führen Bogen und Lanzen. Sie sind grausam und ohne Erbarmen...« Langhaarig und verwildert, die Gesichter mit schwarzer Kriegsbemalung, Skalps am Zaumzeug ihrer Pferde, Krieger mit gehörntem Bisonskalp oder Hirschgeweih auf dem Kopf – so ritten die Comanchen in Mexiko ein. Das geschah meist in den mondhellen Septembernächten (der Vollmond in jenem Monat bekam den Namen Comanchen Mond), zu der Zeit, da das Gras hoch stand und die Wasserstellen nach den Sommergewittern voll waren. Die Bauern, Ranchers, Dorfleute und Städter in Nordmexiko, die von der Armee kaum beschützt wurden und schlecht bewaffnet waren, nannten die Comanchen »*los barbaros*«, die Barbaren vor dem Tor, die schauerliche Kriegslaute ausstießen, auf Pfeifen aus Adlerknochen bliesen und Gefangene im Galopp auf den Rücken ihrer Pferde zogen. Über 170 Jahre verbreiteten sie Schrecken und Verwüstung. (Mütter in der Stadt Durango, die tausend Meilen südlich der Büffelebenen liegt, drohen noch heute ungehorsamen Kindern, daß die Comanchen sie holen werden.) Tausende von Mexikanern wurden getötet und skalpiert, Frauen wurden vergewaltigt, und die Toten verstümmelt, damit die Indianer in ihrem Nachleben nicht mehr gegen sie kämpfen mußten. Auch in der Benutzung des Marterpfahls waren sie nicht träge. Manchmal brachten die Krieger ihre Familien mit und blieben über Winter in Mexiko. Bis zum Frühjahr, da sie wieder Richtung Norden zur Bisonjagd aufbrachen, nahmen sie Hunderte von Frauen und Kindern gefangen und stahlen Tausende Pferde und Maultiere.

In den dreißiger Jahren des 19. Jahrhunderts müssen sich die Comanchen als die Herren der Welt gefühlt haben. Sie kontrollierten alle Prärien des Südens – eine leere Landschaft, über die die Winde fegten, vierhundert Meilen breit und sechshundert Meilen lang, ohne dauerhafte Siedlungen oder Spuren menschlicher Inbesitznahme. Nach den Maßstäben der Zivilisierten war es überhaupt kein Imperium, vielmehr eine heulende Wildnis, aber nomadische Reiche gehorchen anderen Prinzipien. Felder und Siedlungen behindern das Grasen und die Bewegungsfreiheit, und zu Orten macht man sich nur auf, um sie zu überfallen oder dort Handel zu treiben. Inmitten der riesigen Flächen leeren urwüchsigen Graslands fühlten diese Nomaden sich sicher und stark. Pferde waren das Äquivalent für Gold, an deren Zahl maßen sie ihren Reichtum; und die Herden der Comanchen waren riesig. Der Sklavenhandel mit Gefangenen blühte, Polygamie breitete sich aus (in ihren Augen ein sicheres Zeichen guter Zeiten), und viele Skalps hingen an den Zeltstangen und Zügeln. Trotz der vielen Fehlgeburten, die mit einem Leben auf dem

Pferderücken einhergingen, stieg die Zahl der Stammesangehörigen. In ihrer Hochzeit gab es etwa 20.000 Comanchen, die in einem Dutzend großer Trupps durch ihr Machtgebiet schweiften; davon werden ungefähr 6.000 Krieger gewesen sein. Der Mokassinabdruck auch nur eines Comanchen, so prahlten sie, genüge, um jeden in die entgegengesetzte Richtung fliehen zu lassen. Wenn sie durch ihr Reich mit seinen gewaltigen Büffelherden ritten, müssen sie gedacht haben, daß es für immer bestehen würde.

*

Die schlichten Verwaltungsgebäude des Comanchenstammes stehen auf einem kleinen, windigen Hügel, einige Meilen nördlich von Lawton. Als ich dort eintraf, waren ein paar Männer gerade damit beschäftigt, einen starken, fast zwei Meter hohen Zaun um ein Stück Weideland unterhalb der Büros zu ziehen. Er sollte, wie sie mir sagten, die Bisons davon abhalten, auszubrechen. Der Stamm hatte vierzig Stück von einem staatlichen Wildreservat in den Wichita Mountains gekauft; die Tiere sollten hier als ein lebendiges Symbol der alten Comanchen Kultur eingepfercht werden, so wie ein Stamm an der nordwestlichen Pazifikküste einen Totempfahl oder eine Lachsskulptur vor seinem Verwaltungszentrum aufstellt. Neben der neuen Koppel, gewissermaßen zur Ergänzung des Symbols, befand sich ein Pferch mit 50 Pferden, einjährige Mustangs, die erst vor wenigen Wochen aus einer wildlebenden Herde in Nevada gefangen worden waren. Vierzig Büffel und 50 Pferde: mehr als alles andere ein Symbol der Armut der heutigen Comanchen. Vor dem Pferch parkte ein Polizeiwagen, daneben stand ein Stammespolizist, der die Pferde aufmerksam beobachtete. Er hatte die klassische Statur eines Comanchen: breiter Brustkasten, kurze Beine, eine dunkle kupferfarbene Haut und große, breite Gesichtszüge. Er trug eine marineblaue Uniform, sein Auftreten unterschied sich kaum von dem anderer Polizisten in Oklahoma. Er lehnte sich gegen den Wagen, Wolken spiegelten sich in seinen Sonnengläsern, und er sprach mit einem gedehnten, schleppenden Akzent – ganz so wie die Schotten-Iren. Die Pferde, sagte er mir, seien Teil der neuen Antidrogen-Politik des Stammes.

»Wir haben eine Menge junger Leute, die mit Amphetaminen viel Scheiß gebaut haben. Es ist eine üble Szene, aber wir werden sie zerschlagen, das können Sie mir glauben. Wir werden alles tun, was nötig ist, um die Dealer hinter Schloß und Riegel zu bringen. Gleichzeitig stärken wir bei unseren jungen Leuten wieder den Stolz. Sobald wir diese Einjährigen hier gezähmt haben, beginnen wir mit einem Sommerlager, wo die Kids lernen, wie man mit Pferden umgeht. Junge Leute müssen auf ihre Herkunft stolz sein, und, zum Teufel, was für ein Comanche bist du, wenn du nicht weißt, wie ein Pferd zu reiten ist?«

Ich hatte meinen Wagen etwa 250 Meter entfernt von der Stelle, wo wir standen, geparkt. Beim Abschied bot er mir an, mich dorthin zurückzufahren, und schaute verblüfft drein, als ich sagte, ich würde das kurze Stück laufen. Es sei ein seltsamer europäischer Brauch, ließ ich ihn wissen, wir würden wirklich gerne zu Fuß gehen. Er gab mir seine Visitenkarte (Richard Saupitty, Stammespolizist – »Wir werden Ihnen heute noch bessere Dienste leisten als gestern«) und fuhr davon. Als ich mich dem Vordereingang näherte, machte ich mich darauf gefaßt, daß man mir reserviert oder gar unwirsch begegnen würde; vielleicht mußte ich mir wieder den Vorwurf anhören, als Journalist nur auf negative Geschichten über den Stamm aus zu sein. So jedenfalls ist es mir mit offiziellen Vertretern der Indianer ergangen, waren es nun Sioux, Navajo, Hopi, Apachen oder Havasupai. Von Zeitungsleuten höre ich immer wieder, wie »schwierig« der Umgang mit Indianern sei – »aufmüpfige Scheißkerle«, wie sich ein nach London zurückberufener Kollege ausdrückte. Ich ging zu der Dame am Empfang, sagte meinen Spruch auf, und siehe da, ein Strahlen ging über ihr Gesicht, und he, kommen Sie doch bitte rein, hier ist auch eine Broschüre mit nützlichen Informationen über die Comanchen in Gegenwart und Vergangenheit. Kaum zwei Minuten später wurde ich ohne vorherigen Termin ins Büro der Verwalterin des Stammes geführt. Delphine Nelson erhob sich hinter ihrem Schreibtisch, eine kleine, lebhafte Frau in einem Hosenanzug, rötliches Haar mit Dauerwelle, eine große geschwungene Brille. Ihr Ton war forsch, sie sprach mit freundlichem Sarkasmus. Sogleich erriet sie den Grund meines Kommens: »Also, Sie möchten eine Rede über die Lage des Stammes« und legte los.

Ungefähr 9.500 Comanchen sind in die Stammesliste eingetragen. Man gehört dazu, wenn zumindest ein Großelternteil Comanche ist. Fast die Hälfte des Stammes lebt im Großraum Los Angeles, und die anderen zumeist hier im Südwesten Oklahomas. Die guten Nachrichten zuerst: Die Comanchen haben unter den Studierenden einen größeren Anteil als jeder andere Stamm und bringen mehr Ärzte, Anwälte, Manager und Lehrer hervor. Der Stamm hat ein neues Casino, das bereits beträchtliche Gewinne macht – Spielkasinos sind mittlerweile die wichtigste Einnahmequelle für Indianerstämme in Amerika und heißen »die neuen Büffel«. Die schlechten Nachrichten: Es entwickeln sich kaum andere Erwerbszweige. Die Arbeitslosigkeit ist hoch, die Selbstmordrate steigt, Alkoholismus und Drogenmißbrauch sind weit verbreitet, auch wenn all diese Zahlen bei den Comanchen niedriger sind als bei den Stämmen in den Reservationen. Nach den dortigen Standards sind selbst die ärmsten Comanchen noch wohlhabend. Zum Beispiel haben sie alle Elektrizität und fließendes Wasser. Ich fragte Delphine Nelson, ob es in der heutigen Kultur der Comanchen noch Überreste des früheren Nomadentums gebe. »Nun, wir sind keine guten Farmer«, antwortete sie. »Ein paar versuchen es, aber im Großen und Ganzen mögen wir die Landwirtschaft nicht. Wir sind dafür einfach nicht geeignet. Wir verpachten lieber unser Land an weiße Farmer. Besser sind wir in der Aufzucht von Vieh. Was sonst? Nun, die Kriegertradition ist noch ziemlich stark.« Massenhaft verpflichteten sich Comanchen in beiden Weltkriegen, in Korea und Vietnam, und noch heute gehen viele zum Militär. »Für die Männer ist es eine Möglichkeit, sozusagen hinaus auf die Prärie zu gehen und ihre Kriegsauszeichnungen zu gewinnen. Als die Comanchen aus Vietnam zurückkamen, spuckte niemand auf sie oder beschimpfte sie. Sie wurden mit Tänzen und Festen wie heimkehrende Krieger begrüßt, und wir alle waren stolz auf sie. Und das ist wohl auch der Grund, warum sich bei den Comanchen-Veteranen im Gegensatz zu den weißen Vietnam-Soldaten kaum posttraumatische Streßsyndrome zeigten.«

Am schädlichsten wirke sich das genetische Erbe aus, sagte Delphine Nelson. 75 Prozent der Stammesmitglieder haben Diabetes, und bei einem Viertel mußten infolge der Erkrankung Amputationen vorgenommen werden: Beine, Arme, Finger und

Zehen. Als Sammler und Jäger aßen die Comanchen zumeist mageres Fleisch, gegrillt, gekocht oder roh, sie kannten nicht Feinzucker, Kohlehydrate oder Gebratenes – das aber sind die drei wesentlichen Bestandteile des heutigen amerikanischen Essens. Alle nordamerikanischen Indianer leiden an hohem Blutzucker, aber unter den alten nomadischen Jagdstämmen ist es schlimmer als unter denen, die Ackerbau betrieben. Der Alkoholismus unter Indianern wird ganz unterschiedlich erklärt. Ist er die Folge der vernichtenden Niederlage, des Verlusts der vertrauten Umwelt und der sozialen und kulturellen Verwerfungen? Ist er eine fortdauernde Reaktion auf die weit verbreitete Armut und Arbeitslosigkeit? Oder hält sich das Alkoholproblem deswegen so hartnäckig, weil sich durch die traditionelle Abstinenz das Getränk in etwas geheimnisvoll Dunkles verwandelt hat und wie alles Verbotene lockt? Oder ist Alkohol einfach ein Betäubungsmittel, mit dessen Hilfe es den Indianern gelingt, eine schwierige Periode schmerzhafter Veränderungen durchzustehen? Vielleicht betrinken sich Indianer einfach genauso gerne wie alle anderen, um sich wohler zu fühlen, werden aber schneller süchtig? Delphine Nelson, die selbst mit ansehen mußte, wie zwei ihrer Onkel und vier Cousins sich zu Tode tranken, ist überzeugt, daß das Problem genetisch bedingt ist (Mag sich das Blut der Comanchen auch verdünnt haben, zumeist sind sie doch Mischehen mit Angehörigen anderer Indianerstämme eingegangen). Sie hält nichts von den Theorien kultureller Umbrüche, denn zum einen sind gebildete, urbane Indianer mit gutbezahlten Jobs und stabilen Familien genauso anfällig für Alkoholmißbrauch wie ihre armen, arbeitslosen Stammesgenossen. Zum anderen war diese Anfälligkeit bereits bei der ersten Begegnung mit dem »Feuerwasser« offensichtlich, als das Stammesleben noch intakt und unbedroht war.

Die Wissenschaftler sind sich nicht einig, aber in letzter Zeit konnte man viel darüber lesen, daß bei den Europäern gewisse Enzyme und Stoffwechselprozesse die Wirkung von Alkohol mildern, was bei den amerikanischen Indianern und auch den Aborigines in Australien nicht der Fall zu sein scheint. Was auch immer entscheidend sein mag, genetische Bedingungen oder kulturelle Einflüsse oder ihr Zusammenspiel, wahr ist wohl, daß eine lange Gewöhnungszeit ein Volk weniger anfällig für Alkoholismus macht. Die Bewohner des Mittelmeerraumes trinken seit siebentausend Jahren Wein, und nur 10 Prozent sind alkoholgefährdet. Bei Nordeuropäern mit ihren 1500 Jahren Alkoholerfahrung beträgt die Rate zwischen 20 und 40 Prozent, wobei sie am höchsten unter Russen, Polen, Iren und Schotten ist. Amerikanische Indianer sind dem Alkohol seit dreihundert Jahren ausgesetzt, und von denen, die anfangen zu trinken, enden etwa 80 Prozent als Alkoholiker. Ich weiß nicht, wie in diesen Untersuchungen Alkoholismus definiert ist, ob beispielsweise eine russische oder kalifornische Definition den Maßstab bildet, aber der Zusammenhang scheint klar zu sein. »Indianer werden aus dem gleichen Grund Alkoholiker, aus dem sie auch Diabetiker werden«, erklärt Delphine. »Wir sind für starke Getränke oder Junkfood physiologisch nicht ausgerüstet. Es ist ungerecht, man kann darüber jammern, aber das ist die Realität, mit der wir fertig werden müssen. Genauso war es mit all den anderen Krankheiten, die die Europäer uns gebracht haben. Wir waren nicht immun gegen Pocken und Grippe und sind es immer noch nicht. Wie lange brauchen Sie, um sich von einer Erkältung zu erholen? Zwei Wochen höchstens, nicht wahr? Bei uns sind es dreißig oder auch sechzig Tage, je reiner das Blut ist, desto länger dauert es.«

Bei der Eroberung des amerikanischen Westens haben Mikroben nie die Anerkennung bekommen, die sie eigentlich verdienen. Unaufhaltsam haben eingeschleppte Krankheitserreger den Weg für die voranschreitende Zivilisation gebahnt und dabei, vermutlich mit dem Segen Gottes, mehr Indianer getötet als die Cowboys, die US-Armee und die »Frontiersmen« zusammen. Für die Vertreter der These von der historischen Unvermeidlichkeit hätten die nach Westen strömenden und technisch besser ausgerüsteten Massen auch ohne die Hilfe der Bakterien triumphiert, aber so ist es nirgendwo in Nord- oder Südamerika abgelaufen. Nach den jüngsten Schätzungen löschten Krankheiten, die die Europäer mitbrachten, zwischen 60 und 90 Prozent der indigenen Bevölkerung des gesamten Kontinents aus. Als die Welle die Great Plains erreichte, wiederholte sich ein bereits vertrautes Muster: jähes, Schrecken erregendes Massensterben, soziale und psychische Desintegration der Überlebenden und eine unumkehrbare Verschiebung des Machtgleichgewichts. 1849 befanden sich die Comanchen bereits in der Defensive. Ein neues Volk, in den Augen der Indianer bleich, hager und schlaksig, war an den östlichen Rändern ihres Reiches aufgetaucht und zog mit immer mehr Farmen und Siedlungen eine Grenzlinie. Anfangs hatten die Comanchen den Gegner unterschätzt. Sie sahen nur lachhaft schlechte Reiter auf großen schwerfälligen Pferden; allein schon ihre Hütten und Felder kennzeichneten sie als ein schwaches, minderwertiges Volk, ähnlich den Mexikanern oder den Ackerbau treibenden Indianerstämmen, vielversprechend allerdings als neue Quelle für Gefangene und Beute. Aber die Texaner erwiesen sich als ein besonders übler und tückischer Gegner. Feindseligkeiten waren in einen dauernden Kriegszustand übergegangen, als die Weißen eine Reihe von Comanchen-Häuptlingen während einer Waffenruhe überfielen und töteten.

Die Texaner, deren Truppen von im Süden des Landes geborenen Schotten-Iren dominiert wurden, paßten sich schnell den Gegebenheiten der Prärie an. Ihre Reitkünste hatten sich verbessert, sie ritten nun schnellere Pferde mit größerer Ausdauer und entwickelten sich zum unangenehmsten Kriegsgegner, dem die Comanchen sich je gegenübersahen. Das waren die berühmt-berüchtigten Texas Rangers, die erkannt hatten, daß die Comanchen nur erfolgreich bekämpft werden konnten, wenn man so wurde wie sie. Sie ritten in kleinen, sehr beweglichen, stets kampfbereiten Trupps ohne Nachschublinien und konnten monatelang in der Wildnis leben. Über Hunderte von Meilen verfolgten sie die Hufspuren der Comanchen hinaus in die weiten Ebenen, griffen die Hauptlager an, töteten Frauen und Kinder, brannten die Tipis nieder, trieben die Pferde weg und ritten mit Comanchenskalps an den Gürteln und Zügeln wieder davon. Doch Krankheiten forderten einen höheren Tribut. Die Comanchen waren bereits ihrem Todfeind begegnet. Eine Pockenepidemie rottete 1839 Clans und Familien aus, und Syphilis, die sie sich bei den Raub- und Vergewaltigungszügen in Mexiko geholt hatten, war in den vierziger Jahren im ganzen Stamm endemisch. Dennoch hielten die Comanchen Anfang 1849 noch über 80 Prozent ihres Machtgebiets und blieben nach wie vor äußerst gefürchtet. Für ihre Verluste hatten sie sich blutig an den Texanern gerächt und waren mit Hunderten von Gefangenen, Pferden und Maultieren wieder abgezogen. Für die weißen Texaner beschwor der bloße Name Comanche die gleichen schrecklichen Drohungen herauf wie für die Mexikaner. In Zeitungen, Lebenserinnerungen und Predigten wurden die Comanchen mit Heuschrecken, Wölfen und der Pest verglichen, mit Tataren, Mongolen, Hunnen, Vandalen und den rachsüchtigen Reitern aus dem Buch Jeremia. Die Comanchen sahen sich natürlich nicht als eine Horde unmenschlicher Wilder. Sie nannten sich Numunu oder Nermernuh (wenn mündlich überlieferte Namen oder Wörter zum erstenmal schriftlich fixiert werden, ist die Schreibweise meist fließend) und drückten damit aus, wie sie sich sahen: »das eine wahre Volk, das in der einzig richtigen Weise lebt und vom großen Geist besonders gesegnet ist«. Es ist typisch für die sogenannte zivilisierte Einstellung gegenüber Nomaden, daß wir das Wort »Comanchen« benutzen. So wurden sie nämlich von ihren Feinden, den Ute Indianern, bezeichnet, und es bedeutet: »diejenigen, die immer gegen uns sind«.

1849 war das Jahr des Goldrausches. Zehntausende strömten über die nördlichen Gebiete des Comanchen Reiches, um auf den kalifornischen Goldfeldern ihr Glück zu machen. Das war eine der wüstesten und wahnhaftesten Massenwanderungen in der Geschichte der Menschheit. Die Goldsucher kamen aus allen Teilen der zivilisierten Welt, einschließlich der schmutzigsten und am schlimmsten von Krankheiten befallenen Slums. Zusätzlich zu Pocken, Grippe, Typhus und Keuchhusten brach eine verheerende Choleraepidemie unter den Prärieindianern aus. Entgegen der landläufigen Annahme griffen die Indianer die Planwagen der Goldsucher nur selten an. Ihre Infektionen holten sie sich an den Wasserstellen, von weggeworfenen Kleidern und Decken längs der Trails, gelegentlich auch durch den direkten Kontakt beim Tauschen und Handeln mit den Trecks oder wenn sie die flachen Gräber verstorbener Weißer ausraubten. In jenem Sommer verloren die Cheyenne die Hälfte ihrer Stammesangehörigen, und den Comanchen erging es nicht besser. Der Historiker T.R. Fehrenbach schreibt dazu: »1849 starb jeder bedeutende Lager- oder Stammeshäuptling. Die südlichen Comanchen lösten sich als eine zusammmengehörige Einheit auf, und... die überlebenden Gruppen zerfielen in verstörte und traumatisierte Fragmente.« Nur die Antilopen-Indianer, eine Stammesgruppe der Quahada, die sich nach Westen auf die ferngelegene Hochebene Llano Estacado zurückgezogen hatten, überlebten in größerer Zahl, und es war kein Zufall, daß sie den Widerstand der Comanchen länger und wirksamer als jeder andere Stamm fortsetzten.

Man darf nicht vergessen, daß die Comanchen in einem vollkommen magischen Universum lebten und daß für sie Krankheit das Werk böser Geister war. Da trotz aller Anstrengungen der Medizinmänner so viele von ihnen so plötzlich auf so schreckliche und mysteriöse Weise starben, mußten sich übelwollende Kräfte gegen sie verschworen haben – so wie die Menschen im Mittelalter den Schwarzen Tod als eine Geißel göttlichen Zorns oder als Anbruch der Herrschaft Satans gedeutet hatten. Die kosmische Ordnung war aus den Fugen geraten. Die agrarischen Stämme neigten dazu, beim Auftreten epidemischer Krankheiten alle Hoffnung aufzugeben und in apathische Verzweiflung zu versinken. Die Comanchen dagegen zogen mit noch heftigerer Wildheit in den Krieg. Warum? Weil sie Krieger waren. Einzig durch Kampf ließen sich die erschütterte Moral wieder aufrichten und die magischen Kräfte des Universums beeinflussen. Krieg zu führen, war für sie ein soziales Gebot und 1849 auch eine strategische Notwendigkeit. Ihr Reich war bedroht, die Feinde drangen vor und wurden immer mehr. Die Comanchen attakkierten die östlichen Agrarstämme, die nach Oklahoma zwangsumgesiedelt waren, und dieser Zusammenprall zwischen Nomaden und Bauern war so erbittert wie jeder andere in der amerikanische Geschichte. Die Comanchen kämpften gegen die Texaner und schafften es vorerst, die »Frontier« in Schach zu halten. Im Herbst 1849 erbeuteten sie 150 Skalps und in dem folgenden Jahrzehnt etwa 100 jedes Jahr. Die Comanchen legten sich auch mit der US-Armee an, die eifrig damit beschäftigt war, Forts inmitten der Jagdgebiete zu errichten und Kavallerieeinheiten zu schaffen, die den Gegner über Hunderte von Meilen verfolgen konnten. Und nach wie vor überfielen sie Mexiko und führten ihre alten Kriege gegen die Ute, Tonkawa, Apachen und andere feindliche Stämme.

1849 hatten die Comanchen die Hälfte ihrer Streitmacht verloren, 1860 suchte sie eine weitere Pockenepidemie heim, so daß sie zu der Zeit, da sie am stärksten hätten sein müssen, am schwächsten waren. Wer weiß, welchen Unterschied dreihundert Krieger oder alle jene Häuptlinge, die 1849 hinweggerafft wurden, gemacht hätten? Jedenfalls waren die Comanchen nicht mehr in der Lage, die zweite große Katastrophe ihres Stammes zu verhindern: Das Auftauchen der professionellen Bisonjäger auf den südlichen Prärien ab 1860 und deren Metzelei beraubten die Indianer ihrer Hauptquelle für Nahrung und Schutz. Und so kam es im Oktober 1867 am Medicine Lodge Creek in Kansas zu einem Zusammentreffen der südlichen Präriestämme in all ihrer Farbenpracht und einigen von der Armee beschützten Regierungsvertretern mit Backenbart und Gehrock. Die Stammesführer bestanden darauf, daß die US-Regierung sich an frühere Verträge hielt und die Siedler und Büffeljäger von ihrem Land fernhielt. Die Regierung forderte, daß die Indianer mit den Überfällen aufhörten, nicht länger den Bau neuer Wege, Gleise und Forts behinderten und die internen Stammeskriege beendeten. Vor allem aber sollten sie das Nomadisieren aufgeben und in Reservationen als Farmer siedeln. Dies war ein entscheidendes Ereignis in der Geschichte der indianischen Nomaden: eine direkte Konfrontation mit den Ideologen der Seßhaftigkeit und die Anerkennung der Tatsache, daß sich das Gleichgewicht der Kräfte unumkehrbar zu ihren Ungunsten verschoben hatte. Sie wußten, daß ihnen zum erstenmal die Einschränkung ihres Territoriums und ihrer Freiheiten ernsthaft drohte, und ihnen wurde rasch klar, daß die backenbärtigen Gentlemen nicht verhandeln, sondern Bedingungen diktieren wollten.

Die überlieferten Protokolle geben ein klares Bild der nomadischen Weltsicht. Der betagte Comanchen Häuptling Ten Bears war von allen Versammelten der fähigste Redner, und in einer berühmt gewordenen Rede verteidigte und pries er das Leben seines Volkes. Als die Weißen nach und nach die Übersetzung seiner Worte hörten, waren sie über eine so große Beredsamkeit bei einem mörderischen alten Wilden höchst erstaunt. Am Anfang dieses Buches steht eine Passage aus jener Rede, und ich möchte noch etwas mehr daraus zitieren: »Ich bin auf der Prärie geboren, wo der Wind frei wehte, und dort gab es nichts, was das Licht der Sonne brach. Wo ich geboren wurde, da waren keine Zäune, und alles atmete frei. Dort will ich sterben, und nicht zwischen Mauern. Ich kenne jeden Bach und jeden Wald zwischen dem Rio Grande und dem Arkansas. In dem Land habe ich gejagt und überall gelebt. Ich lebe wie meine Vorväter, und wie sie lebte ich glücklich. Als ich in Washington war, sagte mir der Große Vater, daß das ganze Comanchenland uns gehört und daß niemand uns daran hindern soll, darauf zu leben. Warum also verlangen Sie von uns, die Flüsse, die Sonne und den Wind zu verlassen und in Häusern zu leben? ... Wenn die Texaner von meinem Land ferngeblieben wären, hätte es vielleicht Frieden geben können. Aber das Stück Land, in dem wir, wie Sie sagen, jetzt leben müssen, ist zu klein. Die Texaner haben all die Plätze an sich gerissen, wo das Gras am dichtesten wächst und das Holz am besten ist. Hätten wir zumindest diese Gebiete behalten, dann hätten wir vielleicht die Dinge getan, die sie fordern. Doch nun ist es zu spät. Der weiße Mann besitzt das Land, das wir lieben. Wir aber wollen nur über die Prärie streifen, bis wir sterben.«

Die Reservation wurde 1868 im Südwesten Oklahomas angelegt und von etwa der Hälfte der Comanchen und Kiowa bewohnt. In Fort Sill (heute ein großer Militärstützpunkt nahe Lawton) richtete die Regierung eine Agentur ein, und es begannen die ersten Versuche, diese nomadischen Jäger und Krieger zu zivilisierten christlichen Farmern umzuerziehen. Die anfänglichen Zeichen waren nicht ermutigend. Farmarbeit fanden die Indianer scheußlich, und nicht nur wegen des Schweißes und der Plackerei. Die Vorstellung, im Fleisch der Mutter Erde zu wühlen und das Gras auszureißen, das sie doch für Pferde und Büffel hatte wachsen lassen, war ihnen spirituell zutiefst zuwider. Und wozu das Ganze? Die Comanchen verabscheuten den Verzehr von Getreide und Gemüse genauso wie deren Anbau. Man teilte ihnen Rationen an Maisbrei zu, die sie probierten und am Ende an ihre Pferde verfütterten. Dann gab man ihnen Rindfleisch, das immerhin vertrauter aussah: rotes Fleisch von einem großen Tier mit Hörnern. Sie wollten die Tiere lieber lebendig haben. Die schwerfälligen verwirrten Rinder wurden einzeln freigelassen. Sogleich sprangen die Männer auf ihre Pferde, galoppierten dem Vieh hinterher und durchbohrten es mit ihren Pfeilen. Dann stürzten die Frauen mit dem traditionellen Schreien und Heulen herbei und machten sich mit ihren Schlachtmessern an die Arbeit. Und die Kinder bettelten um die rohe Leber, die bei den meisten Jagdvölkern als eine besondere Delikatesse angesehen wird.

Der Regierungsagent mußte einen Weißen einstellen, der sich um die Landwirtschaft kümmerte. Eine Gruppe junger Comanchen plünderte die Felder und aß eine Menge unreifer Wassermelonen, was »Dämonen im Bauch« verursachte. Nun waren sie um so mehr überzeugt, daß Ackerbau ihnen schlecht bekam. Es gab in der Reservation nie genug zu essen, vor allem weil die Bürokratie zu langsam arbeitete und weil Lieferanten Güter für sich behielten. Besonders die jungen Männer konnten dort nichts tun: keine Überfälle, keine Kriege, keine Pferdediebstähle, keine Jagd, nichts, woran Comanchen ihren Status und Selbstwert maßen. Und ohne erbeutete Pferde, ohne Skalps und Tapferkeitsauszeichnungen waren sie auch in den Augen der Frauen unwürdige Ehekandidaten. Kleine Gruppen, angeführt von zornigen jungen Männern, stahlen sich aus der Reservation fort und schlossen sich Stammesgenossen an, die noch frei auf der Prärie lebten. Dort gab es ein letztes Hurra: eine Serie von Überfällen auf Siedler, Armeeeinheiten und Bisonjäger, die die Weißen den »Red River Krieg« und die Comanchen den »Krieg um die Büffel« nannten. Mit der Niederlage in diesem Krieg kam das Nomadentum auf den südlichen Great Plains zu seinem Ende. 1875 ritt die letzte freie Schar von Quahada Indianern unter Quanah Parker, einem Häuptling, dessen Mutter eine weiße Gefangene war, in die Reservation ein und unterwarf sich dem Joch. Sie waren im Kampf unbesiegt, aber eine Division der US-Kavallerie hatte sie mit Hilfe von Tonkawa Spähern in ihrem Winterlager im Palo Duro Canyon aufgespürt, ihre Zelte und Vorräte zerstört und 1400 ihrer Pferde erschossen. Nur noch in Lumpen gekleidet waren sie Hunger und Kälte ausgesetzt. Es gab keine Büffel mehr. Die Alternative hieß: Hungertod oder Siedlung. Und das war, zumindest nach Meinung einiger Historiker, das Ende der Comanchen, ihr Abgang von der amerikanischen Bühne. Was noch blieb, so lautet der Schlußsatz in T.R. Fehrenbachs Buch *Comanches: The Destruction of a People*, war »die Vollendung ihrer Zerstörung«.

*

»Diese ganze Idee, daß wir völlig zerstört waren und alles verloren – nun, wir finden das bloß noch komisch. Es läßt uns lachen.

Ich meine, hallo, wir sind noch hier!« So sprach Jimmy Arterberry im »Büro für Umweltprogramme« (gleich neben dem Transportressort, mit einem Bild an der Tür, das einen Indianer auf einem Kriegspony zeigt, und darunter ein anderer, der neben einem Kleinlieferwagen steht). Jimmy ist zu einem Viertel Comanche, und seine anderen Vorfahren sind Deutsch-Amerikaner. Er ist groß, schlank, hellhäutig, hat scharfe Gesichtszüge und ähnelt einem Indianer so wie ich etwa. Doch er wurde weitgehend von seiner Comanchen-Großmutter und deren Freunden großgezogen. Er lernte beide Sprachen und bedrängte die Alten immer wieder, ihm von der Vergangenheit zu erzählen. »Wir betrachten unsere Geschichte als einen Prozeß der Anpassung«, erklärte er. »Eine Reihe von Entscheidungen haben wir getroffen, die dafür sorgten, daß möglichst viel von unserer Kultur bewahrt wurde. Es ist nicht immer leicht gewesen. Die ganze Sache hat auch etwas Verrücktes, und ohne unseren Sinn für Humor hätten wir das nicht durchgestanden. Man sagt, wir lachen oft zur falschen Zeit, so wie man eine Beerdigung oder sonst was stören kann, aber wir haben gelernt, daß es zwei Möglichkeiten gibt, mit einer rauhen Wirklichkeit umzugehen. Man kann weinen oder lachen.«

Ich fragte ihn, was denn bewahrt worden sei, und er antwortete, es gebe Hunderte von Dingen: Tischsitten und Formen der Nahrungszubereitung. Die Vorliebe für gekochtes Fleisch und gekochten Magen, den die Comanchen »Die Bibel« nennen, weil er sich in dünne weiße Blätter auflöst. Die Gestik, etwa die Art und Weise, wie die Ältesten mit ihren Lippen auf etwas hindeuten. Das Vermeiden direkter Blickkontakte während eines Gesprächs. Der Brauch des Schenkens und der Gastfreundschaft. Eine Vorliebe für leuchtende Farben (die sie mit allen Nomaden teilen und die vermutlich eine Reaktion auf die gedämpften Farbtöne trockener Landschaften ist). Gemeinschaftsleben und Loyalität zum Clan. Wer etwas verdient, von dem wird erwartet, daß er seine arbeitslosen Verwandten unterstützt. Nepotismus ist weit verbreitet, und interne Streitigkeiten erschweren die politischen Aktivitäten des Stammes. »Wir sind im wesentlichen noch das gleiche Volk«, sagte er. »Wir können immer noch penetrant und fordernd, herrisch und aggressiv sein. Wir sind immer noch gemein, und eine Menge von uns können ziemlich fies werden. Treib niemanden von ihnen in die Ecke, und ich rede nicht nur über die Männer. Auch unsere Frauen wissen sich zu wehren.« Ich sah keine Beweise für eine besondere Niederträchtigkeit der Comanchen, doch in Gesprächen über sie hört man dieses Urteil oft. Es deckt alles ab, was es in der Vergangenheit an Raub, Vergewaltigungen, Folter und Plünderungen gab. Nach Jimmys Meinung haben Weiße diese Grausamkeiten allzu sehr hervorgehoben. Sie waren nur eine Seite einer reichen und vielfältigen Kultur. Das war das Gesicht, das die Comanchen der zivilisierten Welt zeigten. Sie lebten in abscheulichen Zeiten mit endlosen Stammeskriegen und weißen Feinden, die ihrerseits nicht weniger brutal waren. Er sagte, daß Gewalt zwischen den Menschen natürlich sei (ich würde »normal« vorziehen), und daß die Greuel der Comanchen unbedeutend seien im Vergleich mit den Gewalttaten, die von den zivilisiertesten Völkern der Erde begangen worden sind: die Schlachten an der Somme, Verdun, der Holocaust, Hiroshima, Vietnam und so weiter.

Als ich ihn fragte, was noch von ihrem nomadischen Leben geblieben ist, sprang er von seinem Stuhl auf und zeigte auf eine große Karte an der Wand. »Wir sind noch Nomaden!« rief er aus, »zumindest eine ganze Menge von uns.« Mit seinem langen Zeigefinger kreiste er die Gegenden ein, wo die verschiedenen Comanchengruppen umherzustreifen pflegten. Hier, am Llano Estacado, war das Territorium der Antilopen-Indianer, die mit Sonnenschirmen aus Büffelhaut herumritten und deshalb auch »Sun Shades On Their Backs« genannt wurden. Hier lebte der Clan seiner Großmutter, der den Namen »The Loud Talkers« hat; nach der Genealogie der Comanchen ist Jimmy ein Quahada-Indianer, denn das Blut von anderen, etwa weißen Vorfahren wird ignoriert. Und hier, weiter östlich und ein wenig nördlich, war das Weideland der Nokoni, »der Wanderer« oder »Die, die viel umherziehen«.

»Alle Comanchen waren Nomaden, aber die Quahada und Nokoni waren rastloser und kamen weiter umher als die anderen. Bei ihren Nachkommen ist das noch heute so. Sie reisen immer wieder zu den alten Plätzen und benutzen noch viele der alten Routen. Ihre Vorfahren gingen früher im September auf Raubzüge nach Mexiko. Heute fahren sie nach Laredo, um sich Stierkämpfe anzuschauen und Peyote* zu ernten. Meine Mutter machte sich jedes Jahr in den Norden auf, um in Colorado, dort, wo wir früher gegen die Ute kämpften, Fasane zu jagen. Genauso ging sie nach Wyoming zur Bärenjagd. Unsere Leute reisen immer noch zu den alten heiligen Stätten und Orten der Geisterbeschwörung. Oder sie verbringen einen Sommer damit, Zusammenkünfte und Märkte der Prärieindianer zu besuchen.«

All diese Dinge beschäftigen Jimmy sehr. Nun, da er vierzig ist, hat er ein geregeltes Leben begonnen; in den beiden Jahrzehnten zuvor wanderte er durch ganz Amerika und Europa, und seine Mutter pflegte zu sagen: »Das ist das Comanchenblut in dir.« So erklärte sie auch ihre eigene Reiselust, und Jimmys indianische Großmutter sagte das gleiche, wenn die Rede auf ihre Familientradition des Vagabundierens kam. Seit Jahrzehnten schon abonniert sie die *National Geographic*, weil ferne Orte sie faszinieren, und jedesmal, wenn Jimmy von Hawaii, New York, Spanien oder von sonstwo zurückkehrte, mußte er bei ihr sitzen und stundenlang erzählen. In meinen Gesprächen mit Comanchen, besonders mit den wenigen Alten, die ich traf, stieß ich auf ein ungewöhnliches Interesse an meinen jüngsten Reisen. Sie wollten keine Anekdoten hören oder Sehenswürdigkeiten geschildert bekommen, sondern nur die nüchternen Details: eine möglichst genaue Beschreibung der Routen, die ich genommen hatte, und die Abfolge der Städte, Flüsse und landschaftlichen Auffälligkeiten längs des Weges. Und wenn ich meinerseits nach bestimmten Abstechern und Abkürzungen fragte, gaben sie mir stets sagenhaft detaillierte Beschreibungen: An dem Bach mit der und der Heilpflanze, die an seinen Ufern wächst, wende dich nach links. Da wirst du eine Weide mit einer weißen Scheune und eine Palomino Stute sehen. Und dann nannten sie die nächsten vierzehn oder zwanzig Städte, durch die ich fahren würde. Ich befragte Jimmy Arterberry nach diesem Phänomen, und er hatte eine Erklärung parat: »Auf diese Weise orientierten

* Peyote: eine halluzinogene Kaktusart, deren Genuß die Comanchen in den Jahren der Reservation zusammen mit christlichen Elementen in ihre religiösen Zeremonien aufnahmen. Diese Praxis verbreitete sich auch unter anderen Indianerstämmen und führte zu der Gründung der »Native American Church«, bei deren Mitgliedern der Besitz von Peyote gesetzlich geduldet wird.

wir uns früher. Einer der Stammesältesten zeichnete eine Karte in den Sand mit allen Geländepunkten und Flüssen, die am ersten Tag der Reise zu überqueren waren. Das alles mußte man sich genau merken und ihm in der richtigen Reihenfolge wiederholen. Dann schnitt er eine Kerbe in einen Stock: Das war der erste Tag. Danach folgte die Skizze für den zweiten Tag, und auch die prägte man sich gut ein. Er machte eine zweite Kerbe und so weiter. Manchmal waren sie zwanzig Tage unterwegs, und die Leute mußten eine Wegbeschreibung von über 1000 Meilen im Gedächtnis behalten.«

*

In den frühen Jahren der Reservation dachten sich die Comanchen (und die Kiowa und die Kiowa-Apachen, die mit ihnen das Areal teilten) neue Formen des Nomadentums aus, wenn auch in weitaus bescheidenerem Rahmen. Die meisten von ihnen lebten noch in Lagern mit Zelten und Tipis, die schnell ab- und woanders wieder aufgebaut werden konnten; bei wärmerem Wetter zogen sie hinauf in die Wichita Mountains und im Winter hinunter in den Schutz des bewaldeten Tieflandes. Oft machten sie ausgedehnte Besuche bei anderen Familien und Clans, die in der Umgebung kampierten. Als die Regierung Häuser für sie bauen ließ, waren die Comanchen recht angetan davon, denn sie betrachteten ihren neuen Besitz als Statussymbol, mit dem man vor anderen angeben konnte. Aber leben wollten sie darin nicht. Häuser hatten unheimliche Echos, und sie zogen Schlangen an. Wenige Indianer versuchten, einige Nächte im Inneren zu verbringen, und fanden, daß der Platz unter dem Schornsteinzug noch der beste war, weil von dort aus wie in einem Tipi nachts die Sterne zu sehen waren. Die meisten lebten weiterhin in ihren Zelten, bauten im Sommer Lauben aus Reisig und ließen ihre Hunde in den Häusern schlafen. Das waren anstrengende Zeiten für die Behörden des Weißen Mannes, der doch ohne jeden Zweifel glaubte, daß die seßhafte Zivilisation der Gipfel des menschlichen Fortschritts war, zu dem alle Völker dieser Welt streben sollten. Die Weißen handelten nach ihrer eigenen Idee von »Numunu«(»das einzige Volk, das einzig richtig lebt«). Mit dem besonderen Segen Gottes hielten sie ihren Weg für den einzig wahren, aber ihre elementaren Überzeugungen – feste Wohnorte, Landwirtschaft und Privateigentum – wurden von den Comanchen verachtet.

1885 machte Senator Henry Dawes eine Rundreise zu den Indianerreservationen in Oklahoma und gab dann der Lake Mohonk Konferenz einen Bericht. Einmal im Jahr kamen dort einflußreiche Weiße zusammen, die sich »Freunde der Indianer« nannten und die sich der allmählichen Heranführung der Roten Brüder an die weiße Zivilisation widmeten. Der Senator brachte entmutigende Nachrichten: »Es gibt unter ihnen keinen Egoismus, der doch die Grundlage unserer Zivilisation bildet.« Nach wie vor lebten die Stämme in gemeinschaftlichen Verhältnissen. Die Großfamilien teilten alles, was sie hatten, untereinander. Akte der Großzügigkeit beeindruckten sie mehr als die Anhäufung individuellen Reichtums. »Wir müssen in jedem Indianer neue Bedürfnisse wecken«, sagte ein Konferenzteilnehmer. »In seiner abgestumpften Wildheit muß er von den Flügeln des Engels der Unzufriedenheit berührt werden... Unzufriedenheit mit seiner Behausung und den Hungerrationen im Winterlager ist nötig, um den Indianer heraus aus seiner Decke und hinein in Hosen zu bekommen – Hosen mit Taschen, die danach verlangen, mit Dollar gefüllt zu werden!... Das ist der erste große Schritt in der Erziehung dieser Rasse.« Das Ergebnis der Konferenz war der »Dawes Act« von 1887, der die Zerstückelung der Indianerreservationen in Oklahoma autorisierte. Das Kommunalland wurde in Grundstücke von 160 Morgen aufgeteilt – mit der ideologischen Begründung, den Respekt für Privatbesitz und Kleinfamilie zu fördern. Und, welch glückliche Fügung, durch den »Dawes Act« wurden einige Zehntausend Quadratmeilen von »überschüssigem« Grund und Boden für landhungrige weiße Siedler verfügbar, was den »Oklahoma Land Rush« auslöste.

Das sieht wie ein weiterer zynischer Landraub aus, aber die Teilnehmer an jener Konferenz glaubten tatsächlich, daß sie für die Indianer nur das Beste taten. Es war eine Glaubensüberzeugung im neunzehnten Jahrhundert, die Kapitalisten und Marxisten gleichermaßen teilten, daß alle Gesellschaften unerbittlich und unumkehrbar bestimmte Stadien der Geschichten durchlaufen mußten. Von den nomadisierenden Wilden weg führte der erste Fortschritt zu seßhaftem Ackerbau, infolge dessen sich Arbeitsteilung, Privatbesitz und soziale Hierarchien ausbilden konnten, was wiederum höhere Zivilisationen, Feudalismus, Kapitalismus und Industrialismus hervorbrachte. Wie Lenin, Stalin oder Mao sahen es auch amerikanische Führer als ihre Pflicht an, den unvermeidlichen Prozeß zu beschleunigen, indem sie den Wilden und Trägen eine fortgeschrittenere Kultur gewaltsam aufzwangen. Natürlich sind solche historischen Prozesse nicht zwangsläufig, besonders in Hinsicht auf nomadische Stämme. Nomadentum entwickelte sich generell in Opposition und nicht als eine Vorstufe zur Agrikultur. Überschaut man die menschliche Geschichte in ihrer ganzen Spannweite, dann finden sich vereinzelte Beispiele von Nomadenstämmen, die freiwillig seßhaft wurden oder sich wie die Skythen wider besseres Wissen zur Gründung von Siedlungen verlocken ließen. Aber gewöhnlich sind es Hunger oder Niederlagen – die Wahl zwischen Tod oder Ansiedlung –, die Nomaden von ihrer Lebensweise abbringen. Die hat die Seßhaften immer verblüfft und zugleich neugierig gemacht. Woher kommt die große Anziehung? Warum ziehen ganze Völker Entbehrungen der Bequemlichkeit vor? Die Zivilisierten verraten die Antwort selbst durch ihren unterdrückten Neid auf die Nomaden und durch ihren Hang, deren Leben zu romantisieren, sobald sie keine Bedrohung mehr darstellen. Nachdem sie in der Reservation eingepfercht waren, wurden die Comanchen ständig gebeten, in Texas und Oklahoma an Paraden teilzunehmen – zu Pferde in vollem Kriegsschmuck. Der Historiker Fehrenbach bemerkt dazu: »Man erinnert sich an die Indianer mit einem gewissen Stolz und mit Nostalgie, denn sie repräsentierten Freiheiten und Werte, die der zivilisierten Menschheit verwehrt waren: Freiheit von Unterwerfung und Sklaverei – Menschen, die Befehle nur aus freiem Willen annahmen, stolze Wesen, die mit und von der Natur lebten, so wie es ihnen gefiel.«

Den Comanchen, Kiowa und Kiowa-Apachen gelang es bis 1901, die Aufteilung ihrer Reservation zu verhindern. Doch der Zustrom weißer Siedler wurde immer stärker; in den folgenden zwanzig Jahren kamen 30.000 von ihnen. Ein Gitterwerk stacheldrahtbewehrter Grundstücke und ein schachbrettartiges Straßennetz legten sich über das Land. So wie den Prärieindianern der Kreis heilig ist, so bildet das penetrante Planquadrat das geheiligte Symbol der amerikanischen Zivilisation. Nun war es nicht mehr möglich, frei durch das Land zu ziehen oder zu kampieren, wo man wollte. Der offene weite Raum war nicht mehr. Selbst Geräusche und Töne wurden durch Objekte wie Scheunen und Farmhäuser und durch den zunehmenden Lärm an ihrer Ausbreitung gehindert. Die Comanchen konnten nicht mehr die Trommeln hören, die sie einst zu Versammlungen oder Peyote-Zeremonien riefen. Aber trotz allem blieben sie ein geselliges Volk, das an das Zusammenleben in Zeltlagern gewöhnt war, und sie fanden Wege, diese Tradition fortzusetzen. Sie besuchten sich gegenseitig auf ihren Stückchen zugewiesenen Bodens; die Peyote-Enthusiasten kamen jedes Wochenende an verschiedenen Plätzen zusammen. Und zu jedem Neujahrsbeginn und im Hochsommer gab es ein großes Zeltlager. Die zum Christentum Bekehrten, die sogenannten »Church People«, trafen sich zu ihren Erweckungsgottesdiensten; die traditionsbewußteren Comanchen versammelten sich zu zeremoniellen Tänzen, beteten, spielten und beschenkten sich mit Geld, Lebensmitteln und anderen Gaben, um bestimmte Familien oder Individuen (Veteranen des ersten Weltkriegs zum Beispiel) zu ehren und den Wohlstand umzuverteilen. Diese festlichen Zusammenkünfte, die eine Antwort auf die Zerstückelung der Reservation und ein Weg waren, den Absichten des »Dawes Act« Widerstand zu leisten, wurden als Powwows bekannt und haben bis heute nichts von ihrer Anziehungskraft verloren.

*

Ich fahre zu dem Freizeitzentrum der Kleinstadt Apache, zwanzig Meilen nördlich von Lawton. Aus dem niedrigen Betongebäude kommen dumpfe Klänge. Die großen Powwows im Sommer finden draußen statt, aber an fast jedem Wochenende gibt es kleinere Treffen, die zumeist in geschlossenen Räumen abgehalten werden. Powwows sind mittlerweile eine panindianische Institution geworden. Alle Präriestämme veranstalten sie und entlehnen voneinander Zeremonialtänze und Trachten. Ich folge der Musik und komme in eine Basketballhalle: an den Wänden Zuschauertribünen aus Metall, weiße Linien auf dem polierten Holzboden, Körbe an beiden Enden. Leute sitzen in Liegestühlen, die in einer Reihe um eine freie Fläche aufgestellt sind. Dort schütteln Tänzer Kürbisrasseln, und acht Männer schlagen eine riesige Trommel und singen. Bumm, Bumm, Bumm: ein steter monotoner Rhythmus, der Herzschlag der Mutter Erde mit einem gelegentlichen BUMM-BUMM. »Hey-a-hah! Hey-a-hah! Hey-a-hah!« und dazwischen »Hiya-hey! Hiya-hey!« Der Tanz ist ein einfacher Shuffle Step, der wenig anstrengt; und das ist gut so, denn heute wird das Powwow acht Stunden dauern. Manchmal geht es die ganze Nacht durch.

Dort ist Melvin – Melvin Kerchee Senior. Er ist achtzig Jahre alt und tanzt mit einem Spazierstock in der einen Hand und einem Fächer aus Adlerfedern in der anderen. Einige Tänzer tragen aufwendige Trachten aus Seide und Hirschleder mit Fransen, Troddeln und Glöckchen, farbenprächtige Schärpen und Kopfschmuck aus Federn. Melvin tanzt in Jeans, bequemen Schuhen und einem Baumwollhemd, auf dem Kopf hat er eine Baseballmütze, die mitteilt, daß er ein Veteran des Zweiten Weltkriegs ist. Er hat kurzgeschnittenes weißes Haar und trägt eine Sonnenbrille, die zu Elvis Presleys Zeiten modisch gewesen sein mag. Es sind die Jüngeren, die sich auf Powwows gerne in voller Aufmachung zeigen, und sein Sohn, Melvin Junior, ist mit seinen langen Zöpfen und der Adlerfederhaube ein besonders strahlendes Beispiel. Der Vater winkt mich zu sich und überreicht mir eine Kürbisrassel. Sie nicht zu nehmen, wäre äußerst unhöflich. Ich bin mit afro-amerikanischer Musik (Jazz, Soul, Funk und Rock and Roll) aufgewachsen, und ich muß dem Impuls widerstehen, die Rassel in Synkopen oder Viertelschlägen zu schütteln anstatt dem Bumm-Bumm-Bumm der großen Trommel zu folgen. Der Herzschlag der Mutter Erde erlaubt keine Synkopierung. Elementarer kann Musik nicht sein, aber nach einer Weile tun die beharrliche Monotonie des Rhythmus und der sich immer wiederholende Singsang ihre Wirkung. Ich verfalle in eine leichte Trance, schüttele die Rassel und bewege mich im Schlurfschritt, ohne nachzudenken. Ich vergesse, wie deplaziert ich wohl aussehen mag, und als der Tanz schließlich abbricht, kann ich gar nicht aufhören. Zuschauer werfen uns zerknüllte Dollarscheine vor die Füße. »Heb sie auf«, sagt Melvin Senior, »das ist Geld für Hamburger.«

Es gibt eine Pause und ein Buffet (gekochtes Fleisch, Mais und Käse auf Makkaroni), und ich setze mich zu Melvin Senior, seiner Frau Nellie und einigen ihrer Verwandten. Melvin benimmt sich wieder einmal unmöglich. Er ist ein Mann mit vielen Eigenarten, vor allem aber hat er den Ruf eines alten Gauners und Spaßvogels. Es belustigt ihn ungemein, obszöne Witze zu reißen und in feiner Gesellschaft ungehörige Bemerkungen zu machen, besonders wenn er Nellie noch nach 50jähriger Ehe damit auf die Palme bringen kann. Irgendwann kommt ein betagter würdiger Comanchen-Gentleman zu uns herüber und erzählt bedrückt, daß bei ihm Diabetes diagnostiziert worden ist. »Mach dir keine Sorgen«, sagt Melvin Senior. »Ich gebe dir Mund-zu-Mund-Beatmung, wenn du zusammenklappst. Auch einen Zungenkuß, wenn du willst.« Nellie schnappt nach Luft, gibt ihrem Mann einen Schlag auf den Arm und schimpft mit ihm, was Melvin mit großer Befriedung erfüllt. Der alte Herr geht grinsend weg und schüttelt den Kopf.

Wenn man Melvin Senior allerdings in der richtigen Stimmung antrifft, dann ist er wie ein offenes Buch, das alles über die Geschichte seines Stammes enthält. Er spricht Comanche fließend, stammt väterlicher- und mütterlicherseits direkt von so großen Häuptlingen wie Ten Bears oder White Wolf ab. Sein Großvater kannte noch das alte Leben auf den Prärien und wurde später ein Viehtreiber, der mit dem »Rinderkönig« Charles Goodnight zusammenarbeitete und Herden von Texas nach Kansas brachte – das war seine Art, weiterhin zu Pferde über die Prärien zu schweifen. Im Alter ließ er sich in Oklahoma nieder und bemühte sich sehr, alles, was er über die Comanchen wußte, an seinen Enkel weiterzugeben. Melvin hat mir die ganze Woche schon beim Lösen ethnographischer Rätsel geholfen. In der Literatur über das Essen der Comanchen wird nie die kalorienreiche Stutenmilch erwähnt, die zur Hauptnahrung eurasischer Nomaden gehörte und die im Überfluß vorhanden gewesen sein muß. »Gewiß tranken wir Stutenmilch«, erzählte er mir, »zwar nicht, wenn wir genug Büffelfleisch hatten, aber wir tranken sie. Es wurde auch ein Medikament daraus hergestellt, das bei grauem Star half.« Dann wollte ich wissen, wie sich die Comanchen auf den flachen Prärien, die kaum markante Merkmale aufweisen, so gut orientierten. Nun, es gibt in ihrer Sprache sieben verschiedene Wörter für verschiedene Hügelformen: runder Hügel, Hügel, der an der Ostseite erodiert, Hügel, der wie eine Brust aussieht, und so weiter. Er erklärte auch die Kunst des Baumbiegens: Ein noch junger Baum wurde so am Boden festgebunden, daß er in Richtung einer Wasserstelle zeigte, und wuchs dann wie ein gebogener Pfeil. (Später fand ich heraus, daß eine beiläufige Bemerkung von Melvin Senior über das Biegen oder »Wenden« von Bäumen einem Historiker gegenüber akademische Aufregung auslöste. Aufsätze wurden publiziert, was wiederum zur Entdeckung einiger dieser ungewöhnlichen Bäume führte.)

Melvin ist sich schmerzlich bewußt, daß all sein Wissen mit ihm stirbt, wenn es nicht irgend jemand aufzeichnet. Natürlich hätte er es lieber, wenn ein Comanche diese Arbeit täte, und einige tun das auch anderswo, aber weiße Helfer sind besser als nichts. Er ermahnt mich immer wieder: Ich müsse einige Monate bleiben und einen Kassettenrekorder mitbringen. Mehrfach hat er mich auch gewarnt, in den Wichita Bergen zu zelten – wegen der Geister. Viele Comanchen seien dort bestattet, ihre Knochen lägen in Höhlen und Felsspalten, und ihre Geister bestärkten das alte Tabu, Grabstätten und Plätze des Todes zu besuchen. Ich habe diese Warnungen ignoriert, denn es ist schön dort oben und jetzt ist gerade die Zeit, da die Bisons kalben. Unter allen Säugetieren Nordamerikas hat vor allem die Geburt eines Bisons etwas Ergreifendes und ist ein hoffnungsvolles Zeichen. Melvin kann meine Widerspenstigkeit nicht verstehen. An diesem Morgen wache ich mit einem steifen Nacken auf: Bräuchte ich noch mehr Beweise? Wir gehen zusammen mit Melvin Junior und zwei anderen Verwandten zum Parkplatz. Dort hat der Sohn in einer Kaffeedose ein Kohlenfeuer vorbereitet. Melvin Senior zieht einen Plastikbeutel mit getrockneten Zedernzweigen aus der Tasche und streut sie über die glühenden Kohlen. Er ruft uns nacheinander zu sich und wedelt uns mit einer Adlerfeder den Rauch zu, wobei er auf Comanche ein Schutzgebet spricht. Ich glaube an solche Mittel nicht, aber der Rauch hat ein wunderbares Aroma, und die leichte Berührung der Feder und das sanfte Gemurmel beruhigen und entspannen mich. »Vielleicht hilft das gegen die Gespenster in den Bergen«, sagt Melvin danach.

Kaum fünfzig Meter von uns entfernt sitzen einige jugendliche Comanchen lässig in ihren Wagen und inhalieren einen anderen aromatischen Rauch. Diese Szene könnte überall in den USA sein: Teenager in weiten Designerklamotten mit Baseballmütze und Sonnengläsern, mit geübter Coolness wandert ein Joint hin und her, und ihre Köpfe nicken rhythmisch zu einer Gangsta-Rap-CD. Die Nummernschilder tragen das Stammeslogo – ein Reiter mit einer Kriegslanze – und den Schriftzug »Numunu, Lords Of The Plains«. Ich muß an die mexikanisch-amerikanischen Jugendlichen in meiner Nachbarschaft in Tucson denken, die kaum Spanisch sprechen und Figuren und Symbole der Azteken auf ihre »Lowrider Cars« (Autos mit niedriger Karosserie) malen. Oder an amerikanische Iren, die am St. Patricks Tag grünes Bier trinken. An Italo-Amerikaner, an amerikanische Juden... Seit Jahrtausenden leben die Comanchen auf amerikanischem Boden, doch nun sind auch sie, was das heutige Alltagsleben angeht, Immigranten, die mit den typischen Sorgen und Problemen von Einwanderern zu kämpfen haben. Die Alten sprechen noch die Stammessprache und haben viele alte Bräuche und Überzeugungen bewahrt. Die Generation von Melvin Senior war die erste, die in Häusern statt in Tipis aufwuchs. Ihre Kinder sprachen nur Englisch und entwickelten eine Zwitter- oder Bindestrich-Identität. Die Alten sind stolz auf die Bezeichnung »Indianer«. Ihre Kinder, besonders wenn sie studiert haben, nennen sich eher »Native American«, eine Prägung der Weißen. Ihre Enkel haben sich, so wie es aussieht, noch weiter assimiliert – zu weit, nach Meinung der älteren Generationen. Deshalb haben sie Kurse in Comanche und Programme zum kulturellen Erbe eingerichtet, und seit einiger Zeit versuchen sie, das Drogenproblem mit der Rückkehr zu Pferd und Zelt zu bekämpfen.

So wie etwa Italo-Amerikaner im Prozeß der Assimilation gewisse unverwechselbare Bräuche bewahrt haben – der Kuß zwischen männlichen Verwandten, Gesten, kulinarische Traditionen, Vorstellungen über Familie, Religion und Umgangsformen –, so ist es auch bei den Comanchen. Sie haben sich stärker als die in Reservationen lebenden Stämme angepaßt, aber daneben auch vieles bewahrt: die Powwows, die Peyoterituale, das Verteilen von Geschenken (niemand verläßt ihre Häuser ohne irgendeine Aufmerksamkeit), gekochter Magen als Spezialität, der Kommunalismus und all das, was Jimmy Arterberry aufgezählt hat. Und wie verhält es sich mit dem Umherreisen? Sind Comanchen mehr unterwegs als andere Leute im amerikanischen Westen? Ja, ganz sicher, behauptet Jimmy. Die Männer vielleicht, sagt Delphine Nelson, aber nicht die Frauen. »Wir sind zu sehr damit beschäftigt, alles zusammenzuhalten.« Wie immer sind auch hier keine verläßlichen Statistiken vorhanden. Und es fragt sich natürlich: Unterwegs sein – für wie lange, wie häufig und verglichen mit wem genau? Als ich Melvin Senior danach frage, ob Comanchen noch gerne umherschweifen, gibt er die vermutlich definitive Antwort: »Manche ja, manche nicht.« Und die es immer noch tun, verstehen sich zumeist ganz bewußt als die Erben ihrer nomadischen Vorfahren: Indem sie kreuz und quer durch den amerikanischen Westen ziehen, nehmen sie ein Geburtsrecht wahr und setzen eine Lebensweise fort – sie sind die Comanchen von heute.

*

Ich stehe wieder vor den Gebäuden der Stammesverwaltung. Die Arbeit am Zaun für die Bisonweide ist aus irgendwelchen Gründen nicht weitergekommen, aber die Zähmung der Mustangs macht Fortschritte. Ihre Widerstandskraft ist teilweise gebrochen, sie krachen nicht mehr gegen die Gitter und lieben das neue reiche Süßfutter (in Gegenwart von diabeteskranken Comanchen erwähnt man das Wort besser nicht). Die Männer, die mit den Pferden arbeiten, wenden sowohl alte als auch neue Techniken an: Sie fesseln die Vorderbeine mit Seilen und blasen in alter Comanchentradition in die Nüstern der Pferde, sie behandeln sie mit moderner Medizin und verteilen den Dung mit einem Traktor. Die Männer machen eine Pause und ziehen aus einem Kühlautomaten Dosen mit Pepsi und Dr. Peppers. Ich komme mit Tim Saupitty, einem Cousin von Richard Saupitty, dem Stammespolizisten, ins Gespräch. Er hat fast sein ganzes Erwachsenenleben auf der Straße verbracht; er verkauft kunstgewerbliche Artikel auf Indianertreffen, Märkten und Powwows überall im Westen – die indianische Entsprechung der »Rendezvous«-Tour. »In unseren Herzen sind wir immer noch Nomaden«, sagt er. »Jedesmal, wenn ich wieder unterwegs bin, besonders in Texas, wird mir bewußt, daß ich dasselbe Land durchquere wie meine Vorfahren. Sie wählten das beste Pferd für einen langen Ritt, ich nehme die erstbeste Karre, die ich kriegen kann. Ich bin jetzt vierzig Jahre alt und habe bestimmt schon zwanzig Wagen besessen.«

Donnie Parker ist da. Er ist einer der zahlreichen Nachkommen von Quanah Parker, dem letzten großen Häuptling der Comanchen. Er erzählt eine Geschichte über seine Großmutter: »Eines Abends aßen wir zusammen, und sie fing an, über einen ihrer Söhne zu sprechen, der in Albuquerque lebte. Und als wäre es nichts, sprangen wir nach dem Essen in unseren Transporter und fuhren die 500 Meilen nach New Mexiko, um ihn zu besuchen. So ist das in meiner Familie. Hinten im Wagen sind immer Lebensmittel, Wasser und Campingausrüstung, so daß wir auf der Stelle losfahren können. So ist es immer gewesen. Es liegt uns im Blut.«

Und ich dachte, wie angenehm muß das sein, solch eine knappe, klare, allgemein akzeptierte Erklärung für seine Lust am Umherziehen zur Hand zu haben, mit dem Brustton der Überzeugung sagen zu können, es ist im Herzen, im Blut, in den Genen. Da sollte mal einer versuchen, einem Comanchen mit Wandertrieb zu erklären, daß er an einer Krankheit leidet, die in den Handbüchern der Psychiater als Dromomanie verzeichnet ist und offensichtlich mit Beruhigungsmitteln und einigen Therapiesitzungen behandelt werden kann.

Kapitel 9

»Wann immer ein Amerikaner aussteigen oder zurück zur Natur will, unweigerlich hat er den ›Wunsch, Indianer zu werden‹... der an ihrer geheimnisvollen Macht, ihrem mythischen Glanz teilzuhaben sucht. Von den Mountain Men bis zu den Boy Scouts zieht sich dieser Traum durch die amerikanische Geschichte, Kultur und Psyche.«

Hakim Bey, *T.A.Z.: The Temporary Autonomous Zone*

Medicine Wing« hängt über dem Steuerrad seines VW Kleinbusses, Baujahr 1976. Wir stehen in einer scheinbar endlosen Autoschlange auf einer unbefestigten Straße in den Wäldern des Alleghenygebirges in West-Pennsylvania. Er ist müde, denn in den letzten drei Tagen ist er die 1500 Meilen von Colorado hierher gefahren, und er ist völlig bekifft von einem erstklassigen, roten, nach Skunk riechenden Marihuana. Die Sorte heißt »The Superdank«, und eine Unze kostet vierhundert Dollar. Man würde denken, daß für Fahrten quer durchs Land eine kleine Pfeife genau das Richtige wäre, aber »Medicine Wing« reist mit einer Glasbong, die zwischen dem Gebrauch mit zwei Korken verschlossen wird und die er unter dem Fahrersitz in einer mit Schaumstoff und Samt ausgepolsterten Vertiefung verwahrt.

»Warum lebst du auf der Straße, wie kam es dazu?«

»Nun«, murmelt er. »Die Straße...« Er starrt aus dem Fenster, versucht, seine Gedanken zu sammeln, und wird von den rasch wechselnden Licht- und Schatten-Mustern auf den Blättern abgelenkt. Eine halbe Minute vergeht. »Oh, Mann, das ist so irre.« Das bisherige Gespräch mit ihm ist eine stockende, sprunghafte Angelegenheit gewesen, aber so viel habe ich bereits herausbekommen: »Medicine Wing« ist 25 Jahre alt, geboren und aufgewachsen in den Vororten von Washington DC und war für seine Eltern und Stiefeltern ein Grund ständiger Enttäuschung. Sie nennen ihn immer noch Scott und klammern sich an die Hoffnung, daß dies nur eine Phase ist – »Sie sind so ätzend. Sie wollen, daß ich einer von diesen Rechtsanwälten werde oder ein Typ von der Wall Street oder sowas, verstehst du? Dieser ganze Yuppiescheiß. Eigentlich ist es traurig, aber das ist nun mal ihr Trip.«

Er hat eng zusammenstehende Augen, einen dünnen blonden Bart, trägt einen Nasenstecker und längs der linken Augenbraue eine Reihe von Silberringen. Die blonden Dreadlocks fallen hübsch nach einem Jahr ohne Shampoo. Er hat volle Lippen und eine Römernase, aber sein Gesicht ist merkwürdig verengt, als hätte sich ein Riese über die Wiege des kleinen Scott gebeugt, seinen Kopf in die Hände genommen und ihn sanft zusammengepreßt. Auf dem einen Arm ist ein Prärieindianer mit Kopfschmuck tätowiert. Das scheint mir doch für einen überzeugten Pazifisten und Vegetarier ein fragwürdiges Symbol zu sein, aber »Medicine Wing« erwidert, daß ich alles, was die Indianer angehe, falsch verstünde: »Wir waren Krieger für die Erde. Wir kämpften, um unser geheiligtes Land vor dem weißen Mann zu schützen.« Und was ist mit dem Rauben, den Stammeskriegen, den Gefangenen und den Skalps? »Alles Babylon-Lügen, Erfindungen weißer Historiker.« Und das Jagen und Fleischessen? »Erzähl' mir nichts, wir waren zumeist Vegetarier.« »Medicine Wing« beansprucht, in diesen Dingen ein tiefes Wissen zu haben, weil er in früheren Leben ein Lakota Schamane und davor ein Hopi Myste war, und im wesentlichen fühlt er noch wie ein »Native American«, »in meinem Herzen, in meiner Seele, in den Schwingungen, die ich aussende.« Er greift unter den Fahrersitz, holt die Wasserpfeife aus ihrem Samtversteck, entkorkt sie und legt ein bißchen von dem Superdank hinein. Es blubbert. Er hält den Rauch in der Lunge, hebt die Pfeife zum Himmel (schnell und verstohlen – aus Angst vor der Polizei), krächzt ein kurzes, unverständliches Gebet an den Großen Geist und stößt den Rauch wieder aus. Wie die Rastafaris nennt er Marihuana, allerdings nur das der Spitzenklasse, »das heilige Kraut«, das Sakrament seiner Religion, das als erstes am Morgen und dann den ganzen Tag über in Abständen genommen wird. Man stelle sich einen Priester vor, der süchtig nach Kommunionswein ist, und man bekommt eine Vorstellung von »Medicine Wings« Beziehung zu dem teuren starken Gras. Bei minderwertigem billigen Marihuana sind Ritual und Gebet nicht nötig. Alkohol ist »Babylon Gift«, und er rührt ihn nicht an.

Wie kann ich den Geruch im Wagen beschreiben? Es ist ein reiches, stechendes Aroma, wobei die Benzindämpfe aus dem alten undichten VW-Motor und der süßliche Duft von Patschuliöl dominieren. Das Patschuli soll die anderen Gerüche überdecken, fördert aber nur wie Olivenöl in einer Sauce deren Intensität: Körperausdünstungen und Mundgeruch, kalter Rauch und Bongwasser, verfaulendes Obst in der Futterkiste, alte Pizzaschachteln, die als Aschenbecher dienen. Ein feuchter, säuerlicher Schimmelgeruch strömt von den Matratzen und Schlafsäkken im hinteren Teil aus, wo »Medicine Wings« Reisegefährten – »Hawk Feather« und Julie, die nun »Willow Leaf« heißt – apathisch daliegen. Für jemanden, der zum erstenmal in diesem Kleinbus sitzt, ist der Geruch übermächtig, aber »Medicine Wing« bemerkt ihn nicht mehr. Das ist das vertraute Heim, der Geruch des Lebens. Der Stau bewegt sich 30 Meter vorwärts und kommt dann wieder zum Stillstand. »Medicine Wing« seufzt und plumpst zurück in seinen Sitz, rollt sich eine Zigarette, läßt das Feuerzeug fallen und hätte gerne eine Tasse Kaffee. Er versucht, sich zu sammeln, wieder die Spannung und Erwartung zu spüren, die sich in ihm die ganze Woche, den letzten Monat, den Sommer über aufgebaut hatten, aber er ist zu müde und völlig stoned. Vielleicht macht ihn ein Zuckerstoß wieder wach. Er stellt den Motor ab und steigt aus; da steht er: eine Vogelscheuche in abgeschnittenen Armeeklamotten und einem alten Grateful Dead Batik-T-Shirt, barfuß und kaum größer als 1 Meter 65. Er trottet zu dem weißen Mietwagen vor uns und geht vor dem Fahrerfenster in die Hocke.

»He, willkommen zu Hause, Bruder«, sagt der Fahrer.

»Willkommen zu Hause«, erwidert »Medicine Wing«. »Hör mal, Bruder, hast du Zuzus? Ich brauche dringend was Süßes.«

Die beiden Männer haben sich zuvor noch nie gesehen, aber

hier gehört jeder zur Familie –»The Rainbow Family of Living Light«. Tausende kommen zu dem diesjährigen nationalen Treffen in den Alleghenywäldern zusammen. Ich suche nach einem Vergleich; am ehesten ähnelt diese Veranstaltung einem Musikfestival im Freien, nur daß es hier keine Bands, keinen Eintritt, keine Verkaufsstände oder Mietklos gibt. Vielleicht ist das Ganze besser als eine Landkommune auf Rädern beschrieben. Jeden Sommer strömen sie alle an einem Ort zusammen, trennen sich nach einigen Tagen wieder und veranstalten ansonsten kleinere regionale Rainbow-Treffen – mit den Worten Michael Nimans ein »Nomadisches Utopia«, gegründet nach den Prinzipien des Friedens, der Liebe, spiritueller Harmonie und Gemeinschaftlichkeit. Im Rainbow-Jargon sind »Zuzus« Bonbons oder Schokolade und sehr begehrt, denn die Hauptnahrung bei allen Zusammenkünften ist ein hellgrauer vegetarischer Brei, der von Helfern an Küchenstellen kostenlos ausgeteilt wird. Für einen Rainbow-Menschen, der Zuckerzeug bei sich hat, wäre es undenkbar, es nicht mit einem Bruder in Not zu teilen.

»Hier, das ist für dich«, sagt der Fahrer und überreicht eine Cellophantüte. »Willkommen daheim.«

»Super«, begeistert sich »Medicine Wing«. »He, Gummibären! Echt Klasse Zuzus.« Er stopft sich ein paar in den Mund, dann läuft er hin und her und ruft: »He, wer will ein Zuzu? Medicine Wing hat die echten Gummibären, um die Familie zu füttern.«

»Her damit! ... Komm rüber, Bruder! ... He, du bist spitze, Mann! ...«

Hände strecken sich aus den Wagenfenstern, »Medicine Wing« geht die Autoschlange entlang und verteilt die Gummibären, bis die Tüte leer ist. Als er umkehrt, sieht er hinter jeder Windschutzscheibe lächelnde Gesichter, das besondere verzückte Rainbow-Lächeln, und im Vorbeigehen kommt von den Beschenkten ein »Danke, Bruder«, »Wir haben dich lieb«, »Willkommen zu Hause«, und eine Schwester springt aus ihrem Auto und umarmt ihn. »Medicine Wing« grinst und hat wieder neue Energie; er kann es kaum fassen und schüttelt den Kopf. »Das ist die Rainbow-Magie«, sagt er, als er Platz auf dem Fahrersitz nimmt. Die Wasserpfeife blubbert. »Es ist diese unglaubliche Ausstrahlung, die einfach so da ist, wenn die Familie zusammenkommt. Alle stehen hier im Einklang mit Mutter Erde, den Schwingungen des Waldes und dem Großen Geist. Und siehe da, sogleich geschehen Wunder! Alles ist miteinander verbunden, verstehst du? Jedes Molekül in deinem Leib, wirklich jedes ist genau wie die anderen Moleküle im Universum, wie sollten sie da nicht miteinander verbunden sein? Ausgeschlossen, Mann! Wo immer du bist, was immer du tust, du hast alles schon einmal erlebt. Und wer weiß, das nächste Mal bist du vielleicht ein Sandkorn, und das ist total cool. Oder ein Baum, oder ein Vogel, einer unserer geflügelten Brüder, oder ein Außerirdischer in einer anderen Galaxie, oder was auch immer. Es ist egal. Eine Liebe. Universale ›Vibrations‹. Darum geht's.«

Ich stieß auf »Medicine Wing« rein zufällig. Eine Stunde schon war ich längs der Autoschlange auf und ab gewandert, hatte mit Interviews begonnen, und er war der erste, der tatsächlich das ganze Jahr über »on the road« lebt. Wie gesagt, die Rainbow-Familiy versteht sich als eine nomadische Einheit – es gibt keine festen Treffpunkte, sie nimmt erst Gestalt an, wenn ihre Mitglieder wieder zusammenkommen –, aber die meisten von ihnen verdienen ihren Lebensunterhalt innerhalb der herrschenden Gesellschaft. Von den geschätzten 22.000 Leuten auf dem diesjährigen Treffen leben etwa 2000 wirklich nomadisch. Die anderen sind, nach »Medicine Wings« Ansicht, »Wochenendhippies«, die sich auf einem Kurzurlaub von Babylon erholen, oder »Yuppies«, sein Etikett für jeden, der einen bezahlten Job hat. Selbst innerhalb der Rainbow-Family, die sich ihrer Toleranz, Inklusivität und ihres Egalitarismus rühmt, findet sich die alte Verachtung der Nomadisierenden für die Seßhaften. In Gesprächen über die Nomaden mit Rainbow-Leuten, die einen festen Wohnsitz und geregelte Arbeit haben, begegnet einem die übliche Mischung von Ablehnung und Neid. Auch sie neigen dazu, die anderen als verantwortungsscheue Aussteiger zu charakterisieren und sie zugleich als Ungezähmte romantisch zu verklären. Zuerst begegnete ich dieser Ambivalenz in der Person des 29jährigen Rechtsassistenten Chris Wagner, der von Philadelphia hierher gefahren war und mit seiner Frau und kleinen Tochter in einem Honda Accord saß. »Ich empfinde Liebe für alle in meiner Family«, sagte er mir. »Ich bin gerne mit all diesen Leuten hier draußen, aber wir wollen schon jetzt etwas Komfort und Sicherheit in unserem Leben. Die Kleine soll zum Beispiel zur Schule gehen, doch es ist mehr als das. Babylon ist versaut und kaputt, aber es ist unsere Verantwortung, das zu ändern, nicht wahr? Wenn man ganz aussteigen und nur noch auf der Straße leben will, klar, das ist cool, aber wir brauchen auch Leute, die innerhalb des Systems arbeiten, vor Ort in den Gemeinden Sachen organisieren und versuchen, die Wahrnehmung der Menschen zu ändern und für unsere Kinder eine bessere Welt zu schaffen.«

Die Rainbow-Nomaden gehören zu verschiedenen Gruppen, die sich durch die soziale Herkunft, Redeweise und die benutzten Transportmittel nicht wenig unterscheiden. Die Bessergestellten reisen in Wohnmobilen und umgebauten Schulbussen, nennen sich selbst »Zigeuner« und kommen vorwiegend aus der gut ausgebildeten Mittelklasse. »Medicine Wing« und seine Gefährten kann man ungeachtet des schäbigen Zustands ihres Kleinbusses am unteren Rand dieser Gruppe ansiedeln, auch sie benutzen zur Selbstbeschreibung das Wort »Zigeuner«. Die Schicht unter ihnen bilden die Tramps, die Hobos und die »road dogs«, die in klapprigen Kleintransportern oder Lastwagen durch das Land fahren, auf Güterzüge springen oder per Anhalter weiterkommen. (»Medicine Man«, den ich in den Dragoon Mountains traf, war einer von ihnen.) Sie kommen eher aus der Arbeiterklasse im Süden und Westen der USA und haben schottisch-irische Vorfahren. Unter den Tramps und Streunern gibt es einen harten Kern aggressiver Alkoholiker. Viele von ihnen waren in Vietnam und verbringen immer wieder eine Zeit im Knast, zumeist wegen kleiner Vergehen: Fahren mit abgelaufenen Plaketten, Betteln in einer Stadt, wo man eine Lizenz dafür braucht, unbefugter Aufenthalt auf einem Bahngelände, wiederholte Verstöße gegen Verkehrsgesetze, Besitz von Marihuana, Trunkenheit in der Öffentlichkeit, Schlägereien in Bars oder Urinieren an öffentlichen Plätzen, was in vielen Bundesstaaten so streng geahndet wird wie Exhibitionismus. Auch wenn die meisten Rainbow-Mitglieder bei dem Wort zusammenzucken und ihm widersprechen würden, so ist doch klar, daß diese betrunkenen Herumtreiber mit der auffälligen Aussprache die Unterklasse der Rainbow-Gesellschaft sind. Sie müssen abseits des Haupttreffens kampieren. Dieses Lager ist das gefürchtete A-Camp. Das

A steht für Alkohol, und nur an diesem Ort sind alkoholhaltige Getränke erlaubt. Dort kommt es auch immer wieder zu Ausbrüchen von Gewalt, vorbeigehende Frauen müssen sich obszöne Bemerkungen gefallen lassen, und ahnungslose Friedensfreunde werden mit gezücktem Messer um Geld gebeten. Das A-Camp ist die dunkle Seite des bunten Rainbow-Treffens, der ultimative Test für die Family-Ideale von Toleranz und Inklusivität. »Medicine Wing« ist entsetzt, als er erfährt, daß ich von Leuten aus dem A-Camp, die ich auf einem Trödelmarkt in Arizona kennenlernte, eingeladen bin. Er rät mir, um den Ort einen großen Bogen zu machen: »Glaub mir, Mann, dort sind enorm schlechte ›Vibrations‹.«

Wir nähern uns jetzt langsam dem Hauptparkplatz, einer großen Waldwiese, wo ein wildes Gedränge von Menschen und Autos herrscht. Freiwillige Helfer versuchen schreiend und fuchtelnd, den Verkehr zu dirigieren, andere verteilen Flugblätter und Karten. Ein junger bärtiger Rainbow-Mann mit nacktem Oberkörper kommt auf uns zu; er trägt purpurrote Pantalons, rosa Sonnengläser und einen sehr hohen Zylinder aus Schaumgummi. Er schaut in den Wagen und sagt: »He Leute, Sicherheitsgurte anschnallen. Gebt den Polypen keinen Vorwand, euch festzuhalten.« Dann schnuppert er einen Anflug von dem Superdank. »Mensch, Bruder, du hast diesen tollen Stoff geraucht. Aber bleibt cool, klar? Die Bullen haben bereits Leute mit Gras eingebuchtet.« Spürbar ist die Spannung zwischen den Kontrollorganen und den Kräften der Anarchie; es ist offensichtlich ein legalistischer Balanceakt. Wir befinden uns auf »National Forest Land«, das theoretisch den Bürgern der USA gehört, aber im Auftrag der Regierungsbehörden in Washington vom »National Forest Service« verwaltet und kontrolliert wird. Und hier sind nun über 20.000 Leute, die Lust haben, nackt herumzulaufen, Drogen zu nehmen und ekstatisch zu tanzen. Sie haben sich ohne Genehmigung auf Bundesland versammelt und wollen praktisch demonstrieren, daß Regierungen, ja alle Zwang ausübenden, hierarchischen Machtstrukturen überflüssig und verderblich sind. Erwartungsgemäß haben die Behörden auf allen Ebenen wiederholt versucht, die Rainbow-Treffen zu verbieten, aber dennoch haben die seit 1972 jeden Sommer stattgefunden, und zwar aufgrund eines kleinen Absatzes in der »Bill of Rights«.

Der erste Zusatzartikel garantiert das Recht aller Bürger, sich friedlich zu versammeln, und da es keinerlei Geschäfte auf den Treffen gibt, ist die Rainbow-Family nach herrschender juristischer Auslegung berechtigt, auf »National Forest Land« – Land im »Gemeinbesitz« – ohne offizielle Erlaubnis zusammenzukommen. Nach einigen Niederlagen vor Gericht, wo Rainbow-Anwälte unentgeltlich agierten, haben sich die Behörden widerwillig zu einem Übereinkommen mit der »Family« durchgerungen. Sie dulden die Zusammenkunft, setzen aber ihre Teilnehmer allerlei Schikanen aus: Unter vagen Vorwänden werden Fahrzeuge angehalten und durchsucht und Nummernschilder gefilmt, Polizisten patrouillieren mit Spürhunden, verdeckte Ermittler mischen sich als Hippies unter die Leute. Immer wieder kommt es zu Prozessen, und die Behörden versuchen, durch die Verbreitung von Gerüchten und Fehlinformationen an die Medien die öffentliche Empörung anzustacheln. So wird etwa behauptet, daß die Treffen nur als eine kaum verhüllte Tarnung für grenzüberschreitenden Drogenhandel dienen, daß die Rainbows mit Crack und Heroin dealen und entlaufene Kinder in die Prostitution und weiße Sklaverei verkaufen.*

Ich vereinbare mit »Medicine Wing« für später ein Treffen und steige aus dem Kleinbus, um mit den örtlichen Hilfssheriffs zu sprechen. Ich sehe die vier an einem Ford Bronco gelehnt, große stämmige Jungs vom Lande mit muskulösen Unterarmen. Sie haben in den vergangenen Stunden Strafzettel wegen Vergehen gegen die Anschnallpflicht verteilt und einige Leute mit Marihuana festgenommen, aber im Großen und Ganzen nehmen sie gegenüber der Freakshow, die da durch ihr Land zieht, eher eine Haltung distanzierter Amüsiertheit ein. »Wenn wir es wollten, könnten wir das Ganze hier mit einem Schlag beenden«, versichert mir einer von ihnen, ohne daß ich ihn gefragt hätte.

»Aber wie?« will ich wissen. »Hier sind 20000 Leute, die sich über zehn Meilen Wald verteilen, und die meisten halten sich eine Stunde zu Fuß von der nächsten Straße auf.«

»Seien Sie unbesorgt«, antwortet er. »Wenn wir wollten, könnten wir die Nationalgarde anfordern, da reingehen und jeden einzelnen Hippie aus dem Wald schleifen.« Er wendet sich

* Diese letzte lächerliche Erfindung stammt aus einem FBI-Memo von 1983 und wird in Michael Nimans Buch zitiert.

zu seinen Kollegen und sagt: »He, seht ihr diesen verrückten Typ da drüben?« »Welchen meinst du?« Er zeigt auf einen kleinen Derwisch-Hippie Anfang 50, der einen Lendenschurz, schwarze Socken und Wanderstiefel trägt. Er dreht sich im Kreis, rudert mit den Armen, lacht gackernd, kreischt wie ein Vogel und kommt johlend auf uns zu. Er bleibt stehen, zeigt auf die Polizisten und kreischt: »Alkoholtote in Amerika, einhunderttausend im Jahr. Marihuanatote pro Jahr: Null! Ich trinke keinen Alkohol, aber ich will euch nicht davon abhalten. Warum tut ihr alles, um Leute am Potrauchen zu hindern? Seid ihr bescheuert? Glaubt ihr an Lügen? Ist das euer Problem, he?«

Einer der Hilfssheriffs – ein Leitbulle, 240 Pfund schwer, mit rasiertem Kopf und Oakley Sonnengläsern – grinst zurück und sagt gelassen: »Okay, Bruder, du hat uns überzeugt. Ich werde mir die Haare lang wachsen lassen, kein Bad mehr nehmen und den ganzen Tag auf meinem naturliebenden Hintern sitzen. Warum bietest du mir keinen Joint an, Bruder? Ich nehme dich nicht fest. Ich will nur high werden.« Alle krümmen sich vor Lachen: die Hilfssheriffs, die Umstehenden, sogar der tanzende Hippie. »Nicht schlecht«, gibt er zu, »aber ob du's glaubst oder nicht, ich hab meine eigene Firma.«

»Was könnte das sein, Bruder? Ein wenig Gartenbau vielleicht? Seife verkaufst du jedenfalls nicht.«

»Leck mich! Ich rieche, wie ein menschliches Wesen nach vier Tagen auf der Straße riecht. Ich bin von Austin in Texas hierher gefahren. Dort habe ich meine Firma. Computersoftware! Im letzten Jahr verdiente ich 65.000 Dollar. Ha! Rauchte jeden Tag Pot. Ha! Wieviel haben Sie letztes Jahr verdient, Officer! Whoooooooh-hah!«

Der Polizist lächelt hinter seinen Gläsern und dreht sich, um in seinen Wagen einzusteigen. »Es war wirklich nett, dich zu besuchen, jetzt müssen wir wieder an die Arbeit«, sagt er. »Hüte dich vor den braunen Einsiedlerspinnen. Einige deiner Freunde liegen bereits mit Spinnenbiß im Krankenhaus. Und nimm dich in Acht vor Klapperschlangen zwischen den Felsen.«

»Ach, komm mir doch nicht mit dem Scheiß«, schreit der Hippie. »Spinnen und Schlangen wollen niemanden beißen. Sie sind meine Brüder. Wenn du im Einklang mit der Natur bist, dann ist jedes lebendige Wesen im Wald dein Bruder.«

»Aha, so ist das also«, erwidert der Dicke in Uniform. »Wenn man die braune Einsiedlerin richtig liebhat, dann kriecht sie nicht in dein Zelt? Die gute alte Klapperschlange beißt nicht, wenn du ganz ungewollt auf sie trittst? Ich zeige ihnen meine Liebe hiermit.« Er klopft auf die Waffe an seiner Hüfte, und die Kollegen lachen schallend.

Der Hippie wirbelt davon und kommt wenig später am Steuer eines Pritschenwagens zurück. Ich setze mich zu den vier anderen nach hinten, und er bringt uns zu dem Anfang des Waldpfades, der zu dem eigentlichen Treffplatz führt. Ein paar Leute ziehen Handwagen durch den Matsch oder schieben Schubkarren, und ein Paar hat seinen Hund nach Indianerart mit Geschirr und Zeltstangen versehen. Am Rande des Pfades sitzt auf einem Holzblock ein nackter Mann, neben ihm steht ein großer Beutel mit Tabak. Er dreht Zigaretten und bietet sie den Vorbeigehenden an. Er hat lange blonde Locken, den Akzent der Südstaatler und eine Beinprothese. Er spricht mich an: »Wir sammeln Holz für das Freudenfeuer an der Yin-Yang-Küche heute nacht. Wenn ich dir eine Zigarette gebe, würdest du dann vielleicht etwas Feuerholz nehmen und es dort abgeben?« Auf unserem Weg begegnen wir immer wieder solchen Bitten, besonders an diejenigen, die noch nichts in ihren Händen halten. »Trag doch bitte diese Wassermelone so weit, wie du magst, und gib sie an jemand anderen weiter.« »Bitte hilf uns, dieses Feuerholz zu zerkleinern.« »Könnte jemand diesen Sack Linsen zur nächsten Küchenstelle bringen?«

So funktioniert die Rainbow-Logistik. Alle Arbeiten sind freiwillig und werden geteilt, von jedem wird erwartet, daß er hilft – Drückeberger heißen »Drainbows«. Ich mache kurz halt und helfe einen der kleinen Gräben ausheben, die als Latrine dienen. Bei einer Versammlung von 20.000 Leuten besteht ohne Toiletten wirklich die Gefahr, daß sich Krankheiten durch Fliegen übertragen, ganz zu schweigen von der Verschmutzung der Umgebung. Es dauerte einige Zeit, bis die Rainbow-Leute eine einfache, aber wirksame Lösung für das Problem fanden. Jeder dieser Gräben ist mit einem Brett abgedeckt, das ein 30 cm breites Loch mit einem Deckel hat. Daneben steht eine Kaffeedose mit Asche von den Lagerfeuern und Toilettenpapier; beides wird in den Graben geworfen, wenn man fertig ist, und die Hände wäscht man sich in einem Eimer mit gechlortem Wasser. Wenn der Gestank zu schlimm wird, wird Lauge und dann Erde in den Graben geschüttet. Diese Orte werden »shitters« genannt, um die Benutzer daran zu erinnern, dort nicht zu urinieren – Urin verhindert die chemische Umsetzung. Jeder Teilnehmer soll möglichst seine eigene Campingausrüstung mitbringen und Essensgaben für die Küchen. Einmal am Tag geht der »Magic Hat« herum und sammelt Geldspenden (»grüne Energie«) ein, mit denen Lebensmittel, das Benzin für die Lieferwagen und andere wichtige Sachen bezahlt werden können. Es wird aber allseits akzeptiert, wenn jemand nichts mitbringt – kein Essen, kein Geld, keine Schlafsachen, keine Schuhe. Aus einem Haufen gespendeter Kleider und Ausrüstung kann man sich das Nötige heraussuchen, das Essen ist kostenlos, und wenn man nicht gerade ein kompletter »Drainbow« ist, wird man bereitwillig irgendwo mit anpacken.

Nach etwa zweieinhalb Meilen stößt der Pfad auf eine große offene Wiese. Überall stehen Zelte, Behelfsküchen, Tipis, Workshops und Trommler im Kreis. Dazwischen laufen Tausende von Menschen herum. Auf meinem Weg sehe ich eine Meditationsgruppe, ein Schwitzzelt, eine Kinderkrippe, ein Amateurtheater, einen Tarot-Workshop, ein Dutzend nackter Frauen, die unter einer behelfsmäßigen Dusche stehen, und ein weiteres Dutzend tanzender, singender Hare Krishna Jünger mit spitzen Ellbogen und todernsten Gesichtern. Eine Schar spindeldürrer Junghippies spielen »Angeln«: in der einen Hand halten sie eine leere Marihuanapfeife, und mit der anderen tun sie so, als ob sie einen Fisch fingen. Früher oder später wird irgend jemand den Pfeifenkopf stopfen. Drüben bei der »Rainbow Crystal«-Küche schlägt ein drogenabhängiger Teenager pausenlos auf den Boden und schreit, er geht durch die Qualen eines schlimmen LSD-Trips; um ihn herum steht ein Kreis von Leuten und summen »Ommmmm«. Und es wirkt. Er beruhigt sich. Leute umarmen ihn, und er beginnt zu lächeln. Überall sind hier reichlich Gras, Acid und Magic Mushrooms in Gebrauch, aber es gibt keine Drogen in Pulverform, und es wird nicht gedealt. Ich brauche dringend ein kaltes Bier, doch das A-Camp ist vier oder fünf Meilen entfernt von hier.

Es ist eine bunt zusammengewürfelte Menge. Ich treffe auf

Rechtsanwälte, Banker, Biobauern, Sozialarbeiter, Kleinkinder und Achtzigjährige, Christen und Heiden, Drogenabhängige, Raver, Punks, Tramps, »Trustafarians«, originale Hippies, neue Hippies, jeden Hippietyp, den man sich nur vorstellen kann. Es ist aber auch eine homogene Menge, denn 95 Prozent der Teilnehmer sind Weiße. Ich halte Ausschau nach einem amerikanischen Indianer, einem echten, meine ich. Ich wüßte gerne, wie er diese Veranstaltung sieht: die Weißen mit Federschmuck, die perlenbestickten Medizinbeutel und nachgespielten Zeremonien mit Friedenspfeife, die Tipis und Schwitzhütten, Namen wie »Medicine Wing« und »Hawk Feather«, die Anrufungen des Großen Geistes und so weiter. Auf Faltblättern, in Rundbriefen und Gesprächen behaupten die Rainbow-Leute, daß sie »den wahren Geist der Ureinwohner Amerikas«, »die weisen, lebensfrohen Indianer aus alter Zeit« verkörpern. Was hielte ein heute lebender Indianer von all dem? Würde er sich geschmeichelt fühlen, daß seine Vorfahren so verehrt werden? Oder würde ihn die Unterstellung kränken, daß die zeitgenössischen Indianer nicht nur falsch leben, sondern auch dumm und erbärmlich sind? Fände er das Ganze lächerlich? Wahrscheinlich würden die Antworten nicht eindeutig ausfallen, aber ich kann ohnehin keinen für eine Befragung finden. Überall hängen Poster mit einem holprigen Text, der sich als eine alte Prophezeiung der Hopi Indianer ausgibt: »Es wird gesagt, wenn die Erde weint und die Tiere sterben, werden Menschen einen Stamm bilden, der Sorge trägt für die Welt. Ihr Name wird sein: Krieger des Regenbogens.« Diese Hopi-Prophezeiung ist ein vorzügliches Beispiel für das, was Michael Niman »Fakelore« (Schwindelfolklore) nennt. Die Rainbow-Anhänger erfinden gerne über sich selbst romantisierende Mythen und eignen sich bedenkenlos die Geschichte anderer als ihre eigene an. Stammesälteste der Hopi wissen nichts von der ihnen zugeschriebenen Weissagung, und sie haben darum gebeten, den Text nicht weiter zu gebrauchen. Nun, jemand wie »Medicine Wing« will davon nichts hören. Spricht man ihn auf die Poster an, legt er sofort los: Er sei schließlich ein Hopi gewesen, als die noch wirkliche Hopi waren, er also wisse, was falsch oder richtig sei.

Von der fragwürdigen Aneignung der Geschichte einmal abgesehen, die Rainbow-Tramps kommen im heutigen Amerika den nomadischen Indianern am nächsten. Denn sie haben eine Ethik der Gemeinschaftlichkeit, das Bewußtsein, einem Stamm anzugehören, und eine spirituelle Verbindung zur Natur. Und einige von ihnen ziehen sogar mit Frau und Kind umher. In all den verschiedenen Gruppen, die hier zusammenkommen, gibt es Familien, die es schaffen, das ganze Jahr über unterwegs zu sein, als Wanderarbeiter, Flohmarkthändler, Programmierer und Berater (»Technomads«), Kunsthandwerker oder Künstler. Es gibt andere wie zum Beispiel den Ohana Stamm (nicht zu verwechseln mit den gleichnamigen Ureinwohnern auf Hawaii), die ständig auf Campingplätzen in den Wäldern leben, mit den Kindern von einem regionalen Rainbow-Treffen zum nächsten fahren und sich innerhalb der autonomen Ökonomie gegenseitig unterstützen. Für den Unterricht der Kinder stehen im wesentlichen drei Wege offen: Hausunterricht per Post oder E-mail, die Kinder zu immer anderen Schulen schicken, wie es die Erntehelfer tun müssen, oder sich ganz der Kontrolle der Behörden entziehen und gegen die Schulpflicht verstoßen. Das letztere gibt natürlich mir gegenüber niemand zu, aber ich hörte schon früher, daß das nicht schwierig ist. Man bleibt mobil und hält sich in möglichst einsamen Gegenden auf. Stellen die Polizei oder Forest Rangers lästige Fragen, erzählt man ihnen, daß man gerade im Begriff ist, mit der Familie in eine andere Stadt zu ziehen, oder unterwegs zur nächsten Ernte ist und die Kinder an einer der dortigen Schulen anmelden wird. Der frühere britische Premierminister John Mayor lief als Jugendlicher von seiner Familie, die in einem Wanderzirkus arbeitete, weg und begann eine Lehre in einer Buchhaltungsfirma. Es fragt sich, wie viele dieser Kinder auf ähnliche Weise gegen ihre Erziehung rebellieren werden und als Rechtsanwälte, Steuerbeamte oder Manager enden. Man kann sich die schwere Enttäuschung ihrer Eltern vorstellen.

*

»Turtle Momma« sitzt vor einer Wand aus Segeltuch in Chico Sunies Yin-Yang-Küche. Neben ihr schlafen auf einer Decke zwei Babys. Dies ist ein Zeltlager der Rainbow-Tramps, vorwiegend von Männern bewohnt, die in einem lockeren Konvoi alter

Fahrzeuge durch das Land ziehen, per Anhalter fahren oder sich von einem Güterzug zum nächsten Treffpunkt bringen lassen. Sie sind schon seit zwei Wochen hier, graben Latrinen, schleppen Ausrüstung heran und richten Küchenstellen ein. In den Tagen, bevor endlich die Versorgungswagen eintrafen, holten sie sich in der nächstgelegenen Stadt Eßbares aus Müllcontainern. »Viele Leute sehen auf die Tramps und Gammler herab«, sagt »Turtle Momma«, »aber wir sind immer die ersten bei dem großen Sommertreffen und gehen als letzte, und wir machen die meiste Arbeit hier.« »Stimmt genau«, mischt sich »Peg Leg« ein, der immer noch nackt ist und ins Zelt humpelt, um seine Prothese abzubinden. »Wenn alle diese Wochenendhippies wieder nach Hause gegangen sind, sammeln wir jedes Stück Abfall ein, schütten die Senkgruben zu, säen Samen auf dem zertrampelten Boden, um neues Gras wachsen zu lassen, und bepflanzen die Pfade. In ein, zwei Jahren sieht es so aus, als ob hier niemand gewesen wäre.« »Turtle Momma« ist ein passender Name für sie, denn für ihre Größe ist sie recht breit und hat eine ovale Figur, und sie verströmt eine urmütterliche Wärme und Herzlichkeit; eine tiefe, in sich ruhende Geduld geht von ihr aus. Die Mütter der Babys, auf die sie aufpaßt, wollen an diesem Abend LSD einwerfen und ums Freudenfeuer tanzen, und sie hat ihnen gesagt: Geht nur und habt einen wunderbaren Trip. Die anderen Frauen kümmern sich in der Zeit um die Kinder, und manchmal findet sich sogar ein Mann dafür. »Peg Leg« räuspert sich vernehmlich, als er diese Spitze gegen sein Geschlecht hört. »Mir macht es nichts aus. Ich bleibe hier bei dir und den Kindern.« Zehn Anstandsminuten hält er aus, macht dann sein künstliches Bein wieder fest und geht zurück zum Feuerplatz.

»Turtle Momma« begann mit dem rastlosen Reisen Ende der sechziger Jahre, nahm an Love-Ins, Be-Ins und freien Festivals teil, aus denen sich dann die ersten Rainbow-Treffen bildeten. Sie beschreibt sich selbst als eine »nomadische Seele«, die in früheren Leben Generationen indianischer Kinder großzog. Über die umherziehenden Mütter heute hat sie allerdings widersprüchliche Gefühle. Im Prinzip unterstützt sie diese Idee als Ausdruck persönlicher Freiheit und als eine Möglichkeit, Kinder von den schädlichen Einflüssen »Babylons« fernzuhalten. Sie selbst kehrte zu einem seßhaften, geregelten Leben zurück, als sie ihre Kinder bekam, weil es so leichter war, sie großzuziehen und etwas lernen zu lassen. Damals das Leben auf der Straße aufgeben zu müssen, sagt sie, fiel ihr unglaublich schwer, es sei das größte Opfer gewesen. »Zwanzig Jahre verbrachte ich zu Hause, ich habe großartige Kinder, aber das war nicht ich. Sobald sie erwachsen waren und aus dem Haus, kaufte ich mir ein altes Wohnmobil und machte dort weiter, wo ich aufgehört habe.« Sie lacht. »Nun bin ich hier und immer noch nicht erwachsen.« Sie bewegt sich unbeholfen, hat offensichtlich Schmerzen. Sie müßte operiert werden, um das zu entfernen, was sie »tickende Zeitbomben« in ihr nennt. Aber sie kann die Arztrechnungen nicht bezahlen. Die 30.000 Dollar, die sie bräuchte, liegen nicht einfach irgendwo herum, und da sie bereits krank ist, gewährt ihr keine Versicherung Schutz. Vielleicht ist es europäischen Lesern nicht bekannt, aber Millionen armer und kranker Amerikaner befinden sich in der gleichen mißlichen Lage: Sie können keine Krankenversicherung abschließen, weil sie nur als Unkostenfaktor eingeschätzt werden.

»Turtle Momma« könnte vielleicht jemanden finden, der ihr Arbeit gibt und sie über die Firma versichern würde, aber sie will lieber die Zeit, die sie noch hat, reisend und auf Rainbow-Treffen verbringen. Hier findet sie Frieden, Liebe, Hoffnung, Harmonie, gemeinschaftliches Teilen, die Achtung des Heiligen in der Natur – die soweit gelungenste Verwirklichung der Ideale, denen sie seit ihrer Jugend anhängt. Natürlich ist nicht alles perfekt, gibt sie bereitwillig zu. Die seßhaften Rainbow-Freunde müssen ihren Hochmut gegenüber den Tramps und Alkoholikern ablegen. Es kommt immer wieder zu Auseinandersetzungen um die Ressourcen, ob etwa der Bierkonsum im A-Camp finanziert werden soll, und sie sieht mehr »Drainbows« als früher. Doch das sind kleinere Mängel, leicht zu beheben. Für »Turtle Momma« bilden die Zusammenkünfte unter dem Zeichen des Regenbogens ein bereits gut funktionierendes Zukunftsmodell und sind allem, was »Babylon« zu bieten hat, weit überlegen.

*

»Medicine Wing« und »Hawk Feather« haben zu den Yin-Yang-Tramps keine Beziehung. Sie kamen nur einmal kurz herüber, um einen Blick auf das Freudenfeuer zu werfen und um herauszufinden, ob an dem Gerücht, daß hier gutes LSD die Runde macht, etwas dran ist. »Willow Leaf« schläft wieder, hinten im Zelt. Ich mache mir Sorgen um sie. Sie sieht bleich aus und ist furchtbar dünn, sie hat keine Lebenskraft, keine Energie. Wahrscheinlich ist es ein Fall von Anorexie, denn jedes bißchen Nahrungsaufnahme ist begleitet von Bedenken und Sorge und daher ohne jede Lust; sie nennt es strikten Veganismus. Ihre Reisegefährten, deren Hauptnahrung Pizza aus Abfallcontainern ist, wobei alles, was nach Fleisch aussieht, herausgepickt wird, machen sich ebenfalls Gedanken um sie. Aber was sollen sie tun? In den meisten Bundesstaaten der USA kann man keine Bio-Produkte kaufen, geschweige denn in Mülleimern finden. Doch im Moment sind diese Sorgen weit weg. Die Gerüchte vom LSD stimmen. Die beiden bringen Feuerholz ins Tramplager und geben etwas von dem Superdank einem guten Bruder mit dem Namen »Medicine Wolf«, der ihnen den Weg zur Acid-Quelle weist. Das Zeug ist irre gut, zumal seiner Vorgeschichte noch ein bißchen »Fakelore« beigegeben wird. Zuerst erzählt man ihnen, daß das LSD aus dem Labor eines Rainbow-Chemikers kommt, so sauber und rein wie nur möglich. Dann wird die Geschichte weitergesponnen und in Umlauf gesetzt: »Das ist Stoff aus dem Jahre 1964, Bruder«, verkündet voller Begeisterung »Medicine Wolf«, ein Tramp mit rotem Bart, der wie ein Hell's Angel aussieht. »Aus den Laboratorien von Sandoz, der Originalstoff. Damals war LSD noch legal.« Irgend jemand bewahrte irgendwo über all die Jahre das Acid in einem Kühlschrank oder sonstwie auf, wohl wissend, daß eines Tages der perfekte Augenblick und die richtige Umgebung da sein würden, um die ganze Energie des Stoffs freizusetzen. Niemand bezweifelt diese Geschichte, weil derartige Wunder auf Rainbow-Treffen ständig geschehen.

Eine Truppe Trommler taucht plötzlich aus dem Wald auf. Ich bin heute schon dreihundert Meilen gefahren, acht Meilen gelaufen und habe drei Viertel eines Notizbuchs vollgeschrieben. Es reicht eigentlich, doch die Musik hält mich dort noch eine weitere Stunde fest. Diese ziegenbärtigen, tätowierten Weißen um die 30 führen eine Art musikalischer Weltreise auf. Sie beginnen in Westafrika mit freien Entlehnungen aus Fela Kutis Jazzmusik und kommen darauf immer wieder zurück. Es folgt eine Exkursion nach Jamaika, dann geht es wieder nach Westafrika und von dort in den Norden zu den Rhythmen der Berber in Marokko. Sie überqueren trommelnd den Atlantik, spielen kubanische Musik, und weiter geht es mit Funk von James Brown nach Georgia. Die Zuhörer feuern sie an. Die wippenden Tramps in der Küche schlagen auf Töpfe und Pfannen, alle stehen nun und tanzen um das Feuer. Die Frauen schlängeln ihre Hände und Arme, was wie tolle Leuchtspuren aussieht, wenn man LSD genommen hat, und die Männer nicken eifrig mit den Köpfen und wackeln mit den Ellbogen, gelegentlich wagen sie eine hüpfende Drehung oder Tai-Chi-Bewegungen. Ein Trompetenspieler kommt zwischen den Bäumen hervor. Er sieht aus wie einer dieser Jazzmusiker aus den siebziger Jahren – der weiße Hippie auf der Rückseite eines Miles-Davis- oder Pharoah-Sanders-Albums –, aber er ist zu jung, um einer von ihnen zu sein. Nach ein paar Minuten hat er sich warm gespielt und seinen Rhythmus gefunden (James Brown hat die Trommler wieder nach Westafrika geführt), und dann beginnt er, über die Trommelmusik einen wilden psychedelischen Blues zu legen, wobei er unglaublich hohe Noten trifft und hält. Ich verspüre ein wenig Eifersucht auf »Medicine Wing« und »Hawk Feather«. Vor vielen Jahren habe ich LSD aufgegeben, aber ich erinnere mich noch gut, wie diese Musik für sie klingen muß und wie man sich fühlt, wenn man unter Tanzenden mit der Musik verschmilzt. Auf ihren Gesichtern sehe ich den entrückten verzückten Ausdruck. Warum leben sie »on the road«? Darauf gibt es eine kurze Antwort: um von einem dieser Glücksmomente zum nächsten zu gelangen.

*

Im Laufe der nächsten zwei Tage erfahre ich die ganze Geschichte. Wie drei wohlerzogene Sprößlinge aus den Vororten Washingtons nomadische Rainbows wurden und die Identität amerikanischer Indianer annahmen. Sie führten bereits viele Leben in der Vergangenheit; beginnen wir mit der High-School-Zeit in Arlington in Virginia Ende der achtziger Jahre. Dort freundeten sich die drei an, und, wie sie betonen, es ist eine Freundschaft, die durch Sex nicht kompliziert wird. (Überhaupt scheint sie Sex wenig zu interessieren, sie betrachten ihn als etwas, was das »Theater« nicht wert ist; lieber sind sie high.) Scotts/ Medicine Wings Mutter war schon damals und ist immer noch politische Analystin bei einer konservativen Stiftung. Drews/ Hawk Feathers Mutter ist Rechtsanwältin genau wie Julies/ Willow Leafs Mutter. Ich erwähne nur die Mütter, weil ihnen in allen drei Fällen nach der Scheidung das Sorgerecht zugesprochen wurde. Da drängt sich natürlich eine schlichte Erklärung auf. Diese Kinder flüchteten aus zerrütteten Familienverhältnissen und schlossen sich der Rainbow Family an, um zu finden, was sie zu Hause nicht hatten: Liebe und das Gefühl der Zugehörigkeit. Das klingt recht überzeugend, und vermutlich ist etwas Wahres dran, aber wie sie selbst sagen, die meisten Kinder an ihrer Schule durchlebten die Scheidung ihrer Eltern, und doch gab es nur einen weiteren Schüler aus der Klasse unter ihnen, der ein ständig umherziehendes Rainbow-Mitglied wurde. Die Trennung der Eltern, die Befragungen in Rechtsanwaltsbüros und vor Gericht, die neuen Stiefväter oder Stiefmütter – all das war gewiß nicht leicht, aber irgendwie erschien es so normal und unausweichlich wie etwa die Pubertät, eine wichtige Phase des Erwachsenwerdens, durch die Kinder nun einmal hindurch müssen. Ohnehin sahen sie ihre Eltern nur wenig; die verbrachten manchmal 14 Stunden im Büro und mühten sich ab, die Rechnungen zu bezahlen und das Geld fürs College zu sparen.

Auch war es nichts Ungewöhnliches für sie, im Alter von 12 Jahren mit dem Kiffen zu beginnen. Wo sie wohnten, gab es Achtjährige, die jeden Tag high waren, und Zehnjährige, deren Urin jeden Monat von ihren Eltern getestet wurde. Was man dafür brauchte, teilten Werbespots im Fernsehen mit. Wenn überhaupt, war man mit zwölf schon ein bißchen spät dran, doch als sie erst einmal begonnen hatten, wurden Scott, Drew und Julie passioniertere Kiffer als die meisten ihrer Mitschüler. Mit fünfzehn gehörten sie zum harten Kern der Schulclique der Potraucher und verdienten mit kleinen Deals das nötige Geld, um den Eigenbedarf decken zu können. Mit siebzehn gingen sie zusammen zu den Konzerten der Grateful Dead, und das hatte einen wirklich prägenden Einfluß auf ihr Leben. Zum erstenmal nahmen sie LSD und lernten Leute kennen, die der Band zu jedem Konzert folgten, ständig Drogen nahmen und jedes Jahr Anfang Juli zu den »Rainbow Gatherings« fuhren. In den Medien wurde die Deadhead-Szene gewöhnlich als ein mattes Echo der sechziger Jahre beschrieben, als etwas, was seine Zeit überlebt hatte, obwohl die meisten Teilnehmer bei den Veranstaltungen unter 25 waren. Für Journalisten gab es dort wenig Sensationelles. Die Band tourte fast ununterbrochen seit 1968. Ihre Fans aus welcher Generation auch immer lauschten den gleichen alten Songs, nahmen die gleichen Drogen, trugen die gleichen Klamotten und wiederholten die abgestandenen Sprüche.

Nun, Scott, Drew und Julie sahen das nicht so. Sie befreiten sich von ihren spießigen Eltern und verrückten Stiefeltern, von der öden Beschränktheit und den kleinlichen Schikanen der High School. Die Deadhead-Szene veränderte ihr Bewußtsein völlig. Daran hatte natürlich LSD, das Erlebnis gemeinsamer psychedelischer Ekstase, einen beträchtlichen Anteil, aber es waren doch nicht nur Drogen und Musik, was sie anzog. Bei jedem Treffen wurden sie mit Lächeln und Umarmungen begrüßt. Die Deadheads, ob alt oder jung, sahen sie als Gleiche an, und stets waren sie umhüllt von Freundlichkeit und Beteuerungen der Zuneigung. Sanft, schmerzlos, fast beiläufig nahm der »Stamm« sie auf. Nach den Shows saß man in einem Wagen oder um ein Feuer zusammen und rauchte Gras, um das Abklingen des LSD-Rausches zu mildern. Die drei erfuhren alles über die Philosophie und die Überzeugungen dieser Gegenkultur. Die langen Nächte im bekifften Zustand bildeten ihre wahre Erziehung, formten ihr Verständnis der Welt mehr als alles, was sie in der Schule lernten oder von der Popkultur aufnahmen. Ich verbrachte einige Wochen mit den Deadheads und machte mir Notizen von den langen Gesprächen an jenen Lagerfeuern. Das Lernen in dieser Umgebung ist ernst und intensiv, zugleich aber auch vage und versöhnlich. Was auch immer jemand sagt, gleichgültig, wie schlecht informiert, unausgegoren oder selbstwidersprüchlich es ist, selbst wenn eine Bemerkung ironisch oder parodistisch gemeint ist, alles wird mit einem reflexhaften »Super« und einem ernsten Kopfnicken aufgenommen. Eine Behauptung kann ergänzt oder weiter ausgeführt, aber niemals in Frage gestellt werden. Das würde Konfrontation bedeuten, mit anderen Worten: schlechte Schwingungen, eine Form der Gewalt, Bedrohung des zerbrechlichen Glücks der Bewußtseinsreise.

»Medicine Wing« und seine Gefährten lehnen nicht nur den Materialismus und den konkurrierenden Individualismus der westlichen Zivilisation ab, sondern auch ihre rationalistischen Grundlagen – die Diktate der Logik, die Forderungen nach empirischen Daten und wissenschaftlichen Beweisen, das Kausalitätsdenken, kurzum: den ganzen linearen cartesianischen Logiktrip. Schau dir doch an, was er produziert hat! Eine Kultur der Habgier und spirituellen Leere, Nuklearwaffen, Entfremdung von der Natur, einen suizidalen und muttermörderischen Krieg gegen die Erde. Babylon ist ein Produkt dieser kalten, wissenschaftlichen, herzlosen Art des Denkens. An den Lagerfeuern der Deadheads und auf den Rainbow-Zusammenkünften herrscht ein anderes Kriterium für Wahrheit. Wenn dein Gefühl dir sagt, etwas ist wahr, wenn etwas anziehend klingt, wenn etwas den Weg von deinem Bewußtsein bis zu deiner Zunge geschafft hat, dann ist es gut genug. Solange es nicht nach Babylon riecht, ist alles erlaubt, ist alles wahr. Was macht es schon, daß eine Information durch Dutzende bekiffter Hirne gegangen ist? Wen kümmert es, daß weder ihre Quelle noch die Fakten verifiziert werden können? Da im Kosmos ohnehin alles miteinander verbunden und austauschbar, auf molekularer Ebene formbar und für die Wünsche und Phantasien des menschlichen Geistes empfänglich ist, wie kann da irgendeine Schlußfolgerung als zu weit hergeholt beurteilt werden?

Scott hat sich immer schon zu den »Native Americans« hingezogen gefühlt. Bereits als Kind vor dem Fernseher schlug er sich auf die Seite der Indianer, selbst wenn das gegen die Intentionen der Filmemacher ging. Das Poster mit dem berühmten Foto des Häuptlings Seattle, das jetzt halb zerrissen an der hinteren Tür des Minibus hängt, zierte früher in Arlington sein Kinderzimmer. Unter dem Bild sind die wehmütigen, bewegenden Worte des Häuptlings über den rechten Umgang mit der Natur abgedruckt. (»Medicine Wing« weiß nicht, daß diese Rede 1971 von dem Hollywood-Drehbuchautor Ted Perry völlig umgeschrieben wurde.) Nachdem Scott sich von seinem Babylon-Bewußtsein befreit hatte, wurde ihm allmählich klar, daß er tatsächlich ein Indianer ist und auch schon in zumindest zwei vorherigen Leben war. Ein älteres Rainbow-Mitglied gab ihm bei seiner ersten Teilnahme den Namen »Medicine Wing« und erkannte intuitiv, daß der Adler sein Totemtier ist. Dann kam das letzte Jahr an der High School, und es war das schlimmste seines Lebens. Er durfte nicht mehr zu den Dead-Shows, ihm wurden Urintests angedroht, und seine Eltern traktierten sein schlechtes Gewissen mit Vorhaltungen, wie hart sie gearbeitet hätten, um ihn zum College schicken zu können. Unter diesem Druck hielt er bis zum Ende durch und schaffte einen Abschluß. Genauso lief es bei Drew, der bereits »Hawk Feather« war, und bei Julie, die noch Julie hieß. Sie begann, in einer Bio-Kooperative zu arbeiten. Die Jungen gingen zum College und brachen nach dem ersten Semester ab. »Ich hoffte, daß das College ein cooler Ort ist, aber es war ein Hauptquartier von Babylon«, sagt »Medicine Wing«. »Da waren all diese geschniegelten Typen, gaben große Summen aus und stürzten sich mächtig in Schulden, für die sie dann später in irgendwelchen verrückten Babylon-Firmen arbeiten können. Hawk und ich fühlten uns dort völlig out.«

Sie dealten ein wenig mit Superdank, bis sie genug Geld hatten, um den Kleinbus kaufen zu können. Sie verkauften oder verschenkten das meiste, was ihnen gehörte, und fuhren los. Für Außenstehende mag es wie eine Flucht ausgesehen haben, für sie aber war es die bewußte, positive Entscheidung, sich dieser umherziehenden Kommune anzuschließen. Tausende folgten den Tourneen der Grateful Dead und besuchten im Sommer die Rainbow-Treffen, und alle waren offensichtlich glücklich, frei, erleuchtet und freundlich. Keiner schien zu arbeiten, und doch mußte niemand hungern. »Der Stamm« entwickelte seine eigene Gelegenheitsökonomie, und es war leicht, eine Nische zu finden, besonders wenn man eine gute Pot-Quelle hatte. Und das ist noch heute so. Zum Beispiel: ein Typ hört, daß »Medicine Wing« Superdank hat. Er möchte eine Viertelunze, hat aber nicht die hundert Dollar. Er besitzt jedoch eine handgemachte afrikanische Trommel im Wert von 200 Dollar. Schon ist der Deal zur beiderseitigen Zufriedenheit gemacht. Eine Woche später tauscht »Medicine Wing« die Trommel gegen Gras, fünf Batik-T-Shirts und eine handgeschnitzte Bong, die er bei der nächsten Dead-Show weiterverkauft. So läuft es, wie durch Zauberhand, und niemand versucht, Profit rauszuschlagen oder den anderen reinzulegen.

»Medicine Wing« und »Hawk Feather« folgten den Grateful

Dead zwei Jahre und machten Abstecher zu den Sommertreffen der Rainbows. Im August 1995 kam dann die große Tragödie, der Tod von Jerry Garcia, Sänger und Lead-Gitarrist der Grateful Dead, und die Auflösung der Band. Einige Monate verbrachten die beiden in Flagstaff in Arizona, um sich von dem Schock zu erholen. Die Stadt und ihre Umgebung gefielen ihnen, aber sie bekamen dort nur billiges mexikanisches Gras. Flagstaff war »Schlaffstaff«. Also zogen sie weiter nach Kalifornien. In dem folgenden Jahr fuhren sie kreuz und quer durchs Land, zu Phish-Konzerten und Auftritten verschiedener Nachfolgebands der Grateful Deads, tauchten auf den kleineren und großen Rainbow-Treffen auf, besuchten überall Freunde, und so ist es seitdem geblieben. Vor einem Jahr machten sie sich auf nach Washington und nahmen Julie mit, die nun »Willow Leaf« ist.

Sie glauben, eine Mission zu haben. Das muß man wissen, wenn man sie verstehen will. Als Rainbows fühlen sie sich einem besonderen Stamm zugehörig – die einzigen Menschen, die auf der einzig wahren Weise leben –, den der Große Geist für eine Aufgabe von vitaler Bedeutung ins Leben gerufen hat. Die besteht in nichts Geringerem, als den Planeten vor der Zerstörung durch Nuklearkriege und/oder Umweltkatastrophen zu retten und menschliches Leid und Ausbeutung abzuschaffen. Aus der Perspektive der politischen Vernunft wird man die Wirksamkeit ihrer Methoden bezweifeln. Man mag sagen: »Glaubt ihr wirklich, all das tun zu können, indem ihr in den Wäldern hockt und high seid?« Aber nachdem die Rainbow-Angehörigen den wissenschaftlichen Rationalismus zurückgewiesen und sich in einem magischen Universum eingerichtet haben, so wie es bei allen Religionen mehr oder weniger der Fall ist, kennen sie solche Zweifel nicht mehr. Sie sind erfüllt von einer utopischen Leidenschaftlichkeit. Indem sie dem Rest der Welt ein Beispiel geben, Liebe, Gebete und positive Energie aussenden, erwarten sie vertrauensvoll, daß in der menschlichen Geschichte eine neue Morgenröte anbricht, ein neues Zeitalter des Friedens, der Harmonie und spiritueller Erleuchtung. Die Rainbow-Treffen beweisen, daß es bereits begonnen hat.

*

Betritt man das A-Camp, fällt der Blick auf zwei Schilder mit Kreidezahlen. Das eine trägt die Aufschrift »Fässer«. Nach zwei Wochen sind es 89 (niemand zählt die leeren Schnapsflaschen). Auf dem anderen steht »Kämpfe«, derzeitiger Stand: 27. Es ist früher Nachmittag, was aber an diesem Ort wenig bedeutet. Hier gilt nur ein Rhythmus: Man besäuft sich, bis man umfällt, und nach dem Aufwachen geht das Trinken weiter. Einige sind so abgefüllt, so zerrüttet von Drogen und Alkohol, daß sie gerade noch eine Zwei Stunden-Schicht einlegen können, bis sie wieder wegtreten. Andere können in einem fort den ganzen Tag trinken, meist geht das aber nur mit Hilfe von LSD. Zu jeder Tages- und Nachtzeit sieht man Leute auf dem Boden ihren Rausch ausschlafen, manche sitzen in alten Liegestühlen um das Feuer und trinken, und wieder andere torkeln durch das Lager, grölen und fluchen. Der Boss des A-Camps, dessen Wort als absolutes Gesetz gilt, ist eine untersetzte, kräftige Frau Mitte Fünfzig. Sie heißt Eileen, aber alle hier nennen sie Mom. Sie sitzt in einem Liegestuhl, trägt schwarze Shorts und ein schwarzes T-Shirt, auf ihrem Schoß steht eine Tabakdose voll mit Geld. Das lange graue Haar hat sie zu einem Pferdeschwanz zusammengebunden. Ihr hartes Gesicht ähnelt dem Charles Bukowskis, sie hat schon viel im Leben gesehen. Sie verzieht kaum eine Miene, nichts entgeht ihrer Wachsamkeit. Sie raucht, trinkt ihre Pepsi, am Abend fügt sie ein wenig Whiskey hinzu, aber ich sehe sie nie betrunken, ich sehe sie nie lächeln. Nur einmal erlebe ich, daß sie böse wird. Ein Betrunkener kommt zu ihr, um sie zu umarmen, verliert das Gleichgewicht und verschüttet sein Bier über sie. Sie stößt ihn zurück und brüllt wie ein zorniger Bär: »Verpiß dich, du Hurensohn! Hau ab!« Er ergreift die Flucht und torkelt aus dem Lager. Wenn er den Befehl von Mom nicht befolgt hätte, wären er von anderen A-Campern gewaltsam verjagt worden.

Warum ist sie hier? Was hat sie davon? Vermutlich sind es die Macht, die sie ausübt, und die bedingungslose Liebe und Ergebenheit, die ihr entgegengebracht werden. Vielleicht glaubt sie auch nur, daß irgend jemand die Sache hier in die Hand nehmen muß. Ich reiche ihr einen Zehndollarschein. Von Besuchern des A-Camps wird erwartet, daß sie etwas zum »Bierfonds« beitragen, ihre Getränke selbst bezahlen und noch eine Spende zur Unterstützung der Stammgäste geben. Sie läßt mich wissen, daß

Chad und Tiffany, das Paar, das mich hierher eingeladen hat, gerade schlafen, und mehr sagt sie nicht. Sie hat ein unglaubliches Gedächtnis. Sie weiß genau, welche Besucher wieviel Geld gegeben und wieviel Bier sie sich gezapft haben. Mit den Spenden und einem Anteil aus dem »Magic Hat« versorgt sie das Lager mit Bier, Eis, Spirituosen, Tabak und Essen, ohne auch nur ihren Liegestuhl verlassen zu müssen. »Okay, wir brauchen sechzehn Beutel Eis. He Doc, such mal jemanden, der zum Fahren nüchtern genug ist. Hier sind zwanzig Dollar.« Sie ist auch auf dem Laufenden, was die Nahrungsaufnahme der Leute hier angeht. »He Cosmo, du mußt was essen.« Am Feuer steht eine große Pfanne mit gebratenem Wild. Die Jagdzeit hat noch längst nicht begonnen. Das Reh spendete ein Motorradfahrer aus der Gegend, der einige Tage zum Trinken vorbeikam. Auf allen Rainbow-Treffen tauchen ein paar Einheimische mit ihren Maschinen und auch verrückte, schwierige Typen auf, die ihre Show abziehen wollen, doch bei den Hippies fehlt ihnen der Alkohol. Also empfiehlt man sie weiter an das A-Camp und entledigt sich so der drohenden Gewaltausbrüche.

Die meisten Schlägereien ereignen sich hier zwischen den Stammgästen und Besuchern, und gewöhnlich ist der Anlaß ein Mißverständnis aus Trunkenheit. Prügelei Nummer 28: Cosmo stürzt sich auf einen Besucher, der Holz für das Lagerfeuer sammelt. Cosmo aber glaubt, er spioniert den Frauen auf der Latrine nach, obwohl zu der Zeit sich keine in der Nähe des Grabens aufhält. Schlägerei Nummer 29 wird von einem Burschen namens Joe angezettelt, ein Teilzeittramp Mitte Dreißig mit blonder Zottelmähne. Früher gehörte er zu den regelmäßigen Anwesenden, aber an den letzten Treffen nahm er nicht mehr teil. Er hat am Stadtrand von Tucson in einer Kommune von Motorradfahrern und Tramps gewohnt und will wissen, warum er mich dort nie gesehen hat. Plötzlich steht er ganz dicht vor mir, sein Atem stinkt, und er brüllt, daß ich ein Zivilbulle sei. Mom schreitet ein. (Danke, Mom). »Schau, Joe«, sagt sie ganz ruhig. »Der Typ ist ein Freund von Chad und Tiffany. Er ist kein Bulle. Ich weiß, du suchst Streit, aber nicht mit ihm hier.« Fünf Minuten später schlägt Joe nach »Animal«, einem drahtigen, verwildert aussehenden Vietnam Veteranen, dessen Gesicht mit Narben und Schorf übersät ist und dessen Nase wer weiß wie oft gebrochen ist. Fäuste fliegen durch die Luft, Joe geht zu Boden, und »Animal« befördert ihn buchstäblich mit einem Tritt in den Hintern aus dem Lager. Danach ruft Mom »Animal« zu sich, wischt das Blut aus seinem Gesicht und setzt ihre Brille auf, um den Schaden zu inspizieren. »Bist 'n prima Kerl, Animal. Und hast ihm sauber eine verpaßt. Wenn du's ihm nicht gezeigt hättest, hätte er noch mehr Ärger verursacht. Gut gemacht.«

Tiffany erscheint. Sie ist gerade aufgewacht und aus dem Zelt gekrochen. Dafür, daß sie zwei Wochen A-Camp hinter sich hat, sieht sie noch bemerkenswert frisch aus. Natürlich hilft es, wenn man erst 24 ist. Auch wenn Tiffany gerne trinkt und Drogen nimmt, so ist sie nach A-Camp-Maßstäben doch ein zartes Greenhorn. Wir sitzen zusammen und plaudern, während sie an der Begrüßungsfahne arbeitet. Aus alten T-Shirts schneidet sie die Aufdrucke aus und näht sie zu einem langen Tuch zusammen: »Bier ist Nahrung«, »Blutalkoholtest im Gang«, »Komm in den Ring, und ich mach dich fertig«, »Leck mich, ich habe genug Freunde«. Tiffany hat lange braune Haare, ein sonniges Gemüt und ein dreckiges Lachen, das gut zu ihrem frischen Teint paßt. Ich habe nicht den Eindruck, daß es je schwierig für sie gewesen ist, einen Mann zu finden. Tiffany erprobte das konventionelle Leben. Nach der High School in Ohio arbeitete sie in einem Büro und stopfte ihr Apartment mit Sachen voll. »Ich langweilte mich zu Tode.« Vor drei Jahren begann sie mit dem Leben auf der Straße. Zuerst fuhr sie mit einem Freund nach New Orleans, und dann zog sie alleine los. Nebenbei eine Warnung von ihr an junge Anhalterinnen: »Es gibt dort draußen einige kranke, verrückte Männer, und ihr solltet stets ein Messer oder eine Schußwaffe dabei haben.«

Chad ist zwanzig Jahre älter als sie und ein abgehärteter A-Camper. Sie lernte ihn vor zwei Jahren irgendwo unterwegs kennen, und seitdem sind sie zusammen. Er sieht nicht gerade wie ein Traummann aus, doch er hat eine unleugbare Ausstrahlung und einen spitzbübischen Charme. Sein Sinn für bizarren Humor bringt sie immer noch zum Lachen. Sie bereisen das Land in einem alten Lieferwagen, begleitet von einem rauflustigen schwarzen Chow-Chow, der auf den Namen Derail hört. Auf Flohmärkten und Tauschbörsen verkaufen sie altes Gerümpel, Steine und Mineralien für Sammler und selbstgemachten

Schmuck. Gelegentlich machen sie auch einen kleinen Drugdeal mit einem anderen Tramp, besuchen Tiffanys Familie und arbeiten dann eine Zeitlang für ihren Vater. »Sie kommen alle gut mit Chad aus«, sagt sie. »Wir haben jedesmal viel Spaß zusammen.« Chad erscheint am späten Nachmittag. Er trägt einen großen, roten Schnurrbart und einen verbeulten Cowboyhut. Die Sohlen an seinen Cowboystiefeln lösen sich ab. Sein Gesicht ist verschwollen, und seine Haut und Augäpfel zeigen eine gespenstisch gelbliche Färbung – ein sicheres Zeichen für einen Leberschaden. Er setzt sich in seinen Liegestuhl, sagt nicht einmal Hallo, spricht mit niemandem ein Wort, bis er drei Bier intus hat. Nach acht Bier beginnt er, munter zu werden. Man nennt ihn »Namegiver«, weil er seit Jahren Stammgästen im Lager merkwürdige Spitznamen gibt: Puddlescum, Twisted Gizzard, Timmy Two Tokes, Mario Machete, Puff Nuggy, Shitstained Mike. Die meisten von ihnen haben es nicht geschafft, in diesem Jahr hier zu sein, entweder sie sind tot oder im Gefängnis. Jedesmal wenn ihre Namen fallen, schütten einige mit zeremonieller Geste etwas Bier auf die Erde.

Chad ist aufgestanden und stolziert hin und her; in der einen Hand hält er ein Bier, in der anderen ein zerfleddertes altes Buch. Sich selbst hat er in »Bellerin' Idiotfeather« umbenannt und die Rolle eines Footballtrainers angenommen. Letztes Jahr spielte das A-Camp gegen drogensüchtige Punks ein rauhes Footballmatch ohne Regeln, das mit drei Punks im Krankenhaus endete. Das Revanchespiel ist für morgen angesetzt. Chad ist ein alter Fan der Oakland Raiders, und das Buch ist von dem früheren Footballstar Jack Tatum und trägt den Titel: *They Call Me The Assassin.*

»Okay, wir hören jetzt einige Stellen aus dem heiligen Buch. Wir werden diesen schlaffen Hurensöhnen zeigen, was es heißt zu bluten! Wir werden ihnen die Köpfe abreißen. Cosmo! Ich weiß, du bist ein bißchen kurzatmig, aber du übernimmst hinten die Verteidigung...«

Während er sich in Fahrt redet, geht hinter ihm ein muskulöser Hipster mit Ziegenbart vorbei, gibt Mom fünf Dollar, zapft sich ein Bier und setzt sich lässig auf einen der Liegestühle. Er trägt weite Shorts, ein Netzhemd und einen Fedorahut mit viel Pelz. Chad stiefelt auf ihn los und bleibt dicht vor ihm stehen.

»He, mir gefällt dein Hut nicht. Und du auch nicht. Was hältst du davon, Arschloch?«

»He, Mann, kein Problem. Du magst meinen Hut nicht. Na und? Darüber mach ich mir keinen Kopf.«

»Du bist in Ordnung, Junge«, sagt Chad, tritt zurück und grinst. »Willkommen zu Hause, Bruder.«

Der Hipster macht es sich in dem Liegestuhl bequem, weil er glaubt, einen kleinen Sieg davon getragen zu haben, da stürzt sich Chad jäh auf ihn und packt ihn an den Schultern. »Heb deinen schwulen Arsch aus meinem Stuhl. Zieh was aus Batik an und verpiß dich zu dem Buddhisten-Camp, Scheißkerl! Ich sagte es, und ich meinte es. Klaro?« Der Junge steht auf und trollt sich.

»Mann, warum hat er nichts gemacht?« Chad lacht schallend, als er ihn weggehen sieht. »Habt ihr seine Muskeln gesehen? Er hätte mich windelweich schlagen können.«

*

Das Rainbow-Treffen erreicht seinen Höhepunkt am vierten Juli. Am Morgen ist es (vom A-Camp abgesehen) überall ruhig, und die Leute ziehen von allen Seiten (vom A-Camp abgesehen) in Prozessionen zu einer hochgelegenen Wiese, um dort für den Weltfrieden zu beten. In feierlichem Schweigen werden Marihuanapfeifen herumgereicht, manche sitzen mit gekreuzten Beinen auf dem Boden und meditieren. Andere stehen da mit den Armen in der Luft und den Handflächen nach oben. Ein Mann in einem langen weißen Gewand, das von einer Kette aus Hanfblättern zusammengehalten wird, und mit einem Stirnband aus dem gleichen Gewächs wedelt mit einer Habichtsfeder und vollführt einen merkwürdigen Hüpftanz. Dann stellt er einen Camcorder mit Stativ auf und wiederholt das Ritual vor dem Objektiv. Um 12 Uhr mittags beginnt ein sanftes »Ommmmm« und wächst langsam an. Didgeridoos stimmen ein, Frauen stoßen lange Heullaute aus, glückseliges Lächeln auf allen Gesichtern.

Auch ich will Weltfrieden. Ich bin gegen Atomkriege, Umweltzerstörung und soziales Elend. Aber in dieser Zeremonie hier gibt es eine Art der Selbstbeglückwünschung, die mir auf die Nerven geht, als wäre das schon alles, was wir tun müssen. Die Wahrheit ist: Ich verliere die Geduld mit Hippies. Ich bin es leid, hundertmal am Tag willkommen geheißen zu werden oder ungewollt etwas über meine Aura zu erfahren; ich habe die »Fakelore« satt und die Idee, daß gute Schwingungen allein die Welt verändern können. »Love is all you need« kann ich nicht mehr hören. Mein Babylon-Hirn ist mehr von den praktischen Sachen, die ich hier gesehen habe, beeindruckt. Dies ist nicht meine Szene, aber das muß ich ihnen lassen: Sie haben es geschafft, ein anarchistisches Utopia zu realisieren. Sein Nomadentum ist dessen größte Stärke. Seßhafte Utopias wie zum Beispiel Landkommunen müssen Grundsteuern bezahlen. Sie sind vielmehr staatlicher Willkür ausgesetzt und neigen unwillkürlich dazu, hierarchische Strukturen und Machtkämpfe zu entwickeln. Die ursprünglichen Prinzipien, mit denen man begann, sind rasch vergessen und verraten. Die Rainbow-Family, die nur bei Zusammenkünften in einsamen Waldgegenden Form annimmt, stellt für die Behörden eine viel größere Herausforderung dar. Jedes Treffen bildet ein Beispiel für das, was Hakim Bey »eine temporäre autonome Zone (TAZ)« nennt, ein Raum auf Zeit, wo Leute genau das tun können, was ihnen gefällt, ohne daß der Staat interveniert. Wenn die Behörden Wind von einem solchen Ereignis bekommen und versuchen, es zu stören, löst man sich einfach auf und kommt an einem anderen Ort wieder zusammen. Hakim Bey, das Pseudonym des subversiven New Yorker Intellektuellen Peter Lamborn Wilson, glaubt, daß gegenwärtig, da der moderne Staat übermächtig und vorerst nicht zu stürzen ist, Anarchie nur so reale Form annehmen kann. Immerhin erfahren auf diese Weise mehr und mehr Menschen, was Herrschaftslosigkeit bedeutet statt nur schöne Worte darüber zu hören.

Wenn man sich an einem Platz festsetzt, sich aber weigert, Steuern zu bezahlen, und Straftaten riskiert (Drogen- und Waffenbesitz, Erregung öffentlichen Ärgernisses, Schulpflicht, Sex mit Minderjährigen), wird der Staat früher oder später zuschlagen. Solange man in Bewegung ist, sich auflöst und neu formiert, fällt den Machtorganen die Überwachung schwer. Die nomadischen Rainbows kommen in Hakim Beys Buch nicht vor, aber sie sind der lebendigste Beweis seiner Theorie. Sobald ein Treffen endet, beginnt woanders ein neues. Das ist noch nicht die vollendete Anarchie – Highwaypolizei, Forest Rangers und andere Vertreter staatlicher Autorität müssen hingenommen oder ausgetrickst werden –, aber unter den herrschenden Verhältnissen kommt es dem am nächsten. Darüber hinaus beeindruckt mich die Toleranz der Rainbow Family dem A-Camp gegenüber. In ihrem Utopia hat sie Raum für Verhaltensweisen geschaffen, die kein Tabu kennen und die sie entsetzen. Das hat es, soweit ich sehe, noch bei keinem gesellschaftlichen Experiment gegeben.

*

Vor meiner Abreise hielt ich noch am A-Camp, um rasch auf Wiedersehen zu sagen, wurde aber in einen weiteren langen Nachmittag mit Bier und Chaos hineingezogen. Ich erlebte Schlägerei Nummer 34 und 35 und die Reaktion der beteiligten Rainbow-Leute. »Flat Nose Kelly« war abgefüllt mit Bier, Whiskey, Gras und LSD und ohnehin halbverrückt. Er stürzte sich plötzlich auf eine der Frauen aus dem A-Camp und begrapschte sie; Mom forderte ihn auf zu verschwinden. Er beteuerte seine Unschuld und mißachtete damit einen direkten Befehl vom Boss. »Animal« und »Lori Lori«, eine harte grimmige Frau in Holzfällerstiefeln mit Stahlkappen, eilten herbei und schlugen den Ungehorsamen zu Boden. Von »Lori Lori« bekam er noch einen bösen Tritt. Abgang »Flat Nose Kelly«, blutbeschmiert. Eine Stunde später kam er torkelnd mit einem Messer in der Hand zurück und sah noch betrunkener aus als vorher. »Was haltet ihr hiervon, Bastarde«, brüllte er und stach sich dann in die Brust. Das wurde als ein klares Zeichen der Respektlosigkeit aufgenommen, und »Animal« geriet in Rage »So was machst du hier nicht in unserem Camp, du Hurensohn.« Er packte »Flat Nose Kelly«, das Messer flog durch die Luft, und dann biß »Animal« die obere Hälfte von »Flat Nose Kellys« Ohr ab. »Lori Lori« gab ihm noch einen Tritt. (Sie hat auch noch den Spitznamen »Das Faßungeheuer«: Wenn das Bier knapp wird, übernimmt sie an den Fässern die Kontrolle und scheucht Besucher weg.) Einige Zeit später kam ein ernster junger Rainbow-Organisator ins A-Camp, um herauszufinden, was passiert war. Er war gerade aus dem Krankenhaus zurückgekommen, wo »Flat Nose Kelly« behandelt wurde. »Lori Lori« stampfte sogleich auf ihn zu und erklärte mit ihrer rauhen, krächzenden Stimme: »Das verdammte Arschloch hat sich selbst verletzt. Es war sein eigenes Messer.«

»Okay, ich sag ja nicht, daß ich dir nicht glaube. Er scheint verrückt genug zu sein, um so was zu tun. Aber wie hat er sein eigenes Ohr abgebissen? Der Arzt sagt...«

»Schon gut, Mann. Das war Animal«, sagte sie. »Und die Tritte hat er von mir bekommen. In unserem Lager zieht niemand eine solche Show ab.«

Der Rainbow-Jüngling war noch damit beschäftigt, diese Logik zu verstehen, als »Animal« erschien und ihn beschuldigte, das Ohr gestohlen zu haben. »Animal« wollte es als Trophäe benutzen, so wie amerikanische Soldaten in Vietnam manchmal Halsketten aus abgeschnittenen Menschenohren trugen. »Wo ist das verdammte Ohr, du schwules Arschloch? Es gehört mir.«

»Die Hunde haben dein Scheißohr, Mann«, schimpfte »Lori Lori«. »Ich glaube, es war Derail.« Da sah sie den Ausdruck von panischer Angst und völliger Verwirrung auf dem Gesicht des jungen Hippies, wie ein Kaninchen im Scheinwerferlicht, und sie brach in schallendes Gelächter aus. »Mach, daß du wegkommst, Süßer, bevor Animal etwas Verrücktes tut.«

Eine halbe Stunde später kamen drei junge Rainbow-Hippies. Sie schauten sehr ernst drein und waren leicht nervös. Ich dachte, sie wollten mit »Animal« und »Lori Lori« über das juristische Nachspiel des Vorfalls reden oder sie auffordern, das Treffen zu verlassen. Aber nein. Nach echter Rainbow-Art muß negativen Schwingungen mit Liebe und Akten der Freundlichkeit begegnet werden. Sie trugen Rucksäcke voll mit Essen für das A-Camp: Kartoffeln, Zwiebeln, Paprika, Reis. Mit höhnischen Beschimpfungen und häßlichen Drohungen wurden sie von den Betrunkenen begrüßt. Keiner der drei sagte etwas. Sie packten alles aus und begannen, einige Töpfe und Pfannen auszuscheuern. Dann sammelten sie Holz und machten ein Feuer zum Kochen. Sie gingen in die Hocke, schnitten das Gemüse klein und warfen es in eine große Bratpfanne. Die Drohungen und Beschimpfungen ließen nach, und eine merkwürdige duselige Ruhe legte sich über das A-Camp. Die Torkelnden setzten sich hin, die Schreihälse wurden still. Einer der A-Camper holte ein blutiges Stück Wild aus einem Kühlapparat. »Hier, schmeißt das noch dazu. Grünzeug allein ist nicht genug für einen Mann, der trinkt.« Die jungen Rainbows wechselten fragende Blicke und schauten auf das Fleisch. Offensichtlich waren sie Vegetarier. Sie zerteilten das Wildbret, mischten es unter das Gemüse und kochten den Reis. Als das Essen fertig war, standen sie auf und gingen, ohne ein Wort zu sagen, aber sie hörten auch kein Wort des Dankes.

Kapitel 10

»Moralisch betrachtet sind die Cowboys im allgemeinen vulgär, gotteslästerlich, versoffen, lüstern, kurzum: völlig verdorben. Auf der Prärie, wenn sie nüchtern sind, erscheinen sie nicht bedrohlich, in den Städten aber fürchtet man sie, denn dort hat der Alkohol Macht über sie ... flugs ist alles, was sie verdient haben, in Ausschweifungen verschwendet.«

Cheyenne Daily Leader (Oktober 1882)

Spike wacht auf dem Rücksitz seines Wagens auf. Der Schädel brummt, die Zunge fühlt sich an wie Schmirgelpapier, und im rechten Wadenmuskel hat er einen Krampf. Er flucht und drückt gegen die Spitze seines Cowboystiefels, bis der Schmerz nachläßt. Er steigt aus dem Wagen, rollt die Schultern, kratzt sich am Bauch, öffnet den Reißverschluß seiner Wranglers und dunkelt die Erde zu seinen Füßen. Das Bier der vergangenen Nacht. Letzte Nacht ... letzte Nacht? Ich reiche ihm eine Tasse Kaffee, und langsam nehmen die Einzelheiten wieder Gestalt an. Sie fuhren 500 Meilen durch die Wüste, von El Paso nach Yuma, und feierten während der Fahrt eine Party: sie snifften Speed von Jimmys Bowiemesser, tranken sich durch Kästen Bier und verrauchten das restliche Gras. Billy hatte seinen Revolver Kaliber 38 und eine Schachtel Munition dabei. Abwechselnd lehnten sie sich aus dem Fenster und ballerten Löcher in die Verkehrsschilder am Highway. Das Radio war kaputt, also grölten sie obszöne Cowboypoesie, um die Meilen hinter sich zu bringen.

We're rough and tough and all that stuff
We piss through leather britches
We drag our cocks on ragged rocks
We're hearty sonsabitches.

Wenn Autofahrerinnen an ihnen vorbeifuhren, sahen sie nebeneinander auf den Sitzbänken eines alten grünen Chevrolet Impala drei grinsende Cowboys stehen, die die gleichen schwarzen Hüte trugen und deren Jeans bis zu den Knien gerutscht waren. In der einen Hand hielten sie eine Dose Bier, in der anderen ihre Schwänze – wie in einem perversen Western Cartoon. Gegen Jimmy liegen Haftbefehle wegen Alkohol am Steuer und Körperverletzung vor, Billy schuldet dem Bundesstaat Arizona 350 Dollar wegen Geschwindigkeitsüberschreitung, also fuhr Spike die ganze Strecke.

Dreimal mußte er unterwegs den Fahrer eines Fluchtautos spielen. In Las Cruces (New Mexiko) raste er mit kreischenden Reifen und in Schlangenlinien aus einer Tankstelle, ohne zu bezahlen, wobei er fast einen Müllcontainer gerammt hätte. In Deming prellten sie in einem Restaurant die Zeche. Irgendwo hinter der Staatsgrenze – War es in Willcox? War es in Benson? – stürzte Jimmy, o-beinig und mit wildem Blick, aus einem Supermarkt, in den Händen zwei Kästen Budweiser. Er brüllte: »Mach die verdammte Tür auf«, sprang auf den Beifahrersitz und johlte: »Woooo-hah! Ein bißchen Tempo, wenn ich bitten darf.« Es war fünf Uhr morgens, als Spike auf das Rodeo-Gelände von Yuma fuhr. Mit geschlossenen Augen konnte er immer noch die weiße Mittellinie der Straße sehen, und selbst im Schlaf verschwand sie nicht. Seltsame Kreaturen flitzten über den Highway und verschwanden wie leuchtende Kondensstreifen in der Wüste – ein Koyote mit Teufelskopf, ein Reh, das sich immer wieder in einen riesigen Eselshasen verwandelte und an der Windschutzscheibe vorbeiflog. Er wollte das Steuer wenden und den Gestalten folgen, um sie aus der Nähe anzuschauen, aber er wußte, daß er den Blick auf die weiße Linie fixieren mußte. Schließlich erwies sich die Versuchung aber doch als zu stark, und ein übergroßer geisterhafter Eselshase lockte ihn vom Highway in die Wüste. Er krachte gegen einen Baum – und erwachte auf dem

Rücksitz. Der Krampf in der Wade kam daher, daß er noch im Schlaf auf das Gaspedal drückte.

Nun ist es acht Uhr, ein blendend blauer Wüstenmorgen. Jimmy und Billy schlafen noch auf den Vordersitzen. Auf dem Boden des Wagens zwischen einem Teppich aus Bierdosen schnarcht ein haarender Jagdhund namens Bubba; wie die anderen wird er bald mit einem Kater aufwachen. Spike fischt Rasiermesser und Seife aus dem Kofferraum und rasiert sich vor dem Außenspiegel. Er ist über 1 Meter 80 groß, hat eine kräftige, leicht nach vorn gebeugte Gestalt und im Gesicht ein Dauergrinsen. Kinn und Stirn springen mächtig hervor. Seine Nase hat sich Spike bei verschiedenen Rodeo-Unfällen bereits fünfmal gebrochen. Die schiefen Zähne sind vom Kautabak braun gefärbt. Eine lange weiße Narbe quer über dem Nacken erinnert an die Begegnung mit dem Horn eines Bullen. Er ist 31 Jahre alt, ein professioneller Rodeo-Cowboy aus dem mittleren Kalifornien und ein Dauerbewohner der Landstraße. Spike und Billy reiten Bullen. Jimmy reitet Wildpferde. In den letzten zehn Tagen sind sie 5000 Meilen gefahren und haben an Rodeo-Wettkämpfen von Kalifornien bis Florida teilgenommen. Sie selbst betrachten das nicht als anstrengendes Reisen. Ich habe in den letzten Wochen mehr oder weniger erfolgreich versucht, ihnen zu folgen: manchmal haben sich unsere Wege gekreuzt, manchmal habe ich sie verpaßt, weil bei ihnen irgend etwas dazwischenkam: eine Autopanne, Meinungsverschiedenheiten mit Gesetzeshütern oder Aufenthalte in Unfallstationen.

Spike fährt pro Jahr durchschnittlich 80.000 Meilen, aber es waren auch schon 100.000. Billy hat seit anderthalb Jahren nie mehr als eine Woche in derselben Stadt verbracht. Es macht ihnen überhaupt nichts aus, 1000 Meilen zu einem staubigen Korral irgendwo in der äußersten Provinz zu fahren, wo sie für einen Adrenalinstoß von acht Sekunden den Hals riskieren und dabei hoffen, soviel zu verdienen, daß sie weitermachen können. Es ist ein Leben in ständiger Bewegung – kurze Ausbrüche wirbelnder Geschwindigkeit auf dem Rücken eines bockenden Vierbeiners, lange glatte Highwaystrecken, Flüge und Abstürze mittels verschiedener Treibstoffe aus Drogen und Alkohol –, und es gibt keine Unterbrechung. »Die Fahrerei schafft viele Rodeo-Cowboys«, sagt Spike. »Man lernt das schnelle, kurze Schlafen, manchmal gibt es nur eine Stunde Nachtschlaf, aber egal, ich kann mir kein besseres Leben vorstellen. Ich habe versucht, geregelt zu leben: als Bauarbeiter mit gemietetem Apartment und fester Freundin. Ich würde nicht sagen, daß es nur schlimm war, aber schon nach ein paar Wochen wurden meine Füße kribbelig, und ich mußte wieder losziehen. Mein Vater war ein Rodeo-Cowboy, und er sagte immer, daß die Jahre unterwegs die besten seines Lebens waren.« Als Frühstück stopft sich Spike ein Stück Red-Man-Kautabak unter die Lippe und setzt dann einen schwarzen Stetson aus Biberpelz mit einer Silberschnalle am Hutband auf. Wie die meisten Nomaden tragen auch Rodeo-Cowboys ihre Reichtümer am Körper. Spikes Gürtelschnalle hat die Größe eines kleinen Tafeltellers und ist mit echtem Gold und falschen Edelsteinen verziert. Seine Stiefel kosten 215 Dollar. Er greift in den Schaft des linken Stiefels, zieht seine Brieftasche heraus und inspiziert ihren Inhalt. »Ich brauche heute einen richtigen Knochenbrecher, einen stinkenden, wilden, bockenden Bullen, der Geld einbringt.« Er hat nur noch 11 Dollar. »Seit fünfzehn Jahren reite ich Bullen«, erzählt er mir in breitem Cowboy-Dialekt. »Ich habe gesehen, wie meinem Partner Neil das Ohr abgerissen wurde. Ein anderer guter Kumpel bekam einen Stoß in den Kopf, so daß sein Hirn aus den Ohren flog. Ich war dabei, als Lane Frost, der beste Bullenreiter von allen, in Cheyenne verblutete. Nach einer Weile berührt es dich nicht mehr allzu sehr. Wenn du die Chaps und Sporen angelegt hast und auf dem Bullen sitzt, mußt du alle negativen Gedanken aus dem Kopf haben und einfach reiten wie der Teufel.«

*

»*Carpe diem*, das ist mein Motto«, sagt ein Rodeo-Cowboy zu einem anderen. »Ergreife den Tag. Pack ihn bei den Eiern, bis er brüllt. Hol soviel raus, wie du kannst...«

»Kar-pe die-M? Was zum Teufel ist das für eine Sprache?«

»Weiß nicht. Vielleicht Italienisch oder Mexikanisch.«

Spike steht hinter den »bucking chutes«, den engen Boxen aus Stahlgitter, wo die Bullen warten. Seine Füße sind etwa einen Meter gespreizt, die Daumen hat er in die Vordertaschen seiner Wranglers gehakt, und er spuckt dicke braune Streifen Tabaksaft in den Staub. Er mußte sich 75 Dollar borgen, um das Antrittsgeld bezahlen zu können, und hat bei der Auslosung einen großen roten Brahma-Bullen gezogen. Der schnaubt und tobt und kracht mit den Hörnern gegen das Stahlgitter. Wenn ich »groß« sage, meine ich einen Bullen, der fast eine Tonne wiegt, mit Augäpfeln von der Größe einer Grapefruit und einem Blick voll rasender Wut. Spike fummelt an den Fransen seiner Lederchaps herum, prüft seine Sporen, streckt die Beinmuskeln und läuft hin und her. Das steigende Adrenalin hat alle Spuren des Katers und der Erschöpfung weggewischt. Spikes Blick ist gespannt und hellwach. Jeder Bullenreiter hat sein eigenes Ritual der Vorbereitung auf den entscheidenden Moment. Der eine übt verbissen Karate, ein anderer fixiert einen Punkt in mittlerer Entfernung, leert sein Bewußtsein, sucht einen Zen-ähnlichen Zustand. Cody Custer, der ehemalige Weltmeister, der speziell für ihn angefertigte Chaps mit der Aufschrift »Glory to God« trägt, schließt seine Augen und legt die Hände auf den Bullen, um irgendwelche dämonischen Geister, die in dem Tier lauern mögen, zu exorzieren. Dann kniet er nieder und betet, wobei er sein narbenübersätes Gesicht mit einem schwarzen Texashut bedeckt.

Bullenreiten ist Rodeo, reduziert auf die Essenz aller Gladiatorenkämpfe, das Kräftemessen zwischen Mensch und wildem Tier, wobei der Vierbeiner im Vorteil ist. Der Cowboy umklammert mit der einen Hand das Seil, die andere hält er ausgestreckt in die Luft, und so versucht er, mit mehr oder weniger lässiger Haltung acht Sekunden auf dem Rücken des Bullen zu bleiben. Das Tier aber bockt, springt, stürzt vorwärts, schlägt aus und dreht sich in blitzschneller, unvorhersehbarer Folge. Wenn der Cowboy die langen Sekunden oben bleibt, kann er am Ende des Wettkampfs einen Scheck über ein paar tausend Dollar und eine große protzige Gürtelschnalle gewinnen. Wenn der Bulle sich als stärker erweist, hat er die Möglichkeit, den Cowboy niederzutrampeln und aufzuspießen. Nicht immer nimmt er sie wahr. In diesem verrückten, wilden Tanz tragen beide gleichermaßen zu der Punktzahl bei, die nach jeder Vorführung vergeben wird. Der Cowboy kann bis zu 50 Punkte erreichen, je nach der Selbstsicherheit seiner Vorführung; der Bulle wird nach seiner Wildheit bewertet, wie heftig seine Anstrengungen sind, den Cowboy abzuwerfen.

Als erster ist Charlie Sampson aus Los Angeles dran, einer der wenigen schwarzen Bullenreiter in einer Welt weißer Farmersöhne. Er streckt seine Lendenmuskeln und klettert dann vorsichtig auf den massigen scheckigen Rücken des Bullen. Er schlingt sich das Seil eng um die behandschuhte Faust und schlägt auf den Knoten. Die Cowboys, die auf den Gitterstangen sitzen, feuern ihn an: »Gib ihm keine Chance, Charlie«, »Reit ihn tough«.

Charlie nickt dem Mann am Tor zu, es fliegt auf, und der Bulle schnellt in die Arena, springt in die Luft, bockt und wirbelt herum, lange Fäden von Rotz hängen aus seinen Nüstern. Die Menge brüllt, während Charlie den Bullen vorführt. Sein freier Arm fegt wie ein Scheibenwischer hin und her, in perfekter Gleichzeitigkeit folgt sein Körper wie ein auf- und zuklappendes Taschenmesser den Sprüngen des Bullen. Noch bei den letzten wirbelnden Drehungen hält er sich in vollkommener Balance. Charlie ist wie weggetreten, in einem Rausch, in einer Zone, da Zeit in eine andere Dimension übergeht und die Seele den Körper verlassen zu haben scheint – »als würdest du auf einem Stuhl sitzen und dich von oben sehen, wie du in Zeitlupe perfekte Bewegungen machst.« Nach acht Sekunden ertönt ein Hupsignal, Charlie springt ab, die Rodeo-Clowns eilen herbei, um den Bullen abzulenken. Charlie klettert auf das Stahlgitter, er zittert und rollt die Augen – der jähe Adrenalinstoß. Mit 82 Punkten übernimmt er die Führung.

Spike ist zwei Runden später an der Reihe. Er umklammert das Seil und drückt den Hut tief ins Gesicht. Das Gatter öffnet sich, und der Bulle springt in die Arena. Er macht ein paar halbherzige Sätze und eine müde Drehung, und nach fünf Sekunden ist Spike so angewidert, daß er seinen Hut abnehmen und dem trägen nutzlosen Viech über den Kopf wedeln will – eine Geste äußerster Verachtung. Wieder hat er eine Niete gezogen. Er bekommt 56 Punkte, und damit ist kein Geld zu verdienen. Billy ergeht es nicht besser. Wohl hält er sich die acht Sekunden, aber der Bulle hat keine Lust, für ihn zu bocken. Jimmy vollführt einen guten Ritt auf dem Wildpferd, aber für Preisgeld reicht es nicht. »Vielleicht haben wir morgen in Indio mehr Glück, vorausgesetzt wir finden den Weg dorthin«, sagt Spike. »Okay, der Tank ist noch Viertel voll, und wir haben zusammen acht Dollar.« Jimmy durchwühlt den Kofferraum ihres Wagens und findet schließlich fünf Kopien eines selbst gemachten Porno-Videos, in dem er eine der beiden Hauptrollen spielt. Er geht hinüber zu den Bierständen und versucht, die Filme drei Marines von einem nahegelegenen Stützpunkt zu verkaufen: »He, Jungs, das hier ist was ganz Ausgeflipptes«, redet er auf sie ein, »sie trägt rote Lederhandschuhe und ist gefesselt. Ich habe meine Chaps und Sporen an und schlage sie mit meinem Hut... Dreißig Lappen, Mann... Na gut, fünfundzwanzig?«

Jimmy ist amphetaminsüchtig. Er ist drahtig, sein Gesicht hat etwas von einem Nagetier, seine Augen, die von schweren Lidern halb verdeckt werden, funkeln, und sein Lachen ist ein manisches Gackern. Er erzählt den Marines natürlich nicht, daß seine Freundin, die die andere Hauptrolle spielte, ihn nach der Fertigstellung des Videos wegen Vergewaltigung anzeigte. Ein Jahr saß er deswegen im Gefängnis, und sie heirateten am Tag seiner Entlassung. Ihre Ehe klappt nicht. Jimmy ist ständig »on the road«, trinkt und schnupft Drogen, bumst Huren und Rodeo-Groupies, benutzt keine Kondome und schaut alle Jubeljahre mal vorbei. Beim letzten Besuch fand er einen Mann Bier trinkend auf der Couch und prügelte ihn krankenhausreif. Seiner Frau gab er einen Schlag ins Gesicht und einen Tritt in den Hintern und knallte fluchend die Haustür hinter sich zu. Sie holte die Polizei, zeigte ihn wegen Körperverletzung an, aber da war Jimmy schon unterwegs Richtung Highway, neben sich ein Kasten Bier.

Niemand zeigt Interesse an dem Videofilm, aber Jimmy schafft es, einem der Marines seine Jacke zu verkaufen. Das Wichtigste zuerst: er kauft einen Beutel Gras von einem anderen Rodeo-Cowboy und geht mit Spike und Billy hinter die Pferdeställe – zum »Seilspringen«. (Im Alten Westen waren die Seile aus Hanf, der Cannabispflanze, gedreht; Cowboys zündeten sich Stücke davon an und rauchten sie, um high zu werden. Als Material spielt Hanf in Amerika schon lange keine Rolle mehr, aber die alten Ausdrücke haben sich in Rodeokreisen gehalten.) Jimmy drückt mit dem Stiefelabsatz die Kippe seiner Marihuanazigarette aus und sagt: »Okay, Jungs, die Party beginnt. Mal sehen, ob wir nicht ein paar ›buckle bunnies‹ auftreiben können.« Sie sind bei jedem Rodeo-Fest dabei, Frauen zwischen zwanzig und Anfang dreißig mit grellen Frisuren, hautengen Jeans und Tops, die die Brüste pressen und heben. Rodeo-Groupies, wie sie auch genannt werden, sind die Hauptstütze im Sexleben eines Cowboys. »Buckle bunnies« heißen sie deshalb, weil sie bei einem Cowboy zuerst auf die Trophäen achten, die er zur Schau stellt: Ein großes goldenes Gürtelschloß läßt auf einen echten Rodeohelden schließen.

In Yuma ist an diesem Nachmittag die Ausbeute dürftig. Es gibt nur eine Handvoll junger Frauen, und die stehen mit den Siegern des Tages zusammen. Die anderen sind entweder über sechzig oder junge, aber prüde Kirchenmäuse, Töchter einheimischer Rancher oder Ladeninhaber. Die drei Cowboys trinken noch ein paar Bier, dann verlassen sie das Gelände und fahren zu einer der Tanzveranstaltungen, die während der Rodeotage stattfinden. Sie schleichen sich hinein, ohne zu bezahlen, und ziehen sich in eine dunkle Ecke ganz am Ende des Saals zurück. Jimmy holt das Speed und sein langes Bowiemesser hervor, und jeder schnupft, verdeckt von der Krempe seines Hutes, eine Portion. Auf der Bühne spielt eine Cowboy und Western-Band, und jedesmal wenn Leute von ihren Tischen zur Tanzfläche gehen, nähern sich die drei lässig und trinken die Gläser leer. Ältere Paare tanzen den Twostep. Es ist ein öder Ort. Keine Frauen, keine Anmache. Der nächste Halt ist eine Bar in Yuma, die unter Insidern als die »Black Eye Factory« bekannt ist – ein Treffpunkt von Bikern und Truckern, Soldaten und harten Frauen mit Tätowierungen. An der Theke steht eine Gruppe von Rodeo-Cowboys, die ihre Preisgelder vertrinken. Spike, Billy und Jimmy gesellen sich der Feier zu. Der Whiskey fließt, das Grölen und Prahlen hebt an: Geschichten von Bordellorgien und Fluchten vor der Polizei, von üblen Scherzen und legendären Saufgelagen, von berühmten Bullen und tödlich verletzten oder verkrüppelten Cowboys. Plötzlich steht ein »Steer Wrestler« auf, ein großer, starker Landbursche mit einem Kopf wie ein Felsbrocken, und fordert die Gäste in der Bar heraus: »Für fünfzig Dollar nehme ich es mit vier Leuten gleichzeitig auf.« Vier Soldaten erheben sich von ihrem Tisch, und man drängt hinaus auf den Parkplatz, um dem Kampf zuzuschauen. Der »Stierringer« schlägt ziemlich rasch zwei der Männer k.o., aber dann geht die Prügelei in ein blutiges Patt über. Die beiden anderen Soldaten landen immer wieder Treffer am Kopf ihres Gegners, aber der Cowboy will nicht zu Boden gehen, sondern schlägt unverdrossen zurück. So geht das eine Zeitlang, bis jemand einschreitet und den Kampf für unentschieden erklärt.

Um ein Uhr Arizona-Zeit schließt die »Black Eye Factory«, und wir fahren zusammen über den Colorado River, um uns auf der kalifornischen Seite zwei weitere Stunden vollzuschütten. Jimmy gabelt einen alten Cowboy auf, der für die Getränke sorgt und froh ist, ein paar Zuhörer gefunden zu haben: »Die Rodeo-Jahre waren die beste Zeit meines Lebens. Zwanzig Jahre lebte ich als ein freier Mann, ungebunden wie Steppengras im Sandsturm. Ich ritt Bullen, trank meinen Whiskey, nahm jede Pussi, die ich kriegen konnte. Tja, und dann hatte ich den Unfall, mein Rücken, wirklich schlimm, ich verbrachte sechs Monate im Krankenhaus. Die Ärzte sagten mir, wenn ich weiter Bullen reiten würde, würde ich als Krüppel enden. Also habe ich mit dem Rodeo aufgehört und versucht, ein neues Leben zu beginnen. Glaubt mir, Jungs, einem Cowboy fällt das nicht leicht.« Als auch dieser Schuppen zumacht, steigen wir wieder in den Chevy, und Jimmy fährt auf Umwegen zurück nach Yuma. Ich schlafe ein. Das nächste, woran ich mich erinnere, ist die Uhrzeit: vier Uhr morgens. Ich schrecke auf dem Rücksitz hoch, der Wagen ist außerhalb eines »Motel 6« geparkt. Zwei Mexikaner rütteln auf der Beifahrerseite am Türgriff, da taucht Jimmy wie aus dem Nichts auf und richtet seinen Revolver auf die beiden Autodiebe. Blitzschnell sind sie verschwunden, und ich dämmere wieder ein.

Um sieben Uhr wache ich auf und sehe Jimmy in meinen Sachen herumwühlen. Er findet eine Flasche Haarshampoo und hält sie mit einem irren Grinsen hoch. Ich frage ihn, wofür er das braucht. »Gleitmittel«, sagt er. »Wir konnten uns keine Huren leisten, also habe ich eine Gummipussi geklaut. Hätten mich beinahe erwischt.« Ich zeige auf den Markennamen: Suave. »Hübscher Name, Lieblich-mild«, und er läßt sein meckerndes Lachen hören. Zum Entsetzen eines älteren Ehepaars, das gerade vom Motel auf dem Weg zu seinem Sonntagsfrühstück mit anschließendem Gottesdienst ist, nimmt Jimmy die Sexpuppe aus der Schachtel, drückt sie an seine Brust, tanzt auf Zehenspitzen über den Parkplatz und singt der rosa Plastikfigur Liebeslieder zu: »You are the sunshine of my life/ You are the apple of my eye...« Dann verschwindet er mit seiner neuen Eroberung in einem Motelzimmer, wo sich fünf Cowboys der Reihe nach bedienen – eine Szene, bei der ich nicht dabei war, aber von der ich später erfuhr. Am späten Vormittag steigen sie in das Auto, und wir machen uns auf den Weg nach Indio in Kalifornien. Keiner von ihnen hat geschlafen. Ein »Bronc Rider« namens Jeff sitzt am Steuer, trinkt sein Frühstücksbier und verkündet Cowboy-Philosophie: »Manchmal verdienst du eine Menge Geld und verjubelst es, als würde es kein Morgen geben. Freie Getränke für alle, Steakessen, Frauen, Glücksspiel, oder du leistest dir ein neues Paar schicker Stiefel oder zwei Huren. Und manchmal bist du pleite und ganz unten, und doch machst du weiter. Egal, du hast immer eine irre gute Zeit. Die Cowboys früher waren ein Haufen wilder Außenseiter. Irgendwie versuchen wir noch, den Geist des Alten Westens am Leben zu erhalten.«

*

Teddy Abbott war ein blasses, kränkliches Kind mit großen traurigen Augen. Er war zehn Jahre alt, als sein Vater mit der ganzen Familie von England nach Nebraska zog. In dem Dorf Cranwich in Norfolk war Abbott Senior ein wohlhabender Farmer gewesen und als ein gebildeter Gentleman allgemein geachtet. Vierzig ehrerbietige Dörfler folgten seinen Befehlen. Es ist nicht klar, warum er diese große Reise über den Ozean tat. Jedenfalls war er von der amerikanischen Gesellschaft, wie er sie in Lincoln (Nebraska) kennenlernte, entsetzt: die Unwissenheit und Roheit der Menschen, die barbarische Verstümmelung der englischen Sprache, Kneipenschlägereien mit abgebissenen Ohren und ausgestochenen Augen. Es waren noch andere englische Siedler in der Gegend, aber Abbotts Vater wollte mit diesen »viehischen Kerlen« nichts zu tun haben. Er flüchtete sich in die Lektüre Monate alter englischer Tageszeitungen und verschleuderte sein ererbtes Vermögen bei verschiedenen See- und Wald-Projekten – schlecht beratene Versuche, die trostlose trockene Prärie in eine englische Landschaft zu verwandeln. Der junge

Teddy kam dagegen gut in der neuen Welt zurecht. Schon mit 12 Jahren ritt er Wochen und Monate über das weite Weideland, hütete das Vieh der Familie, jagte manchmal Wild, kochte sein eigenes Essen und schlief unter freiem Himmel. Seine Mutter sagte, er müsse Zigeunerblut in den Adern haben, weil er bei jeder Gelegenheit die Loup River Pawnee auf ihren Ausritten begleitete. Es war sein inbrünstiger Wunsch, Indianer zu werden und den letzten Bisonherden zu folgen. Als die Pawnee in einer Reservation in Oklahoma eingesperrt wurden, entschied sich Teddy, Viehtreiber zu werden. Das kam seinem Traum noch am nächsten – wie sein Freund, der Cowboy-Künstler Charlie Russell später zu sagen pflegte: »Wir verstanden uns damals als weiße Indianer.«

In den siebziger Jahren des 19. Jahrhunderts lag Lincoln an dem nördlichen Ende eines Viehtrails aus Texas. Die Gegend wimmelte von texanischen Cowboys, Männer eines neuen Schlages, von denen noch nicht zu ahnen war, daß sie eines Tages als amerikanischer Archetyp romantisiert werden würden. Die meisten von ihnen waren entlassene Soldaten der Konföderierten, die im Bürgerkrieg viel Gewalt und Tod gesehen hatten und die verbittert über seinen Ausgang waren. Sie konnten Entbehrungen, Gefahren und das dauernde Umherziehen ertragen, waren rücksichtslos und lebten nach Lust und Laune. Als die Soldaten nach dem Krieg im Frühling 1866 nach Texas zurückkehrten, erwarteten sie unbestellte Felder und eine zerstörte Wirtschaft. Geld war kaum noch im Umlauf. Rinder dagegen gab es im Überfluß. Während die Männer weg waren und Krieg führten, vermehrte sich das verwilderte Vieh in Texas exponentiell: Über eine halbe Million Rinder zogen in dem dornigen Buschland zwischen dem Nueces River und dem Rio Grande umher. Sie waren Nachkommen des spanischen Schwarzrinds, das aus den ersten Missionen entlaufen war und sich mit Ausreißern aus den Herden der Siedler gepaart hatte. Diese Tiere waren so scheu wie Rehe, aber wilder und gefährlicher als Bisons. Texaner nannten sie »outlaw cattle« oder Longhorns, weil bei einem ausgewachsenen Stier oder Bullen der Abstand zwischen den Hornspitzen mehr als 2 Meter 50 betragen konnte. Mit Techniken, die sie mexikanischen Vaqueros abgeschaut hatten, begannen die Texaner, die Rinder einzufangen und mit Brandzeichen zu versehen. Und sie vergrößerten ihre Herde durch gegenseitigen Diebstahl und Überfälle auf mexikanische Ranches jenseits des Rio Grande.

In Texas gab es keinen Markt für Rindfleisch, aber der Norden schrie geradezu danach, so daß die Viehzüchter ihre Herden über Hunderte von Meilen offener Prärie zu den Kopfbahnhöfen in Missouri, Kansas und Nebraska trieben. Ein Tier, das in Texas fünf Dollar wert war, konnte im Norden für das Zehnfache verkauft werden, vorausgesetzt, es ging nicht in Panikfluchten verloren oder wurde von Indianern oder von mörderischen Gangs weißer Viehdiebe, die auf den Prärien und an den Grenzen Missouris ihr Unwesen trieben, gestohlen. Wenige Männer machten mit den ersten Viehtrieben ein Vermögen, weitaus mehr gingen bankrott, und Dutzende starben unterwegs, meist ertranken sie beim Durchqueren von Flüssen oder wurden von einem Blitzschlag getroffen. Die texanischen Rinderzüchter ließen sich aber davon nicht abhalten, und Mitte der sechziger Jahre etablierte sich eine neue Form amerikanischen Nomadentums: die große saisonale Migration von Vieh und Cowboys. Mari Sandoz schreibt in seinem Buch *The Cattlemen*: »Die Treiber waren ein bunt zusammengewürfelter Haufen... vertriebene Konföderierte, erfahrene Viehzüchter, die seit Jahren gegen Indianer und mexikanische Räuber kämpften, Maultiertreiber aus der Armee und professionelle Rangers bis zu dem Gesindel aus den Flußstädten des Südens, Spielern, Betrügern, flüchtigen Verbrechern und gewöhnlichen Mördern.« Sie trugen schwarze oder braune breitkrempige Hüte aus Biberpelz mit einer niedrigen Krone, ausgefallene Hemden, Lederchaps und oft einen schäbigen alten Soldatenmantel, der als Schlafdecke diente und vor Regen schützte. Die meisten Cowboys waren klein und drahtig, ein schwerer Mann wäre bei langen Distanzen eine zu große Last für das Pferd gewesen. Sie rühmten sich ihrer Zähigkeit: Wohin ihre Tiere gingen, dorthin konnten auch sie gehen, was ihre Pferde ertrugen, konnten sie auch ertragen. Angeberei, Flüche und Erzählungen waren ihre Form der Mitteilung, Whiskey und Gewalttätigkeit ihre Laster. Man sagte, daß ein Cowboy zweierlei fürchtete: eine anständige Frau und das Gehen.

Während die anderen Jungen von Lincoln in der Schule saßen, war Teddy Abbott mit den Cowboys draußen auf dem Weideland und lernte, wie man perfekt reitet, mit dem Lasso Tiere fängt und Vieh treibt. Er saß mit ihnen am Lagerfeuer, lauschte begierig ihren Geschichten von ausbrechenden Herden und reißenden Flüssen, von tödlichen Unfällen, Schießereien und Hinrichtungen durch den Strang, von wilden Saufgelagen in Dodge City oder Abilene. Mit fünfzehn verdiente Teddy sein erstes Geld, indem er das Vieh von Nachbarn hütete, und gab es gleich wieder für Whiskey und Huren aus. Er trug einen Revolver und, wie jeder Teenager heute, der eine Waffe besitzt, juckte es ihn, sie zu benutzen. In der Gesellschaft, in der er sich aufhielt, stellte das Töten eines anderen einen Männlichkeitsbeweis dar so wie früher bei den Prärieindianern. Es gibt ein Foto von 1876: Teddy »hart, betrunken und sechzehn« mit einer Zigarre im Mund und einer Flasche Whiskey in der Hand, die er dem Betrachter entgegenstreckt. Zu der Zeit nahm er auch die Gewohnheit an, durch Lincoln zu galoppieren, betrunken zu grölen und auf die Straßenlichter zu schießen. Einmal versuchte der Stadtsheriff, ihn festzunehmen. Teddy hielt im Galopp geradewegs auf ihn zu und schoß ihm durch die Schulter. Gezielt aber hatte er auf das Herz.

Als sein älterer Bruder Jimmy starb, verlor er noch den letzten Rest Glauben. Bei der Beerdigung blies ein Windstoß seinen Hut in das Grab, und Teddy fragte seine Mutter, ob Gott Jimmys Tod hätte verhindern können.

»Ja«, antwortete sie, »Gott ist allmächtig. Er hätte es tun können, wenn er gewollt hätte.«

»Dann werde ich nie wieder in eine dieser verdammten Kirchen gehen«, sagte Teddy und hielt Wort bis zum Ende seines Lebens. Die allermeisten Cowboys waren nach Teddys Urteil »Ungläubige«. Sie lebten in der Natur und schliefen unter dem Sternenhimmel, und wie die Indianer konnten sie nicht glauben, daß Gott in einem Gebäude mit einem Dach lebte und Sonntag morgens dort gegenwärtig sein sollte. Im Gegensatz zu den Indianern fehlte ihnen auch der Glaube an die Macht von Gebeten. In seinen Erinnerungen schreibt Teddy Abbott: »Wenn man mit der Natur in Berührung kommt, wird einem bald all das Zeug – Gott mit Gebeten um Hilfe bitten, göttliche Vorsehung und so weiter – ausgetrieben, weil es nicht hilft. Du kannst beten so viel du willst, aber wo kein Wasser ist, wirst du auch keines bekommen. Vertrau nur auf Gottes Vorsehung, sagen sie. Zum Teufel, wenn ich das getan hätte, wäre ich schon längst verhungert.« Christentum an der »Frontier« war vor allem die Religion der Siedler, jener Farmer aus dem Mittleren Westen und New England, die seit den späten siebziger Jahren in Kansas und Nebraska auftauchten und immer mehr freies Weideland einzäunten. Die Cowboys haßten sie, so wie berittene Nomaden seßhafte Bauern verachteten, und nannten sie »Hackemänner«, »Kürbisstapler« und vor allem »Nesthocker« – »Psalmen singende, maulwürfige, ziegenbärtige, Gebete wiehernde Nesthocker«.

Angewidert sah Teddy, daß sein Vater die Viehzucht aufgab und das Weideland umpflügte, also zum Feind überlief. Auch die Brüder wurden alle Farmer. Im Herbst 1878, Teddy war gerade achtzehn Jahre alt, verließ er seine Familie für immer und folgte den Rinderherden Richtung Norden. Plan- und ziellos trieb er umher, besuchte Ranches im Platte River Valley und ließ sich als Cowboy für einen Viehtrieb zu der Reservation der Oglala Sioux in South Dakota anwerben. Im folgenden Winter hielt er sich 1500 Meilen südlich in Austin (Texas) auf. Dort kam in einer Bar ein Trail-Boss auf ihn zu und fragte: »Interessiert an einem Viehtrieb in den Norden?« »Welche Truppe?« »Die Olive-Truppe. Dreißig Dollar im Monat und Verpflegung.« Die Olive Brüder – Ira, Marion, und I.P. Print – gehörten zu den gewalttätigsten und gefürchtetsten Viehtreibern im Westen, was für den jungen Teddy Abbott den Job noch anziehender machte. »Print« hatte in Texas bereits neun Schwarze ermordet, was zu der Zeit keine Straftat war, und mehrere Weiße, was eine Frage der Bestechung der Richter und der Einschüchterung der Zeugen war. In Nebraska war Print Olive als »The Manburner« bekannt. 1878 hatte er zwei Siedler an einen Baum gehängt, mit Petroleum übergossen und ein Streichholz angezündet.

Teddy kam mit Print und Marion gut zurecht, aber Ira mochte er von Anfang an nicht. Auf einem der Viehtriebe von 1879 legte sich Ira mit einem schwarzen Revolverhelden namens Kelly an, der für die Gruppe arbeitete. Er provozierte ihn, schlug ihm mit der Pistole zwei Zähne aus und hoffte, daß Kelly ziehen würde, so daß er ihn töten konnte. Nach diesem Auftritt ließ Teddy Ira wissen, daß er ihm die Augen ausschießen würde, sollte er Kelly noch einmal schlagen. Ira packte sein Gewehr weg, stieg auf sein

Pferd und ritt davon. Er kehrte nie wieder zurück. Teddys drohender Blick muß furchterregend gewesen sein. »Das war das einzige Mal, daß ich in dieser Truppe Ärger hatte. Die Olives verhielten sich vor allem hart zu Mexikanern und Niggern. Als Texaner waren sie mit dem rasenden Haß auf Mexikaner aufgewachsen, und als Südstaatler waren freie Nigger wie Gift für sie. Aber trotzdem warben sie sie an, weil sie billiger als Weiße waren.« Kelly war berüchtigt als »Olive's bad nigger«. Seine Aufgabe bestand darin, Siedler abzuschrecken, die immer mehr Wasserstellen einzäunten und versuchten, Geld für das Tränken der Herden zu kassieren. Kelly mußte mit gezückter Waffe auf sie zugehen, seine Augen wie verrückt rollen und mit den Zähnen knirschen. Die meisten Siedler kamen aus dem Norden, waren an Schwarze nicht gewöhnt und fürchteten sie ohnehin. So eingeschüchtert, verzichteten sie auf die Bezahlung für das Trinkwasser.

In jenem Sommer trieben Teddy und die Olive-Männer Rinder von Austin zum Loup River in Nebraska, eine Strecke von etwa 800 Meilen; pro Tag legten sie zehn bis fünfzehn Meilen zurück. Sie durchquerten angeschwollene Flüsse, und manchmal lagen 40 Meilen zwischen zwei Wasserstellen. Heftige Hagelschauer prasselten auf sie nieder. Auf indianischem Gebiet versuchte eine Gang von Mexikanern, Weißen und Halbblutindianern, die Herde zu entführen, aber es gelang den Cowboys, sie ohne Blutvergießen zurückzubekommen. Bei Präriegewittern war die Luft elektrisch geladen, und plötzlich erschien ein bläulich phosphoreszierendes Licht an den Hörnern der Rinder – das Elmsfeuer. Die Elektrizität zuckte von Horn zu Horn, und erbsengroße Lichtkugeln bildeten sich an den Ohren der Pferde und selbst an den Schnurrbärten der Männer. Und dann, mit dem ersten Donnerschlag, ergriff die Herde panikartig die Flucht. Die Cowboys mußten versuchen, den ausbrechenden Tieren vorauszureiten, und sie dazu bringen, im Kreis zu laufen, so daß sich allmählich ihre Kräfte erschöpften – ein Ritt in vollem Galopp in der Dunkelheit über zerklüfteten Boden mit Grabenbrüchen und Erdhöhlen. Wenn die Pferde wegrutschten oder stolperten, trampelte die fliehende Herde Reiter und Pferd nieder und machte sie buchstäblich dem Erdboden gleich. Teddy hatte es mehr als einmal gesehen. Diese Arbeit war eine ermüdende Plackerei; von

Sonnenaufgang bis Sonnenuntergang saß man im Sattel und schluckte Staub, und jede Nacht noch zwei Stunden Wache. Das Schlimmste war der fehlende Schlaf. In einer guten Nacht, wenn das Wetter ruhig war und die Cowboys Schlaflieder sangen, um die verstörten Rinder zu beruhigen, hatte man vielleicht fünf Stunden Erholung. In einer schlechten Nacht konnte man froh sein, wenn es eine ruhige Stunde gab. Immer wieder verbrachten die Cowboys zwei oder drei Tage ohne Schlaf; sie rieben sich Kautabaksaft in die Augen, um wach zu bleiben. Wenn sie sich beklagten, pflegte der Trailboss zu sagen: »Was soll das Theater? Wenn wir es hinter uns haben, könnt ihr den ganzen Winter schlafen.«

Nach zwei Monaten Viehtrieb – zwei Monate Nüchternheit, Speck und Bohnen, harte Arbeit und überstandene Gefahren – lieferten die Treiber die Herde am Loup River ab, bekamen ihren Lohn in North Platte und machten sich sogleich auf zu den nächsten Saloons, Spielhöllen und Freudenhäusern, um »die Sau raus zu lassen«. Teddy war kein Spieler, was ihm um so mehr Geld für Whiskey und Huren ließ. Aufgrund ihrer nomadischen Lebensweise und ihres geringen sozialen Ansehens waren für die Trail-Cowboys Prostituierte die allein zugänglichen Frauen, häufig die einzigen, die sie überhaupt kannten, und im allgemeinen behandelten die Männer sie gut. Teddy mochte es, »ein Mädchen für eine Woche zu heiraten«, sie überallhin einzuladen und ihre Lebensgeschichte zu hören, und wer die Ehre »seiner Braut« beleidigte, war ein toter Mann. 1881 und 1883 machte er wieder einen Viehtrieb in den Norden mit. Zweimal warf ihn ein Blitzschlag vom Pferd, und er mußte mit ansehen, wie drei Cowboys bei Panikfluchten der Herden getötet wurden. In den Monaten dazwischen trieb sich Teddy saufend und hurend in den »Cowtowns« herum, arbeitete gelegentlich auf Ranches und versuchte es im Winter mit dem Fallenstellen. Er wurde ein Vertrauter von Calamity Jane, bei ihm konnte sie sich ausweinen, wenn sie betrunken um den toten Wild Bill Hickock trauerte.

Seinen Spitznamen »Teddy Blue« bekam er in einem Theater in Miles City (Montana). Eine junge Frau in kurzem Rock und hautengen Strümpfen kam zu ihm und lud ihn ein, mit ihr in einer geschlossenen Loge auf dem obersten Rang eine Flasche Wein zu teilen. Teddy hatte siebenhundert Dollar in seinem Revolvergürtel, und plötzlich kam ihm der Verdacht, in eine Falle gelockt zu werden. Er wirbelte herum, verfing sich mit den Sporen im Teppich und fiel durch eine Trennwand mitten auf die Bühne. Die Zuschauer wollten unterhalten werden, also griff er nach einem Stuhl, setzte sich rücklings mit gespreizten Beinen darauf und machte Bocksprünge über die Bühne, wobei er immer wieder schrie: »Brr, Blue! Brr, Blue!« Den Spitznamen hatte er noch als alter Mann.

*

Gegen Ende der achtziger Jahre des 19. Jahrhunderts kamen die langen Viehtriebe zu einem Ende. Das Weideland war übergrast, im Norden starben in einer Aufeinanderfolge kalter Winter die Rinder massenhaft, und mit der Erfindung des Stacheldrahts waren die Rancher und Siedler in der Lage, immer mehr Land sicher einzuzäunen und die freie Bewegung von Cowboy und Vieh unmöglich zu machen. Die nomadisierenden Präriecowboys hielten sich kaum zwanzig Jahre. Schätzungsweise arbeiteten insgesamt 32.000 Männer auf den Viehtrails. Warum nehmen gerade sie in der amerikanischen Mythologie so viel Platz ein? Wie kam es dazu, daß das Wort »Cowboy« so dramatisch seine Bedeutung veränderte? Anfänglich benutzten es die Seßhaften als ein Schimpfwort für die neuen Nomaden, jene gesetzlosen, wurzellosen, bedrohlichen und verrufenen Gestalten, denen kein Platz in der anständigen Gesellschaft zustand. Als aber die Voraussetzungen des Cowboy-Lebens – ein nicht eingezäunter, unkontrollierter Raum – verloren gingen, sein Nomadentum gezähmt war, verwandelte er sich in eine romantische, nostalgische, beneidete Figur, die einen eigensinnigen Stolz und schlichte Tugenden verkörperte. Wie der Prärieindianer und »Mountain Man« vor ihm wurde der Cowboy nun zum Symbol einer Zeit der Freiheit und der Abenteuer, die als unwiederbringlich vergangene immer aufs neue beschworen und neu inszeniert werden konnte (und kann). Als Buffalo Bills Wild West Show um die Welt reiste, mit besiegten Indianern (einschließlich Sitting Bull) und arbeitslosen Viehtreibern, die sich in theatralischen Szenen selbst spielten, suchten die Cowboys in Amerika ein Unterkommen auf Ranches, als Prospektoren und Gelegenheitsarbeiter oder drifteten in die Kriminalität.

Teddy Abbott gelang der Übergang besser als den meisten. Er blieb in Montana, gab das Trinken auf und heiratete eine Frau, die er liebte; sie war die Tochter des berühmten Viehbarons Granville Stuart und einer Indianerin. Teddy kaufte sich eine Ranch, schlief wie früher in einer Schlafbaracke für Cowboys, markierte eine Zaunlinie und züchtete Vieh. Für ihn war das ein ärmlicher Ersatz für die wilden Tage auf dem offenen Freiland, aber immerhin besser als Ackerbau, eine Tätigkeit, die er bis zuletzt verachtete. Vielen Cowboys fiel es schwer, die gewohnten Formen der Mobilität aufzugeben. Selten blieben sie auf einer Ranch länger als eine Saison, und im Winter zogen sie weiter. Jede Ranch im »Rinderland« war traditionell verpflichtet, einem wandernden Cowboy Essen und einen Schlafplatz zu geben. Als Gegenleistung übermittelte der Cowboy Nachrichten zwischen den einsamen Ranches und brachte Geschichten und Klatsch für lange Winterabende.

In den Tagen, da sie noch mit den Herden über die Prärien zogen, improvisierten die verschiedenen Viehtreiber-Trupps, wenn sie sich auf einem Trail begegneten, Geschicklichkeitswettkämpfe und Pferderennen. Am 4. Juli 1883 ritten Cowboys von allen Ranches der Umgebung nach Pecos City (Texas) und eröffneten ihr Fest zur Erinnerung an die gute Zeit in dem »Bar 7 Saloon« mit »Hill and Hill Whiskey«, das Quart zu $ 1.50. Wie üblich wurde lauthals geprahlt, und die Folklore um manch neue Legende bereichert. Die Männer maßen sich im Lassowerfen und Reiten wilder Mustangs. Eine Gruppe von Cowboys galoppierte davon, um einige Stiere einzufangen, und trieb sie die Hauptstraße hinauf zu einem Gelände neben dem Gerichtsgebäude der Stadt. Dort bildeten Planwagen und ein Bretterzaun eine Art Arena. A.T. »Trav« Whitman gewann mit einer Zeit von 22 Sekunden das »Stierfesseln« und begab sich sogleich in den »Bar 7 Saloon«, um sich mit dem Preisgeld besinnungslos zu besaufen – diese Abfolge von Ereignissen wird weithin als die Geburtsstunde des Rodeo gefeiert.

Am Ende des 19. Jahrhunderts, da die letzten Trail-Cowboys historische Gestalten wurden, begannen überall im Westen ähnliche Veranstaltungen, die an die Fertigkeiten der Viehtreiber erinnerten; und die Cowboys, die nun von Rodeo zu Rodeo zogen, nahmen damit in gewissem Sinn die alten saisonalen Wanderungen wieder auf. Organisierte Wettkämpfe im Bullenreiten, das heute populärste Ereignis beim Rodeo, fanden allerdings erst später, in den zwanziger Jahren statt. (Es steht in keinerlei praktischer Beziehung zur Arbeit eines Cowboys; getestet werden Geschicklichkeit und waghalsiger Mut.) Ein wildes Pferd zu reiten oder einen Stier niederzuringen, war gefährlich, aber auf dem Rücken eines zornigen, massigen Bullen zu klettern, war nach den Worten eines frühen Bullenreiters, »als ob man in den Lauf eines Gewehrs schaute.« 1937 sprang in Fort Worth (Texas) ein Brahma-Bulle über eine drei Meter hohe Umzäunung, stürmte durch die Zuschauermenge und verließ die Arena durch den Haupteingang. Die Polizei feuerte vierzig Schuß, aber tot war der Bulle erst, als ihm die Kehle durchgeschnitten wurde.

*

Aus den Lautsprechern dröhnen die Anfangstöne der Nationalhymne. Auf den Tribünen erheben sich die 15.000 Zuschauer und drücken ihre Cowboyhüte ans Herz. Nachdem die letzten Takte verklungen sind, ist ein Moment Ruhe, dann heben sich alle Hüte gleichzeitig, und ein großes Geschrei und Gekreische erfüllt das Stadion. Dies ist der letzte Sonntag der »Cheyenne Frontier Days« in Wyoming, das größte Freiluftrodeo der Welt. Wie der Ansager nicht müde wird zu beteuern: »Dies, Freunde, ist das größte und beste von allen.« Etwa 300.000 Besucher sind in dieser Woche in Cheyenne, einer Stadt mit 50.000 Einwohnern, und jeder, vom Dreijährigen bis zum »Wetterfrosch« im Fernsehen, trägt einen Cowboyhut. Wohin man sich auch wendet, überall wird eine Schießerei im Westernstil, ein historisches Melodrama oder ein Küchenwagenrennen inszeniert. Die Schaufensterscheiben sind alle vollgeklebt mit Bildern von Cowboys, bockenden Bullen und Slogans wie »Howdy Pardner!« und »Yippi Ki Yi Yea!« Modernes Rodeo versteht sich als eine Sportart, aber die »Professional Rodeo Cowboys Association« verkauft die Wettkämpfe im Stil einer Wild West Zirkusshow: ein schöner Tag für die ganze Familie, eine Zurschaustellung amerikanischen Selbstbewußtseins mit vielen Verkaufsständen, Hinweisen auf Jesus und patriotischem Tamtam. Im Mittelpunkt dieses fröhlichen Trubels steht die verklärte Figur des Cowboys, die bei den Tierschützern unbeliebt sein mag, aber ansonsten als die lebendige Verkörperung nationalen Stolzes und amerikanischer Werte gilt. Man sieht hier viele Rodeo-Cowboys, die dem Ideal vollkommen entsprechen: höfliche, konservative, christliche Sportsmänner, so vorbildlich wie man nur sein kann. Aber es gibt auch andere, die mehr den Hilfstreibern aus vergangenen Trail-Tagen ähneln: vulgäre und respektlose Gestalten, starke Trinker.

Hinter den Metallboxen interviewt ein französisches Kamerateam Jimmy Morris, einen pausbäckigen 21jährigen Bullenreiter aus Duncan in Oklahoma, der Stiefel aus Straußenleder trägt. Spike steht neben ihm und grinst hinter seiner billigen Sonnenbrille in die Kamera.

»Was halten Sie von dem Bullen, den Sie reiten müssen?«

»Nun, ich habe bei der Auslosung Glück gehabt«, sagt Jimmy Morris. »Ich werde mein Bestes geben und hoffentlich einen guten Ritt zeigen.«

Die Kamera macht einen Schwenk und zoomt ganz nahe einen Cowboy heran, der in seinen Hut hineinbetet. Jimmy Morris wendet sich Spike zu, stopft Kautabak in der Größe eines Golfballs in seine Backentaschen und hält einen Monolog im Cowboy-Slang: »Ich sag dir was, Alter, ich werde diesem Bullen eine Rippe ausreißen, diesen Bastard fertigmachen. Sie können schon mal 'ne Brechstange besorgen, um die Rippe aus meinen Sporen rauszubekommen. Ich muß dieses Mistvieh reiten. Muß. Hab letzte Nacht zuviel Geld in der Bar gelassen. Ich wollte eigentlich nur was essen und 'nen Drink dazu. Sieben Stunden später kam ich wieder raus, hackevoll, und konnte nicht schlafen, weil ich immer an diesen Bullen denken mußte. Ich fühle mich wie aufgewärmte Scheiße.«

Spike hätte das Antrittsgeld nicht bezahlen können, aber er hielt sich nur 400 Meilen von Cheyenne auf, und so kam er her, um zumindest mitzufeiern. Billy hat sich irgendwo verkrochen und kuriert einen verrenkten Rücken aus. Jimmy sitzt wegen der Mißhandlung seiner Frau im Knast. Ein anderer alter Kumpel von Spike, Ricky Lindsay, der das Bullenreiten aufgab und Zuhälter in Las Vegas wurde, sitzt eine langjährige Strafe in einem Bundesgefängnis ab. Spike führt sein gewöhnliches Leben, gewinnt ab und zu etwas Preisgeld und verjubelt es auf der Stelle. Eine reiche Frau in Dallas schickt ihm manchmal Flugtickets, und er macht sich dann auf und verbringt das Wochenende mit ihr. Sie will, daß er seine Chaps und den Hut trägt, und nach geleisteten Diensten schickt sie ihn mit 50 oder 100 Dollar wieder fort.

Auf den Tribünen trinken die Fans ihr Bier aus Souvenirbechern und johlen jedesmal folgsam, wenn die Fahne eines weiteren Sponsors von einem Cowgirl zu Pferde durch die Arena getragen wird. »Und die Fahne von Ford präsentiert Codi Ann Bybee! Beifall und ein Hurra für diese hübsche kleine Lady!« Hinter den Metallboxen verbinden die Bullenreiter verstauchte Gelenke, gerissene Muskeln, gebrochene Finger und Rippen. Sie schlucken jede Menge Ibuprofen – »das Aspirin des Cowboys«. Buddy Gulden aus Kalifornien, ein alter Freund von Spike, ist vom Nacken bis zur Hüfte bandagiert. Vor zwei Wochen trampelte bei einem Rodeo in Salinas ein 1500 Pfund schwerer Bulle auf seine linke Schulter, renkte das Gelenk aus und zerriß die Kapsel. Es ist eine lästige Verletzung, aber keine, die ihn vom Bullenreiten abhalten könnte. Auch ein Finger ist gebrochen, was ihn so wenig kümmert wie ein Schnitt beim Rasieren. Buddy ist 37 Jahre alt und unter den professionellen Bullenreitern vermutlich der älteste, der noch alle seine Zähne hat. Doch allmählich wird er der Rodeotouren müde – die endlose Fahrerei, die ständigen Verletzungen, der Kater am Morgen, die unregelmäßige Bezahlung –, und er möchte ein ruhigeres Leben beginnen. Er ist mit einer ehemaligen Rodeo-Queen namens Sheri verheiratet, und sie haben sich im mittleren Kalifornien 28 Morgen trockenes und baumloses Land gekauft. Buddy nennt es sein Zuhause, aber bis jetzt stehen dort weder ein Brunnen noch ein Haus. Er wohnt nach wie vor in seinem Kleinlastwagen, ein Ford Baujahr 1974 mit 344.000 Meilen auf dem Tacho. Ein guter Ritt heute würde das Geld für den Brunnen einbringen und einen Platz bei dem »National Finals Rodeo« in Las Vegas, die einzige Veranstaltung, bei der ein Cowboy das große Geld verdienen kann. Noch eine gute Punktzahl in Vegas, und dann ist es wohl Zeit, aufzuhören. Geh zurück nach Kalifornien, baue ein Haus und versuch, auf andere Weise deinen Lebensunterhalt zu verdienen. Wie genau, das ist ihm noch nicht klar.

In der Arena geht der Aufmarsch der Sponsoren zu Ende. Die Bullenreiter greifen nach dem Tauwerk – jeder nimmt ein geflochtenes Seil mit einer Glocke am einen Ende – und gehen zu den Boxen, wo die Bullen schnaubend warten. Das Klingeln der Glocken und Klirren der Sporen hat etwas Trauriges. Der Cowboy schlingt nun das Seil um den Bauch »seines« Bullen, klettert auf den Metallzaun und läßt sich vorsichtig auf dem breiten Rükken nieder. Bubba Monkres aus Everman in Texas ist als erster dran. Er wird sofort abgeworfen und kann seine Hand nicht aus der Schlinge befreien, so daß der Bulle ihn wie einen Hubschrauberrotor durch die Arena wirbelt und mit den Hörnern nach seinem Kopf stößt. Die Rodeo-Clowns stürzen herbei und mühen sich, den Bullen abzulenken – vergebens. Schließlich gelingt es Bubba, seine Hand frei zu bekommen, und mit blutverschmiertem Gesicht schwankt er zur Umzäunung. Buddy Gulden legt sich die Schlaufe eng um die Hand und zieht seinen Hut ins Gesicht. Er nickt dem Mann am Tor zu, und Bulle und Reiter schnellen hinaus in die Arena. »Hoch, weit und böse! Das ist ein echter Bulle, Freunde«, ruft Spike, der oben auf dem Gitter sitzt. Mit rasanter Geschwindigkeit vollführt der Bulle eine Serie von Bocksprüngen, aber Buddy hält sich, gleicht jede Bewegung aus und wirbelt in Kreisen mit hoch über dem Kopf gebogenem Arm. Als er über den Zaun klettert, sagt er: »Besser kann man sich nicht fühlen. Ich glaube, ich habe meinen Brunnen gewonnen.« Er erzielt 84 Punkte und erreicht damit Platz Zwei.

Nach dem Bullenreiten kommt das Feiern. In der Bar drängeln sich betrunkene Cowboys und »buckle bunnies«. Die Männer schütten sich gegenseitig Bier in die Hüte, und wie aus einem Trichter läuft es schäumend die Kehlen hinunter. Sie fahren mit der Zunge über die offenherzigen Dekolletés der Frauen neben ihnen und streuen Salz auf die Spucke, bevor ein Gläschen Tequila nachfolgt. »Er beißt in meine Möpse«. Auf dem Gesicht eines kuhäugigen Mädchens erscheint ein leeres Lächeln, als ein Cowboy seinen Mund auf ihre Brust preßt. Ein anderer hat seinen Kopf in einem Paar enger Shorts begraben und erhält eine sanfte Ermahnung – »ein bißchen weniger Zähne, Süßer«. Da springt er auf und stößt ein markerschütterndes Geheul aus, worauf alle wie ein Rudel Koyoten anfangen, zu schreien und zu jaulen. Buddy ist halbbetrunken und völlig erschöpft. In den letzten zwei Tagen ist er 1500 Meilen gefahren und hat vier Bullen geritten. Er steht zusammen mit seiner Frau abseits des großen Gedränges und hält einen Arm um sie. »Nur eine wirklich schlimme Verletzung zwingt die meisten von uns dazu, aufzuhören«, sagt er. »Ich hoffe, daß ich es vorher schaffe, aber es ist nicht leicht. Du bist einfach an die Freiheit und Unabhängigkeit gewöhnt. Wir würden durchdrehen, wenn wir jeden Tag von neun bis fünf arbeiten müßten. Ich werde es wohl mit einer Ranch versuchen, vielleicht eine Schule für Bullenreiter eröffnen oder so was ähnliches. Na ja, erst einmal müssen wir den Brunnen graben und dann mit dem Haus beginnen. Nicht wahr, Honey?«

Der Gewinner der großen Cheyenne Gürtelschnalle ist der junge Jimmy Morris. Außerdem erhält er einen Hut aus Biberpelz, ein Paar exquisiter Stiefel und einen Scheck über $ 8015.37. Jimmy ist noch verkatert, trinkt aber schon wieder mit Spike und einigen anderen Cowboys. »8000 Dollar«, sagt er. »Kaum zu glauben, aber ich weiß gar nicht, wofür ich die ausgeben soll. Zehn Morgen Land hab ich bereits, ein Geschenk vom Vater meiner Freundin. Vielleicht sollte ich etwas Holz kaufen und mir eine Hütte bauen.« Er denkt einen Augenblick nach, und dann kommt ihm etwas Großartigeres in den Sinn: »Natürlich! Ich könnte sechs Riesen für ein Wohnmobil hinblättern. Genau das werde ich tun, Jungs. Dieser Cowboy hier wird von nun an mit Stil reisen.« Spike nickt zustimmend und stellt die rhetorische Frage aller Nomaden: »Zum Teufel, wozu auch brauchst du ein Haus?«

*

Als ich von dieser Rodeotour heimkehrte, stand ich kurz vor dem physischen Kollaps. Ich meine das ganz wörtlich. Fünf Minuten, nachdem ich die Türschwelle überschritten hatte, fiel mir eine Zigarette aus der Hand, ich bückte mich, mir wurde schwarz vor Augen, und schon lag ich wie ein Häufchen Elend auf dem Boden. Erinnern Sie sich noch an die Frau, die mit einem Motorradstiefel die Scheibe der Vordertür einschlug? Gale war zurück aus Frankreich. Wir wollten es noch einmal miteinander versuchen.

Sie half mir auf, ich schleppte mich ins Badezimmer, und der Urin hatte die Farbe und den Geruch des Whiskeys der letzten Nacht. Alles tat mir weh, und dabei hatte ich nicht einen Bullen geritten. Wohl hatte ich während der Zeit mit den Rodeo-Cowboys tapfer versucht, beim Trinken und Fahren mitzuhalten, aber schon das war ein paar Nummern zu groß für mich. Mir fehlten dafür die erforderliche Zähigkeit und das Stehvermögen. So lernte ich z.B. nie die Technik des tiefen Kurzschlafs, ohne die man ein solches Leben nicht lange durchhält: die ganze Nacht hart trinken, irgendwo zwei Stunden pennen, nach dem Aufwachen vierhundert oder auch siebenhundert Meilen fahren und dann das Ganze von vorn. Noch einen Monat danach wollte ich nur frisches kühles Quellwasser trinken und nichts als Grünzeug essen. Alles um mich herum sollte sanft und zart sein. Am liebsten hätte ich mich in Gales Arme verkrochen und wäre nicht wieder herausgekommen. Das war die erste Nacht nach einem Wiedersehen, in der wir zusammen schliefen, ohne vorher miteinander geschlafen zu haben.

Sex war für uns wie ein Geschenk, etwas Seltenes und Kostbares, mit dem wir nichts anzufangen wußten; er belastete eher und verwirrte unser Zusammenleben. Immer wieder hatten wir versucht, das Geschenk zurückzugeben. Wir trennten uns, manchmal länger als ein Jahr, fanden neue Beziehungen, und dann erkannten wir wieder, daß unsere Trennung ein böser Irrtum war. Sie wußte, daß wir uns liebten, ich aber wollte mich von Liebe nicht fesseln lassen. Also legte ich mir andere Erklärungen für unser Verhältnis zurecht. Wir befanden uns in einem langen Zustand gegenseitiger Vernarrtheit, eine merkwürdige und ungewöhnliche Form der Lust. In diesem Sommer erkannte ich endlich, wie groß ihre Geduld mit meiner Dummheit war. Alles wurde besser zwischen uns, als ich endlich den Satz »Ich liebe dich« in meinem Wortschatz aufnahm. Und dann verschlechterte sich unser Zusammensein wieder.

Sie dachte, ich konnte meine Liebe nur widerwillig eingestehen und würde sie lieber nicht lieben, was an manchen Tagen stimmte, an anderen nicht. Sie mußte sich viele leidenschaftliche Reden gegen die Institution der Ehe anhören und fragte sich, ob sie nicht ihre Zeit mit mir verschwendete. Es war nach wie vor nicht leicht, einen Mann zu lieben, der immer wieder wegging.

Ich erklärte ihr, daß meine häufige Abwesenheit nichts mit ihr zu hatte. Ich verdiente so meinen Lebensunterhalt und war glücklich dabei, was sie nur schwer ertragen konnte. Da mußte es doch noch etwas anderes geben oder vielmehr jemand anderes, vielleicht sogar mehrere Frauen, die mich von ihr fortzogen. Sie war auch eifersüchtig, weil sie selbst ein freier Geist mit einem eigenen Zug von Wildheit und Reiselust war. Ich verschwand einfach immer wieder und erlebte mehr als sie. Am Ende dieses Rodeo-Sommers verließ sie mich und ging für ein Jahr nach Alaska.

Kapitel 11

»Sie fürchteten Prohibitionisten, Bullen, Schließer, Bosse, Moralprediger, Wahnsinnige, Liebhaber der Wahrheit, und sie fürchteten sich voreinander. Sie liebten Geschichtenerzähler, Lügner, Huren, Kämpfer, Sänger, Hunde, die mit dem Schwanz wedelten, und großmütige Banditen.«

William Kennedy, *Ironweed*

Ich sitze an meinem Schreibtisch mit einer Kiste Notizbücher, die sich in den letzten zehn Jahren angesammelt haben. In wenigen Stunden graut es am Himmel, und mir ist nicht so, als ob ein neuer frischer Tag anbräche. Ich habe das bedrückende Gefühl, daß der Inhalt dieser Kiste eher Munition für einen Propagandisten der Seßhaftigkeit als für einen Verteidiger nomadischen Lebens liefern würde. In der Art eines Anklägers oder Predigers könnte er diese Aufzeichnungen hochhalten und verkünden, daß die amerikanische Straße ein Ort der Verdorbenen und Verworfenen geworden ist, die letzte Zuflucht der Schurken, Herumtreiber, Betrüger und Verrückten, und daß nur die Züge in Amerika noch schlimmere Gestalten transportieren. Hier zum Beispiel habe ich Reisenotizen und Interviews mit »Freight Train Riders of America« (FTRA), der sogenannten »Hobo-Mafia«, die unter dem Verdacht steht, Dutzende von Morden begangen zu haben und Güterzüge als Transportmittel für Drogen zu benutzen. Man muß nur einen Song der heutigen Hobos, der Erben von Jack London oder Woodie Guthrie, hören:

I'm drunk off my ass and I don't give a fuck
Batshit in the daytime and batshit at night
I'll ride this old rail and I don't give a fuck
Batshit in the evening and I'm kicking your ass
Crazy motherfucker and I'll fuck you all up.

Dann ist da ein Notizbuch mit der Aufschrift »Lot Lizards«, ein Slangwort der Freier für Prostituierte, die an Fernfahrerlokalen stehen. Ein anderes ist mit »El Pistolero« betitelt und enthält Material über einen Auftragskiller eines mexikanischen Drogenkartells. Er war ein liebenswürdiger Psychopath und ein Nomade wider Willen, der es für klug hielt, zwischen den Morden ständig seinen Aufenthaltsort zu wechseln. Leider starb er eines unnatürlichen Todes, bevor er mir seine ganze Lebensgeschichte erzählen konnte. Kennengelernt hatte ich ihn in Tucson auf dem Gartenbarbecue eines Freundes von mir, der sich in diesen Kreisen bewegt. Der Killer wollte, daß ich seine Biographie schreibe und die Drehbuchrechte an Hollywood verkaufe, damit er sich vom Tötungsgeschäft zurückziehen und sich auf einer Ranch in Nordmexiko – mit einer großen Herde Rinder und vielen eigenen Kindern – zur Ruhe setzen konnte. Das war eine weitere lange durchzechte Nacht. Davon hat es in den letzten Jahren im Namen des investigativen Journalismus allzu viele gegeben, und manchmal erkennt man es an meiner Handschrift. Ich suchte Antworten: Wo waren die Joe Walker unseres Zeitalters, die zufriedenen, manierlichen, gut angepaßten, aber nicht weniger rastlosen Nomaden von heute? Wo waren die neuen Vorbilder? Wo die Liebesgeschichten?

*

Chuck und Linda heirateten in Reno. Die Hochzeit kostete sie 25 Dollar, und sie waren fast blank. In der Hochzeitsnacht lutschte Linda für 20 Dollar einem Trucker den Schwanz, so daß sie sich ein Motelzimmer leisten konnten. Sie hatte das schon ein paar mal zuvor getan, aber nur in wirklichen Notfällen. »Liebling, dies ist eine besondere Nacht, und ich will, daß wir ein Zimmer und ein hübsches Bett haben«, sagte sie zu Chuck. »Na gut«, seufzte er, und sie war froh, daß er keine Szene machte. Zu ihrer Hochzeitsreise brachen sie in einem blaßblauen Buick, Baujahr

1973, auf, dessen Vinyldach in der Hitze Blasen geworfen hatte. Sie fuhren auf den Interstates kreuz und quer durchs Land, nirgendwo blieben sie länger als ein paar Tage. Manchmal nahmen sie ein billiges Motelzimmer, meistens aber schliefen sie im Wagen. Lastwagenfahrer lieferten das Geld für Benzin und Fastfood. Ein Jahr nach ihrer Hochzeit traf ich Chuck und Linda außerhalb des TTT-Restaurants in Tucson. »Wir haben schon mal darüber gesprochen, uns irgendwo einzurichten, ein Apartment zu mieten, Jobs zu finden, eine Familie zu gründen, na ja, du weißt schon, alles, was so dazu gehört«, erzählte sie. »Vielleicht eines Tages, vorerst sind wir noch glücklich, unterwegs zu sein.« Sie lachte. »Es ist, als ob unsere Flitterwochen nie aufhören würden.« Wir saßen in ihrem Buick und unterhielten uns ein paar Stunden. Ab und zu entschuldigte Linda sich und verschwand für zehn oder fünfzehn Minuten. Wenn sie zurückkam, umarmte Chuck sie liebevoll und gab ihr ein Glas »Old Crow«, damit sie den Geschmack loswurde. Sie spülte ihren Mund mit dem Whiskey und spuckte ihn wieder aus. Danach gab Chuck ihr einen zarten Kuß auf die Lippen.

*

Liebesgeschichte Nummer zwei: Jason Rogers und Scrap Iron lernten sich auf dem jährlichen Treffen der Biker in Sturgis (South Dakota) kennen. Jason war 42 Jahre alt, ein ehemaliger Soldat, bei dem, wie er es ausdrückte, »im Oberstübchen etwas schiefgegangen war«, und der in die Erwerbsunfähigkeitsrente entlassen wurde. Seit 13 Jahren war er schon ein Tramp, ein verhutzelter Mann mit Bart, auf dessen Finger die Buchstaben LETS FUCK tätowiert waren. Scrap Iron war damals ein acht Wochen alter Pitbullterrier. Jason bekam ihn für einen Liter Bier. Er wollte einen Hund zu seinem Schutz, ein Tier, das mit den Jahren hoffentlich böse und bissig wurde. Der kleine Mann hatte es satt, immer wieder von anderen Tramps zusammengeschlagen und ausgeraubt zu werden. Ich fuhr auf der Interstate 20 Richtung Westen und hielt an, als ich die beiden unter einer Brücke in Mississippi sah. Seit zwei Tagen fiel Schneeregen. Der kleine weiße Hund schaute traurig und erbarmungswürdig drein, und sein Besitzer hatte diesen hoffnungsvollen, flehenden Blick. Beim Geräusch der Bremsen sprang das Hündchen sofort zum Highway, und schon stand es jaulend und schwanzwedelnd vor der Beifahrertür meines Kleinlastwagens. Jason nahm Platz und stellte sein Zeug um sich auf. »Das Beste, was ich je in meinem Leben gemacht habe, dieses Junge zu nehmen«, sagte er zum Auftakt. »Die Leute scheren sich einen Dreck um einen obdachlosen Kerl, glauben, es ist seine Schuld, aber ein Hund tut ihnen immer leid. Besonders wenn es so ein süßer kleiner wie mein guter Scrap Iron hier ist.«

Er wühlte in seinem Bündel nach Hundekuchen, um seinen Gefährten dafür zu belohnen, daß ich sie mitgenommen hatte. Durch diese schlaue Art des Hundetrainings hatte Scrap Iron gelernt, daß seine traurige Vorführung am Straßenrand mit Lob und Leckereien belohnt wurde. Er wußte, wie er eine Mitfahrgelegenheit erbetteln konnte, daher das Schwanzwedeln beim Geräusch der Bremsen. Die nächsten vierhundert Meilen rekelte sich der Hund zufrieden auf Jasons Schoß, schlummerte immer wieder ein, während er seinen Bauch gekrault und seine Ohren massiert bekam. Und er hörte, was für ein guter Hund er war. Dann erzählte Jason mir ein paar Besonderheiten über sich: Er trinkt zum Beispiel kein Wasser. Er haßt Wasser und würde es nur kurz vor dem Tod durch Verdursten trinken. Er beschränkt seine Aufnahme von Flüssigkeit auf Kaffee, »Mountain Dew«, Bier und Whiskey, was seine für einen Mann von 42 auffällig schrumpelige Gestalt erklären mag. All diese Getränke enthalten Koffein oder Alkohol, die eine dehydrierende Wirkung haben. (Er trinkt keinen Wein, weil er nicht wie ein Saufbruder aussehen will.) Eine andere Merkwürdigkeit, die aber unter den Tramps üblicher ist als man vielleicht glaubt: Er verläßt nie die Interstates. Er ist dauernd unterwegs, aber die Gegend bleibt stets die gleiche. Alles, was er von der Gesellschaft braucht, liegt praktisch und vertraut längs der Schnellstraßen hintereinander aufgereiht – ein Restaurant, vor dem er bettelt, ein Laden für Tabak und Getränke, ein Motel oder eine Brücke, unter der er schläft, je nach seiner finanziellen Lage, und ein günstiger Platz, von dem aus er zur nächsten Ansammlung von Geschäften gelangt. Wie die Pest meidet er landschaftlich schöne Routen und abgelegene Gegenden. Betteln ist dort schwierig, und für Anhalter ist die Verkehrsdichte zu gering.

Jason wollte einfach einen richtigen Wachhund. Die Freundschaft und Liebe, die zwischen ihnen aufblüht, hat er nicht erwartet. Nun ist Jason einer in einem Team, und dieses Team saust nur so durch das Land. Mühelos werden sie überall mitgenommen. Verglichen mit den alten Tagen ist das Reisen mit Scrap Iron als Gefährten so, als ob man ein Taxi riefe. Und wie durch Zauberei strömt Geld in seine Hände, viel mehr, als Jason ausgeben könnte, geradezu gefährlich große Summen. Letzte Weihnachten landeten sie in Nashville. Sie standen vor einer Kette von Restaurants und Autokirchen. Scrap Iron spielte routiniert das traurige Hündchen, während Jason ein Schild hochhielt, auf dem stand: »Obdachlos, brauche Hilfe und HUNDEFUTTER«. »Mann, es war unglaublich. Leute kamen zu uns und gaben Zwanziger und Zehner. Große Beutel mit Hundefutter. Eine Kellnerin aus dem »Cracker Barrel« kaufte Scrap einen Hundepullover, das war wirklich nett von ihr. Natürlich konnten wir den nicht gebrauchen, weil es schlecht für das Geschäft gewesen wäre. Kaum zu glauben, aber wir verdienten zweihundert, manchmal sogar dreihundert Dollar am Tag, ohne viel zu tun. Am Weihnachtsabend nahmen wir 425 Dollar ein und am nächsten Tag noch mal 300.«

Sie mußten Nashville verlassen, weil sie einfach zu viel Geld bekamen. Ohne Armut kann Jason seinen Alkohol- und Drogenkonsum nicht bremsen. Er wußte, daß er im Begriff war, sich selbst zu töten, und wo sollte Scrap Iron nach seinem Tod bleiben? Es war also Zeit, von dort wegzugehen, um eine kargere Gegend zu suchen. Bei einem Abschiedsgelage in den Bars der Innenstadt verjubelte Jason 500 Dollar, spendierte allen Gästen Getränke und gab dem Barmann 50 Dollar extra, damit Scrap Iron unter seinem Stuhl bleiben durfte. Dann ließ er sich mit dem letzten Geld von einem Taxi zum Stadtrand fahren, torkelte zu einem Kabeltunnel und kippte um. Am nächsten Morgen war er früh wach und stellte sich mit erhobenem Daumen und Scrap Iron neben sich an den Highway. Ein Drogenhändler nahm die beiden in seinem Ford Mustang bis nach Jackson in Mississippi mit und gab Jason zum Abschied einen Beutel Marihuana, ein Gramm Koks und 50 Dollar – »Ich sage dir, es ist irre, wir haben wirklich Glück.« Eine Zeitlang »arbeiteten« sie vor dem »Cracker Barrel«-Restaurant in Jackson, und dann entschieden sie sich für einen Aufenthalt in Kalifornien.

Ich setzte Hund und Herrchen am Stadtrand von Dallas ab, an der zweiten Ausfahrt, wo es zu den Geschäften und Restaurantketten geht. Ich wollte Jason etwas Geld geben, aber er lehnte dankend ab. Er hatte schon wieder 85 Dollar in der Tasche, und das reichte für ein Motelzimmer, eine Flasche Whiskey, einen Kasten Bier und ein Drei-Gänge-Menü für Scrap Iron. Das würde Jason ihm später auf dem Bett servieren, während sie im Fernsehen Ringkämpfe anschauten. »Scrap Iron ist doch von uns beiden derjenige, der das Geld verdient, also bekommt er auch, was er will: Cheeseburger, Fritten, Burritos, Hot Dogs, Eisbecher, einfach alles. Er hat eine Vorliebe für Hühnchensteak mit Kartoffelpüree und Sauce. Das ist wahrscheinlich sein Lieblingsessen.«

*

Und wo sind die professionellen Golfer, die das ganze Jahr über auf Tour sind und von einem gepflegten Platz zum nächsten ziehen? Wo sind die Reisevertreter und die Heerscharen leitender Angestellter, die in Flughäfen, Flugzeugen, Mietwagen und Hotelsuiten leben? Wo sind hier die umherziehenden Computergenies, die in ihren Wohnmobilen neben den Büroparks der Konzerne kampieren? Wo sind die Interviews mit den reichen Müßiggängern von Aspen, Martha's Vineyard oder anderen mondänen Plätzen? Jemand wie der Schauspieler Keanu Reeves soll keine feste Adresse haben und nur in Hotels oder während der Dreharbeiten in Wohnwagen leben. Doch zu all diesen Leuten haben ich keine Materialien gesammelt, denn meine Aufzeichnungen stehen unter einem Motto: Der wahre Nomade ist ein armer Nomade. Während meiner Streifzüge durch die akademische Literatur des Nomadentums fand ich dieses Axiom wieder und wieder zitiert, bestätigt, widerlegt und aufs neue bekräftigt. Es wurde in den dreißiger Jahren von Owen Lattimore geprägt, die Autorität auf dem Gebiet der Hirtenvölker des Fernen Ostens, und nach meiner Meinung hat der Satz auch seine Gültigkeit im Amerika der Gegenwart. Man nehme etwa Jason Rogers, von dem ich gerade erzählte, als beliebiges Beispiel. Er hatte eine Glückssträhne in seinem Wanderleben, aber als echter Nomade wußte er, daß Wohlstand eine gefährliche Versuchung war und daß er die Unbilden der Straße brauchte. Er hatte sich das erneut mit einer Sauf- und Drogentour bewiesen, die ihn beinahe umgebracht hätte. Und noch etwas Ungewöhnliches über Jason: Einmal im Jahr gibt er alles weg, was er besitzt – seinen Rucksack samt Inhalt, sein Schlafzeug, jeden Cent in seiner Tasche, alles außer der Kleidung, die er gerade trägt. Er tut das, um seine Fähigkeiten zu testen. Nur so kann er herausfinden, ob er immer noch völlig mittellos überleben kann, denn früher oder später wird ihm ohnehin alles gestohlen werden. Das letzte mal, da er alles weggab, war er gerade in Tucumcari in New Mexico und noch ohne Scrap Iron. Er fuhr dann per Anhalter zu einem Rastplatz an der Interstate, verbrachte den Tag damit, Windschutzscheiben zu putzen, und verdiente genug, um sich am nächsten Tag in einem Billigkaufhaus neu ausstatten zu können.

Die meiste Zeit in den USA verbrachte ich mit umherziehenden Armen, der nomadischen Unterklasse, »den nomadisierenden Obdachlosen«, um eine irreführende Tautologie zu borgen, die gegenwärtig bei Soziologen und Sozialarbeitern in Mode zu sein scheint. Bei Obdachlosen denkt man an Menschen, die ihr Zuhause verloren haben und sich nach einem eigenen Ort zurücksehnen. Ich weiß nur wenig über Wohnsitzlose in Städten, aber bei all denjenigen, die ich auf den Straßen und in Zügen traf, ist das nicht der Fall, zumindest nicht für die Vollzeit-Tramps. Sie benutzen das Wort »obdachlos«, um Mitleid zu erregen und Gelder zu erbetteln, weil sie wissen, wie sehr die Seßhaften diesen Absturz fürchten. Sich selbst nennen sie Tramps, Hobos und »road dogs«. Die Vorstellung, einen festen Wohnsitz zu haben, verwerfen sie, weil sie einfach nicht so leben wollen oder nicht mit dem fertig werden können, was es mit sich bringt. Sie finden es leichter, ohne Heim und Arbeit durch den Tag zu kommen.

Da so viele von ihnen mehr oder weniger hart von Alkohol, Drogen und psychischen Problemen geschlagen sind, mag es seltsam klingen, ihr Nomadentum als das wahre oder »reine« zu bezeichnen. Ich will versuchen, was ich mit »Reinheit« in diesem Zusammenhang meine. Diese Männer und Frauen erfahren mehr von der Not und dem Elend, die nomadisches Leben stets begleitet haben. Sandstürme, Wolkenbrüche, Schneestürme, Hunger und Durst sind ihnen sehr vertraut. Wichtiger noch, gegenüber der seßhaften Gesellschaft haben sie eine typisch nomadische Einstellung: sie nehmen von ihr, was sie brauchen, und ziehen sich wieder zurück. Sie suchen auf ihre Art »zeitweilig autonome Zonen«. Sie bezahlen keine Steuern, sie wählen nicht, sie fühlen sich durch den Gesellschaftsvertrag nicht gebunden. Doch aufgrund der zahlreichen Gesetze, die sich gegen Landstreicherei, Bettelei, Schlafen in Parks, gegen Anhalter und »Trainhopper« richten, stehen sie in einem dauernden Konflikt mit dem Staat und seiner Zwangsmacht. Nicht zuletzt deswegen wandern so viele von ihnen ins Hinterland des amerikanischen Westens ab, wo es immer noch Möglichkeiten gibt, sich den sozialen Verpflichtungen und Anforderungen zu entziehen; die Weite der Landschaft und ihre eigene Mobilität lassen sie zumindest zeitweilig der Kontrolle und den Zwängen des Staates entkommen. Nach diesen Nomaden, die sich am weitesten von den herrschenden Verhältnissen entfernt haben, suchte ich vor allem.

*

»God's Love Shelter«, das Obdachlosenheim von Helena (Montana), befindet sich, umgeben von Pfandhäusern, Waffenläden und schäbigen Bars, am Gleisende der »Last Chance«-Schlucht. Eine Gruppe von Zugtramps stand vor dem Asyl; eine Dose Tabak wurde herumgereicht, die Männer husteten auf ihre spektakuläre Weise und tranken Kaffee aus großen Plastikbechern mit den Logos der lokalen Supermärkte. Einige gehörten zu den »Freight Train Riders of America« (FTRA), andere waren Freunde und Kumpels, und sie erzählten an diesem kalten grauen Morgen ihre üblichen Geschichten.

»Red doch keinen Scheiß! Ich war *dabei*, du Idiot, ich, K-Y und Mojave Bill haben den Hurensohn fertiggemacht.«

»Ich bin unheimlich gern in Mississippi, aber der Maiswhiskey dort treibt dich in den Wahnsinn.«

»Der Richter fragte, warum ich nicht einen anständigen Job durchhielt, und ich antwortete ihm, die Gesellschaft, das ist doch nichts anderes als ein Haufen unterschiedlicher Meinungen, und mehr nicht.«

»Sie nennen sie Vampirella. Sie hat sich die Zähne feilen und Blutstropfen am Hals tätowieren lassen. Sie sieht klasse aus, glaubt mir.«

»Rambo und ich sind gestern mit der AK-47 auf die Hügel gegangen, und ich sag euch was, Jungs, wir putzten damit ein ganzes Stück Wald weg, genug jedenfalls, um es zu bepflanzen.«

Wild Bill war da – Bart, Frisur und Wildlederjacke mit Fransen modelliert nach dem Revolverhelden Wild Bill Hickock. Sein Kumpel Rambo Junior stand im Kampfanzug neben ihm – im Gürtel zwei halbautomatische Pistolen und eine Auswahl an Messern, was in Montana vollkommen legal ist. Daniel Boone war auch da, als der Gründer und Präsident der FTRA berüchtigt in den Medien, heruntergekommen und doch gut aussehend, fast wie ein Filmstar, wenn die brauen Zähne nicht wären. Um ihn die höhnische Coolness des Geächteten. Er scheint indianische Vorfahren zu haben; sein langes braunes Haar trug er in der Mitte gescheitelt, ein Lederstirnband hielt es an seinem Platz. Die FTRA begann als ein Scherz unter Betrunkenen, sagte er mir, aber der Witz wurde Wirklichkeit und war außer Kontrolle geraten. Er wollte damit nichts mehr zu tun haben. Er hatte sich einen alten Kombiwagen besorgt und beabsichtigte, Wanderprediger zu werden. Ich dachte damals, daß er spaßte, aber offensichtlich macht er heute genau das. Auch »Desert Rat« und »Tucson Stacy« waren dort, das Paar, das auf einer FTRA-Hochzeit ohne die üblichen Formalitäten den Bund fürs Leben geschlossen hatte. Etwa zehn weitere Leute standen herum, unter ihnen »Mississippi Bones«, der inzwischen wegen Mordes zu 25 Jahren Gefängnis verurteilt worden ist.

Da sie ohne Fernseher, Radio, Kino, Bücher, Illustrierte, Zeitungen, Internet oder Arbeit lebten, hatten sie genug Zeit, und die füllte man am besten mit Geschichten aus. Mir fiel auf, daß sie immer wieder zu dem einen Thema zurückkehrten: der trickreiche Hobo, der es den Bürgern und Behörden oder seinen Rivalen zeigt. Die Art, wie sie sprachen – schleppend, laut, angeberisch, übertrieben, wild fluchend – erinnerte an die »Mountain Men«, die Maultiertreiber und Mark Twains Fährleute. Schade, daß es von diesen Unterhaltungen keine Tondokumente gibt.

*

Zwielicht auf dem Rangierbahnhof von Helena (Montana). Wir gingen über Schotter durch einen Canyon aus Güterzügen,

Scheinwerfer blitzten durch die einbrechende Dunkelheit, und in der Ferne hallte das gespenstische Klirren und Quietschen von Waggons, die zusammengekoppelt wurden. »Bones« ging allein voraus. Er war physisch weniger erschöpft als »Desert Rat« und »Tucson Stacy« und ortskundiger als »Windwalker«. Anhand der Ladung, des Gleises, der Tageszeit und der Signallichter konnte »Bones« erkennen, welcher Zug wohin fuhr. Er kam von seinem Erkundungsgang zurück und führte uns zu einem leeren Güterwagen an einem Zug Richtung Westen. Wir reichten unsere Sachen und zwei sich sträubende Hunde hinauf und zogen dann »Rat« und Stacy ins Innere. »Rat« wurde vor einigen Jahren bei einem Zugunglück übel zugerichtet und verlor eine Niere. Wie so viele Tramps lebte er mit starken Schmerzen, klagte aber kaum darüber. Stacys linkes Bein bestand, wie sie sagte, »zumeist aus Tupperware«, und sie hatte zahlreiche gesundheitliche Probleme. »Desert Rat«, manche nannten ihn auch »Hobo Rat«, begann mit dem Zugfahren, als er 1969 von Vietnam zurückkam. Stacy schwang sich zum erstenmal in einen Waggon, als sie mit 13 von zu Hause weglief.

Ich war heilfroh, daß wir in einen stehenden Zug kletterten. Es gibt so viele Geschichten über amputierte Gliedmaßen und abgetrennte Köpfe von Leuten, die versuchten, Züge während der Fahrt unbemerkt zu verlassen oder auf anfahrende Züge zu springen, und so viele Tramps mit Namen wie »Der Einarmige«, »Der Linkshänder« oder »Krüppel«. »Bones« rammte einen Bolzen unter die Tür, damit sie nicht zurollte und uns einschloß – eine weitere der zahllosen Todesarten, die unvorsichtige oder unglückliche Güterzugreisende treffen können. Jedes Jahr werden zwischen 300 und 400 Tote an den Gleisen gefunden, 1997 waren es 450. Entweder fielen sie aus den Zügen, wurden überfahren, bei Entgleisungen oder von rutschender Ladung zerquetscht oder starben eines natürlichen Todes, meist an Leberversagen oder Herzinfarkt. Doch die Zahl derjenigen nahm zu, die erschossen, erstochen, erschlagen oder aus dem fahrenden Zug geworfen wurden. Da es oft schwer zu sagen ist, wer gestoßen wurde und wer fiel, liegen keine genauen Angaben vor, aber während der neunziger Jahre wurden durchschnittlich fünf Fälle pro Jahr von der Polizei als Mord behandelt. Gestiegen waren auch die Anzeigen wegen Körperverletzung und Vergewaltigung (von Frauen und Männern). Die Behörden und die Medien behaupteten, daß die FTRA und ihre kriminellen Ableger für die meisten dieser Gewalttaten verantwortlich waren.

Die Tramps holten ihre Markierstifte hervor und signierten die Wände des Waggons. Nur »Bones« fügte seinem Graffito die Buchstaben FTRA und zwei S wie Blitzstrahlen hinzu und legte auch als einziger seine Farben an – eine schmierige alte Bandana, die im Nacken mit einer runden silbernen Scheibe, wie man sie als Dekoration an Gürteln und Satteln findet, befestigt wird. Die anderen waren eher darauf aus, sich von der FTRA zu distanzieren. Es war einmal eine wunderbare Sache, sagten sie, es ging um Liebe, Stolz und Brüderlichkeit, aber jetzt hätten Jüngere die Oberhand gewonnen und die Vereinigung völlig verändert. Es gebe nun viel mehr Angst und Ärger. Die Medien waren wie verrückt. Eine Schlagzeile des *Houston Chronicle* etwa lautete: »Killer Psychos verbreiten Terror auf Zügen«. Die Bullen und die Sicherheitstypen von der Bahn, erklärte »Desert Rat«, kontrollierten schärfer denn je. Und das alles nur, weil wenige Mitglieder der FTRA und einige Möchtegern-Hobos sich betrunken hatten, durchgeknallt waren und im Rausch ein paar Leute getötet hatten. »Zum Teufel, jeder kann was Verrücktes tun, wenn er zuviel intus hat«, sagte er.

Mit einem tiefen düsteren Pfeifton rumpelte der Güterzug ächzend und quietschend aus dem Bahnhof hinaus in eine bitterkalte Nacht. Was war das Ziel ihrer Reise? Sie wollten hinauf nach Washington, um sich dort arbeitslos zu melden und Lebensmittelmarken zu bekommen. Dann sollte es weiter zum nächsten Bundesstaat gehen, um dort noch mehr Gutscheine zu kriegen – eine unter Zugtramps weit verbreitete Praxis, die als »double-clutching« (»zweimal ziehen«: ein Wort aus der Kiffer-Szene) bekannt ist. Aber wichtiger als irgendwelche Ziele war das Unterwegssein, sie fühlten sich unwohl, wenn sie zu lange an einem Ort blieben. »Mir wachsen Haare an den Füßen«, nannte »Desert Rat« dieses Gefühl. Wir wollten Helena schon vor drei Tagen verlassen, aber »Bones« hatte Schwierigkeiten, Hunde für diese Fahrt zu finden. Irgendwie packte er es nicht, ein 25 Cent-Stück in der Tasche zu behalten, bei den Leuten, die junge Hunde weggeben wollten, anzurufen und dann auch zu ihrem Haus zu gehen, obwohl es weniger als eine Meile von dem

Obdachlosenheim entfernt war. Sobald aber der Zug sich in Bewegung setzte, wurde »Bones« ein anderer Mensch; nun war er hellwach, kompetent und entschlossen. So ging es auch den anderen: ihre Welt waren die Güterzüge, die irgendwohin rollten, hier konnten sie ihre Fähigkeiten, Geschicklichkeit und Ausdauer unter Beweis stellen.

Als der Zug an Geschwindigkeit gewann, wurde uns rasch klar, daß wir in einem der Waggons gelandet waren, die furchtbar schütteln und rollen. Es war, als ritte man zum erstenmal auf einem Pferd, nur war der Boden hier harter, kalter Stahl. Ich wurde hin und her geworfen, kräftig durchgeschüttelt und zitterte am ganzen Leib. Die jungen Hunde winselten, während »Tucson Stacy« dreinschaute, als ob sie im siebten Himmel wäre. »Ich steige in kein Flugzeug, nehme kein Auto«, plapperte sie glücklich vor sich hin. »Dieser klasse Waggon ist mein Cadillac, meine Mutti, mein Papa, mein Bruder, mein Heim.« Der Zug kletterte die Berge hinauf, draußen sah man im Mondlicht ein dichtes Schneetreiben, und die Temperatur fiel unter den Nullpunkt. Wir fuhren über die Rockies, »über den Buckel«; hätte ich das vorher gewußt, dann hätte ich einen richtigen Schlafsack mitgebracht statt des Sonderangebots von K-Mart für $ 29.95. Ach ja, diese kleinen Hunde. Es gibt (oder gab) eine Hobo-Gang mit dem Namen »Wrecking Crew«, die im Stil der FTRA Kopftücher und Silbermuscheln trug und die Hunde als Reserve mitnahm. Im Sommer 1989 erwischte ein Hilfssheriff in Havre (Montana) zwei Bandenmitglieder (Matthew und Mary Boudreau) dabei, wie sie an einem Lagerfeuer einen Hund häuteten. »Bones« nahm die Hunde für einen anderen Zweck mit. »Jedes dieser beiden Jungen gibt dir 15 Grad Wärme extra«, erklärte er und schob den einen Hund in seinen Schlafsack. »Rat« und Stacy betteten den anderen zwischen sich. Sie legten Axtgriffe, Messer und Bahnleuchten in Reichweite und drehten sich so, daß ihre Köpfe möglichst weit weg von der offenen Tür waren. »Ich bin mal am Morgen aufgewacht und sah, wie ein Kerl mit einem Stück Holz nach meinem Kopf zielte. Seitdem schlafe immer so herum«, sagte »Bones«. Eine Flasche mit irgendeiner Flüssigkeit machte die Runde, und wir rauchten Gras aus einer selbstgemachten Specksteinpfeife. Es wurden noch einige unterhaltsame Geschichten mit zweifelhaftem Wahrheitsgehalt erzählt, dann wurde das Reden immer fahriger und ging schließlich in ein unzusammenhängendes Gemurmel über. So verstrichen die nächsten achtundvierzig Stunden. Wir fuhren nur bei Nacht, tagsüber versteckten wir uns in der Nähe der Gleise.

Ich hörte den anderen zu und fragte mich, ob es überhaupt möglich war, Gerüchte über die FTRA zu verifizieren. Ich habe schon erwähnt, wie die »Freight Train Riders of America« in den Medien dargestellt werden. Die beiden wichtigsten Lieferanten dieser »Informationen« sind Special Agent Jack McManigal von der »Union Pacific Railroad Police« und Officer Robert Grandinetti von der Polizeidirektion in Spokane. Vor mir liegen einige Berichte und Präsentationsmaterial, die ich archiviert habe und die auf den ersten Blick wirklich Eindruck machen: Flowcharts und Diagramme, die die Befehlsstruktur der FTRA, die Rangzugehörigkeiten, verschiedene Gruppen und Untergruppen, wie etwa das »Goon Squad« (das Schlägerkommando) oder das »Death Squad« (das Todeskommando), detailliert darstellen. Man kann dieser mühevollen Arbeit, die das Ergebnis jahrelanger Ermittlungen ist, seine Anerkennung kaum versagen, aber leider muß ich feststellen, daß diese Berichte nach allem, was ich von der FTRA gehört und gesehen habe, nichts weiter als haltlose Übertreibungen, man kann auch sagen: böse Schmeicheleien sind. Dabei geht es nicht nur darum, wie »Rat« und »Bones« meinen, daß die Polizei die Bedrohung einer kriminellen Hobo-Vereinigung aufbauscht, um mehr Gelder und Ressourcen zu bekommen und dem Fahren auf Güterzügen ein Ende zu bereiten. Vor allem verraten diese Diagramme und Ranglisten mehr über die Denkweisen derjenigen, die sie erstellten. Sie konstruieren ein Objekt, das genauso wie eine Polizeiabteilung operiert – organisiert, diszipliniert, hierarchisch, rigide in der Struktur und mit Spezialeinheiten, die Aufträge ausführen und danach einer zentralen Stelle Bericht erstatten.

Eher schon konnte ich dem Polizeibeamten Ed Standahl vom Büro der »Union Pacific« in Omaha zustimmen, der mir in einem Interview sagte, daß seine Ermittler keine Muster organisierter Kriminalität bei den zunehmenden Straftaten auf Güterzügen finden konnten; vielmehr kennzeichneten Willkür und Zufälligkeit die Tötungsfälle und Gewalttätigkeiten. Mitglieder der FTRA attackierten eigene Leute genauso wie Nichtzugehörige. Das Verhalten ähnelte nach meiner Meinung den jähen Gewaltausbrüchen im A-Camp – eine andere Gruppe von alkoholsüchtigen Vietnam-Veteranen, die ihre eigenen Farben, Tätowierungen und Loyalitäten hatten. Ich konnte mir mühelos vorstellen, daß Leute der FTRA mit leerer Waffe einen Schnapsladen überfielen, in volltrunkener Raserei jemanden zu Tode prügelten oder auch einen Drugdeal für 200 Dollar durchzogen, aber Grandinettis Theorie, daß sie an der mexikanischen Grenze große Schiffsladungen von Heroin abholten und dann die Güterzüge als Transportmittel benutzten, um den Stoff an Biker-Gangs zu verteilen, entbehrte jeder Grundlage. (Ich würde diesen Leuten nichts Wertvolles anvertrauen, schon gar nicht eine Ladung Drogen, die auf den Straßen sowieso sicherer wäre.) Dadurch, daß die Polizei ein Profitmotiv einführte, war auch die bedrohliche Bezeichnung »Hobo-Mafia« gerechtfertigt, doch wo waren die Gewinne? Alle FTRA-Mitglieder, die ich traf, waren völlig mittellos und mußten, um nicht zu verhungern, an weit auseinander liegenden Orten Essensmarken ergaunern. Immer wieder kam mir ein Satz aus William Kennedys Roman *Ironweed* in den Sinn: »Die einzige Bruderschaft, zu der sie gehörten, war die, wo jeden nur eine Frage beschäftigte: Wie werde ich die nächsten zwanzig Minuten überstehen?«

Die Hauptschwierigkeit bei Recherchen zur FTRA ist die Beschaffung zuverlässiger Informationen. Wie jeder andere auch, ist Officer Grandinetti fast ausschließlich auf Hobo-Informanten angewiesen, und die haben ihr Wissen auch nur vom Hörensagen; was sie weitergeben, ist ein Gemisch aus zutreffenden Details, Gerüchten und Märchen. Ohnehin belügen Tramps aus Gewohnheit die Polizei, die Presse und Sozialbehörden, so wie sie auch untereinander Geschichten reich ausschmücken. Darüber hinaus muß man den Alkoholismus, den Drogenkonsum, die Geisteskrankheiten, die Neigung zu Legendenbildung und Verschwörungstheorien berücksichtigen. Letztlich ist es schwierig, irgend etwas von dem zu glauben, was man auf den Zügen und in Bahnhofsgegenden hört.

Nehmen wir zum Beispiel die Frage nach den Anfängen der FTRA. Sie wurde 1981 – war es nicht 1983 oder erst 1985? – von Daniel Boone unter einer Brücke in Libby oder in Whitefisch, jedenfalls irgendwo in Montana gegründet. Daniel Boone konnte sich nicht mehr erinnern, denn zu der Zeit war er ständig blau und high, und daran hatte sich, als ich ihn kennenlernte, auch nicht viel geändert. Ohnehin gehörte es für ihn nicht zu den dringlichen Dingen, Daten und Orte präzise zu benennen. Sagen wir mal Libby 1985. Eine Gruppe von Vietnam-Veteranen, die Zugtramps geworden waren, saß trinkend unter einer Brücke an einem Eisenbahngleis, als ein Güterzug mit den Buchstaben X-TRA vorbeirollte. »Wir sollten uns FTRA nennen«, witzelte Daniel Boone. »Fuck The Reagan Administration«. Später fanden sie neue Auflösungen für das Akronym: »Freight Train Riders of America« oder »Free to Tramp and Ride Alone«. »Mississippi Bones« schwor Stein und Bein, daß die FTRA von Anfang an »Güterzugfahrer von Amerika« bedeutete und in den vierziger Jahren von einem schwarzen Hobo mit dem Spitznamen »Coal Train« gegründet wurde. Er hatte die ganze Story noch von ihm selbst gehört, als »Coal Train« mit einer Weinflasche in der Hand auf seinem Sterbelager in einem Schuppen in der Mojave Wüste lag.

In dem Haus »God's Love« traf ich einige ältere Hobos, die die Ursprünge der FTRA noch weiter zurück datierten. Danach war sie ein Ableger der »Hole in the Wall«-Gang aus dem Minneapolis der dreißiger Jahre; die führte die Bandana als Erkennungszeichen ein und bildete einen Schlägertrupp, um ihrem Ehrenkodex Geltung zu verschaffen und Missetäter zu bestrafen. Als Vergehen, die mit Prügelstrafe geahndet wurden, galt es etwa, wenn man sein Essen mit anderen Hobos nicht teilte, einem verletzten Kumpel nicht half oder jemanden verpfiff. Daniel Boones FTRA war das Produkt einer anderen Ära in der Geschichte der amerikanischen Eisenbahn, es waren die Jahre nach Vietnam. Ein neuer Menschenschlag erschien auf der Szene, Männer, die der Krieg nicht mehr losließ, die gesellschaftlich geächtet waren und die Vergessen in der Flucht suchten. In der Vergangenheit hatten Hobos die Güterzüge benutzt, um Saisonarbeit zu finden: sie halfen bei der Ernte, zäunten Weideland ein und bauten Straßen, Dämme, Brücken und Gleise. Es war immer ein rauhes, hartes, gefährliches Leben mit viel Alkohol, aber die Vietnam-Veteranen und anderes Strandgut der sechziger und siebziger Jahre brachten mehr Rücksichtslosigkeit und Brutalität in diese Subkultur. Nach »Desert Rat« begann die FTRA als eine

Bruderschaft von Vietnam-Veteranen. Sie gab ihnen ein Zugehörigkeitsgefühl. »Mann, wenn du dort draußen allein und hungrig bist und dir den Arsch abfrierst, dann weißt du, was Einsamkeit ist«, sagte er. »Aber ich kann zu jedem Lager gehen, wo meine Brüder sind, und sie werden mich wie einen von ihnen behandeln.« Auch gewährte die Zugehörigkeit zur FTRA einen gewissen Schutz. Wenn jemand ein Mitglied angriff oder bestahl, riskierte er, von anderen aus der Gang verprügelt zu werden. Und das drohte selbst im Falle, daß ein Mitglied beleidigt wurde oder auch nur das Gerücht einer Beleidigung kursierte. Die Leute, die sich bei diesen Vergeltungsmaßnahmen besonders hervortaten, wurden als der Schlägertrupp der neuen FTRA berüchtigt.

Während der achtziger und neunziger Jahre änderten sich die Dinge erneut. Junge Tramps tauchten auf, die noch gewalttätiger waren und keine Prinzipien oder Verbote mehr kannten. Manche eigneten sich den Namen und die Farben der FTRA an, während andere neue Gangs gründeten. »Desert Rat« und die Leute um Daniel Boone erwähnten in Gesprächen die neue FTRA, das »Baby Goon Squad«, die »New Wrecking Crew« und eine besonders brutale Gang, bekannt als »Resistance Crew«. Dieselben Namen hörte ich auch von den Karten spielenden Hobos in jenem Heim in Helena. »Es gibt mittlerweile eine ganze Reihe von diesen neuen Crews, die auf den Zügen fahren, Ärger machen und Leute zusammenschlagen«, sagte »Irish«. »Die meisten sind fast noch Kinder, die sich einen Namen machen und große Gangster werden wollen. Die öffentliche Aufmerksamkeit ist ihnen in den Kopf gestiegen, und die FTRA bekommt die Schuld für den Scheiß, den sie anstellen.«

Robert Silveria (Spitzname: »Abstellgleis«) war der berüchtigtste Hobo-Mörder der neunziger Jahre. Verurteilt wurde er wegen fünffachen Mordes, stand aber im Verdacht, viel mehr begangen zu haben. Er selbst rühmte sich der Tötung von 47 Menschen – »aus tiefem Zorn«. Silverias Fall rief vor allem den Medienrummel um die FTRA hervor, aber er war laut Polizei und zahlreicher Zeugen kein Mitglied. Er sah sich als den Anführer aller Tramps und wollte »die Schwachen unter ihnen ausmerzen«. Mit anderen Worten: Seine Taten waren die eines Psychopathen und hatten mit denen einer Gang nichts zu tun. 1992 schnitt Jeremy Abshire Barbara Boggs Richardson (»Cheyenne«) die Kehle durch. Er war ein Mitglied der neuen FTRA und damals dreißig Jahre alt. Der Mord war eine impulsive Tat im Alkoholrausch, keine vorsätzliche Tötung, aber erneut wurde sie in den Medien mit den dunklen Machenschaften der »Hobo-Mafia« in Verbindung gebracht. »Mississippi Bones« – er wird so genannt, weil er nur Haut und Knochen ist und aus Mississippi stammt – wurde wegen Mordes an einem FTRA-Kumpel namens »F-Trooper« verurteilt. Vor mir liegt ein Artikel von Lucius Shephard aus der Zeitschrift *Spin*, der »Bones« im Gefängnis besuchte und den Zustand der heutigen FTRA ähnlich wie ich einschätzt. »Bones« behauptete, daß es Notwehr war. In einem Streit um seine Freundin »Misty Jane« hatte »F-Trooper« ihm ein Häutungsmesser zwischen die Rippen gejagt. Ein Jahr brauchte »Bones«, um sich von seinen Verletzungen zu erholen. Dann traf er »F-Trooper« zufällig auf dem Bahnhofsgelände von Missoula (Montana). »F-Trooper« sagte, daß er zusammen mit »Bones« und »Misty Jane« nach Portland fahren wollte, aber »Bones«, der zu dem Zeitpunkt betrunken war, verstand die Situation falsch und schoß ihm mit einer Pistole in den Kopf.

Während der Polizeibeamte Grandinetti einer kriminellen Vereinigung, gegründet von Daniel Bonne und geführt von seinen Statthaltern, auf der Spur zu sein glaubte, sah ich nur den vollständigen Zusammenbruch der Hobo-Gemeinschaft, jene Form von Anarchie, die der guten Idee einen so schlechten Ruf gibt. Mir schien auch, daß Grandinetti das angebliche Streben nach weißer Vorherrschaft in der FTRA übertrieb. Gewiß traf ich unter den Mitgliedern viele Rassisten, die verächtlich von »Niggern« sprachen; bei einzelnen schwarzen Tramps, die sie kannten, und schwarzen Soldaten, mit denen zusammen sie in Vietnam gekämpft hatten, machten sie eine Ausnahme – das übliche Muster eben. Grandinettis Informanten hatten ihm erzählt, daß Gruppen von Neo-Nazis die FTRA in eine Kampftruppe von Weißen umwandelten, die mit »Säuberungsaktionen« auf den Zügen beginnen und dann zu größeren Dingen übergehen wollten. Ich denke, am Ende läuft alles darauf hinaus, welche Leute und Angaben man für glaubwürdig hält. Meine Zusammenbruchstheorie stützte sich vor allem auf Gespräche mit William Blank, Spitzname: »Pappy«, ein 74jähriger Hobo, der seinen Ruhestand Kaffee trinkend im »God's Love«-Heim verbrachte. Bei Amerikanern stehen Europäer in dem Ruf, alltägliche Ereignisse gerne aus einer weiteren historischen Perspektive zu betrachten, und für mein Interesse war »Pappy« genau der richtige Mann: eine unerschöpfliche Quelle zur Geschichte der amerikanischen Eisenbahn. Er war klein, ein Bantamgewicht, aber immer noch quicklebendig. Stets trug er einen Overall und die Mütze eines Bremsers. Nach Jahrzehnten harten Trinkens, das nur von Armut in Schach gehalten wurde, war er schließlich zu Kaffee übergewechselt und trank nun jeden Tag sechzig oder siebzig Tassen. Ich sah ihn nie ohne eine Tasse Kaffee, und nie lagen mehr als zehn Minuten zwischen zwei selbstgedrehten Zigaretten.

Auf der Suche nach Arbeit begann der junge William Blank in den dreißiger Jahren während der Großen Depression mit dem Fahren auf Güterzügen; er lernte noch Hobos kennen, die seit dem Ende des 19. Jahrhunderts umherreisten. Da sie den größten Teil der Gleisarbeiten im Westen getan und bei den meisten Getreideernten geholfen hatten, fühlten sie sich berechtigt, die Züge ohne Bezahlung zu benutzen. Die Herkunft des Wortes »Hobo« ist umstritten; zumeist liest man, es sei eine Zusammenziehung von »hoe-boy« (ein Mann, der Felder behackt), dem umherziehenden Landarbeiter. »Pappy« fiel bald in den gleichen Rhythmus wie die Veteranen der Gleise, fuhr von Ernte zu Ernte, arbeitete beim Tunnelbau, bettelte zwischen den Jobs an Farmtüren und klaute auch ein wenig – ein Kleidungsstück von einer Wäscheleine, Hühner und Ferkel, Kupferdraht von Bahnhöfen oder aus Fabrikschuppen. »Damals gab es keine Sozialhilfe, keine Missionen, keine Essensmarken«, erzählte er. »Wenn du keine Arbeit hattest, gab's auch nichts zu essen, und Arbeit war nicht immer zu kriegen.«

1938 trug er zum erstenmal eine Bandana und eine Silbermuschel, wie es nicht nur die »Hole in the Wall«-Gang tat, sondern auch andere selbstbewußte Hobos. Daran erkannten sie einander sofort, ein sichtbares Zeichen, daß jemand dem Ehrenkodex der Zugtramps Treue gelobte. »Wenn du verletzt warst, kümmerten sich die anderen um dich und wollten kein Dankeschön. Gib es weiter, sagten sie nur. Wenn man in einen »hobo jungle« [ein Lager nahe der Gleise] kam, gab es dort saubere Töpfe und Pfannen, einen Stapel Feuerholz, und an einem Baum hing ein Rasierspiegel. Wenn du Brot hattest, teiltest du mit anderen. Wenn man das nicht tat und andere hörten davon, dann hatte man mächtig Ärger am Hals.« Nach »Pappys« Urteil begann die große Veränderung in der Gemeinschaft der Hobos in den sechziger Jahren, und Schuld daran hatte die Regierung. Mit der Einführung von Sozialhilfe, Fürsorge und Gutscheinen mußten die Hobos nicht mehr arbeiten oder stehlen, um zu überleben: »Der ganze Stolz und die Selbstachtung waren dahin.« Nun konnte man sich nicht nur an Zahltagen, sondern täglich vollaufen lassen oder mit Drogen vollpumpen. Der alte Ehrenkodex und das Netzwerk wechselseitiger Hilfe verloren rasch an Bedeutung, weil sie für das Überleben nicht mehr notwendig waren. Damit einher ging eine stetige Zunahme an Gewalt, denn immer mehr »Verrückte und Unruhestifter« tauchten auf den Zügen auf, und in den achtziger Jahren beherrschten zahlreiche Schlägergangs die Szene. »Heute ist es nur noch bekloppt«, sagte »Pappy«. »Leute werden grundlos zusammengeschlagen oder sogar ermordet, und alle haben Angst. Wenn andere sehen, daß du verletzt daliegst, denken sie sofort, das hat was mit einer Gang zu tun, und die wird hinter einem her sein, wenn man sich einmischt.«

»Pappy« hatte nie Ärger mit der FTRA oder dem »Goon Squad«. Er hielt sie im Vergleich mit den jüngeren Gangs für »ziemlich anständige Kerle«. 1986 wurde er in einem Hobo-Lager in Pasco (Washington) von einer Gruppe »junger Kids« halb tot geschlagen. Sie verletzten ihn am Hals und glaubten, daß er hinüber wäre. Sechs Monate lag er im Krankenhaus, und danach fuhr er auf Zügen nur noch mit einer abgesägten Schrotflinte im Gepäck. Bei der zunehmenden Brutalisierung spielten auch soziale und ethnische Veränderungen unter den Zugtramps eine Rolle. Die geschlossene Hobo-Gesellschaft, wie »Pappy« sie kannte, splitterte sich in Gruppen auf, die sich gegenseitig belauerten und befehdeten: anarchistische Punks, Skinheads, Drogensüchtige, Bikertypen, Menschenschmuggler, mexikanische Wanderarbeiter, Ökosaboteure, College-Studenten und, die merkwürdigsten von allen, Yuppie-Hobos. Es gab immer ein paar wohlhabende Urlauber, die für eine kurze Zeit den illegalen »Trainhopper« spielten (unter ihnen John Dos Passos, Clark Gable, Frank Capra und William O. Douglas, Richter am Obersten Bundesgericht der USA), doch seit dem Ende der achtziger Jahre, als die FTRA landesweit traurige Berühmtheit erlangte, ist »Riding the rails« große Mode geworden, nun aber mit Mobiltelefon, Satellitennavigation, Daunenparka, Zelt für dreihundert Dollar und mit vierhundert Dollar teurem Schlafsack. Und zwischendurch werden die Abenteuer vom Laptop auf die Webseiten der Yuppie-Hobos geladen.

Ich nahm das als einen weiteren Beleg für den Neid der Seßhaften auf das freie nomadische Leben, als einen Versuch, etwas von der vermeintlichen Romantik einzufangen, ohne hungern und frieren zu müssen. Die meisten Vollzeit-Tramps, mit denen ich sprach, haßten die Yuppie-Hobos, aber »Pappy« hatte nichts gegen sie. Er verstand ihr Bedürfnis. Nachdem er fast sein ganzes Leben »on the rails« verbracht hatte, nach 37 Zugentgleisungen, vier Herzinfarkten und dem schrecklichen Vorfall in Pasco, dachte »Pappy« immer noch, daß das Reisen auf Güterzügen die größte Sache der Welt war. »Dort draußen hast du die totale Freiheit und keine Verpflichtungen. Wo immer man gerade ist, dort ist das Zuhause. Es kann ein schönes Leben sein, man sieht viele schöne Landschaften, Gegenden, die noch nicht von Menschenhand versaut sind. Oh Mann, wenn die Knochen mitmachen würden, noch heute wäre ich dort draußen.« Im Alter von siebzig Jahren zog er sich vom Leben als Zugtramp zurück und heiratete – zum erstenmal. Er lebt mit seiner Frau in einem kleinen Wohnwagen neben dem Bahnhofsgelände. Alte Gewohnheiten wird man schwer los: Noch immer fischte er die Lebensmittel aus Abfallcontainern und verdiente mit altem Trödel und Kupferdraht ein wenig nebenbei. Er nahm mich mit zu seinem Caravan, dem ersten festen Wohnsitz seines Lebens, und zeigte mir Kühltruhen voll mit Nahrungsmitteln, Berge von Gerümpel, das er reparieren und verkaufen wollte, und seinen Rucksack und die Schlafmatte unter dem Bett. »Ab und zu fahre ich noch, wenn mir gerade danach ist«, sagte er. »Das nächste mal nehme ich meine Frau mit. Für sie ist das die erste Fahrt. Sie glaubt, es wird ihr helfen, ihren Ehemann, der ein Tramp war und bleibt, besser zu verstehen.«

Seine Frau machte irgendwelche Besorgungen. Wir saßen am Küchentisch, tranken Kaffee und unterhielten uns viele Stunden. Am deutlichsten erinnere ich mich an »Pappys« Gesichtsausdruck, wenn er das dunkle Tuten eines abfahrenden Güterzuges hörte. Zahllose Balladen und Blues Songs beschwören die Wirkungen dieses Geräusches, und ich hielt es immer für eine Metapher oder ein Klischee. Jedesmal wenn »Pappy« das einsame Pfeifen hörte, wandte er seinen Kopf in die Richtung, und sein Blick spiegelte eine tiefe Traurigkeit.

*

Wie würden Sie sich entscheiden, wenn Sie die Wahl zwischen einem Krankenhausbett und einem Fleck im Nirgendwo hätten? Vor einigen Jahren fuhr ich auf der I-50, eine zweispurige geteerte Straße, die die Wüsten von Utah und Nevada durchquert und sich »Der einsamste Highway in Amerika« nennt. Es gibt auf dieser Strecke einen Abschnitt, der sich über neunzig Meilen ohne Orte und Tankstellen erstreckt, und etwa nach der Hälfte machte ich Halt, um ein verwittertes, surreal aussehendes Schild zu fotografieren: »Luzerne zu verkaufen.« Neugier führte mich auf einem unbefestigten Weg zu einigen verlassenen Häusern und einem Luzernenfeld, das die Wüste sich zurückholte. Im Schatten einer Ruine lag ein alter Highway-Streuner. Sein Kopf ruhte auf einem kleinen Rucksack. Seine Augen waren geschlossen, die Lippen aufgesprungen, regungslos lag er da, und ich dachte, er wäre tot. Als ich mich über ihn beugte, um zu sehen, ob er noch atmete, bewegten sich seine Lider, er blinzelte mich an, und aus seiner Kehle kam ein schwacher Laut. Ich eilte zum Wagen, um Wasser zu holen. Er nahm einen Schluck. Hatte er Hunger? Wollte er ein Stück mitfahren? Brauchte er ärztliche Hilfe? Krächzend flüsterte er, ich solle weggehen und ihn in Ruhe lassen. Was hätten Sie getan? Ich stellte die Plastikflasche mit Wasser neben ihn und fuhr davon. Als ich den nächsten Ort erreichte, alarmierte ich die Polizei nicht.

*

Nach fünfzig Meilen Fahrt auf unbefestigter Straße im Süden Utahs, die nächste Stadt ist fast genauso weit entfernt, sitzen Gale und ich, in Decken gehüllt, an einem wohlriechenden Feuer aus Wacholderholz. Sie ist aus Alaska zurückgekehrt. Wir versuchen es wieder miteinander. Unser Gespräch kreist um den Tod – auch eine Art, über Liebe zu sprechen. Östlich von uns erstreckt sich ein schmaler bezaubernder Canyon mit einem Bach und Pappeln und einer Reihe von Teichen, die Biber aufgestaut haben. Dies ist einer unserer Lieblingsplätze, der zudem noch ein faszinierendes historisches Rätsel birgt. Gale möchte, daß hier ihre Asche verstreut wird, und ihr Blick sagt, daß ich ihr diesen Liebesdienst nicht versagen darf. Nun, ich bin fünf Jahre älter als sie, männlich, und es ist daher nicht wahrscheinlich, daß ich dann noch zur Verfügung stehe. Aber dies ist nicht die Stunde für Auslassungen über Sterblichkeitsstatistiken. Also gebe ich mein Versprechen, frage sie nach der genauen Stelle und bitte sie auch um einen Gefallen: »Wenn es nicht allzu viel Umstände bereitet, dann laß mich irgendwo in der Wüste sterben. Es ist für mich eine scheußliche Vorstellung, meine letzten Tage in einem Krankenhaus zu verbringen, und ich will auch nicht auf einem Friedhof enden. Viel zu viel Verschwendung von Energie. Laß mich einfach draußen in der Wüste liegen und in den Kreislauf der Natur zurückkehren.«

»Das ist nicht erlaubt«, sagt sie, woran ich nicht gedacht habe. »Aber okay.«

Ab und zu unterbrechen Koyoten die abendliche Stille, jaulen und heulen irgendwo da unten in den Canyons. Vielleicht denke ich anders darüber, wenn die Stunde wirklich kommt, aber hier und jetzt hat die Vorstellung nichts Bedrohliches: Mein Leichnam wird die Wanderungen dieser großartigen Tiere und den Flug der Geier nähren, was übrigbleibt, entsorgen die Ameisen, und dann geht die Reise weiter durch die Körper Ameisen fressender Eidechsen und Eidechsen fressender Vögel und Koyoten, während meine Knochen sich im Erdboden auflösen und einen Kaktus oder Wacholderbaum stärken. Für mich ist das genug Reinkarnation. Die Nacht ist klar, windstill und sehr kalt. Mir fehlen die Worte, wenn es um Sterne geht. Ich kann nur sagen, daß es sehr viele gibt und daß sie strahlen und glitzern, heller selbst als die Planeten. Gale zeigt zum Mars, der leuchtend rot ist wie das Rot einer Ampel. Zuerst denke ich, ein Flugzeug fliegt in großer Höhe über uns, aber es bewegt sich nicht. Gales Großeltern waren Astronomen in Tucson, und sie kennt den Wüstenhimmel bei Nacht. Hinter den Felszinnen im Osten glüht ein

Lichtschein, steigt auf und leuchtet, als er den Rand erreicht. Wir sind sicher, daß der Mond aufgeht, aber nein, es ist der Planet Jupiter. Wie traurig, daß so viele Menschen niemals einen solchen Nachthimmel sehen werden und sterben, ohne die Milchstraße gesehen zu haben. Und wie angenehm, daß keiner von ihnen heute nacht hier draußen ist.

Das Feuer ist heruntergebrannt. Ich mache uns Drinks, Scotch und Wasser, halb und halb, röste grüne Chilis und grille Steaks. Als das Essen fertig ist, schüre ich das Feuer und will dann etwas trinken. Mein Drink ist ganz fest gefroren. Man erwartet nicht, daß es in der Wüste so kalt sein kann, aber wir befinden uns 1800 Meter über dem Meeresspiegel, und es ist Anfang November. Unser Lager ist oberhalb eines Labyrinths von Canyons, die ihre Gewässer in den Escalante River abgeben. Wir wollen diese Gegend einige Tage durchstreifen und die Canyons erforschen, faulenzen und uns ein paar Gedanken über das mysteriöse Verschwinden von Everett Ruess machen.

*

Everett Ruess ritt auf einem Esel im November 1934 in das Gebiet des Escalante River, und ein Packesel trug seine Ausrüstung: Federn, Papier, Aquarellfarben, feine Zobelpinsel, das Werkzeug für Holzschnittdrucke, Töpfe, Pfannen, Decken und Lebensmittelvorräte für zwei Monate. Seine Gestalt war schmal, aber sein rundliches Gesicht zeigte noch etwas Babyspeck, und sein breites Lächeln entblößte ein Pferdegebiß. Mit wenigen Unterbrechungen war er in den letzten drei Jahren durch die Wüsten und Berge im Norden Arizonas und im Süden Utahs gezogen, hatte ein Tagebuch geführt, Gedichte und lange ekstatische Briefe an Freunde und Verwandte geschrieben. Das Lebensnotwendige verdiente er mit dem Verkauf seiner Kunstwerke an indianische Händler und Mormonen, die in der einsamen Gegend Ranches betrieben. Er reiste in einem überschwenglichen, schwärmerischen Zustand, überwältigt von der Schönheit der Landschaft und dem Zauber seiner Abenteuer. Er hatte die Navajo-Sprache gelernt, übernachtete oft in den Hogan und bei den Schafhirten dieses Stammes und durfte bei ihren Tänzen und Zeremonien dabeisein.

Im August hatte er nach einem 200 Meilen Treck allein durch

die Wüste die hohen, windgepeitschten Mesas der Hopi-Reservation besucht und Medizinmänner mit sich windenden Klapperschlangen im Mund tanzen sehen. Die Hopi-Indianer mochten ihn (jeder schien diesen merkwürdigen, leidenschaftlichen jungen Mann zu mögen) und luden ihn ein, am Antilopentanz teilzunehmen – eine Ehre, die nur sehr wenigen Weißen zuteil wurde. Er war ein Romantiker, der romantischer Liebe aus dem Weg ging, ein Hedonist, der Sex, Alkohol, Drogen und Gaumenfreuden mied, ein nomadischer Ästhet, der sicher war, daß ihn nichts mit gleicher Intensität berühren konnte wie seine Wanderungen durch Wildnis und Wüsten. Nichts anderes ersehnte er vom Leben. Bevor man irgendein Urteil über seine Werke, seine Kunst, seinen Glauben oder seinen Leichtsinn fällt, sollte man bedenken, daß Everett Ruess zur Zeit seines Verschwindens erst zwanzig Jahre alt war. Am 11. November 1934 saß er an einem Lagerfeuer am Rande des Escalante-Canyon und schrieb einen Brief an seinen älteren Bruder Waldo in Kalifornien:

»Die Zivilisation werde ich wohl nicht so bald wieder besuchen. Ich bin der Wildnis noch nicht müde; vielmehr erfreue ich mich ihrer Schönheit und des Vagabundenlebens, das ich mit wachsender Leidenschaft führe. Ich ziehe den Sattel dem Auto vor, den sternenübersäten Himmel einem Dach, den verborgenen und schwierigen Pfad, der ins Unbekannte führt, jeder befestigten Straße und den tiefen Frieden der Wildnis der in den Städten ausgebrüteten Unzufriedenheit. Wirfst du mir vor, daß ich bleibe, wo ich mich zugehörig fühle und wo ich eins bin mit der Welt um mich herum? Es ist wahr, mir fehlen kluge Menschen, aber es gibt so wenige, mit denen ich die Dinge teilen kann, die mir so viel bedeuten und die für mich zu behalten ich gelernt habe. Es reicht, daß ich von Schönheit umgeben bin... Allein schon deine kurze Beschreibung gibt mir die Gewißheit, daß ich das geregelte und eintönige Leben, zu dem du gezwungen bist, nicht ertragen könnte. Ich glaube nicht, daß ich mich jemals irgendwo niederlasse. Ich weiß bereits zu viel von den Tiefen des Lebens, und alles wäre besser als ein Rückfall. Das ist ein Grund, warum ich nicht in die Städte zurück will. Ich bin dort ja gewesen und auch dorthin zurückgekehrt, und ich weiß, was sie bieten. Es müßten schon stärkere Reize sein als all die, die ich kenne, um mich zu der alten Lebensweise zurückzulocken.«

Dies war der letzte Brief von ihm, der seinen Adressaten erreichte. Einige Tage später ritt er hinab zu den unwegsamen Schluchten und verschwand spurlos. Manche haben behauptet, daß er seinen Abgang inszeniert habe, um mit einer Geliebten vom Stamm der Navajo heimlich zu leben, aber es gibt dafür keine Beweise, nur Gerüchte und Phantasien. Auch plausiblere Erklärungen, daß er von Banditen ermordet wurde, im Colorado River ertrank, an dem Biß einer Klapperschlange starb oder beim Bergsteigen abstürzte, konnten nicht bewiesen werden. Aus seinen Briefen und von erschrockenen Augenzeugen wissen wir, daß er es liebte, an steilen, bröckelnden Felswänden zu kraxeln. Mit den Jahren wurde Everett Ruess im Land der Canyons zu einer legendären Figur, der unsterbliche »artist in residence« dieser Region, wie ihn Wallace Stegner genannt hat, und wir fragen uns warum. Seine Gedichte sind tief empfunden und schmerzhaft schlecht, jugendliche Schwärmereien in der gewöhnlichen Machart. Seine Prosa, die Bilder und Drucke zeigen Zeichen von Talent, und er hätte vielleicht noch Bedeutendes schaffen können. Aber darum geht es nicht.

Jeder, der dem Zauber dieser Landschaft oder eines anderen großen wilden Ortes erlegen ist, kennt die Versuchung. Wir alle haben uns, zumindest beiläufig, gefragt, wie es wohl wäre, wenn man sich weiter hinaus, tiefer in die Wildnis wagte, die Bindungen zur Zivilisation durchtrennte und Umherziehen und Erforschen zu einer ständigen Lebensweise machen würde. Von Everett Ruess erzählten mir zuerst Flußwanderer, Felskletterer und Führer von Abenteuertouren im Südwesten der USA – Leute, die mit Gelegenheitsarbeiten ihre nächste Wanderung in die Wildnis finanzierten oder die auch die Gesellschaft von Touristen ertrugen, nur um länger dort draußen bleiben zu können. Ich hörte von ihnen ganz unterschiedliche Meinungen zu Everett Ruess, die von Heldenverehrung bis zu kühler Verachtung reichten. Doch in einem Punkt stimmten sie alle überein: Sie zollten ihm Anerkennung dafür, daß er mit so starker Entschlossenheit und vollkommener Hingabe seinem Traum gefolgt war. Und es gefiel ihnen, daß sich seine kühnsten Erwartungen tatsächlich erfüllt hatten.

*

Zitternd in dem grauen Licht vor der Morgendämmerung häufe ich Wacholderzweige auf die Aschenglut und puste, bis sie brennen. Ich taue eine Gallone Wasser auf, mache Kaffee und brate Eier. Nach dem Frühstück schultern wir die Rucksäcke und überqueren ein Plateau aus nacktem Sandstein mit kleinen Hügeln und Domen, Kämmen und Zinnen, durchzogen von Rinnen und Senken, als wäre eine stürmische See zu Fels erstarrt. Nach einer Stunde erreichen wir den Rand der üppig-grünen Davis-Schlucht mit ihren glatten welligen Wänden – dies ist die Stelle, an der Everett Ruess vor seinem Abstieg kampierte und wo Gale ihre Asche verstreut haben möchte. Nach einer weiteren Stunde finden wir einen Pfad, auf dem man in einem Zickzack von Felsvorsprüngen in die Schlucht hinabsteigen kann. Im letzten Abschnitt haben Mormonen-Rancher Stufen ins Gestein geschlagen. Auf diesem Trail führte Everett Ruess seine beiden Esel hinab in den grasbedeckten Canyon und baute für sie einen Korral. Die Tiere waren noch da, als im März 1935 die erste Suchmannschaft den Ort erreichte. Man fand Abdrücke seiner Stiefel, aber keine Spuren, daß er den Canyon wieder verlassen hatte. Auch deutete nichts auf die zeitweilige Anwesenheit anderer hin. In einen Fels war die Inschrift »Nemo 1934« geritzt, und das war ein weiteres Rätsel. Die Sucher schrieben an Everetts Familie und erfuhren, daß er ein begeisterter Leser von Jules Vernes Roman *Zwanzigtausend Meilen unter dem Meer* war und sich für einen Kapitän Nemo der Gegenwart hielt – einer, der sich von der Zivilisation abkehrte, um wilde und abgelegene Gegenden zu durchwandern. Diese Information half nicht weiter. Zehn Tage durchkämmten sie mit der Unterstützung von Fährtenlesern der Navajo das Areal, erkundeten über Meilen in alle Richtungen jeden Canyon und jede Seitenschlucht. Später kamen noch mehr Suchtrupps, aber man fand keine weiteren Spuren oder Hinweise, nichts von seiner Campingausrüstung oder seinen Malutensilien.

Man kann am Kopf der Davis-Schlucht auf einer schwindelerregenden Route hinausgelangen, aber nicht, wenn man einen schweren und sperrigen Rucksack mitschleppt. Wenn Ruess also seine Sachen zurückließ und sie später gestohlen wurden, wo waren dann die Spuren der Diebe? Wenn er wegen seiner Ausrüstung von Banditen oder Viehdieben ermordet wurde, wie wäre das spurlos gegangen? In der geschützt gelegenen Tiefe bleiben Sohlenabdrücke viele Monate erhalten, und die damals Suchenden hatten keine Schwierigkeiten, Ruess' Bewegungen im Canyon nachzugehen. Es ist gesichert, daß er zumindest einige seiner Vorräte in die Schlucht hinuntertrug, weil an der Stelle, wo er kampiert hatte, noch der Abdruck seiner Schlafmatte zu sehen war und überall leere Dosen Kondensmilch und Bonbonpapier verstreut herumlagen. Die »Nemo«-Inschrift ist inzwischen nicht mehr zugänglich, verschwunden unter dem 180 Meilen langen Wasserreservoir und Bootssee, der sich hinter dem Glen Canyon Staudamm am Colorado River gebildet hat. Dadurch wurden die niedrigere Hälfte der Davis-Schlucht und zahlreiche andere Canyons überflutet. Everett Ruess alter Campingplatz ist noch über der Wasserlinie, geschützt von einem Felsüberhang, und dort rollen wir für die nächsten paar Tage unsere Schlafsäcke aus.

Nur vier Meilen sind noch von der Davis-Schlucht geblieben. In dieser Region gewaltiger Felsformationen mit Fernblicken über hundert Meilen ist ihre Schönheit erhaben und lieblich zugleich: Felsbogen, von Farnkraut umsäumte Teiche und Quellen, Kaktusgärten, hallende Höhlen und natürliche Amphitheater. Wir klettern in jeden Winkel und finden Tonscherben und Felszeichnungen der Anasazi-Indianer, die hier vor neunhundert Jahren lebten, schauen in zerfallene Felswohnungen und Kornspeicher. In der warmen Nachmittagssonne tollen wir splitternackt in dem erfrischend kühlen Wasser herum. Nach Einbruch der Dunkelheit sitzen wir an einem der Biberteiche, überall liegen abgenagte Weiden und gefällte Pappeln, auf dem feuchten Erdboden sind frische Fährten und Schleifspuren zu sehen, aber keine Biber; seit der Zeit, da Joe Walker und Männer seinesgleichen ihnen nachstellten, haben sie ihre wachsame Scheu nicht mehr verloren. Abends wärmen wir uns am Feuer und schlürfen Whiskey. Über uns bilden die Wände des Canyon einen Fluß aus Sternen.

Ich fühle mich sehr zufrieden, liebe das Leben und Gale. Nächstes Jahr im Frühling, sagt sie, sollten wir uns zwei Maultiere oder Esel kaufen, sie mit Vorräten beladen und uns für einige Monate in die Canyons absetzen. Auf dem Weg hierher erzählte uns jemand, daß es vom Zion National Park bis zum Arches National Park einen Wanderweg gibt, der in Luftlinie drei hundert Meilen lang ist und nur zweimal eine befestigte Straße kreuzt. »Und dann, wenn wir Lust haben, können wir unsere Vorräte aufstocken und wieder zurückkommen«, sagt sie. Ich höre mich schon Bedenken äußern – keiner von uns ist bisher mit Packtieren umgegangen, wir haben kaum Ahnung vom Überleben in der Wildnis, man kann sich leicht in dem Labyrinth der Canyons verirren, und ich muß dieses Buch beenden – und zugleich freue ich mich über ihren Vorschlag. Vor Jahren, als ich von Everett Ruess noch nichts wußte, verbrachte ich zwei Wochen in den Canyons von Nord-Arizona, und damals erwog ich ernsthaft, für einige Monate dorthin zurückzukehren. Was mich dann doch davon abbrachte, war die Aussicht auf eine allzu lange Zeit der Enthaltsamkeit.

Wie T. E. Lawrence, Wilfred Thesiger und eine Anzahl anderer umherziehender Ästheten der Wüste hatte Everett Ruess offensichtlich keine Schwierigkeiten mit einem Wanderleben ohne Sex und romantische Liebe. Er fühlte sich zu Frauen hingezogen und war mehrmals kurz davor, sich zu verlieben, aber bevor sich etwas Ernsthaftes entwickeln konnte, brach er wieder in die Wüsten auf. Er hatte sich geschworen, das Leben so tief und intensiv wie möglich zu erfahren, und wie einst mein jüngeres Ich dachte er, daß Liebe diesem Ziel nur hinderlich sein konnte. Was also widerfuhr ihm? Wie gesagt, es gibt zahlreiche Hypothesen, aber alle sind reine Vermutungen oder werden durch die gesicherten Fakten widerlegt. Ich halte es in diesem Fall mit der Mehrheit und favorisiere die Annahme eines Unfalltodes, auch wenn sie nicht alle Umstände hinreichend zu erklären vermag. Everett Ruess' Tod, wenn es denn so war, kam vorzeitig, aber er war keine Tragödie. Ein solches Ende hatte er bereits in der Phantasie vorweggenommen: »Ich denke mehr und mehr, daß ich stets ein einsamer Wanderer der Wildnis sein werde«, schrieb er im Sommer 1932 an seinen Bruder. »Mein Gott, wie die Pfade und Wege mich locken. Du kannst dir ihre unwiderstehliche Faszination auf mich nicht vorstellen... Und wenn die Zeit zum Sterben kommt, werde ich den wildesten, einsamsten und trostlosesten Fleck finden, den es gibt.«

Kapitel 12

»Die Schlangenhaut eines Ortes
nach dem anderen zurücklassen
und weiterziehen – hinter den Bäumen
das Gras, ein Vogel fliegt einem Gesang nach.«
William Stafford, *Für das Grab von Daniel Boone*

Und so ist es heute: Jedes Jahr im Januar kommt die größte Versammlung von Nomaden aus allen Teilen Amerikas in Quartzite (Arizona) zusammen. Der Ort ist ein staubiges sonnenverbranntes Stück Land mit Tankstellen, Geschäften, Wohnwagenparks und Campingplätzen und erstreckt sich über eine Meile entlang der Parallelstraße zur Interstate. Es gibt dort kein Gras, keinen Fluß oder Bach und nur sehr wenige Bäume. Die Zahl der Teilnehmer wird auf Dreihunderttausend geschätzt – ortsansässige Werbetrommler sprechen von einer halben Million –, und ihre Lager breiten sich über Meilen in die umgebenden Wüsten aus. B.J. McHenry ist hier, der Schlangen essende Tramper, den ich an einem Highway in Texas ablud. Ich sah ihn an diesem Morgen vor der Texaco-Tankstelle betteln und machte einen weiten Bogen um ihn. Chad und Tiffany sind hier, zusammen mit einer kleinen Gruppe von A-Campern. Lance Grabowski, den ich auf dem »Rendezvous der Buckskinner« kennengelernt habe, ließ sich kurz blicken, ist aber schon wieder weg. Vor Zelten am Straßenrand verkünden Wanderprediger marktschreierisch die frohe Botschaft, überall sind Händler und Verkäufer jeder Art. Eine kleine Armee von

Tramps, Gammlern und Gaunern tummelt sich am Rande der großen Masse und hofft auf ein gutes Geschäft.

In Quartzite findet das große Jahrestreffen der rastlosen Ruheständler statt, die den zahlreichsten und mächtigsten der nomadischen »Stämme« im heutigen Amerika bilden. Wie immer ist es schwierig, exakte Daten zu bekommen; Forscher und Statistiker kennen das Problem allzu gut: ein bewegliches Untersuchungsobjekt, das sich auflöst und irgendwo neu formiert, in zahlreichen zerstreuten Gruppen reist und von seinem halbnomadischen Pendant, das sich hier natürlich auch in großer Zahl einfindet, kaum zu unterscheiden ist. 8,5 Millionen Wohnwagen fahren auf Amerikas Straßen, aber man weiß nicht, wie viele ihrer Besitzer sie als ihren einzigen Wohnsitz benutzen. Die Vermutungen schwanken zwischen 300.000 und 3,5 Millionen, wobei die überwältigende Mehrheit älter als 55 ist. »The Good Sam Club«, Amerikas größte Organisation von Wohnwagenbesitzern, schätzt, daß drei Millionen Leute das ganz Jahr über in ihren Wohnmobilen leben. 80 Prozent von ihnen sind Ruheständler. Sie nennen sich selbst »full-timers«, »gypsies« oder auch mit einem Augenzwinkern »Geritol gypsies« (Geritol ist ein bekanntes Vitaminpräparat für Ältere). Sie benutzen Postanschriften (das kann ein Freund oder eine Freundin, ein Verwandter, ein Postfach, ein Nachsendeservice sein), um ihren Führerschein zu erneuern und um ihr Fahrzeug registrieren und versichern zu lassen. Viele von ihnen wählen nicht mehr und zahlen keine Steuern, wenn sie sich ganz von ihrem früheren Leben losgelöst haben; der Rest kommt den alten Verpflichtungen über die fiktiven Adressen nach. Diese umherziehenden Älteren und Alten werden für die Behörden zu einem unsichtbaren Teil der Bevölkerung, und den meisten von ihnen ist das nur recht. »Sie befürchten, daß ›die Regierung‹, sobald sie ihnen auf die Spur kommt, sie besteuern oder sonstwie ihren Lebensstil und ihre Freiheit zerstören wird.« (Counts and Counts, *Over The Next Hill: An Ethnography of RV ing Seniors in North America*, 1996.)

Auf den ersten Blick fällt es schwer, diesen bunten Haufen Grauhaariger für die Erben und Hüter der Tradition amerikanischen Nomadentums zu halten. In mancher Hinsicht sieht das überlaufene Quartzite mehr wie eine Ansammlung mobiler Vororte als wie ein Nomadenlager aus. Neben fast jedem Wohnmobil ist der Kunstrasen ausgerollt und voll gestellt mit Plastikblumen, kleinen Windmühlen, rosa Flamingos und Gipskoyoten. Hinten an den Wohnhäusern auf Rädern sind Holzschilder mit eingeschnitzten Namen festgeschraubt: »The Hendersons – Bill and Marge«, »The Marshalls – Orville and Wilma«. Werfen wir einen Blick ins Innere: Spülmaschine, Gefrierfach, Mikrowelle, Waschmaschine und Trockner, Fernseher und Videogerät. Und auf dem Dach die Klimaanlage, Satellitenschüssel und Sonnenkollektor. Draußen in der Wüste stellen sie ihre Wohnmobile wie Planwagen im Kreis auf und sitzen auf Gartenstühlen um ein Lagerfeuer, trinken Cocktails, plaudern und erzählen Witze.* Wenn das Feuer ausgeht, ziehen sie sich in ihre Wagen zurück, und der Kreis wird von dem flimmernden Blau der Fernseher erleuchtet.

Amerikaner begannen das Reisen mit fahrbaren Behausungen in den zwanziger Jahren. Die ersten Modelle hießen »house trailers« und imitierten britische Caravans, die wiederum zweirädrige Kopien des traditionellen Zigeunerwagens waren. Die ersten RVs (»recreational vehicles«) – größere, komfortable Anhänger und motorisierte Wohnungen in Buslänge – kamen in den sechziger Jahren auf den Markt, aber der große Durchbruch erfolgte zu Beginn der achtziger Jahre. Die Hersteller entwickelten das moderne klimatisierte und mit allem Komfort ausgestattete Wohnmobil, und damit begann auch die Massenbewegung des Lebensabends auf Rädern. Zwei elementare Bedürfnisse von US-Bürgern – Komfort und Mobilität – wurden zu einem Zeitpunkt zusammengebracht, da die bis dahin gesündeste und wohlhabendste Generation ihr Ruhestandsalter erreichte. Traditionell verkörpern Großeltern Verbundenheit mit einem Ort und Beständigkeit; ihr Leben dreht sich um Heim und Herd, die Gemeinschaft, Kinder und Enkel. Die Bilder und Klischees, die einem bei dem selbst schon verräterischen Wort »Ruhestand« einfallen, assoziieren alle Seßhaftigkeit und Häuslichkeit: der Sessel und die Hausschuhe, Oma bäckt Plätzchen in ihrer Küche, ein gepflegter Garten. Man betrachtet das Altern als einen letz-

* Hier ist einer, den ich gestern Abend hörte: »Also, dieser 90 Jahre alte Kerl geht in ein Bordell. Die Puffmutter sagt zu ihm: ›Tut mir leid, Freundchen, aber du hast es hinter dir‹, und er sagt: ›Ach wirklich? Bei wem bezahle ich denn?‹«

ten Zeitabschnitt, da alles langsamer geht und allmählich erstarrt; die Bewegungen, zumal außer Haus, werden immer weniger, und irgendwann ist ganz Schluß.

Doch die Eisenhower-Generation rebellierte massenhaft gegen diese Vorstellung vom Lebensabend. Über dreißig Millionen Ruheständler haben Heim, Familie und Nachbarschaft hinter sich gelassen und sind zu neuen sozialen »Frontiers« aufgebrochen. Der Großteil dieser Bewegung hat sich in den neu gegründeten Gemeinden im »Sunbelt«, dem sonnigen Süden der USA niedergelassen, in denen niemand unter 55 sein darf und die Rundumversorgung von Unternehmen organisiert wird. Aber eine beträchtliche Minderheit hat sich dafür entschieden, die seßhafte Lebensweise ganz aufzugeben. Nach einem meist langen Arbeitsleben, das von Hypotheken- und Ratenzahlungen, der Erziehung der Kinder und dem Anhäufen von Besitz bestimmt war, sind sie dem anderen amerikanischen Traum gefolgt: »Brenn dein Haus nieder und sattle dein Pferd« (mit den Worten von Mike Hatfield). Die moderne Version lautet: »Verkauf dein Haus und kaufe dir von dem Geld ein Wohnmobil.«

*

Schwungvoll marschiert Marie Williamson die Hauptstraße von Quartzite entlang, und ich habe Mühe, mit ihrem flotten Schritt mitzuhalten. Sie ist Ende sechzig und Großmutter, der erste Urenkel wird erwartet. Marie ist eine energische, praktisch denkende Frau, die jahrzehntelang auf einer Farm arbeitete und sich kein X für ein U vormachen läßt. Sie ist meine Nachbarin auf Zeit in Quartzite. Mein Kleinlastwagen steht auf einem unbefestigten Parkplatz hinter Silly Al's Bar, ihr Wohnmobil – sie nennt es ihr »Tipi« oder ihren »Zigeunerwagen« – steht auf der anderen Seite auf einem Campingareal für Singles. Die Luft riecht nach Staub und Abgasen, Grillfett und Maissyrup. Jeden Morgen bildet sich hier dichter Verkehr und löst sich erst bei Sonnenuntergang wieder auf. Links und rechts der breiten Straße stehen Imbißbuden, die Eiswaffeln, Zimtschnecken, Corn Dogs, lange Chili Dogs, Riesenbrezeln, Fritten, Macho Nachos, einfache, doppelte und Dreifach-Cheeseburger mit Speck verkaufen. In einer Umgebung mit so vielen alternden Herzen und verkalkten Arterien bekommen diese typisch amerikanischen Speisen mit ihren leuchtenden Farben und lustigen Formen etwas Makaber-Unheilvolles. Ich habe mit Leuten von der örtlichen Ambulanz gesprochen und erfahren, daß sie jeden Januar vierzig bis fünfzig Herzanfälle behandeln müssen.

Überall breiten sich die Zelte für Tauschbörsen und Flohmärkte aus. Tausende älterer Leute schlendern umher und kaufen Indianerschmuck, Mineralien und Edelsteine, antike Nippsachen, Zierstücke für den Kunstrasen, Windspiele mit magnetischen Anhängseln, Mix- und Schneidegeräte für die Wohnküche, wundersame Salben gegen das Altern und Arthritismittel, Keramikfrösche mit Klettband für das Armaturenbrett, Sonnenblenden, Cowboyhüte, Baseballmützen und Autoaufkleber (»Dein Heim ist dort, wo du parkst«, »Hier wohnen ein schlechter Golfer und eine gute Kundin«, »Wir verjubeln das Erbe unserer Kinder«). Seit den sechziger Jahren trafen sich Edelstein- und Mineralienhändler jährlich in Quartzite, aber in den letzten Jahren sind immer mehr reisende Flohmarktverkäufer dazugekommen. Nirgendwo auf der Welt habe ich so viele lebende Miniaturhunde gesehen: handtellergroße Pudel, 30 cm lange Dachshunde, zitternde Chihuahuas, japsende Spitze. Teilweise hat das mit dem beschränkten Raum in den Wohnmobilen zu tun, teilweise mit den Tiervorschriften, die viele Campingparks auferlegen (kein Tier darf größer als 40 cm sein oder mehr als 20 Pfund wiegen). Aber man sieht auch eine kulturelle Konformität am Werk, der Miniaturhund als Modeartikel. Nirgendwo habe ich so viele Hunde gesehen, die süße kleine Pullover und winzige Sonnenschirme aus buntem Schaumstoff oder Häkelwolle tragen – der in dieser Saison heißeste Modeartikel für Hunde. Marie findet das gar nicht gut. Ihre Nachsicht gegen Niedlichkeit ist begrenzt.

Wir bewegen uns nun langsamer durch die Menge, weil Marie sich die ausgelegten Mineralien und Edelsteine anschaut; um uns herum sehe ich nur entspannte und freundliche Gesichter. Die Stimmung ist heiter und ausgelassen. Die Menschen stehen in Gruppen zusammen und unterhalten sich angeregt, immer wieder ist schallendes Gelächter zu hören. Über die Menge hinweg flitzen Ruheständler in gemieteten Ultraleichtflugzeugen. Ein beleibter Herr, der wie Ernest Hemingway aussieht, stolziert auf uns zu und schenkt Marie ein lüsternes Lächeln. Er hat einen weißen Bart und eine Baseballmütze, auf der Quartzites neuer Spitzname prangt: »Viagra Falls«. Marie schaut geradeaus, bis er an uns vorbeigegangen ist, dann verdreht sie die Augen und sagt mißbilligend: »Na, na!« Als eine gutaussehende, viel jünger wirkende Frau zieht sie diese Sorte Männer an. »Ich nenne sie ›tepee-creepers‹ [Tipi-Kriecher]«, sagt sie. »Männer, die du kaum kennst, klopfen nachts an deiner Wagentür, schütteln eine Flasche mit diesen neuen Pillen und erwarten, daß du sofort mit ihnen ins Bett springst. Ich sage ihnen, sie sollen verschwinden, und sie werden dann sauer. ›Aber Marie‹, betteln sie, ›jeder macht es‹. Nun, ich nicht. Ich will nicht diesen Ruf haben, und außerdem ist es gegen meine religiösen Überzeugungen. Wenn ein Mann ernsthaft mit mir zusammenleben will, mag sein, daß ich interessiert bin, aber zuerst muß er mich heiraten. Und wenn nicht, dann soll er Leine ziehen.«

Sie wühlt in einer Kiste mit Edelsteinen und sucht ein größeres Stück Pietersit oder Lapislazuli für ihren Schmuckkurs am Nachmittag. Sie möchte einen Ring oder einen Anhänger für eine Halskette machen. Mit eigenen Handarbeiten, die sie hier und unterwegs an andere Ruheständler verkauft, verdient sie etwas zum Scheck von der Sozialhilfe hinzu. Auch die Wohnmobilbesitzer haben auf ihren Rundreisen ihre eigene steuerfreie und unkontrollierte Ökonomie geschaffen, und Kunsthandwerk ist wahrscheinlich ihr größter Sektor. Marie hat ihre Wildledertaschen mit Fransen mühelos verkaufen können, aber selbst Schmuck zu machen, hält sie für eine größere Herausforderung und ist einfach dankbarer. Sie macht das noch nicht lange, ist voller Neugier und Begeisterung, lernt jeden Tag etwas Neues, und genau so hat sie sich ihren Ruhestand vorgestellt. Ihr Ehemann war immer mit dem zufrieden, was er kannte und was ihm vertraut war. Ausgesprochen aggressiv lehnte er den Gedanken ab, etwas Neues zu lernen oder zu erfahren. Er verband mit dem Lebensabend, so jedenfalls sah Marie es, die Vorstellung, in den immer gleichen Trott zu fallen und auf den Tod zu warten. Er verstand nicht, was mit ihr los war. Warum wollte sie ein ruhiges, geregeltes Leben aufgeben und wie ein Zigeuner durch das Land rasen? Sie stritten sich mit zunehmender Bitterkeit, bis sie sich schließlich von ihm scheiden ließ. Das war vor zwölf Jahren, und seitdem ist sie »on the road«.

Ein Jesus-Bild hängt über ihrem Bett und verschafft ihrer Auffassung von Moral auch im Schlafzimmer Nachdruck. Die Wände im Wohnraum sind mit Cowboy- und Indianerfiguren geschmückt. Einen Teil der Küche hat sie herausgerissen und einen Arbeitstisch eingebaut, wo sie nun mit einer Tasse Kaffee sitzt und einen frisch polierten ovalen Stein aus Pietersit zwischen ihren Fingern dreht. »Schon als kleines Mädchen war ich immer draußen. Ich liebte es, durch die Wälder zu streifen. Noch bei zwanzig Grad minus sah man mich durch den Schnee stapfen, vollkommen glücklich.« Wie so viele Leute in diesem Buch erklärt auch Marie ihre Reiselust als etwas, was angeboren ist, was man im Blut oder in der Seele hat, und doch unterdrückte sie dieses Verlangen die längste Zeit ihres Lebens. Sie wuchs im Westen des Staates New York auf, heiratete mit neunzehn einen Mann aus dem Ort, zog auf eine Ranch und bekam drei Töchter. »All die Jahre auf der Ranch hatte ich dieses kribbelige Gefühl, einfach aufzustehen und für immer wegzugehen, aber das kannst du nicht, wenn du Kinder hast.« Als ihre Töchter erwachsen und aus dem Haus waren, sah sie keinen Grund mehr, ihren Wunsch zu unterdrücken. Natürlich waren ihre 32jährige Ehe und die vor Gott gegebenen Gelübde zu bedenken. Sie versuchte alles, um ihren Mann zum Mitkommen zu überreden; bis zum Ende glaubte er nicht, daß sie ihr Vorhaben wahrmachen würde, weil er es für Unsinn hielt.

Ihr neues Leben begann Marie als eine »arbeitende Zigeunerin«, wohnte in einem Pritschenwagen mit einem »Schneckenhaus« von Wohnanhänger und machte unterwegs Gelegenheitsjobs. Sie arbeitete als Wirtschafterin in einem Motel in Wyoming und dann als Haushaltshilfe für alte Männer, die allein in den Bergen von Montana lebten. Sie fuhr hinauf nach Valdez in Alaska, jobbte neben einer ihrer Töchter am Fließband einer Fischfabrik und dann einige Monate in einer Bar in Coldfoot, eine rauhe Bergarbeiterstadt am nördlichen Polarkreis. Vor sieben Jahren, nachdem ihr Ex-Mann gestorben und die Ranch verkauft worden war, schaffte sie sich das Wohnmobil an, einen neun Meter langen »Kit Sunchaser« mit eher bescheidener Ausstattung. Dafür mußte sie in einem Autoladen in Logan (Utah) 20.000 Dollar hinblättern. Es ist ein sogenannter Sattelauflieger, das heißt, man koppelt ihn an einen Pritschenwagen und zieht ihn so durch das Land. Die Verkäufer hatten zuvor noch nie einen solchen »fifth-wheel«-Anhänger an eine Frau verkauft und wollten nicht glauben, daß sie damit zurechtkam. »Ich sagte ihnen, daß ich jahrelang auf einer Ranch Anhänger gezogen habe, aber sie bestanden darauf, vor dem Verkauf eine Testfahrt mit mir zu machen. Ich mußte ein paar Runden um den Block drehen und rückwärts in eine Parklücke fahren. Und dann wollten sie sehen, ob ich stark genug war, das Ding auch an- und abzukoppeln. Ich muß mir das immer wieder anhören: Was macht eine kleine Lady wie Sie allein in einem so großen alten Wohnmobil? Nun, mir gefällt es eben. Ich bekomme viele Anträge von Männern, aber du mußt wirklich verliebt sein oder Lust auf jemanden haben, oder wahrscheinlich beides, um auf so engem Raum gut miteinander auszukommen.«

Marie gehört einem Singleclub mit dem Namen WINS (»Wandering Individual Network«) an, der 1800 Mitglieder hat und nur »aktive Senioren unter 70 aufnimmt«. Die meisten Wohnmobilbesitzer, gleich ob verheiratet oder alleinlebend, haben eine Mitgliedschaft in einem Klub (Hunderte stehen zur Auswahl). Rund um das Jahr organisieren sie Treffen und Veranstaltungen; für jeden Tag sind gemeinsame Aktivitäten geplant: Potluck-Essen, für die jeder etwas mitbringt, Nachmittagskurse, Besichtigungstouren, Tanzabende, Kasinobesuche und vieles mehr. Innerhalb dieser Gruppen entstehen Freundschaften leicht und schnell; es entwickelt sich ein Kooperationsgeist. Man hat die Gesellschaft der Seßhaften verlassen und läßt sich in eine eng verbundene nomadisierende Gemeinschaft aufnehmen, die einem Stamm oder Clan vergleichbar ist. »Wenn man ›Singles Club‹ sagt, nehmen die Leute automatisch an, daß es um Sex geht«, sagt Marie, »aber wichtiger sind das Zusammensein und das Zugehörigkeitsgefühl.« Für Marie stimmt das gewiß, aber jedesmal, wenn ihre Nachbarn auf eine Tasse Kaffee oder ein Glas Wein hereinschauen, kommt das Gespräch schnell auf Sex und Beziehungen, und das kann dann über Stunden gehen. Auf diesem Platz kampieren 18 WINS-Mitglieder, vier Männer und vierzehn Frauen – ein aufgrund der unterschiedlichen Lebenserwartung typisches Geschlechterverhältnis zwischen den allein reisenden Wohnmobilbesitzern. Aus der Sicht der Frauen hat das auf die Männer eine ungute Wirkung.

Spieler, Casanovas, Schürzenjäger, »Tipi-Kriecher«: Wenn man sich mit den Frauen des WINS-Clubs unterhält, dann werden diese Ausdrücke mit unterschiedlicher Bitterkeit benutzt. Joy Lane hält eine freundlichere Erklärung bereit als die meisten: »Ich vermute, daß viele dieser Männer verletzt und gekränkt wurden. Sie trauern oder haben schlimme Ehen hinter sich und sind betrogen worden. Natürlich wollen sie nicht wieder in eine Situation geraten, wo sie verletzlich sind. Sie suchen daher eine Frau für ein oder zwei Nächte, aber vor wirklicher Nähe haben sie große Angst. Es gibt nur wenige Frauen, die auch nur so eine flüchtige Begegnung wollen; die meisten, mit denen ich gesprochen habe, wünschen sich eine feste Beziehung und möchten heiraten.« »Du hast vollkommen recht«, sagt Marie mit Entschiedenheit. »Ich will für keinen Mann bloß die Freundin sein. Ich bin seine Frau oder nichts da.« Sie lernte hier einen Mann namens Grant kennen; sie gingen zusammen essen und tanzen, verbrachten viel Zeit zusammen, auch ein Kuß dann und wann war erlaubt. Vorgestern Nacht kam er betrunken zu ihr und begehrte Einlaß; sie hat ihm den Laufpaß gegeben. Gestern Abend sah sie ihn in Silly Al's Bar mit einer anderen tanzen, und sie war sich sicher, daß die beiden die Nacht miteinander verbringen würden. Sie bedauerte die Frau und konnte sie gleichzeitig nicht ausstehen. Grant gab sie nur wenig Schuld, weil man doch weiß, wie Männer sind. Und die Verbindung von Viagra und Sterblichkeitsstatistik, von Lustversprechen und Todesdrohung hat sie nur noch verrückter gemacht.

*

Meine Tage hier haben eine merkwürdige Routine angenommen; mein Rundgang entfernt mich selten weiter als 200 Meter von Silly Al's Bar. Am Morgen nehme ich am Kaffeeklatsch teil und besorge mir etwas Stoff, dann schaue ich Shuffleboardspielen oder »Läusejagden« zu. Ich treffe Leute wie Jane und Jerry Bohanan, die Gott um ein für sie erschwingliches, zehn Meter langes Wohnmobil mit zwei Klimaanlagen baten und vor aller Augen niederknieten und weinten, als ihr Wunsch erhört wurde. Oder Typen mit seltsamen Namen wie Timmy Two Tokes, Puddlescum, Mario Machete und Shitstained Mike. Auf der anderen Seite der Parallelstraße zum Highway befindet sich die »Hi-Ali«-Tauschbörse, wo Chad und Tiffany und die Kumpels vom A-Camp in ihren verlotterten Zelten und dreckigen Wagen hausen. Auf der Toilette der Texaco-Tankstelle, die ganz in der Nähe ist, kam es zu einer Begegnung, die den Zusammenprall der in Quartzite versammelten Kulturen blitzartig erhellte. Ein großer, wild aussehender Tramp färbte sich in dem Waschbekken seinen Bart grün, während hinter ihm ein nervöser Alter mit Rasierklinge und einer Büchse Rasierschaum stand und darauf wartete, das Becken benutzen zu können. Sie waren beide Nomaden, aber beäugten sich mit tiefem Mißtrauen und dem Gefühl völliger Verschiedenheit. Sie gehörten zu feindseligen Stämmen und sahen in dem anderen nur eine stereotype Figur.

Chad trinkt das vierte Bier an diesem Morgen und reibt sich seine neue Tätowierung auf dem Arm mit Fett ein. Die gelbliche Färbung ist aus seinem Gesicht weitgehend verschwunden, und wenn man bedenkt, daß Tiffany und er im Moment nur acht Dollar besitzen, »Lori Lori« letzte Nacht wegen Trunkenheit in der Öffentlichkeit eingesperrt wurde und das Lager kaum noch Drogen hat, dann muß man zugeben, daß er in erstaunlich guter Stimmung ist. Die Tätowierung lautet »Trav'lin Man« und gedenkt seines 20jährigen Lebens auf der Straße. Ich frage ihn, was sich in dieser Zeit verändert hat. Er sagt, das Umherziehen ist heutzutage schwerer. Die Polizei hat nun alle Daten in ihren Computern und achtet strenger auf ordnungsgemäße Papiere und kaputte Rücklichter. Autoversicherung ist Pflicht in allen Bundesstaaten. Trunkenheit am Steuer wird schärfer bestraft, und es gibt immer weniger Plätze zum freien Kampieren. Er sagt, daß es früher auf den amerikanischen Straßen eine größere Vielfalt von Nomaden gegeben habe. »Bar tricksters« zum Beispiel seien praktisch ganz verschwunden. Sie gingen von Bar zu Bar, stellten unmögliche Behauptungen auf und boten unwahrscheinliche Wetten an – sie prahlten etwa damit, daß sie einen Penny mit einem Fingerschnips halbieren oder 50 Liegestütze auf einem Arm machen und dabei ein Bier in einem Zug wegtrinken konnten –, und sie konnten das tatsächlich, so daß sie jedesmal die Wette gewannen. Es gab da einen, der eine lebende Klapperschlange in einer Glasglocke mit sich herumtrug. Er reizte die Schlange und wettete dann, daß er seine Hand schnell genug wegziehen konnte, wenn die Schlange zubiß. Augenscheinlich ist es so gut wie unmöglich, diese reflexhafte Bewegung zu kontrollieren, aber mit jahrelanger Übung geht es doch. Und so gewann der Mann jede Wette und verdiente nicht schlecht.

Wer sonst ist nicht mehr da? »Nun, man sieht auch die ›Avocado Brothers for Christ‹ nicht mehr. So nannte ich sie. Das war eine religiöse Sekte von umherreisenden Avocadoverkäufern, die ihre Frauen vollkommen unterdrückten. Die durften in der Öffentlichkeit nicht sprechen und mußten alle Arbeiten verrichten: Kochen, Saubermachen, das Ein- und Auspacken und alles andere. Die älteren Frauen nickten oder lächelten einem manchmal zu, aber das war's auch schon. Die Männer tranken Bier, spielten Hufeisenwerfen und verkauften jede Menge Avocados. Und es gab da noch eine andere Truppe mit dem Namen Christ Family. Ich nannte sie ›Sheetheads‹. Sie trugen große weiße Tücher um den Kopf gewickelt und waren strenge Vegetarier. Wenn sie jemand in Ledersachen trafen, legten sie sofort los: ›Du trägst den Tod. Wie fändest du es, wenn ein Tier deine Haut anziehen würde?‹ Unter ihnen war die schönste Frau, die ich je in meinem Leben gesehen habe, aber sie hatte einen Bart. Wenn sie sich den abrasiert hätte, Mann, du kannst mir glauben, die wäre klasse gewesen. He, Mario! Was ist eigentlich aus der Christ Family geworden?« Mario Machete, in Guatemala geboren und Stammbewohner im A-Camp, steht ein paar Meter entfernt an seinem Churro-Stand: »Die gibt's immer noch. Aber sie tragen jetzt alle schwarzes Leder und fahren Harleys. Bikers for Jesus und so'n Scheiß.«

Chad sitzt auf einem Gartenstuhl hinter zwei Klapptischen, auf denen Indianerschmuck und Anhänger mit Tierfiguren (von Tiffany hergestellt), Halbedelsteine, Specksteinpfeifen, alte Bierflaschen, ein Bärenschädel, ein rostiger Benzinkanister und andere Gegenstände ausgelegt sind. Um ihn herum häuft sich jede Menge Gerümpel: ein kaputter Generator, ineinander verschlungene Elektrokabel, ein zerbeultes Auspuffrohr, alte Kettenglieder, ein kaputtes Fahrrad, ein nicht mehr ganz weißes Toilettenbecken. »Ich hab keine Ahnung, was für Mist hier noch rumliegt, aber die Leute kaufen sowieso nichts«, sagt er. Ab und zu läuft ein Wohnmobilbesitzer vorbei. Gerade kommt eine Frau in limonengrüner Golfhose und mit weißer Schirmmütze, unter dem Arm trägt sie einen Hund mit ebenfalls weißer Sonnenblende. Chad stellt sein Bier auf die Erde und erhebt sich. Er nimmt einen polierten Stein vom Tisch, befeuchtet ihn mit seiner langen gelben Zunge und zieht seine Verkaufsshow ab: »Hier, schauen Sie mal, wie der glänzt! Als Anhänger macht er sich wunderschön, und heute bezahlen Sie nur den halben Preis. Nur zehn Dollar möchte ich dafür, und Sie haben das Schnäppchen des Tages gemacht.« Sie verzieht ihren Mund, rümpft die Nase und geht ohne ein Wort weiter. So läuft es immer.

Chad zuckt mit den Achseln und setzt sich wieder. Er ist auf diese Kundschaft angewiesen, aber bis auf wenige Ausnahmen kann er die Typen in ihren motorisierten Häusern nicht ausstehen. Nach seiner Überzeugung geht ihnen einfach eine elementare menschliche Anständigkeit ab. »Sagen wir mal so: Wenn Tiffany und ich mit dem Wagen auf der Straße liegen bleiben, halten sie nicht an und fragen, ob sie helfen können. Umgekehrt, wenn wir bei einer Panne was für sie tun wollen, machen sie die Fenster hoch, verriegeln die Türen und rufen die Polizei. So paranoid sind sie. Sie sehen einfach zuviel fern in ihren verdammten Wohnwagen.« Im Laufe des Tages werden seine Meinungsäußerungen immer schärfer: »Vor ein paar Jahren konnte man in der Wüste hier trampen und einfach ausflippen. Bier vom Faß, Acid, Speed, es gab alles. Wir hatten mehr Waffen als die Bullen, also ließen sie uns in Ruhe, und es war cool hier. Dann fingen diese Wohnmobiler an, sich über ›unerwünschte Elemente‹ zu beklagen, und redeten noch anderen Stuß. Und was machte Quartzite? Sie setzten mehr Bullen ein, verabschiedeten ein paar miese Gesetze und verlangten plötzlich Miete für einen Stand auf der Tauschbörse. Sie buchten dich ein, wenn du ein Bier in der Öffentlichkeit trinkst. Die verdammte Tankstelle dort drüben verkauft nicht mal mehr Bier an uns. Wir müssen uns diesen Scheiß nicht gefallen lassen, und 'ne Menge Verkäufer sagen das gleiche: Fuck Quartzite! Nächstes Jahr kommen wir nicht mehr hierher. Der ganze Ort ist so abgefuckt, Schuld daran haben diese Ärsche mit ihren Wohnkisten.«

Harsche Worte, ein schwerer Vorwurf. Chad hat auch den zweiten Sixpack »Milwaukee's Best Ice« fast geleert, und nun flucht er nur noch über die auf der anderen Seite der Straße. Der

Hauptstreitpunkt, und nach Ansicht der A-Camper der klarste Beweis für die moralische Verderbtheit der Wohnmobilbesitzer, ist deren selbstsüchtiger Umgang mit Geld. Chad, Tiffany, jeder echte Rainbow-Tramp würde ohne Zögern seinen letzten Dollar für eine gemeinsame Runde Bier weggeben. Wenn es jemandem von ihnen gelingt, etwas Geld zu ergattern, kauft er oder sie Bier, Tabak und Essen für alle, denn morgen wird wahrscheinlich der nächste etwas beschaffen. Teilen ist ein Überlebensmechanismus, aber auch eine Frage der Moral, und diejenigen, die sich nicht daran halten, werden aus der Gruppe verstoßen. Daher kann man sich vorstellen, was sie von Leuten halten, die mit einem 500.000 Dollar teuren Wohnmobil durch die Gegend kutschieren (Spitzenmodelle mit eingebautem Whirlpool und allen Extras kosten bis zu einer Million) und sich weigern, einem durstigen Tramp auch nur einen Dollar zu geben. Chad hat darüber einen Song geschrieben: »The Wagon Burners«. Er sang ihn einmal vor einigen Jahren zusammen mit seinem Freund Jesse Manycolours (Künstlername: »The Croonin' Choctaw«) vor einer Zuhörerschaft entsetzter Wohnmobilbesitzer. Die Melodie nahmen sie von Johnny Cashs »Folsom Prison Blues«, und der Song geht so:

Well, we went out on a beer run
The wagons circled up
They gave us no donations
So we scalped their little pups

Yes, we are the wagon burners
We'll play a song for you
Or we'll burn your fuckin' wagons
Until we get a brew.*

Am Nachmittag trinke ich Bier in Silly Al's Bar und gerate mit einem deutschen Verkäufer von Lapislazuli-Schmuck in einen Streit über Nomadentum. Im Hinblick auf die Drogengesetze

* Wir wollten einen saufen/ die Wagen schlossen sich zu einem Kreis/ sie gaben uns keine Spenden/ Also skalpierten wir ihre Hündchen. Ja, wir sind die Wagenbrenner/ wir spielen einen Song für euch/ oder wir fackeln eure verdammten Kisten ab/ bis wir unser Bier kriegen.

und weil ich den Verdacht nicht loswerde, daß einige seiner Geschichten wahr sein könnten, will ich ihn nur bei seinem Vornamen nennen. Er heißt Karl, trägt einen mächtigen Schnauzbart und eine rote Baskenmütze und ist reichlich mit Lapislazuli behangen. Er behauptet, daß er in den sechziger Jahren Bob Dylans Roadmanager, dann ein Fotojournalist für deutsche Zeitschriften und ein internationaler Drogenschmuggler war. Er kann angeblich LSD selbst herstellen, und von Zeit zu Zeit braut er für sich und eine ausgewählte, äußerst anspruchsvolle Klientel etwas Wirkungsvolles zusammen. Auf mich macht er den Eindruck eines intelligenten, gebildeten und weitgereisten Mannes. Geld scheint das zu sein, was ihm am meisten fehlt. Karl ist so von sich selbst eingenommen, daß es schon wieder Größe hat. Er kann nicht glauben, daß ich in einem Buch über Nomaden auch die Wohnmobilbesitzer mit einschließe. Er schlägt mit der Faust auf die Bartheke und nennt mich einen Idioten. »Das sind doch keine Nomaden. Ich bin einer. Ich bin durch die ganze Welt gereist, war in Indien, Thailand, Marokko, Afghanistan. Dort habe ich übrigens den mächtigsten aller Steine, den Lapis, entdeckt. Wenn du mir sagst, okay, morgen fahren wir hinauf zum Yukon, es ist gerade die Zeit fürs Lachsangeln, dann sage ich: ›Auf denn, und am Morgen geht's los.‹ Wenn ich kein Geld habe, verkaufe ich irgendwo am Straßenrand meinen Schmuck. Diese Wohnmobiler reisen mit einem Sicherheitsnetz. Nimm ihnen ihre Sozialhilfe weg, und ihre Wagen bleiben auf der Stelle stehen. Diese Leute sind nicht wirklich frei.«

Ich argumentiere dagegen: Sie haben keinen festen Wohnsitz, reisen mit den Jahreszeiten, es gibt wahrscheinlich eine Millionen von ihnen, vielleicht sogar bis zu drei Millionen. Wie könnte ich sie ignorieren? Das Geld vom Sozialamt kommt jeden Monat so zuverlässig wie der Vollmond, warum sollte man ihnen vorwerfen, daß sie diese Quelle benutzen, und würde er es nicht ebenso tun? Ich versuche, das semantische Durcheinander bei dem Wort »Nomade« ein wenig zu ordnen, und schlage vor, daß Leute wie er oder ich wohl treffender als Reisende oder Weitgereiste bezeichnet werden sollten. Wahre Nomaden leben innerhalb eng miteinander verbundener Gemeinschaften. Sie sind nicht vornehmlich auf große Abenteuer und neue Erfahrungen jenseits des Horizonts aus, folgen vielmehr vertrauten, vorhersagbaren Migrationsmustern, die das Überleben am besten sichern. Ich treibe das Argument noch ein bißchen weiter, teils um ihn zu provozieren, teils weil ich wirklich denke, daß es in einem verqueren Sinn zutrifft. Ob es einem nun gefällt oder nicht, die meist älteren Leute mit ihren mobilen Behausungen sind im heutigen Amerika die dominierenden Nomaden so wie im neunzehnten Jahrhundert die Comanchen und Sioux. Das Wohnmobil hat das Tipi als das Symbol amerikanischen Nomadentums abgelöst und stammt indirekt aus der gleichen Tradition. Darauf antwortet mir schallendes Gelächter: »Bah! Du hast keine Ahnung, Mann. Ein Nomade muß frei sein. Er muß Herr seines Schicksals sein. Diese Wohnmobiler dagegen, diese kleinen alten Ladies, das ist doch nicht dein Ernst.«

*

Marie Williamson fährt ein paar Meilen weiter nördlich zum äußersten Wüstenrand von Quartzite, wo sich eine andere Gruppe von WINS-Mitgliedern eingerichtet hat. Über zweihundert Wohnmobile parken um eine große Feuergrube; den inneren Kreis bilden zweihundert Liegestühle. Marie wird herzlich begrüßt und von allen Seiten umarmt. Einige Leute kennt sie von nicht weit zurückliegenden Treffen auf einem Kasinoparkplatz in Nevada, auf einem Campingplatz in Death Valley, in Yuma und auf einem verlassenen Stützpunkt der Luftwaffe in der Mojave Wüste, wo sich jeden Winter einige hunderttausend Leute mit ihren Wagen breitmachen. Andere hat sie nie zuvor gesehen, aber sie umarmen sich genauso herzlich. Da Alleinreisende mit körperlicher Zuwendung nicht gerade verwöhnt werden, haben die Klubmitglieder das Umarmen als übliche Form der Begrüßung in ihre Satzung aufgenommen. Der Tagesplan hängt an einer Tafel nahe der Feuerstelle: Er beginnt morgens um halb acht mit einem gemeinsamen »Sunrise Walk«, dann kehrt man zurück ins Lager zu »Kaffee und Umarmungen«; um 9 Uhr ist der Hundespaziergang angesagt. Und so geht es durch den ganzen Tag, wobei jede neue Aktivität mit einem Pfiff angekündigt wird. Beliebt sind Ausflüge in die Wüste, um Mineralien und Edelsteine zu suchen. Am Abend finden Potluck-Essen statt, zu denen jeder etwas mitbringt. Täglich treffen sich Plauderzirkel, in denen etwa besprochen wird, wo man freie Coupons für Kasinos oder billige Versicherungen für Fahrten nach Mexiko bekommt, welche Werkstätten wucherische Preise nehmen und was man im Falle eines Herzanfalls hinterm Steuer tun muß. Jeden Abend um 19 Uhr 30 setzt sich ein wohlorganisierter Massenkonvoi in Richtung Silly Al's Bar in Bewegung, wo Country- und Western-Musik gespielt und getanzt wird. Da die Männer weit in der Minderheit sind, haben sie darauf zu achten, daß jede Frau mindestens einen Tanz bekommt.

Beeindruckend sind ihre Energie und Lebensfreude; gegenüber dem Tod haben sie zumeist eine nüchterne Einstellung. Wenn es passiert, dann passiert es eben, und lieber plötzlich und schnell als ein langes Sterben. Doch vorerst sind sie noch ganz damit beschäftigt, in jeden Tag soviel Leben wie möglich hineinzupacken. Es gehört zu den Glaubensüberzeugungen der nomadisierenden Ruheständler, daß das Leben auf der Straße verjüngt, und ihr Auftreten und Verhalten scheinen ihnen recht zu geben. »Mir ist aufgefallen, daß Senioren, die reisen, länger leben als diejenigen, die zu Hause bleiben und im Schaukelstuhl sitzen«, bemerkt Marie. »Jeder Tag unterwegs ist ein Abenteuer. Man begegnet ständig neuen Herausforderungen, macht neue Erfahrungen, trifft neue Leute und löst Probleme. Allein schon bei dem Gedanken, zu dem alten Leben, der öden täglichen Routine zurückzukehren, stirbt in mir etwas ab.« Am schwersten bei diesem Lebensstil so wie bei allen Formen des modernen Nomadentums hat es die Liebe. Umherziehende Zweisamkeit ist nicht leicht aufrechtzuerhalten. Sie erfordert viel Übereinstimmung oder eine größere Bereitschaft zum Kompromiß oder, wie Marie meint, ein ungewöhnliches Maß an Lust und Liebe. Selbst im größten Wohnmobil, 15 Meter lang und 6 Meter hoch, das auf Highways so riesig aussieht, kann man sich beengt und eingesperrt fühlen, besonders wenn man an ein Haus von entsprechendem Gegenwert gewöhnt ist.

Für nomadische Paare ist es schwierig, Zeiten des Alleinseins zu finden oder ganz unterschiedlichen Interessen nachzugehen; es ist dagegen leicht, sich auf die Nerven zu gehen. Diese Lebensweise bietet reichlich Gelegenheit zum Streiten, etwa darüber, wessen Sachen oder Einkäufe zuviel Platz wegnehmen, wie lange man an einem Ort bleibt und welches das nächste Ziel sein soll. Das dauernde Reisen in einem Wohnmobil ist für eine Ehe eine wirkliche Belastungsprobe und siebt die Schwachen rasch aus. Den Singles macht es dauerhafte Beziehungen schwer, und viele von ihnen haben sich wohl oder übel an die Unabhängigkeit gewöhnt. (Laut einer dieser dubiosen Statistiken sollen zwischen 13 und 18 Prozent der Wohnmobilbesitzer alleinstehend sein.) Marie hat nach all unseren Gesprächen Bedenken, daß ich ihre Motive und Prioritäten falsch verstanden haben könnte. Wenn der Richtige unverhofft ihren Weg kreuzt und seine Aufrichtigkeit mit einem Heiratsantrag beweist, dann ist es gut möglich, daß sie ihn »an Bord« holt. Aber sie hält nicht Ausschau nach einem Mann, und schon gar nicht aus Verzweiflung. Aber es ist immer da – das Verlangen, sich zu einem Mann hingezogen zu fühlen und ihn ganz für sich zu haben, geliebt und umsorgt zu werden. Marie macht sich immer noch verrückt, was sie zu einem Tanzabend anziehen soll, obwohl das Theater gewöhnlich mit Wranglers und Freizeitschuhen oder mit Cowboystiefeln und kariertem Rock endet. Sie fragt sich immer noch, wer sie wohl auffordern und was sie fühlen wird, wenn er seinen Arm um sie legt. Dann und wann schwärmt sie für jemanden, und manchmal ertappt sie sich dabei, daß sie flirtet, bevor sie sich bewußt dazu entschieden hat.

Zugleich ist sie eine praktisch denkende Frau und zu dem Schluß gekommen, daß sie wahrscheinlich ohne Mann besser dran ist. Sie hat sich daran gewöhnt, ihrer Lust und Laune zu folgen, sich einen Zeitplan auszudenken und ihn einfach zu ändern, wenn ihr danach ist. Sie genießt die Unabhängigkeit ihres zweiten Lebens, und im Vergleich dazu betrachtet sie rückblickend ihre Ehe als eine lange Knechtschaft – »zweiunddreißig Jahre Sorge um einen Mann«, die mit Schmerz und Verbitterung endeten. Wie die alleinlebenden Männer, die Joy Lane beschrieb, ist auch Marie äußerst vorsichtig, sich nicht wieder verletzlich zu machen. Sie fühlt sich manchmal einsam, aber dann gibt es diesen glücklichen Moment des Aufbruchs, den sie ganz für sich hat: Alles ist eingepackt, der Wagen angekoppelt, es geht wieder weiter, und vor ihr liegt ein langer gerader Highway. Jedesmal, wenn sie einen Platz verläßt, legt sie die Kassette mit dem Song von Willie Nelson ein: »On the road again/ Just can't wait to get on the road again.« Den Winter über reist sie von einem WINS-Treffpunkt zum nächsten, macht kurze Touren durch die Wüsten des Südwestens und bricht zu Beginn des Frühlings Richtung Alaska auf; jeden Tag fährt sie fünf- oder sechshundert Meilen. Diese langen Reisen solo unterscheiden sie von den meisten Wohnmobilfahrern, gleich ob männlich oder weiblich, alleinlebend oder verheiratet. Das gewöhnliche Muster sieht so aus, daß man sich in kleinen Abschnitten durch das Land bewegt, vielleicht zweihundert Meilen im Monat zurücklegt, mit dem Sommer sich langsam weiter nördlich und im Winter in umgekehrter Richtung bewegt. Und meist bleibt man mit derselben Gruppe von Bekannten und Freunden zusammen. Marie aber sagt. »Nach einer Weile ist das für mich zu eintönig und geregelt. Ich bekomme das Gefühl, eingeschlossen zu sein, und greife immer häufiger nach dem Autoschlüssel.«

Ich gehe mit ihr zu einem der Diskussionskreise. Als Neuling werde ich gebeten, aufzustehen und mich vorzustellen. Ich sage meinen Spruch auf und schließe mit der Frage: »Warum mögen Sie das Unterwegssein?« Es fallen die Stichworte: Freiheit, Unabhängigkeit, Abenteuer, und dann, wie unter richtigen Nomaden üblich, kommen die Gegenfragen und der Spott über die Seßhaften.

»Wie kann man nur den Rest seines Lebens in einem Sessel verbringen wollen?«

»Wir haben versucht, ihnen zu erklären, was ihnen alles entgeht, aber sie kapieren es einfach nicht.« Und Marie fügt hinzu: »Das ist doch ein Haufen verkalkter Muffel.« Ich zitiere aus Häuptling Satantas Rede, die er 1867 in Medicine Lodge hielt: »›Wenn wir uns irgendwo niederlassen, werden wir bleich und sterben«, und im Chor echoen sie ihre Zustimmung. Sie halten sich für lebenskräftiger als die »Sesselbrigade«, aber wenn man auf die Siebzig zugeht und Jahre mit dem Wohnmobil auf der Straße verbracht hat, dann ist das Aufhörenmüssen fast schon der Tod. Es bedeutet das Ende der Unabhängigkeit, die Einschränkung der Freiheit, ein wehmütiger Einschnitt, »wenn man die Autoschlüssel endgültig an den Nagel hängen muß.« Dann drohen Altersheim, Krankenhausbett, Unbeweglichkeit – die Vorstufen des Grabes. Ein fröhlicher alter Herr sagt, er würde am liebsten im Bett seines Wohnmobils an Herzinfarkt nach

Viagra sterben, »im Sattel«, wie es früher hieß – eine Bemerkung, die bei den anwesenden Frauen nicht gut ankommt.

Das große Nomadenlager beginnt, sich zu zerstreuen. Jeden Tag wird die Schlange der Wohnmobile an der Zufahrt zur Interstate länger; immer mehr Tramps stehen dort mit ausgestrecktem Daumen, doch niemand hält an. Chad und Tiffany beladen ihren Wagen und machen sich auf den Weg zur Mineralienshow in Tucson und zur nächtlichen Trampparty in dem Tamariskenhain nicht weit von meinem Haus. Marie Williamson ist voller Erwartung, und das nicht nur, weil es weitergeht. Ein gewisser Cowboy aus Montana hat ihr eine Nachricht zukommen lassen, daß er sie gerne in Tucson treffen würde. Die Art, wie sie über ihn spricht – scheu, aufgeregt, kichernd wie ein junges Mädchen – bringt mich dazu, sie ein wenig zu necken:

»Aber Marie, ich dachte, du bist ein Muster an Tugendhaftigkeit. Ich dachte, du hältst nichts von Sex außerhalb der Ehe. Ich dachte, du wolltest dich nicht in Verruf bringen.«

»Ach was, wir kennen uns schon lange«, sagt sie. »Seit elf Jahren. Er ist nicht einer dieser ›tepee-creeper‹. Mit ihm ist das etwas ganz anderes.«

*

Da ich mich nach Ruhe und Wüsteneinsamkeit sehne, kehre ich auf einem langen Umweg heim. Anders als früher rufe ich Gale an und frage sie, was sie von meinem Vorhaben hält. Anders als früher sagt sie, ich solle das unbedingt machen, und in ihrer Stimme höre ich keinen Unterton von Ärger oder Enttäuschung. Das gefürchtete Wort: »Gut!« fällt nicht. Wie so viele Frauen, die ich kenne, gebraucht sie das Wort in dem passiv-aggressiven Sinn: »Gut! Mach, was du willst. Is' mir egal.« Doch nun, da meine Liebe zu ihr und unsere gemeinsame Zukunft nicht mehr in Frage stehen, reagiert sie entspannter. Sie akzeptiert mein Wanderleben und sieht es ähnlich wie ich: es ist eine notwendige, wenn auch manchmal lästige Bedingung meines Glücklichseins. Sie scherzt, daß auch ich eine Art Monatszyklus durchlaufe. Nach drei Wochen Normalität werde ich gereizt, uneins mit mir selbst und zusehends schlechter gelaunt, – ehrlich gesagt – unerträglich. Bevor 28 Tage verstrichen sind, bin ich verschwunden und beginne einen neuen Zyklus.

Etwa eine Autostunde südlich von Quartzite erstreckt sich eine Landschaft, die ihre wenigen Liebhaber unter dem Namen »The Big Empty« (»Die Große Leere«) kennen – drei Millionen Morgen Land ohne eine einzige befestigte Straße oder ein bewohntes Gebäude. Auf den Karten ist sie in das »Cabeza Prieta Wildlife Refuge« und den »Barry M. Goldwater Air Force Range« aufgeteilt, und die westliche Hälfte bildet das »Organ Pipe Cactus National Monument«. Weiter südlich, über die mexikanische Grenze hinaus, geht sie in die vulkanische Pinacate Wüste über, eine Gegend aus schwarzem Gestein und Kratern, wo die Astronauten für die Mondlandung trainierten, und weiter zu den Dünen des Gran Desierto, des größten Sandsees in ganz Amerika. Es gibt größere Wüsten auf der Welt, aber keine ist ökologisch so intakt und daher so dringend auf Naturschutz angewiesen wie diese. Gale teilt nicht meine Begeisterung für diese verdorrte Ausdehnung von Sand, Fels, Gestrüpp und Kakteen. Sie ist in Arizona geboren, kennt daher Wüsten allzu gut und zieht ihnen Oasen vor: Plätze mit viel Grün, Schatten und Wasser. Aber hier draußen sprudeln weder Quellen noch Flüsse, und alle Bäche sind nur kurzlebig. Nach einem Wolkenbruch führen sie reißendes Wasser und versinken rasch wieder in den Sand. Manchmal regnet es jahrelang nicht.

Es gibt hier Wasser. An gewissen Plätzen, abgelegen und nur auffindbar, wenn man sie kennt oder den Flug der Vögel beobachtet, sammelt sich der spärliche Regen in natürlichen Felszisternen, sogenannten tinajas (das spanische Wort für Behälter oder Krug). Ich schlage mein Lager nahe des verläßlichsten Wasserspeichers auf. Die meisten anderen verdunsten in längeren Trockenperioden, aber die Tinajas Altas enthalten immer Wasser, vorausgesetzt, daß man die Kraft hat, dorthin zu klettern. Die Ansammlung von Teichen befindet sich nämlich in dem steilen Engpaß einer von Höhlen durchsetzten Bergkette, die wie ein Haufen riesenhafter Beckenknochen aussieht. In diesem Winter hat es geregnet, und in dem untersten Speicher ist Wasser. Die Oberfläche ist mit Schaum, Algen und Insekten bedeckt, und das ist ein gutes Zeichen. Wenn selbst Insekten in der Wüste eine Wasserstelle meiden, dann sollte man es auch sein lassen. Bei den weiter oben gelegenen Zisternen zeichnen sich gegen die untergehende Sonne die Silhouetten von Dickhornschafen ab. An solch hohen Plätzen mit grandiosem Hintergrund stellen die stolzen Widder gerne ihre mächtigen spiralförmigen Hörner zur Schau. Und dann springen sie mit scheinbarer Leichtigkeit von einem gefährlich aussehenden Felsvorsprung zum anderen und führen ihre Harems an einer fast vertikalen Felswand hinab. Wie kümmerlich erscheint dagegen das Hausschaf. Einige Züchtungen können nicht einmal mehr ohne menschliche Hilfe lammen.

In trockenen Zeiten verdunstet das schaumige Wasser in den unteren Speichern und läßt nur noch Sand zurück. Es ist eine ziemlich schwierige und schweißtreibende Kletterei, zu den höheren Stellen zu gelangen, wo immer Wasser da ist. Früher gab es hier zahlreiche Gräber, die daran erinnerten, daß manche für den Aufstieg schon zu schwach waren und verdursteten. Das ist die schlimmste Todesart, die ich mir vorstellen kann – trotz der grandiosen Szenerie. Ich habe Berichte über verdurstete Reisende gelesen, die wußten, daß kaum fünf Meter über ihnen Trinkwasser war, und die sich verzweifelt an der Felswand ihre Finger bis auf die Knochen zerkratzten. Was wollten sie überhaupt an einem so abweisenden Ort? Viele von ihnen waren Goldsucher, die in dem Massenrausch von 1849 möglichst schnell nach Kalifornien gelangen wollten. Sie riskierten den schrecklichen Trail durch diese Wüsten – »El Camino del Diablo« (Weg des Teufels) wurde er genannt –, um nicht auf die Apachen im Norden zu treffen. Längs der Strecke lagen die Knochen toter Pferde, Ochsen und anderen Viehs, und es entwickelte sich ein makabrer Brauch: Starre Tierleichen wurden wieder auf die Beine gestellt und dienten als Wegweiser, bis der Wind und die Aasfresser das Fleisch und die Haut weggearbeitet hatten und das Skelett zusammenfiel. Näherte man sich damals Tinajas Altas, so war es einer Tagebuchaufzeichnung von 1861 zufolge ein »langer Weg zwischen Reihen mumifizierter Rinder, Pferde und Schafe«.

Es gibt hier eine Sehenswürdigkeit, die mich immer aufs neue erstaunt. Um die niedrigsten Teichlöcher an den Tinajas Altas finden sich Vertiefungen in dem Felsboden, die als Mörser dienten. Gekleidet in Röcken aus Kaninchenhaut und an den Füßen Sandalen, aber mit nacktem Oberkörper pulverisierten die Frauen vom Stamm der Sand Papago in diesen Mulden die reifen

Hülsen des Mesquitebaums. Sie stellten eine Art Mehl her, mischten es mit Wasser von den tinajas und rollten den Teig zum Trocknen auf den Felsen aus. So produzierten sie ein süßlich schmeckendes Fladenbrot. Dazu gab es geröstete Raupen, Mottenlarven oder Ratten. Oder einen Eselhasen, der solange verfolgt worden war, bis er vor Erschöpfung zusammenbrach. Wenn der Jagdzauber stark genug war, wurde eines der schwer zu fangenden Dickhornschafe erlegt. Ich habe das Wenige gelesen, was es zu den Sand Papagos oder Hiaced O'Oodham, wie sie sich selbst nennen, gibt. Ich weiß, wie sie in dieser Umwelt, eine der heißesten, trockensten und unwirtlichsten Gegenden der Welt, überlebten, aber es ist kaum vorstellbar, was für eine Zähigkeit und Findigkeit dafür erforderlich waren. Es gab niemals mehr als 500 Stammesmitglieder, oft wohl nur um die 200, aber sie lebten hier ohne Unterbrechung einige tausend Jahre. Sie waren Jäger und Sammler, zogen von einer Wasserstelle zur nächsten und legten zu Fuß gewaltige Strecken zurück. Als spanische Forschungsreisende, später auch Mexikaner und weiße Amerikaner ihnen klar machen wollten, daß sie ein armes und elendes Leben fristeten in einem höllischen Landstrich, wo Menschen nicht sein sollten, wiesen sie diese Reden verächtlich zurück und sagten, daß sie gut lebten.

Gräber und Mahllöcher – beide zeugen von verschiedenen Formen menschlicher Wanderungen: der lineare Zug der Goldsucher, die von Rastlosigkeit und dem Traum vom großen Geld getrieben wurden, und das zirkulare Umherziehen der Sand Papago, die mit den mageren und unsicheren Ressourcen ihres Landes zu leben wußten. Sie aßen vor allem Wurzeln, Samenkerne, Kaktusfrüchte, Raupen, Nagetiere, Reptilien und Insekten. Wenn die Flut im Golf von Kalifornien Fische in die Felsteiche und flachen Stellen an der Küste schwemmte, spießten sie sie mit den Schwanzgräten des Stachelrochens auf. Für den Tausch sammelten sie Muscheln, andere Schalentiere und Meersalz. Sie jagten Seelöwen, machten Sandalen aus den Häuten und kehrten dann zu den Wüsten zurück, um die Pflanzen zu ernten, die je nach der Jahreszeit vorhanden waren. Sie wußten, welche tinajas nach einem Unwetter gefüllt waren, und jagten die Tiere, die von dem Wasser angezogen wurden.

Als Autor, der die einstige Heimat der Sand Papago immer

wieder durchwandert, fasziniert mich ein Aspekt ihrer Kultur besonders. Wenn sie in der Wüste schliefen – unter Bäumen oder in »Schlafkreisen« aus Steinen, die den Wind abhielten –, träumten sie Geschichten und Gesänge, die sie dann auf Marktplätzen wie Waren anboten. Sie tauchten in den Dörfern der Cocopa-Indianer am Colorado River auf und tauschten diese Geschichten und Lieder gegen Nahrung, Töpferwaren und andere nützliche Gegenstände. Die Cocopa glaubten, daß die Träume der Sand Papago eine besondere spirituelle Kraft besaßen. Wenig davon ist überliefert, aber wer weiß? Vielleicht hatten die Cocopa recht. Alle Weltreligionen sind den Träumen und Visionen von Wüstenwanderern entsprungen, die ihre Gottheiten an den weiten, hohen Himmel versetzten. Es gibt noch einen anderen Grund, warum ich mich so für die Sand Papago interessiere. So weit ich weiß, waren sie die letzten frei umherschweifenden Indianer in Amerika. Eine Gelbfieberattacke hatte 1851 ihrem Stamm schwer zugesetzt, aber noch am Ende des 19. Jahrhunderts überfielen und töteten einige von ihnen Reisende, die sich auf den »Weg des Teufels« gewagt hatten. Gegenüber Fremden und Eindringlingen waren sie nie freundlich und friedlich gewesen. Bernard Fontana, der beste Kenner der Sand Papago, beschreibt sie als »hart und streitsüchtig«, und der furchtlose und kühl beobachtende Norweger Carl Lumholtz, der Anfang des zwanzigsten Jahrhunderts mit einigen von ihnen ihr Land erkundete, sagte, daß sie »räuberisch und gegenüber Fremden, gleich ob Indianer oder Mexikaner, wahrscheinlich gnadenlos« seien.

Der letzte von ihnen, ein Eremit namens Juan Caravajales, der von seiner Frau verlassen worden war, weil sie die Einsamkeit nicht mehr ertragen konnte, kam 1912 von der Pinacate Wüste in die Siedlung am Gila River, wo die Überreste des Stammes von Ackerbau und Lohnarbeit lebten. Warum hielten sie so lange aus? Hauptsächlich weil die Umstände für sie günstig waren. »The Big Empty« wurde (und wird) allgemein als eine wertlose, geradezu teuflische Einöde betrachtet, weshalb sie bis heute unberührt geblieben ist – wir haben noch keinen Weg gefunden, aus dieser Landschaft Profit zu pressen. Für die Sand Papago war es ihre Heimat mit vielen geheiligten Stätten. Sie sahen sich selbst als ein Volk, das da war, um durch die Wüste zu wandern, und daran hielten sie so lange wie möglich fest. »Wir bleiben nicht an einem Platz«, sagte einer ihrer Ältesten in einem Interview aus den achtziger Jahren. »Wir sind die Sand Indianer, wir kommen aus dem Wüstensand und sollen darauf wandern.«

*

Meine Wüstenwanderungen sind von ganz anderen Motiven bestimmt, auch wenn ich sie nicht alle verstehe. Mich treiben keine Erfordernisse des Überlebens oder kulturellen Gebote. Östlich der Tinajas Altas liegt die Lechuguilla Wüste, eine weite Senke aus Sand und Gestrüpp, die zu der nächsten Bergkette und Wasserstelle führt. Warum verspüre ich den Zwang, diese siebzehn Meilen zu durchqueren, am Ziel meine Feldflasche zu füllen und dann zurückzulaufen? Ich habe es aufgegeben, solche Merkwürdigkeiten in Gesprächen mit anderen zu erhellen. Manche glauben, es müsse etwas mit Machismo – dem Bezwingen von Ängsten und Widrigkeiten – zu tun haben, aber das ist es keineswegs. Es ist vielmehr eine Demut lehrende Erfahrung, eine Form von Kapitulation: Das Ego verliert seine Macht, und die Sinne blühen auf. Jeder, der der Wüste verfallen ist, versteht diese magische Anziehung und die Unmöglichkeit, sie in Worte zu fassen. Wir sprechen statt dessen über Gräberreste und Mahllöcher, die Entfernung zur nächsten tinaja, das Wetter, die Geschichte oder die Geographie und umkreisen das Eigentliche, weil keine Sprache hinreicht, diese Leere und Weite zu beschreiben. Es gibt einige tapfere Versuche – Edward Abbeys Bücher über den amerikanischen Südwesten, Paul Bowles Beschwörung der Sahara, Passagen in Wilfried Thesigers Arabian Sands –, aber im Grunde ist jede Prosa der Wüste zum Scheitern verurteilt. Der Leser wird mit dem tastenden, umschreibenden Ton vertraut, der ein stillschweigendes Eingeständnis der Niederlage ist (hochtrabende schwärmerische Sätze wie etwa bei Everett Ruess verraten den Anfänger), aber gerade diese Unmöglichkeit, das Erfahrene zu fixieren, macht für ihre Liebhaber die Anziehungskraft der Wüsten aus. Sie trotzen unseren Sprachen, den beschreibenden und den bildlichen. An diesen Orten kratzen Fotografen, Maler und Filmemacher nur an der Oberfläche dessen, was wirklich da ist.

Warum fühlen sich manche Menschen magisch zu Wüsten hingezogen, während andere ihnen gegenüber gleichgültig bleiben oder sie verabscheuen? Warum mögen die einen die Berge und die anderen nur Strände und Meere? Warum sind manche am liebsten in der Natur, während andere nur in Städten leben können? Wenn man die soziale und kulturelle Herkunft oder das genetische Erbe einer Person untersucht, wird man auf diese Fragen keine eindeutigen Antworten finden. Viele Leute fühlen sich in vertrauter Umgebung am wohlsten und lebendigsten. Andere wiederum zieht das Gegenteil des Vertrauten an. Geschwister haben oft völlig verschiedene Vorlieben. Warum verspüren Leute den unwiderstehlichen Zwang, umherzuziehen? Im ersten Kapitel erwähnte ich Bruce Chatwins Theorie, daß auch die Menschen aufgrund ihrer genetischen Festlegung in der langen Evolution als Sammler und Jäger eine wandernde Spezies sind und daß das Übel und Elend unserer Gesellschaften von der Unterdrückung dieses Urtriebs herrührt. Ich habe mich lange damit beschäftigt und bin nicht überzeugt. Da das Jagdwild sich immer zurückzieht und Pflanzen zu verschiedenen Jahreszeiten an verschiedenen Orten wachsen, ist für Sammler und Jäger das Umherziehen eine Frage des Überlebens, eine unumgängliche Anstrengung, aber das beweist noch nicht hinreichend, daß dieser Zwang triebmäßig geworden ist. Errichteten die Sand Papago keine Siedlungen, weil sie ihren Trieben und Instinkten folgen mußten oder weil sie Veränderungen nicht mochten und mit dem Leben, so wie sie es kannten, zufrieden waren?

Chatwins Theorie spannt einen eleganten Bogen über Jahrtausende – es ist gewiß auffällig, daß alle Babys von rhythmischer Bewegung (wie auch von harmonischer Musik) beruhigt werden –, aber sie beantwortet nicht die Frage, die Nomaden immer stellen: Warum ziehen es so viele Menschen vor, an einem Ort zu bleiben? Die Seßhaften sind nicht alle unterdrückt und unzufrieden. Sie sind nicht, wie Nomaden gerne behaupten, schwache, dumme Betrogene, die ihre Freiheit gegen Sicherheit eingetauscht haben. Manche Leute verspüren einfach keine Aufbruchslust und sind mit ihrem seßhaften Leben glücklich und zufrieden. Neulich las ich einen Artikel über zehntausend Jahre alte Knochen, die in Schottland gefunden wurden, in jenem Land, das Nordamerika mit so vielen rastlosen Menschen versorgte. Man nahm an den Knochenfunden und an den heutigen Einwohnern der umliegenden Dörfer eine DNS-Untersuchung vor und fand heraus, daß viele von ihnen direkte Nachkommen jenes Toten sind. Vermutlich hat der zehntausend Jahre alte Leichnam viele andere Nachfahren in weit entfernten Gegenden, aber die Funde beweisen, daß diese Dorfleute keinerlei Lust verspürten, ins Unbekannte aufzubrechen. Sie zumindest haben keinen genetisch vererbten Wandertrieb.

Ich denke, daß die Reiselust einfach ein individueller Wesenszug ist, so wie etwa Habgier oder Großzügigkeit, Umsicht oder Rücksichtslosigkeit, und den Einflüssen der jeweiligen Kultur unterliegt. Sie tritt natürlich häufiger in Gesellschaften auf, die eine Tradition des Umherziehens und der Ruhelosigkeit haben, und in Gegenden, wo es leichter ist, ungehindert umherzustreifen. Kinder von nicht-seßhaften Eltern tendieren dazu, später ebenfalls auf Wanderschaft zu gehen, aber es ist kein Naturgesetz. Umgekehrt kommen aus Familien, die seit Generationen an demselben Ort wohnen, ruhelose Reisende. Es ist kein Urtrieb, aber auch keine Geistesstörung oder Krankheit. »Alles in allem gibt es nur zwei Typen von Männern: solche, die zu Hause bleiben, und solche, die es nicht tun.« Ich bin selten einer Meinung mit Rudyard Kipling, aber wenn ich an Marie Williamson denke und »Männer« durch »Menschen« ersetze, dann komme ich zu dem gleichen nüchternen Schluß.

Das ist das Stichwort. An diesem Punkt wollte ich im Licht der Abendsonne verschwinden. Mein Plan war: drei Tage mit einem Rucksack über die Sanddünen des Gran Desierto, dem kargsten Teil der »Big Empty«. Statt dessen zieht es mich in die entgegengesetzte Richtung, gen Osten nach Tucson, zu der Frau, die ich liebe, und häuslichem Komfort. Abschließend möchte ich der Regierung in Washington und den fleißigen Beamten der Einwanderungs- und Einbürgerungsbehörde danken. Die Furcht vor einer möglichen Abschiebung überwand tiefere Ängste und Vorurteile und führte zu einer Hochzeit, die schon viel früher hätte stattfinden sollen.

Ausgewählte Bibliographie

Abbott, E. C. und Smith, Helena Huntington, We Pointed Them North Recollections of a Cowpuncher, Norman, University of Oklahoma, 1955.

Basso, Keith H. (Hrsg.), Western Apache Raiding and Warface, Tucson, University of Arizona Press, 1993.

Bell, Fillman, The Quitobaquito Cemetery and its History, Tucson, Western Archaeological Center, National Park Service, 1980.

Bey, Hakim, T.A.Z., Die Temporäre Autonome Zone, Berlin-Amsterdam, Edition ID-Archiv, 1994.

Brown, George Willard (Hrsg.), Desert Biology, New York, Academic Press, 1974.

Cabeza de Vaca, Alvar Nuñez, Adventures in the Unknown Interior of America, Albuquerque, University of New Mexico Press, 1997.

Castañeda, Pedro de, et al., The Journey of Coronado, New York, Dover, 1990.

Chatwin, Bruce, Traumpfade, Frankfurt am Main, Fischer, 2002.

Was mache ich hier, Frankfurt am Main, Fischer, 1998.

Der Traum des Ruhelosen, Frankfurt am Main, Fischer, 1998.

Counts, D. A. und Counts, D. R., Over the Next Hill: An Ethnography of RVing Seniors in North America, Peterborough, Ontario, Broadview Press, 1996.

Deleuze, G. und Guattari, F., Tausend Plateaus: Kapitalismus und Schizophrenie, Berlin, Merve Verlag, 1992.

Deloria, Vine, Custer Died for Your Sins, Norman, University of Oklahoma, 1988

Gott ist rot, Göttingen, Lamuv, 1996.

Denhardt, Robert M., The Horse of the Americas, Norman, University of Oklahoma Press, 1975.

De Voto, Bernhard, Across the Wide Missouri, Boston, Houghton Mifflin, 1947.

The Course of Empire, Lincoln, University of Nebraska Press, 1952.

Dobie, J. Frank, The Mustangs, Boston, Little, Brown, 1952.

The Longhorns, New York, Grosset & Dunlap, 1941.

Faragher, John Mack, Daniel Boone: The Life and Legend of an American Pioneer, New York, Henry Holt, 1993.

Fehrenbach, T. R., Comanches: The Destruction of a People, New York, Da Capo Press, 1994.

Ferris,Warren, Life in the Rocky Mountains, Denver, Old West Publishing Company,1940.

Fischer, David Hackett, Albion's Seed, Oxford, Oxford University Press, 1989.

Foster, Morris W., Being Comanche, Tucson, University of Arizona Press, 1991.

Garrad, Lewis H., Wah-to-yah and the Taos Trail, Norman, University of Oklahoma Press, 1966.
Gilbert, Bil, Westering Man: The Life of Joseph Walker, Norman, University of Oklahoma Press, 1983.
Hayden, Julian, Sierra Pinacate, Tucson, University of Arizona Press, 1998.
Khazanov, A. M., Nomads and the Outside World, Madison, University of Wisconsin Press, 1994.
Leonard, Zenas, Adventures of a Mountain Man, Lincoln, University of Nebraska Press, 1978.
Long, Haniel, Die Schiffbrüche des Cabeza de Vaca, Zürich, Tanner & Staehelin Verlag, 1980.
Maguire, James H., Wild, Peter und Barclay, Donald A. (Hrsg.), A Rendevouz Reader:
Tall, Tangled, and True Tales of the Mountain Men, 1805-1850, Salt Lake City, University of Utah Press, 1997.
Morgan, David, The Mongols, New York, Blackwell, 1986.
Niman, Michael I., People of the Rainbow: A Nomadic Utopia, Knoxville, University of Tennessee Press, 1997.
Olsen, Paul A., The Struggle for the Land, Lincoln, University of Nebraska, 1990.
Olsen, Charles, Call Me Ishmael, New York, Reynal & Hitchcock, 1947.
Onon, Urgunge, The Secret History of the Mongols, Richmond, Curzon, 2000.
Roberts, David, Once They Moved Like the Wind: Cochise, Geronimo, and the Apache
Wars, New York, Simon & Schuster, 1994.
Rusho, W. L., Everett Ruess: A Vagabond for Beauty, Salt Lake City, Peregrine Smith, 1983.
Ruxton, George Frederick, Life is in the Far West, Norman, University of Oklahoma Press, 1951.
Salzman, Philip Carl, When Nomads Settle, New York, Praeger, 1980.
Sandoz, Mari, The Buffalo Hunters, Lincoln, University of Nebraska Press, 1954.
The Cattlemen, Lincoln, University of Nebraska Press, 1958.
The Beaver Men, Lincoln, University of Nebraska Press, 1964.
Stegner, Wallace, Where the Bluebird Sings to the Lemonade Springs, New York, Penguin, 1993.
Thistlethwaite, Frank, The Great Experiment, Cambridge, Cambridge University Press, 1955.
Turner, Frederick, Beyond Geography: The Western Spirit Against the Wilderness, New Brunswick, Rutgers University Press, 1994.
Wallace, E. und Hoebel, E. A., The Comanches: Lords of the South Plains, Norman, University of Oklahoma Press, 1986.
Webb, Walter Prescott, The Great Plains, Boston, Houghton Mifflin, 1936.
Westermeier, Clifford, Man, Beast, Dust, Denver, World Press, 1948.